『무문관無門關』
공안公案으로 보는

자유로운 선禪과 치유治癒의 세계

『무문관無門關』
공안公案으로 보는

자유로운 선禪과 치유治癒의 세계

무각

담앤북스

감사의 글

서울에서 교직생활을 하고 대학 강의와 연찬의 시간을 갖던 중 '뜬금없이'라는 표현이 더 어울릴 것입니다. 갑자기 출가를 선언했습니다. 하지만 바로 출가할 수는 없었고 삼 년을 매일같이 삼천배를 하고 회향하는 날 은사스님을 뵙게 되었습니다.

그러고는 한 달 후 너무나 사랑하는 가족에게 이별을 고하고 동고동락했던 동료 교사들에게도 하직 인사를 하고, 반대는 하지 않으셨지만 가벼운 가방 하나를 메고 가는 이를 찻길까지 배웅하시며 고이고이 길렀던 자식과 이별하는 마음이지만 한 줄기 흘러내린 눈물마저 절제하셨던 어머니 가슴에 대못을 박고 저는 그렇게 출가를 하고야 말았습니다.

그중 다행인 것은 무상을 확철히 느끼고 이 생에 반드시 부처가 될 것을 맹세한 마음에 거리낌이 없는 심출가의 길을 들어섰다는 것과 우리나라 삼현 문중의 비구니 의발을 은사스님께서 전수해 주셨다는 기쁜 사실입니다. 이것 빼고는 뒤늦게 삭발한 지 얼마 안 되어 은사스님께서 열반하시고 그야말로 경제적으로도 험난한 길을 걸어온 지 벌써 20년이 되었습니다.

하지만 이런 고충이야 별 부끄러움도 아니고 사소한 것들 또한 문제가 아닙니다. 그때그때 잘 도와주신 불보살님들이 계셨으니 자다가 일어나도 지극히 행복하고 자유롭게 여여한 주인공으로 살아갈 수 있다는 사실이 이 세상 그 무엇과도 비교 안 되는 아름답고 향기로운 사건으로 여기며 살아가고 있습니다.

본 논서가 세상에 나오기까지 백천만겁이 지나도 만나기 힘들었을 선수행과 그리고 무문관 폐관수행과 함께 판치생모 화두를 성성히 하는 수행의 과정에서 헐떡이는 나를 편히 쉴 수 있게 한 고귀한 선지식들과의 기연機緣에 감사와 참회의 마음으로 향 공양을 올립니다.

지금 생각하면 짧은 인연이었지만 귀한 화두수행의 인연을 맺어 주신 전 자 강 자 큰스님, 전통선과 염불을 알게 해 주신 청 자 화 자 큰스님, 백양사의 서옹 큰스님 그리고 해인사의 성철 큰스님, 송광사의 구산 큰스님, 법정 큰스님, 서울에서 교직생활을 하다가 뒤늦게 철들게 해 주신 동사섭의 용타 큰스님과 고집멸도 인경 큰스님, 그리고 어려운 일이 있을 때마다 지도와 편달을 아끼지 않으신 지운 큰스님과 영관 큰스님, 어머니같이 함께해 주신 경현 큰스님과 대화 큰스님께도 지면을 빌려서나마 감사의 마음으로 예배합니다.

출가하여 구족계를 수지하고 올곧은 선객의 자유로움과 활발한 세계를 알게 해 주신 은사이신 승가사 상 자 륜 자 그리고 수덕사 견성암의 법 자 희 자 저의 노스님께도 지극한 마음으로 감사의 삼배를 올립니다.

교학을 탁마하는 동안 동국대학교 대학원 교육학과의 상담심리 박사 과정에서 만났던 김성훈, 고진호, 조상식, 박현주 교수님과의 지중한 인연과 선학과의 박사 과정에서 지도해 주신 혜원, 종호, 보광, 법산 정덕 큰스님과 지도교수 정도 큰스님께 감사의 마음을 드립니다.

아울러 이 졸고를 세상 밖으로 끌어 주신 담앤북스 오세룡 대표님과 마케팅을 담당해 주신 이주하 부장님, 편집을 담당해 주신 손미숙, 최지혜 님께도 깊은 감사의 마음을 전합니다.

지금까지 역대 조사들의 금과옥조와 같은 공안들을 희롱하고 머터롭게 굴었으나 이는 오로지 함께하고자 한 간절한 서원에서 시작한 것이니 부디 용서하여 주시길 바랍니다.

지금 여기 오기까지 함께해 주신 님들께 말로 표현할 수 없이 감사드리며 이제 연꽃 만나고 가는 바람같이 다시 먼 길을 떠나려 합니다.

불기 2566년 정월

백두대간 속리산 청운사 여여선원에서

무각 합장

I

서문

1. 연구 목적

현대를 살아가고 있는 우리는 편리하고 풍요로운 문명을 누리는 데 반해 정신은 오히려 더 소외되고 피폐해지고 있다. 이러한 현상에 대해 근·현대의 중흥조인 경허선사의 법을 이은 만공선사는 일찍이 『만공어록滿空語錄』「만공법훈滿空法訓」[1]에서 "현대의 과학이라고 하는 것이 제아무리 만능을 자랑하고 있다고 하지만 이것이 자타를 위해 순용되지 않고 역용되고 있으니 이에 반드시 정신精神과 물질物質이 일치一致되어야만 전 인류全人類는 비로소 안정安定된 생활生活을 하게 될 것이며 정신적인 문명文明을 잘 건설建設하여 잘 살게 될 수 있을 것이다."라고 설하셨다.

이렇듯 현대사회의 시대적인 요구로 인해 바람직한 정신세계의 건강함을 구현하기 위한 다양한 명상 프로그램도 증가되기 시작했으며 이에 한 발 더 나아간 수행법으로 핸드폰과 컴퓨터 등을 완전히 놓아 버리고 바깥세상과의 온전한 '자기단절自己斷絶'을 통해서 궁극적인 참다운 주인공인 자아를 찾아보고자 하는 수행법으로 무문관無門關이라고 하는 적극적이고 역설적인 대안도 대두되기에 이르렀다.

이 무문관이라고 하는 폐관수행閉關修行[2]은 출가 수행자들만의 전

---

1 滿空月面, 「上堂示衆」, 한국불교학회, 1997, pp. 11~12.

2 사이토 다카시, 정은주 역, 『혼자 있는 시간의 힘』, 위즈덤하우스, 2015, pp. 188~189.

유물이었지만 이제는 재가자들에게까지 개방되었으며 익숙한 것으로부터 빠져나와 그것들로부터 단절하는 시간과 공간을 개방하여 오늘날까지도 주목받고 있다.

수행의 한 방법으로서 무문관이라는 폐관수행의 기원은 다름 아닌 석존釋尊인데 불교의 모든 분야에서 그 효시曉示는 언제나 석가모니 부처님이듯이 무문관 수행의 원조元祖도 역시 석존이다. 아울러 이러한 시절인연時節因緣에 동참同參하는 의미로 선가禪家의 공안집公案集인 『무문관無門關』의 재조명再照明도 그 필요성이 대두되기에 이르렀다. 『무문관』은 무문혜개(無門慧開: 1183~1260)선사가 선종禪宗 공안公案이라고 하는 48개의 공안을 엄선하여 텍스트 삼아 이에 평창評唱과 게송偈頌을 붙인 것으로 1228년에 제자인 미연종소彌衍宗紹가 편찬한 것이며 정확한 명칭은 『선종무문관禪宗無門關』이며 이를 약칭하여 『무문관』으로 부르고 있다.

본 연구에서는 이 문門 없는 세계世界의 관문關門을 투과透過하기 위해 치열하게 내면內面의 경계境界와 마주서고 있는 48개의 공안公案을 엄선한 공안집公案集인 『무문관』에 나타난 병통病痛과 치유治癒에 관한 실례實例들을 원문原文의 해석解釋을 통하여 옛 선사禪師들이 학인學人을 제접提接하는 과정過程으로 살펴볼 것이다.

본 논서의 저술 목적은 공안집公案集인 『무문관』에 나타난 병통 및 치유에 대한 고찰考察을 통通하여 정법正法의 안목眼目을 명확히 하고 각자의 수행에 더욱 보탬이 되고자 함에 있다. 아울러 자신의 내면에서 확철廓徹한 교훈敎訓이 세워질 수 있도록 하기 위해 이를 함께 나누어 보고자 한다. 또한 현대인現代人의 근기根機에 맞는 새로운 간화선 수행법을 함께 접목할 수 있을지에 대해서도 모색摸索해 보도록 하겠다.

우리가 가장 건강健康한 상태를 알려면 오히려 건강하지 못한 상태를 기준으로 하여 그 근거를 삼듯이 수행납자들의 깨달음을 향한 병통과 그 치유에 대해 공안집『무문관』에 나타난 실례實例를 고찰考察해 봄으로써 나아가 깨달음을 향한 바른 정진精進의 지침이 되고자 한다.

2. 연구의 방법 및 범위

『신심명信心名』[3]에 보면 불법佛法을 수행修行하는 과정에서 순응하고 위배함이 서로 다투어 심병心病이 된다고 하였으며 스승과 제자의 접인과정接引過程에서 '고황膏肓의 병病'[4]이라고 하여 이 병통病痛에 대해서는 이미 수많은 선어록禪語錄 등에서 언급한 바 있다.

병통은 불법의 대의를 체득하지 못하여 깨달음에 이르지 못하고 불심으로 반야般若의 지혜智慧를 활용하지 못한 중생심인 삿된 견해이며 고치기 힘든 것이라 하겠다. 이러한 병통을 반드시 치유할 수 있어야만 비로소 깨달음을 이룰 수 있기에 무엇보다 석존께서도 수행의 과정에서 발에 상처가 나거나 가시에 찔리거나 머리와 등의 통증과 같은 병통을 겪으셨다고 하신 바 있다.[5]

본 연구硏究에서는 공안집『선종무문관』에 나타난 깨달음으로 나아가는 수행자修行者들의 수행과정修行過程에서 나타나게 되는 병통을『무문관』에서 무문혜개선사가 직접 제시提示한 열 가지 병통인「선잠禪箴」을 기준으로 분류하였으며 공안집인『무문관』의 공안公案을 직접 원문原文을 중심으로 해석解釋하여 여기에 나타난 병통과 치유의 예에 대해 고찰考察해 보고자 한다.

---

3 『信心銘』(T48, 376b), "違順相淨 是爲心病."

4 宗浩 著,『臨濟禪 硏究』, 경서원, 서울, 1996, PP. 433~456.

5 박청환(정덕), "테라바다(Theravāda)의 붓다관—Pubbakammapiloti를 중심으로~", 불교학연구 15호, 2006, PP. 223~246.

『무문관』은 무문無門선사가 48개로 엄선한 공안집이기 때문에 다른 공안집에 비해 비교적 단순하며 공안들은 무자화두無字話頭를 중심으로 하여 펼쳐진 선지禪智가 매우 돋보이는 매력을 지니고 있다.

이『무문관』을 주요 텍스트로 선택한 이유는 무문혜개선사가 직접 병통으로 제시한「선잠」을 중심으로『무문관』에 나타난 병통 및 치유의 예에 해당하는 공안들을 분류하였기에 이 병통 및 치유의 과정과 방편方便들을 꿰어 보기만 해도 이것이 참학자들에게 깨달음을 위한 정법의 안목을 확철하게 보여 줄 수 있다는 믿음에서 시작되었기 때문이다.

『무문관』에 나타난 병통에 대한 고찰을 위해『무문관』원전原典의 내용을 다룬 1차적 자료로는 추월용민秋月龍珉·추월진인秋月眞人 저著, 혜원慧源 역譯,『무문관으로 배우는 선종어록 읽는 방법』[6] 과 이희익 저著,『무문관』[7] 등이 있으며[8] 논문으로는 박길석의「주석적註釋的 연구」[9] 등『무문관』에 관한 다양한 주석서註釋書 및 참구參究에 대한 다양한 주석서[10]와 논문論文 등이 있다.

---

6 秋月龍珉·秋月眞人 著, 慧源 譯,『無門關으로 배우는 선어록 읽는 방법』, 운주사, 1996.

7 李喜益 著,『無門關』, 경서원, 1992.

8 한자와 현토 및 해설과 이해를 위해 이희익 저『무문관』과 강선주의『매달린 절벽에서 손을 뗄 수 있는가?』, 동녘, 2014 등을 참조하여 수정 보완하였다.

9 박길석,「『無門關』의 註釋的 硏究」, 중앙승가대학 석사학위논문, 2005.

10 無一 又學 著,『무문관 강론』, 도서출판 좋은인연, 2013.

아울러 본 연구에서는 『무문관』 병통[11]에 대한 분류를 위해 『무문관』에서 무문혜개선사가 직접 설說한 선禪수행자의 병통을 지적한 「선잠禪箴」[12]의 열 가지 병통을 항목별로 분류하여 이에 해당하는 48개의 공안을 배대하여 분류한 후 각 공안 속에서 옛 선사들이 병통에 빠져 있는 제자에게 제시하고 있는 병통과 치유의 메시지를 끌어내고자 한다.

병통에 대한 논문은 그 중요도에 비해 그리 많지 않지만 최성렬崔成烈의 「간화십종看話十種 선병禪病의 체계적體系的 분석分析」(불교학보 28, 동국대학교 불교문화연구원)[13]과 이동준의 「혜심慧諶 간화선看話禪에서의 대오지심待悟之心의 문제問題」(한국불교학 17, 한국불교학회),[14] 그리고 이덕진의 「간화선看話禪의 구자무불성狗子無佛性에 대한 일고찰一考察」(한국선학 1),[15] 박태원의 「간화선看話禪 화두話頭 간병론揀病論과 화두話頭의심의 의미意味」(불교학연구 27)[16] 등이 있으며 병통에 대한 선험연구先驗研究에는 최성렬崔成烈이 진각혜심眞覺慧諶의 간병론揀病論을 분석分析한 연구와 이동준이 기존의 선지식이 설說한 것을 반

---

11 晧明 著, 『선문답의 세계와 깨달음』, 민족사, 1993.

12 鄭戊煥, 「참선수행과 禪病의 문제」, 한국불교학 50호, 2008.

13 崔成烈, 「간화십종 선병의 체계적 분석」, 불교학보 28, 동국대학교 불교문화연구원, 1991, pp. 215~236.

14 이동준, 「혜심 간화선에서의 대오지심의 문제」, 한국불교학 17, 한국불교학회, 1992, pp. 473~491.

15 이덕진, 「간화선의 구자무불성에 대한 일고찰」, 한국선학 1, 2007, pp. 189~213.

16 박태원, 「간화선 화두 간병론과 화두의심의 의미」, 불교학연구 27, 2009, pp. 155~211.

복反復하면서 하심下心을 강조强調한 것과 이덕진의 여러 가지 병통을 비교比較한 연구 등을 참고하였다.

또한 정무환鄭戊煥(성본)은 선병禪病이 심병心病으로부터 온 것이라고 하면서 정법正法의 안목眼目을 강조하였으며 박태원은 「간화십종병看話十種病의 연원淵源」(범한철학 42)에서 간병론看病論 속에 내재한 공안公案의 이치理致를 분석하거나 새로운 시도를 보이고 있다. 그러나 지금까지 스승과 학인學人 간에 이루어진 선문답禪門答의 과정過程에서 그 의심의 출처를 살펴보고 이에 대해 수행 과정에서 발생 가능한 병통病痛과 치유治癒에 대한 주제를 가지고 시도한 연구는 없었다. 이렇게 자신과 마주한 공안집『무문관』의 48개 공안을 확철하게 꿰어 이를 분류할 수 있기 위해서는 무문관 폐관수행의 실참實參도 반드시 필요할 수밖에 없다.

따라서 본 연구硏究는 이 말 없는, 문 없는 관문이라 하는 선가禪家의 핵심적核心的인 지침서指針書라 하는 공안집『선종무문관禪宗無門關』에 엄선된 48칙의 공안을 다루고 있다. 수행과정에서 나타나는 병통을 무문혜개선사가 직접 납자들에게 병통으로 제시提示한「선잠禪箴」을 기준으로 하여 48개의 공안을 병통에 해당하는 예로 분류하였으며 공안집『무문관』에 나타난 해석을 통해 이 병통과 치유에 대한 방편을 분석해 보는 방법으로 진행하고자 한다. 또한 이러한 연구를 통해 전통傳統을 계승繼承하면서도 현대인現代人의 근기根機에 계합契合하는 간화선看話禪 수행법修行法의 모색摸索까지 함께 도모해 보고자 한다.

II

무문관無門關의 의의意義

선禪이란 마음을 일깨우고 진실함을 깨우치는 것이다. 아울러 비본질적인 것을 내려놓을 수 있을 때야말로 비로소 진실한 체험의 세계가 이루어지게 된다. 즉 교외별전教外別傳 불립문자不立文字[17] 직지인심直旨人心 견성성불見性成佛[18]을 지향하는 바가 그것이다.

『무문관無門關』이란 문자 그대로 문門 없는 관문關門이다. 선禪의 세계에서는 논의로도 분석할 수가 없고 논의로 분석하면 바로 그 논의와 목적에 어긋나게 되어 버리는 세계이다. 왜냐하면 선禪의 세계는 입을 열어 말하는 것이 아니고 조사의 무분별지無分別智로부터 나오는 언어동작의 결정체를 보여 주고 있기 때문이다.

그럼에도 불구하고 우리나라는 간화선의 종주국이라고 자처하면서도 선禪 자체의 말 없는 세계인 특성으로 인해 이렇다 할 지도 체계나 이에 따른 면밀한 교육은 거의 없으며 이루어지지도 않고 있는 실정이다.

이렇듯 선禪의 그 단맛을 갈구해 오면서 이 복잡다단複雜多端한 시대를 살아가야 하는 오늘날의 우리에게 『무문관』의 재조명은 귀한 선禪의 지침서指針書로서의 역할을 단단히 하여 줄 것이다.

---

17 『祖堂集』 第六卷 「石霜和尙」 (K119, 475c), "三世诸佛不能唱 十二分教载不起 三乘教外别传 十方老僧口 到这里百杂碎." "화상께서 시중하시기를 삼세의 부처들도 말하지 못했고 십이분교에도 기록하지 못했으며 삼승의 교외별전으로도 싣지 못했고 시방의 노승들의 입도 여기서는 산산이 부서졌다."고 하였다.

18 『黃檗山斷際禪師傳心法要』 (T48, 384a), "六祖云 如是 到此之時方知祖師 西來直指人心見性成佛 不在言說直旨人心 見性成佛." "육조가 말씀하시기를 '그렇도다.'라고 하셨다. 이제 조사가 서쪽에서 오시어 사람의 마음을 바로 가리켜 성품을 보아 부처를 보게 하심이 언설에 있지 않음을 바야흐로 알 것이로다."

또한『무문관』의 48개의 공안은 나와 마주하기 전에 사방에 벽뿐인, 그래서 문이 없는 방이 될 수 있어 실제 수행과정에서도 납자衲子의 상징적象徵的인 공간空間이 되어 줄 수 있다. 예를 들어 그곳이 교도소나 동토라고 할지라도 이를 무문관無門關으로 만들기 위해서는 주체가 바로 화두話頭인 무자無字를 들 수 있어야 한다고 강조하고 있는데 이는 수행자修行者가 간절懇切한 마음으로 드는 화두話頭의 유무有無에 따라 그곳이 극락極樂도 되었다가 지옥地獄도 되기 때문이다.

수행자는 이 문門 없는 관문關門을 넘어서기 위해서는 무자화두 타파를 통해서만이 가능한 일이라고 할 수 있겠고 이 화두를 타파하게 되면 그 문門이 열려 있었다는 것을 비로소 깨닫게 되며 또한 소아小我로서의 삶을 벗어 버리고 대아大我로서의 새로운 세계[19]를 인식하게 하는 이 문門 또한 없어지는데 이것이야말로 곧 무문지경無門之境이라는 것이다. 바로 이 무자화두는 공안집인『무문관』에 의해 그 사상적思想的 토대土臺와 함께 수행의 방향方向을 제시하고 있는 지남指南이 될 수 있다고 할 수 있다.

다음은 공안집『무문관』의 특징特徵과 저자인 무문혜개선사의 행장行狀에 대해 간략하게 살펴본 것이다.

---

19 김방룡,『불교수행법』, 민족사, 2009. p. 29.

1. 공안집公案集 『무문관無門關』의 특징特徵

1) 무문혜개無門慧開선사 행장行狀

무문혜개선사의 행장은 『오등회원속략五燈會元續略』 권2,[20] 『증집속전등록增集續傳燈錄』 권2[21] 등에서 볼 수 있다. 무문혜개(1183~1260)선사는 남송南宋 순희淳熙 10년(1183)에 절강성 항주杭州 전당錢塘의 양저良渚에서 태어났으며 선사의 속성은 양梁씨이고 천룡굉天龍肱선사를 의지하여 출가出家하였으며 제방의 선지식들에게 두루 참문參門하였다. 평강平江의 만수사에서 '조주무자趙州無字' 공안을 참구參究하던 중에 임제종 양기파의 6세 법손인 월림사관月林師觀의 문하門下에서 6년간 용맹정진勇猛精進하면서 북소리에 깨침을 얻어 월림사관月林師觀선사의 인가認可를 받아 그 법맥法脈을 이었다. 무문선사는 가정嘉定 11년(1218), 선사의 세납 35세 때에 안길산安吉山의 보국사報國寺 주지住持가 되었다.

이후에 강흥降興 천녕사天寧寺, 취암사翠巖寺, 황룡사黃龍寺, 진강초산鎭江焦山의 보제사普濟寺, 평강平江의 개원사開元寺, 건강健康의 보녕사保寧寺 주지住持 소임所任에 임하였으며 순우淳祐 6년(1246)에는 호국인왕사護國仁王寺를 개창하기도 하였다.

선사의 용모는 매우 마른 모습에 머리카락은 검푸르고 장삼 차

---

20 『五燈會元續略』 卷二 (X80, 479c18), "杭州梁氏子 參月林 看無字話六年無省…."

21 『增集續傳燈錄』 卷二 (X83, 284b07), "杭州良渚人 俗姓梁 母宋氏 禮天龍肱和 尚為受業師 參月林於蘇之萬壽 林令看無字話…."

림이 매우 누추하였고 언변은 눌변이었다고 한다. 이종 황제理宗皇帝가 법요식法要式을 열어서 나라에 가뭄이 들었을 때 비를 내리게 해 준 선사에게 궁중의 선덕전選德殿에서 불안佛眼이라는 시호와 함께 금란가사를 내렸다. 경정景定 1년(1260) 4월, 78세에 입적하였다.

2) 공안집公案集 『무문관無門關』

공안집인 『선종무문관禪宗無門關』은 원오극근圓悟克勤선사의 『벽암록碧巖錄』[22] 완성完成 이후以後 100년 뒤에야 출현出現한 것이다. 이에 무문혜개선사는 선가禪家에 떠도는 48개의 공안을 엄선嚴選하여 이에 평창評唱과 게송偈頌을 하였다.

그리하여 무문선사의 제자인 미연종소彌衍宗紹가 이를 편집한 것을 1228년에 남송南宋의 이종 황제理宗皇帝의 즉위식卽位式에 맞추어 이를 기념하기 위해서 수행납자修行衲子들을 위한 선수행禪修行의 지침서指針書로 간행刊行하게 된 것이다.

『무문관』은 제1칙인 조주무자趙州無字 화두話頭를 득得하게 되면

---

22 『碧巖錄』: 1135년경에 만들어져서 '벽암(碧巖)'이란 개조 선회(善會)가 그 깨달음의 경지에 대해 "원숭이가 새끼를 안고 푸른 산 그림자로 사라지고, 작은 새는 꽃을 물어 푸른 바위 앞에 떨어뜨린다."라고 말한 고사에서 유래한다. 『碧巖錄』 10권은 본칙(本則), 송(頌), 수시(垂示), 저어著語, 착어(着語)라고도 하며 평창(評唱)의 다섯 부분으로 이루어져 있다. 〈본칙〉은 설두가 가려낸 100칙으로 이루어진 것으로, 고전적 선자(禪者)의 문답공안(問答公案)으로 이루어졌으나 이보다 100년 후에 출현한 『무문관(無門關)』은 선가(禪家)에 떠도는 1700 공안 중 핵심적인 48개의 공안을 편찬하였다.

전부를 득得했다고 해도 과언이 아닐 정도로 나머지 47칙의 공안은 모두 이를 위한 공안이라 할 수 있다. 무문선사 자신이 이 공안을 참구하여 6년을 수행하던 중에 문득 공양을 알리는 북소리에 깨쳤기 때문이기도 하다.

선사는 이 공안에 대해 확신을 가지고 제자들을 제접했으며 당호堂號도 무문無門으로 하였고 편집한 공안집 또한 『무문관』이라고 하였다. 그리하여 『무문관』의 제1칙도 역시 「조주구자趙州狗字」이다. 이렇듯 무문혜개선사의 의도가 이 화두 하나에 응집되었다고 할 수 있으며 나머지 47칙의 공안도 이 화두의 연장선상에 있다고 할 수 있다. 예를 들어 『벽암록碧巖錄』이나 『종용록從容錄』이 공안 개개의 칙을 각각 동등한 위치로 배열하고 있다면 『무문관』은 이와는 달리 조주무자趙州無字를 항상 최고의 위치에 두고서 나머지의 공안을 부수적으로 처리하였다는 것을 볼 수가 있다.

이 조주구자趙州狗字 공안의 무無란 이 세상에서 말하는 있고 없는 상대적相對的인 무無가 아니라 유무有無의 분별을 끊어 버린 절대적인 무無를 말한다. 이는 깨달음의 경지를 무無라고 표현한 것인데 『무문관』에서는 이 무자無字의 탐구探究가 전편全篇에 깔려 있다.

김석암은 「무문관無門關 공안公案에 나타난 유무상즉有無相卽의 논리체계論理體系」[23]에서 『무문관』에 나타난 공안公案을 내용별內容別로 정리한 바 있는데 여기에서는 공안을 세 가지 부류로 나눈다. 첫

23 김석암, 「無門關 公案에 나타난 有無相卽의 論理體系」, 보조사상 28집, 2007.

째로 존재실상인 유有에 초점을 맞춘 공안과 둘째로 열반적정涅槃寂靜인 무無에 초점을 맞춘 공안이며 셋째로 연기중도의 유무상즉有無相卽에 초점을 맞춘 공안이 그것이다. 결론적으로 이 세 가지는 하나로 통하기 때문에 바로 조주趙州의 무자無字가 시작이면서 끝이라 할 수 있겠다.

다음은 공안집『무문관』의 구성체계構成體系를 더 자세히 살펴볼 수 있도록 공안집『무문관』을 이정섭이 네 가지로 분류한 화두話頭의 유형類型을 살펴본 것이다.[24]

3) 공안집公案集『무문관無門關』 화두話頭의 네 가지 유형類型

『무문관』의 공안은 주제에 따라 화두話頭의 유형類型을 몇 가지 형태로 분류해 볼 수 있다.『무문관』은 공안의 순서가 무목적으로 배열되어 있지 않아서 공안에 따라 순서대로 찾아가다 보면 어느덧 간화선看話禪의 화두에 도달하게 되는 것이 특징이라 하겠다. 다른 공안집처럼 많은 공안을 수록하고 있는 것도 아닌데 번뜩이는 선지禪智가 돋보이는 장점이 있다.

다음은『무문관』의 화두를 크게 네 가지 유형으로 분류한 것이다.

첫째는 단도직입형單刀直入型 공안으로 이는 불교의 근본根本 진리

---

24 이정섭(지광),「간화선 수행론 연구~화두참구의 원리와 방법론을 중심으로」, 서울대학교대학원, 박사학위논문, 2009.

眞理에 대해서 혹은 불성佛性에 대해서 단도직입적으로 직접 물어보는 유형이다. 예를 들어 '달마대사가 서쪽에서 온 뜻이 무엇인가?' 또는 '만법과 짝하지 않은 것은 무엇인가?' 하면서 단도직입적으로 물어보고 있다. 『무문관』의 제12, 15, 23, 25, 27, 28, 29, 30, 41, 47칙이 이에 해당된다.

둘째로 격외도리형格外道理型 공안은 세속적인 이치와 알음알이 논리에는 전혀 맞지 않은 공안의 유형이다. 예를 들어 '명월을 껴안으니 토끼가 아이를 밴다.' 혹은 '아이를 밸 수 없는 돌로 된 석녀가 아이를 밴다.' '달마에게는 수염이 없다.' 등 동문서답의 상식을 파괴하는 어법으로 알음알이의 논리는 무의미함을 보여 주고 있는 유형이다. 『무문관』의 제1, 2, 4, 8, 9, 10, 13, 14, 16, 20, 26, 32, 33, 34, 35, 38, 39, 40, 42, 45, 46, 48칙이 이 유형에 해당된다고 할 수 있겠다.

셋째로 제법실상형諸法實相型 공안은 일상日常의 생활生活에서 있는 그대로의 참된 본성本性이 모두 다 드러나고 있음을 말하는 것으로 예를 들어 "자네 공양은 다 마쳤는가? 공양을 마쳤으면 발우를 씻게."라든가 "차나 마시고 가게나[喫茶去]!", "뜰 앞의 잣나무니라."와 같이 일상에서 누구나 들어보았음직한 화두유형話頭類型을 들 수가 있다. 이에 해당하는 공안은 『무문관』의 제3, 6, 7, 11, 17, 18 , 19, 21, 22, 24, 37칙이다.

넷째로 진퇴양난형進退兩難型 공안이 있는데 예를 들어 "말해도 30방을 줄 것이고 말을 하지 않아도 30방을 줄 것이다."라고 하거나 어떤 사람이 나뭇가지를 입에 물고서 매달려 낭떠러지 위에 있는데 "그대가 말하면 천 길의 낭떠러지로 떨어질 것이고 말하지 못해도 30방을 줄 것이다."라고 하는 화두유형이다. 말해도 안 되고 말 안 해도 안 되는 진퇴양난형으로 이에 해당하는 공안은 『무문관』 제5, 31, 36, 43, 44칙을 그 예로 들 수 있다.

2. 『무문관無門關』의 현대적現代的 의미意味

1) 『무문관無門關』의 세 가지 입장立場

『무문관』의 참 내용은 불가사의하고 말로 형용해서는 짐작하기 어려운 것이지만 이를 통通하여 각각各各의 일대사一大事 인연因緣이 해결解決될 수만 있다면 이것만으로도 충분히 감사感謝한 기연機緣으로 다가올 수 있을 것이다.

박정근은 「선종무문관禪宗無門關 연구硏究」[25]에서 무문관無門關이라는 합성어의 의미를 읽어 내고 이를 문법적으로 분석하면서 이 삼중의 관문을 세 가지 입장으로 정리하였다.

첫 번째 입장은 무문관無門關인데 이것은 문이 없는 관문關門이라는 입장이다. 이러한 입장은 커다란 암벽과도 같은 관문을 아예 깨부수어 버리든가 아니면 이 관문을 넘어서 가든가 하는 입장이다. 이 무문관의 입장은 실제實際로 존재存在하는 세상을 의미하고 있으며 이 관문은 모든 환幻을 깨뜨려 주는 입장이다.

둘째로는 무문관無門關이다. 이것은 문門도 없고 관문關門도 없는 관문으로 그냥 유령처럼 지나가면 되는 문門의 입장이다. 언제 이 문을 지났는지 그렇지 않았는지 모른다는 것이다. 그런데 이 문은 환幻이 아니기 때문에 있다고 여기고 있는 생각을 완전히 깨뜨려 버릴 수가 있다는 것이다.

---

25 박정근, 「禪宗無門關 硏究」, 中國學硏究 제46집, 2008, pp. 241~260.

세 번째 입장은 무無의 문관門關으로 이 관문은 단지 무無라는 관문을 통과해야 한다는 입장이다. 이 관문을 통과하게 된다면 환상과 실제가 모두 다 환상幻想임을 보고 무소득지일미無所得之一味에 이른다고 하였다.

따라서 이 세 관문은 모두 무無와 함께 모두 다 없어져서 조금도 남음이 없는 무여無餘의 경지境地에 이를 수 있게 된다고 하였다.

2) 무자공안無字公案의 선종사적禪宗史的 배경背景 및 탁월성卓越性

(1) 조주무자공안趙州無字公案의 탄생誕生 배경背景

『열반경涅槃經』에는 '일체중생一切衆生 실유불성悉有佛性'[26]이라고 하였다. 그러면 조주선사는 어떤 이유로 '무無'라고 하였을까? 이에 대해 질문한 학인學人에게는 조주趙州선사 역시 부처님과 같은 존재였을 것이다.

여기서 학인에게는 하나의 딜레마가 형성되는데 조주선사가 설說한 '없다'와 석존釋尊께서 설說한 모든 존재에 불성佛性이 '있다'가 그것이다. 이는 질문하는 학인學人의 내부에서 첨예하게 대립을 일으키게 되는데 이에 학인은 은산철벽으로 앞으로도 갈 수도 없고 뒤로도 물러날 수도 없게 되어 버린다는 것이다. 먼저 조주무자趙州無字의 탄생誕生 배경背景을 논論하기에 앞서 무문선사의 게송偈頌

26 『大般涅槃經』(T12,402b15), "智者了知 一切衆生悉有佛性 了義者了達一切大乘經典."

을 살펴보도록 하겠다.[27]

구자불성狗子佛性 개의 불성이
전제정령全提正令 불타의 바른 명령으로 전체를 드러냈다.
재섭유무纔涉有無 유무 분별로 건너려고 한다면
상신실명喪身失命 눈 깜짝할 사이에 목숨만 잃게 되리라.

공안公案은 오조법연(五祖法演: 1204~1104)선사의 상당법문上堂法問에서 출현하여 대혜종고(大慧宗杲: 1089~1163)선사에 이르기까지 공안의 새로운 실천방법론으로 형성되었다. 그리하여 무문혜개無門慧開(1183~1260)에 와서 비로소 엄선嚴選된『선종무문관禪宗無門關』으로 완성되었으며 특히 이 공안은 지금까지도 그 생명력生命力을 지닌 활발발活潑潑한 공안으로 자리매김하여 왔다.

특히 대혜종고선사의 간화선도 또한 일체의 모든 분별망상을 버리게 하는 절대적인 방편方便이면서 무분별지의 근원인 본래심本來心

27 『禪宗無門關』「第一則 趙州狗字」(T48, 292c23~293a12), "趙州和尚因僧問 狗子還有佛性 也無 州云 無門曰 禪須透祖師關 妙悟要窮心路絕 祖關不透 心路不絕 盡是依草附木精靈 且道 如何是祖師關 只者一箇無字乃宗門一關也 遂目之曰禪宗無門關 透得過者非但親見趙州 便可與歷代祖師 把手共行 眉毛廝結 同一眼見 同一耳聞 豈不慶快 莫有要透關底 麼將三百六十骨節八萬四千毫竅 通身起箇疑團 參箇無字 晝夜提撕莫作虛無會 莫作有無會 如吞了箇熱鐵丸 相似吐又吐不出 蕩盡從前惡知惡覺 久久純熟自然內外打成 一片如啞子得夢 只許自知 驀然打發 驚天動地 如奪得關將軍大刀入手逢佛殺佛 逢祖殺祖 於生死岸頭得大自在 向六道四生中 遊戲三昧 且作麼生提撕 盡平生氣力 舉箇無字 若不間斷好 似法燭一點便著 頌曰 狗子佛性 全提正令 纔涉有無喪身失命."

을 깨닫게 함을 강조하는 이 조주무자趙州無字가 그 중심이 되고 있다.

간화선의 수행 과정에서 가장 핵심이 되는 것은 어떻게, 무슨 화두를 간할 것인가의 문제가 가장 크다고 할 수 있다. 간화선의 주창자인 대혜종고선사도 이 문제를 거론하였지만 아마도 체계화된 모습을 보이고 있는 것은 오히려 우리나라에 와서 고려 말 보조선사의 경우가 더 탁월하다고 하겠다.

보조선사도 한결같이 구자무불성화狗子無佛性話를 역설力說하였고 간화십종병看話十種病 혹은 선문십종병禪門十種病, 선병禪病으로도 불리는 간화선에서의 선병은 바로 이 구자무불성화의 무자화두를 간看할 때 나타나는 문제점과 관련된 것이다.

이는 또한 보조국사의 제자인 진각혜심(眞覺慧諶: 1178~1234)으로 와서 『구자무불성화간론狗子無佛性話揀論』[28]을 낳게 했으며 백파긍선(白坡亘璇: 1767~1852)도 『선문수경禪文手鏡』[29]에서 혜심국사의 『구자무불성화간병론狗子無佛性話揀病論』을 과목科目으로 나누어 논論하여 학인들로 하여금 수행에 지침이 되도록 하였던 것이다.

---

28 『曹溪眞覺國師語錄』「狗子無佛性話揀病論」(H6, 69b1~70b20), "十種病 略而言之則 不出思議不思議." "십종병의 요점만 간략하게 말하면 思議와 不思議라는 양단에서 생기는 병통에 지나지 않는다."

29 白坡亘璇, 『禪文手鏡』(H10, 520b10~16), "若第一句薦得 堪與佛祖爲 師(祖師禪) 第二句薦得 堪與人天 爲師(如來禪) 第三句薦得 自救不了(義理禪)…." "만약 제 일구에서 곧장 알아차리면 감히 제불과 제조사들의 스승이 된다(조사선). 만약 제 이구에서 비로소 알아차린다면 감히 인간세계와 천상세계의 스승이 된다(여래선). 만약 제 삼구에 이르러서야 겨우 알아차린다면 자신도 구제하지 못한다(의리선)…."

이렇듯 대혜 이후에 무자화두는 13세기 동북아시아 불교계의 중요한 수행의 흐름으로 자리매김하여 왔다고 하겠다.

다음은 무자화두에 대한 이해를 더하기 위해 『무문관』의 핵심 공안이라 할 수 있는 『무문관』 제 일칙第一則 「조주구자趙州狗子」[30]에서 이 무자無字에 대해 무문혜개선사가 설한 내용을 소개한 것이다.

> 참선參禪이라 하는 것은 모름지기 조사관祖師關을 투과透過해야만 하는데 이 오묘한 깨달음에 이르려면 궁극에 마음 길이 끊어져야만 한다. 이 조사관을 뚫지 못하고 마음의 길을 끊지 못한다면 이것은 짚으로 만든 허수아비와 같다고 할 수 있다. 말해 보아라. 조사관이란 무엇인가? 오로지 이 '무자無字'만이 종문宗門의 일관문一關門이다. 이를 일컬어서 선종무문관禪宗無門關이라 한다.

---

30 『禪宗無門關』「第一則 趙州狗子」(T48, 292c25), "無門曰 參禪須透祖師關 妙悟要窮心路絕 祖關不透 心路不絕 盡是依草附木精靈 且道 如何是祖師關 只者一箇無字 乃宗門一 關也 遂目之曰禪宗無門關 透得過者 非但親見趙州 便可與歷代祖 師把手共行眉 毛廝結 同一眼見 同一耳聞 豈不慶快 莫有要透關底 麼將三百六十骨節八萬四千毫 竅 通身起箇疑團 參箇無字 晝夜提撕 莫作虛無會 莫作有無會 如吞了箇熱鐵丸 相似吐又吐不出 蕩盡從前惡知惡覺 久久純熟 自然內外打成 一片如啞子得夢 只許 自知 驀然打發驚天動地 如奪得關將軍大刀入手 逢佛殺佛 逢祖殺祖 於生 死岸頭得大自在 向六道四生中 遊戲三昧 且作麼生提撕 盡平生氣力舉箇無字 若不間斷 好 似法燭一點便著."

이를 터득한 이는 조주선사를 친견할 뿐만 아니라 마치 역대 조사와 손을 잡고 같이 행하여 역대 조사와 더불어 눈썹을 맞대고 그와 같은 눈으로 보고 그와 같은 귀로 들을 수 있게 되리라. 이 어찌 경쾌하지 않으랴. 자! 이 관문을 뚫고자 하는 이가 있느냐, 없느냐? 삼백육십 마디의 골절骨節과 팔만사천의 털구멍이 전신에 의단疑端을 일으키니 밤낮으로 이 무자無字를 들어서 참구參究하기를 헛된 알음알이를 짓지 말고 있다 없다는 알음알이도 짓지 말 것이며 마치 불에 담근 쇳덩이를 삼킨 것같이 하여 토하고 토해도 나오지 않게 하면서 온전히 어떤 생각도 없이 오래오래 두고 순숙純熟하게 되면 자연히 안팎이 하나가 되기에 이른다. 이것은 마치 벙어리가 꿈을 꾸듯이 혼자서만 알다가 문득 깨달아 분명해지게 되면 땅이 흔들리고 하늘이 놀란 듯하여 관우 장군이 큰 칼을 빼앗아 움켜쥔 것과 같다. 그렇게 되면 부처를 만나도 부처를 죽이고 조사를 만나도 조사를 죽여 생사에 자유자재할 수가 있고 육도사생六道四生 가운데 재미있게 노는 그대로가 삼매三昧가 된다는 것이다. 그러면 어떻게 공부를 해야 하는 것인가? 평생의 전력을 다하여 이 무자無字를 들어라. 들되 만약 이를 끊어지지 않게 하면 한 점 법法의 촛불을 밝히기에 좋은 때이다.

우리나라의 청허휴정(淸虛休靜: 1520~1604)선사 역시 『선가귀감禪家龜鑑』[31]에서 참선參禪하는 학인學人에게 이 무자無字의 조사祖師 관문關門을 뚫어야 한다는 것을 역설力說하였으니 이렇듯 무자화두는 한국 일본뿐만 아니라 동아시아의 선불교禪佛敎 문화권文化圈을 대표하는 공안임을 알 수가 있다.

한편 공안집의 효시曉示를 들라 하면 「송고대별頌古代別」 300칙으로 들 수 있겠다. 이는 분양선소(汾陽善昭: 947~1024)선사가 지은 것인데 이후로 설두중현(雪竇重顯: 980~1052)선사는 『설두송고雪竇頌古』를 지어 100개의 고칙古則에 송頌을 붙였다. 이는 고준한 깨달음의 세계를 새롭게 표현한 뛰어난 어휘력을 발휘하여 문학적으로도 아름다운 시와 산문을 구가하면서 수행납자들의 시선을 한몸에 받기도 했다. 그러다가 송고문학풍이 발달하면서 이어 당송唐宋시대의 황금 문학시대를 구가하게 되는데 사대부들에게 인기를 얻어 송고문학의 형식을 띠게 되었으며 이에 승단도 역시 이런 영향을 받지 않을 수가 없게 되었고 승단의 기풍마저 상당히 변질되기에 이르렀다.

이렇게 하여 원오극근(圜悟克勤: 1063~1135)선사는 『벽암록碧巖錄』 100칙의 공안을 완성하였으며 이것은 송고문학의 절정에 이르게 되었고 후학들 역시 이것을 읽고 외우고 문답하는 것만이 마치 수행

---

31 休靜, 『禪家龜鑑』 (H7, 640a), "禪學者 若未發明 則孤峭玄關 擬從何透本地風光 若未發明 則孤峭玄關 擬從何透." "참선 공부하는 자가 本地風光을 만약 밝히지 못한다면 곧 홀로 높고 험하고 현묘한 진리의 문 孤峭玄關을 어느 곳을 향하여 뚫으리오."

을 잘하는 살림살이로 여기면서 수행자의 본분마저 망각하기에 이르렀던 것이다.

이에 대혜선사는 복건성에서 이 지역의 수행자들이 『벽암록碧巖錄』에 빠져서 주인공을 보지 못하고 있는 현실을 목격하고서 급기야 이 책의 목판을 모두 불살라 버렸다. 대혜종고선사가 처절하게 『벽암록』을 불태운 것은 바로 언어문자에만 천착하는 수행자들의 병폐를 치유하기 위함이었다.

선禪에서는 해설解說이라는 용어用語는 쓰지 않고 평창評唱 혹은 제창提唱이라는 용어를 사용한다. 이것은 선禪이 어떤 논리나 체계를 세우는 것이 아니라 그때그때의 선지禪旨를 거양擧揚하기 때문이다. 선문답禪門答에서는 현실성과 현장성을 무엇보다 강조하기에 말이 거칠기도 하고 심지어 속어까지도 그대로 사용하고 있다.

이는 『벽암록』이 이러한 현장성과 현실성을 등한시하고 문학성을 중요시한 결과로 100개의 공안 속에는 무자無字의 공안은 찾아볼 수 없기 때문이다.

이에 대혜선사에 의해 간화선의 수행구조에 적합한 조주무자趙州無字 공안이 채택되기에 이르렀고 대혜선사의 간화선 의심은 오로지 조주무자趙州無字 화두話頭를 의심하는 것으로 귀결歸結되었다. 하지만 이는 대혜선사가 의도한 바와는 달랐으며 이 무자공안은 무문혜개선사에 의해 『무문관』이라는 공안집에 이르러 완성完成될 수 있었다.

이 무자공안 역시 송고문학 시절의 『벽암록』의 형식을 그대로 답습할 수밖에 없었다는 한계점은 있지만 얼마 후 우리나라 고려의 진각혜심(眞覺慧諶: 1178~1234)국사로 와서 마치 대혜선사에서 무문혜개無門慧開선사의 『무문관』으로의 시절인연적인 귀결처럼 고려高麗 보조국사普照國師를 이어 진각혜심의 『선문염송집禪門拈頌集』 편찬編纂으로까지 이어진다.

또한 우리나라의 혜심慧諶선사는 당시 1400여 개의 화두를 모아 공안집의 종결자終結者임을 자처할 수 있을 정도로 오늘에 이르게 되었는데 이러한 점에서 지대한 영향을 끼쳤다는 점을 들 수 있겠다.

아울러 이 48개의 공안으로 엄선嚴選됨과 동시에 선禪의 요소要素로 간명하기까지 한 선가禪家의 지침서指針書이자 공안집 『무문관』의 그 탁월卓越함을 간과할 수는 없었기에 이와 같이 『무문관』의 배경背景을 살펴보았다.

3. 『무문관無門關』의 현대적現代的 의의意義

한편 오늘날 바쁘게 살아가는 현대인들이 진정한 주인공인 자신을 찾는 모색摸索의 방법은 수행의 한 방법인 이 무문無門의 관문關門을 투과透過하는 수행 또한 그 의미가 크다고 할 수 있겠다.

아울러 이러한 시절인연적인 필요성에서라도 발맞추어 수행의 과정 중에서 공안집『무문관』과 특히 제 일칙第一則의 무자無字는 그야말로 선수행의 나침반이 되어 줄 것이며 초월로의 자신을 비추어 보는 설렘[32]과 자유롭고 긍정적肯定的인 유무상생有無相生의 세계世界를 실천實踐할 수 있도록 하여 주는 든든한 기반이 될 수 있다.

또한 실재實在하는 모든 것이 관계關係에 따라 존재하므로 모든 가치價値 또한 상대적相對的인 것이라는 전제하前提下에 이 현실現實의 사바세계의 문제를 한 걸음 앞으로 나아가 적극적으로 해결할 수 있는 힘을 키울 수 있을 것이다.

---

32 윤원철 역, Dale S. Wright 著, 『선불교에 대한 철학적 명상』, 지식과 교양, 2011, pp. 120~133.

III

무문혜개無門慧開 선사의 간병론揀病論

『대지도론大智度論』에서는 404가지 인간의 질병疾病을 분류하며 서양의학이 인간의 질병을 선천적 질병과 현세의 병으로 구분하듯이 선세행업병先世行業病과 금세병今世病으로 나누어 인간의 마음과 몸의 병을 상세히 분류하고 있다.

또한 『대지도론』에서는 먼저 신체의 질병을 내병內病과 외병外病으로 나누어 내병은 안의 인연으로 생기는데 눕고 일어나는 일이 규칙적이지 않거나 음식을 절제하지 않을 때 생기며 외병은 뇌惱라고 하는 외환으로 전쟁, 기근, 타락, 날씨의 춥고 더움이 원인이 된다고 설한다.[33]

또한 『불설불의경佛說佛醫經』에서는 인간의 몸이 지수화풍地水火風의 사대가 과도하게 증가하면 각각 101가지의 질환이 생기며 이를 합하면 404가지의 병인이 만들어진다고 밝히고 있다.[34]

『무문관』에 나타난 병통을 살펴보기 위해 선병禪病에 대한 선험연구先驗研究들을 살펴보도록 하겠다.

---

33 『大智度論』(T25, 131b), "有二種病…如是等種種名爲內病…."

34 『佛說佛醫經』(T17, 737a), "人身中本有四病 一者 地 二者 水 三者 火 四者 風 風增氣起 火增熱起 水增 寒起 土增 力盛 本從是四病 起四百四病 土屬身 水屬口 火屬眼 風屬耳 火少寒多 目冥 春正月 二月 三月寒多 夏四月 五月 六月風多 秋七月 八月 九月熱多 冬十月 十一月 十二月有風有寒 何以故春寒多 以萬物皆生 為寒出 故寒多 何以故夏風多 以萬物榮華 陰陽合聚 故風多 何以故秋熱多 以萬物成熟 故熱多 何以故冬有風有寒 以萬物終亡熱去 故有風寒." "인간에게는 네 가지의 병이 있다. 첫째는 地, 둘째는 水, 셋째는 火, 넷째는 風으로 風이 增하면 氣가 일어나고 火가 增하면 열이 일어나며 水가 增하면 寒이 일어나고 地가 增하면 力이 성하게 된다. 이 네 가지 병으로부터 404병이 일어나게 된다."

이 선병禪病에 대해 이동준[35]은 구자화두狗子話頭의 병이 대오지심待悟之心에서 오는 깨달음을 갈구하는 지해知解 즉 알음알이에서 비롯되어 이 병통은 오직 신심으로만 해결할 수 있다고 하였으며 최성렬崔成烈[36]은 이 병통을 간화병看話病의 체계體系로 분석分析하였다. 또한 이덕진[37]은 지눌과 혜심선사를 비교분석하여 대혜선사의 의심 중심의 병통을 혜심선사가 다시 강조하여 살려 냈다고 하였으며 정무환(성본)[38]은 공안『무문관』에 실려 있는 병통으로 무문선사가 직접 설한「선잠禪箴」을 소개한 바 있다.

혜달[39]은 대혜大慧의 십종병十種病을 지해知解, 안주安住, 인증引證, 대오待悟의 네 가지로 분류하여 이에 대한 치유법治癒法으로 간절한 화두 참구를 제시하고 있다.

그리고 박태원[40]은 화두話頭 의심의 간병론揀病論을 분석한 후 오직 '모르는 마음'이 마음을 일으켜서 화두를 의심해야 한다고 주장

---

35 이동준,「혜심간화선에서의 대오심의 문제」,『한국불교학』17, 한국불교학회, 1992, pp. 473~490.

36 崔成烈,「看話十種禪病의 체계분석」,『불교학보』28, 동국대 불교문화연구원, 1991, pp. 215~236.

37 이덕진,「간화선의 구자무불성에 대한 일고찰」,『한국선학』1, 한국선학회, 2000, pp. 189~231.

38 鄭戊煥,「참선수행과 禪病의 문제」,『한국불교학』50, 한국불교학회, 2007, pp. 581~625.

39 혜달,「간화병통에서 본 간화 수행법~대혜서를 중심으로~」,『보조사상』29, 2008, pp. 401~434.

40 박태원,「간화선 화두간병론과 화두의심의 의미」,『불교학 연구』27, 불교학연구회, 2009, pp. 155~200.

하였으며 혜명은 「『천태지관天台止觀』을 통한 심리치료법의 고찰」[41]에서 간화선看話禪의 병통과 천태天台의 『마하지관摩訶止觀』의 병환경病環境을 비교比較하여 상세히 다루면서 모든 병의 원인으로 사대四大의 불순不順, 음식의 무절제, 좌선의 부조화, 귀신의 영향, 마의 소행, 업병業病 등 여섯 가지를 들면서 사대의 조화와 마사의 일을 통해 조화와 우울증이 발생하는 것이라고 하며 우리 몸의 조화와 섭생을 강조한다.

또한 이필원은 「간화선과 심리치료」에서 오늘날 간화선에 대한 국내의 의학적 · 심리학적 다양한 연구가 전개되는 과정을 밝히면서 간화선 수행의 효과에 대한 의학적 · 심리학적 연구가 거의 전무하며 몇 편의 논문이 발표되기는 하였지만 아직 미미하다고 한 바 있다.[42] 하지만 이들 논문은 모두 개인의 깨달음을 기다리는 대오지심에서 오는 병통이나 수행이 부족한 것을 원인으로 보고 있는 것이 공통점이라 하겠다.

지금까지 간화看話 간병론揀病論에 대한 분석이 다소 있기는 하지만 이 또한 의심 자체에 대한 비판적 소견이나 선지식 혹은 불성佛性의 지해적知解的 입장은 아닌가 하는 의문을 제기하는 연구는 없었으며 이러한 연구가 현대의 수행자뿐만 아니라 일반인들에게도 꼭 필요하고 효과를 보이고 있는데도 불구하고 아직은 간화선을

41 김종두(慧命), 「天台止觀을 통한 심리치료법의 고찰」, 『韓國禪學』, 제39호, 서울:한국선학회, 2014. pp. 227~250.

42 이필원, 「간화선과 심리치료」, 『인도철학』 제44, 인도철학회, 2015, p. 194.

통한 정신치료적 접근은 초보적인 단계에 있다고 말할 수밖에 없다.

이에 본 연구에서는 먼저 전통적傳統的인 간화선看話禪의 간병론看病論인 대혜종고大慧宗杲의 『서장書狀』 속의 간화병看話病과 몽산덕이(蒙山德異: 1231~1308)의 무자십절목無字十節目을 중심으로 간병론看病論을 간략하게 살펴본 후에 무문선사가 직접 병통으로 제시한 간병론揀病論인 「선잠禪箴」을 중심으로 분류하면서 공안집 『무문관』에 나타난 이 병통에 해당하는 공안들을 원문原文의 예를 들어 면밀히 고찰해 보도록 하겠다. 이는 납자들의 선문답禪門答의 과정에서 볼 수 있는 수행자의 병통 및 치유를 중심으로 48개의 공안에 나타난 예를 분류한 것이다.

아울러 병통 및 치유에서 치유를 영문으로 표기할 때는 영문 초록에도 쓴 바와 같이 이 병통과 치유는 선병禪病의 의미를 포함하여 그대로 'Ch'an Sickness'라고 표기하나 치유는 흔히들 사용하는 'Healing'이 아닌 일대사 인연이 해결되어 깨달음에 이른다는 뜻도 함께 내포하고 있는 'The Cure'로 표기하고자 한다.

이는 깨달음이라고 하는 영역이 몇 겁의 인연을 지나 우리의 일상생활 속에서 어느 날 몰록으로 일어날 수도 있고 각자의 근기에도 관련된 영역이기 때문에 지금 여기의 분상에서 이 또한 분별 망상이라 할 수도 있겠지만 일상에서 일어나는 일신의 가볍거나 혹은 무거운 치유 정도와 깨달음의 수행 과정의 분상에서 발생할 수 있는 병통과 치유는 우리가 상상할 수 있는 수준보다 더욱더 광범

위하고 깊이 있는 영역이라 규정할 필요가 있는 까닭이다.

한편 간화看話의 정의定義를 내리는 것은 쉽지가 않다. 왜냐하면 수행자들이 감히 간화를 분석하면서 불립문자의 전통으로 올바른 화두 참구법이나 화두 드는 법을 말할 수 없는 이유 때문이다. 그런데도 눈 밝은 선지식들은 후학들을 위한 경책警策이나 자비심慈悲心으로 간병론揀病論을 언급하여 왔다.

일찍이 달마대사는 「이입사행二入四行」[43]에서 무소구행을 통해 수행자의 구하는 바를 경계한 바 있다. 그것은 벽관의 상태가 안으로만 들어가 밖으로 구하지 않음이기 때문이다.

2조 혜가(慧可: 487~593)선사는 삼론종三論宗의 혜포(慧布: 518~587)에게 "아我를 피하고 견해를 제거한다."고 밝히면서 견해란 아我를 파하고 알음알이[知解]를 내려놓는 것이며 이 알음알이는 곧 고성제가 분리되면서부터 발생된 것이라 한다.

이에 4조 도신(道信: 580~651)선사는 알음알이의 시원을 '일물'이라고 하였고 6조 혜능(慧能: 638~713)선사는 이를 곧 '견성見性'이라 하였다.

이는 선지식이 먼저 알음알이를 주어서 이에 대한 기연機緣을 만

---

43 『景德傳燈錄』 卷30「略辨大乘入道四行」(T51, 458b21), "夫入道多途 要而言之不出二種 一是理入 二是行入 理入者 謂藉教悟宗 深信含生同一真性 但為客塵妄想所覆不能顯了 若也捨妄歸真凝住壁無自無他凡聖等一堅住不移 更不隨於文教 此即與理冥符無有分別 寂然無為名之理入 行入者 謂四行 其餘諸行悉入此中 何等四耶 一報冤行 二隨緣行 三無所求行 四稱法之行."

들어 주고 그런 후에 그 알음알이를 부정하게 되는 과정을 겪도록 하는 과정이었다. 이러한 이유로 인해 선가禪家에서는 체험주의가 확산되었고 이 알음알이[知解]는 수행자들의 깨달은 지혜智慧와는 구분하여 사용되어 왔다. 예를 들어서 분별심, 의리선, 해오, 지해, 천착, 사량분별, 문자적 지식 등과는 대치되는 의미로 본래면목本來面目, 본성실참本性實參, 증오證悟, 참구參究, 무위無爲, 오悟, 공적영지空寂靈知 등이 사용되었다. 그리고 4조 도신선사는 3조 승찬(僧璨: 미상~606)선사의 질문에는 답을 하지 못하였다가 후에 자신이 후학을 지도할 때는 '수일불이守一不移'를 말하면서 그 일물一物을 간하라 하였다. 3조 승찬선사는『신심명信心銘』에서 이분법적인 생각의 고착된 부분[44]에 대해 전반적으로 지적하였는데 그 당시의 도신선사에게는 승찬선사가 던진 질문이 매우 추상적으로 비쳤을 것으로 여겨진다.

그렇다고 해서 도신선사의 기록에서 바로 알음알이가 등장한 것은 아니다. 도신선사가 알음알이의 연유라 하는 이유는 바로 수행과정에서 새롭게 그 논리적 근거를 제공했기 때문이라 하겠다.

『능가사자기楞伽師資記』「도신장道信章」에 보면 '수일불이守一不移'의 내용이 나온다.[45] 도신道信선사의 이 일물一物이 불성佛性이라 표현

---

44 僧璨, 慧謜 驛解,『信心銘 · 證道歌』, 동국역경원, 2006. "第一 至道無難 唯嫌揀擇但莫憎愛 洞然明白…."

45『楞伽師資記』「道信章」(T85, 1286c19), "守一不移者 此淨眼 眼住意看一物 無問 晝夜時 專精常不動 其心欲馳散 急手還攝來 以繩繫鳥足 欲飛還掣取 終日看不已 泯然心自

되기도 하고 마음이나 성품性品이라고 표현되기도 하지만 도신선사의 입장에서는 알음알이라고 표현하고 있다. 도신선사에 이어 5조 홍인선사도 본심本心, 진심眞心,[46] 여래청정심如來淸淨心 등으로 말하였으며 혜능선사에 이르러 모든 가르침을 성품과 진여자성에 집중하여 본래무일물本來無一物이라 하면서 도신의 일물一物과 반대되는 것처럼 표현하였지만 이 또한 여전히 수행자에게는 하나의 또 다른 알음알이임을 보여 주고 있다.

그런데 이 알음알이[知解]에는 세 가지 특징이 있다.

첫째로 이 세상의 모든 법은 한 가지 방향으로만 이루어지지 않는다는 것인데 알음알이는 한 가지의 사고방식으로만 나타난다는 것이다. 5조 홍인선사는 『최상승론最上乘論』[47]에서 신심信心이 청정淸淨하다는 것을 설하였는데 이 또한 깨끗하다는 알음알이가 있다는 것이다.

둘째로 일관된 논리란 마침내 벽이 있다는 것이며 알음알이의

定." "수일불이란 맑고 깨끗한 눈으로 일물을 간하는 데 온 마음을 두는 것으로 밤낮을 가리지 않고 부동으로 정진하는 것이다. 그 마음이 치닫고 흐트러지게 되면 달래어 급히 돌아오게 하는 것을 마치 새가 발을 묶어두면 날아올라 다시 돌아오는 것처럼 하여 마음이 일어나지 않게 되면 저절로 마음이 안정되는 것이다."

46 『最上乘論』(T48, 377a24), "但能凝然守心 妄念不生 涅槃法自然顯現 故知自心 本來淸淨."

47 전게서 (T48, 377a21), "夫修道之本體須識 當身心本來淸淨不生不滅無有分別 自性圓滿淸淨之心 此是本師 乃勝念十方諸佛…." "모름지기 修道의 본체는 마땅히 몸과 마음이 본래 청정하고 불생불멸하고 분별이 없다는 것을 알아야 한다. 자신의 성품이 원만하고 청정한 마음이 곧 부처이니라…."

특징상 모든 법에 이런 면도 있고 저런 면도 있기에 우리는 이를 연기법緣起法이라 부른다고 설한다. 그러나 인간의 인식은 하나의 관념을 기준으로 이루어져 있으므로 하나의 직선논리로서 일관성을 가지게 된다. 예외 없는 법이 없듯이 어떤 법도 반드시 예외가 있다. 그러므로 일관성을 가지고 있다는 것은 반드시 반대의 논리를 만날 수밖에 없으므로 결국은 벽이 나타나게 된다는 것이다.

그 예로는『벽암록碧巖錄』제45칙의「포중칠근布重七斤」[48]의 화두話頭를 들 수가 있겠다. 조주선사는 만법귀일萬法歸一이라 하면서 하나의 알음알이를 주었으며 이 학인學人에게 만법귀일은 하나의 벽이 되었는데 이제 다시 묻기를 '만법귀일萬法歸一 일귀하처一歸何處'라 함으로써 이 또한 하나의 알음알이를 더하게 된다는 것이다. 그런데 조주선사는 또 그에 대한 답변으로 삼베의 무게가 칠 근이라 하면서 하나의 또 다른 벽을 보여 주고 있는 것이다.

셋째로 알음알이는 하나의 개념으로 이루어져 있기 때문에 언어에는 표상과 의미가 있는 것처럼 하나의 개념에만 매이지 않는다. 반대로 알음알이란 것은 고정되고 개념화된 특징으로 존재하고 있다는 것이다.

다음은 대혜종고선사가『서장書狀』에서 설한 간병론揀病論으로 간략하면서도 오늘날 수행자들에게 병통에 대한 지침이 되고 있어

48 상게서 卷五「第四十五則 의 布重七斤」(T48, 181c17), "舉 僧問趙州 萬法歸一 一歸何處 州云 我在青州 作一領布衫 布重七斤."

서 이를 따로 분류하여 이러한 병통이 생기는 원인을 살펴보도록 하겠다.

1. 화두병통話頭病痛의 분류分類

1) 대혜大慧의 간화看話 병통病痛

대혜종고(大慧宗果: 1089~1163)선사는 간화병통看話病痛에 대해 답부추밀答富樞密과 증시랑曾侍郎 등에게 설한 경책에서 간병론看病論[49]을 설하고 있다.

대혜선사가 설한 내용을 정리해 보면 열한 가지 간병론으로 다음과 같이 요약해 볼 수 있겠다. ① 깨닫기를 기다리는 마음 ② 유·무의 알음알이를 짓는 것 ③ 아무것도 없음이라고 헤아리는 것 ④ 현묘한 알음알이를 짓는 것 ⑤ 의근 아래에서 헤아려 재는 것 ⑥ 눈을 깜박거리는 곳에 눈썹을 치켜뜨고 뿌리를 박는 것 ⑦ 언어의 논리에서만 살 궁리를 하는 것 ⑧ 아무 일 없는 경계에 틀어박히는 것 ⑨ 화두를 일으키는 그 자리에서 곧바로 알아맞히려 하는 것 ⑩ 문자 가운데 인증하는 것 ⑪ 오직 마음 쓸 곳이 없이 마음이 갈

---

49 『大慧普覺禪師書』卷26 (T47, 921a18), "僧問趙州 狗子還有佛性也無 州云無 此一字子乃是摧許多惡知惡覺底器仗也 不得作有無會 不得作道理會 不得向意根下思量度 不得向揚眉瞬目處採根不得向語路上作活計 不得颺在無事甲裏 不得向擧起處承當 不得向文字中引證 但向十二時中四威儀內 時時提撕 時時擧." "한 객승이 개에게도 불성이 있습니까라고 묻자 조주는 없다고 했습니다. 이 무자야말로 수많은 잘못된 앎과 지각을 넘어뜨리는 무기입니다. 첫째 유무라는 견해도 내지 말고, 둘째 어떤 도리가 있다는 견해도 내지 말고, 셋째 意根으로 사량하지도 말고, 넷째 눈썹을 부릅뜨고 눈을 깜박이는 곳이라고 여기지 말고, 다섯째 언어로 살아나갈 궁리를 하지도 말고, 여섯째 일 없는 곳을 농사로 삼지 말고, 일곱째 공안을 들어 올리는 자리로 인정하지 말고, 여덟째 문자를 人證하려 하지 말아야 합니다. 다만 십이시와 사위의에 순간순간 들고 순간순간 들어 깨닫기를 바랍니다."

곳이 없어지게 되면 공空에 떨어지는 것을 두려워하는 것 등이다. 또한 이러한 간화병통의 특징特徵은 사자간獅子間의 문답을 통해 알 수 있다.

이러한 ① 대오待悟 ② 유무有無 ③ 진무眞無 등의 조항은 나중에 몽산덕이선사의 무자십절목無字十節目에서도 볼 수 있다.

위의 11가지의 병통은 다시 유심有心, 무심無心, 언어言語, 적묵寂默의 네 가지로 크게 분류해 나누어 볼 수 있는데 첫째로 유심은 마음으로 짓는 병으로 생각의 희롱이나 생각으로만 그 생각의 끝을 따라가는 것을 말하며 둘째, 무심은 마음으로 짓는 것 가운데 없다고 생각하는 것이다. 여기서 적묵寂默이란 말없이 고요하게 있는 것만을 도道라고 하는 것 또한 병통인 것이다.

다음으로는 몽산덕이의 무자십절목을 보도록 하겠다.

2) 몽산蒙山의 무자십절목無字十節目

몽산덕이(1231~1308)선사는 대혜선사의 사후死後 150여 년 후의 인물로 대혜선사의 간화선 수행을 이어받아 무자화두를 참구하여 깨달은 분이다. 몽산선사의 간화看話는 무자화두에 대한 수행단계와 깨달음에 대한 인가印可도 대혜선사와는 차이가 있다.

몽산선사는 무자화두를 언급할 때 무자화두의 십종十種선병을 무문혜개선사와 마찬가지로 파사破邪의 대상으로 보고 수행자들에게 무자간화에 대한 병통을 십절목十節目으로 제시하였다.

대혜선사의 간병론이 주로 선문답의 과정에서 병통을 지적하였다면 몽산은 주로 수행하는 이의 마음 자체에 관한 병통에 대해 설하고 있다.

다음에는 몽산선사가 설하는 간병론의 내용을 보도록 하겠다.

① 부처는 모든 중생에게 불성이 있다고 했는데 어찌하여 조주는 없다고 했을까? 만약 조주선을 입으로 살펴볼 작정이면 후일에 쇠방망이를 맞으리라. ② 이 무자無字는 절대로 손으로 잡을 수가 없다. 어떤 이는 이것을 방편적 지혜를 여는 열쇠라고도 하고 목숨을 끊는 칼이라 하기도 한다. 삼십 방을 치는 것이 좋다. 그렇다면 이것은 상인가, 벌인가? ③ 무자無字를 말한 곳은 성명이 본색납자의 손 안으로 떨어져 있다. 저 무자를 향해 재미를 찾는 것은 어리석다. ④ 조주의 시퍼런 칼날 찬 서리 빛으로 번쩍이니 헤아려 알려 한다면 몸은 두 동강이 나 버리리라. '갈喝!' 우리 왕의 창고 속에는 이런 칼이 없다. 어리석은 사람 앞에서 꿈 이야기 하지 말라. ⑤ 묘희妙喜화상[大慧宗杲]은 "이것은 있다거나 없다고 하는 무無도 아니며 이것은 참으로 없다고 하는 무無도 아니다."라고 하였다. 그렇다면 이 묘희妙喜의 맛을 알겠는가? 그렇지 못하면 동東으로 생각하고 서西로 헤아려서 망상에 망상만을 더욱 첨가할 뿐이다. ⑥ 흔히들 무자無字는 쇠로 만든 빗자루와 같다고 한다. 만약 후어後語를 끌어다 이를 증명으로 삼는 자가 있다면 잘못된 눈먼 놈이로다. 학문적인 게으른 이해를 가지고 조사의 마음을 매몰시키지 말라. '갈喝!' 또한 어떤 사람은 이 무자無字를 "나귀 매는 말뚝이다."라고 말한다. 그대는 꿈속에서 조주를 보았는가? 어디에 있

는가? ⑦ 이 무자無字는 무심無心 혹은 유심有心으로 꿰뚫을 수가 없다. 화두를 들기 전에 목숨을 버리고 남음이 없이 확철廓撤하게 요달하면 천칠백 공안을 그대의 면전에 누가 감히 꺼내겠는가? ⑧ 모든 불조佛祖의 대기대용大機大用과 신통삼매神通三昧와 삼현삼요三玄三要와 종종차별지種種差別智와 일체의 걸림 없는 지혜가 다 이로부터 나왔다. 그러나 어느 것이 그대의 자기인가? ⑨ 일찍이 이 무자無字도 간절히 지은 것인가? 영리한 사람이 바로 번쩍 뒤집어서 자기를 통현히 밝히고 조주의 멱살을 잡아 부처와 조사가 허물 된 자리를 감파勘破할 수 있다면 그대가 일대장교一大藏敎를 피고름 씻은 종이라 해도 허락하겠노라. ⑩ 요긴한 것이 이 무자無字보다 나은 것이 있는가, 없는가? 만약 있다면 어찌하여 차등을 두어 논論하는가? 만약에 없다면 조주趙州 말고는 불조佛祖가 없다는 말인가?[50]

이와 같이 제삼절목第三節目에서 재미를 구하는 것을 경계한 것을 제외하면 모두 알음알이인 지해知解를 경계하고 있다는 것을 알 수가 있다.

여기에서 제일절목第一節目은 말로 설명할 수 없다는 것이고 제이절목第二節目은 무자無字가 옳다고 해도 지해知解일 뿐이며 제사절목第四節目과 제오절목第五節目은 알음알이로 사량분별하는 것을 경계하는 것이다. 제육절목第六節目은 지해에 의미를 부여하는 것도 경

50 김형록, 「몽산덕이의 선사상 연구」, 동국대 대학원 박사학위논문, 1999, pp. 191~198.

계하는 말이며 칠절목七節目, 팔절목八節目, 구절목九節目은 천칠백공안千七百公案과 불조佛祖의 지혜智慧와 일대장교一大藏敎가 모두 무자無字에서 비롯됨을 강조한 말이다. 또한 십절목十節目 역시 무자無字에 대한 집착을 경계한 것이다. 무자십절목無字十節目의 내용은 모두 치구심馳求心과 지해知解의 문제를 예를 들어 설명한 것이라고 해도 과언이 아니라고 하겠다.

다음에 치구심과 지해에 대해 간략하게 살펴보도록 하겠다.

치구심馳求心은 말을 달리는 것처럼 구하려는 마음이다. 부처를 구하는 마음이 많은데 참선은 자신을 연구하고 자신을 분석하며 자기 생각의 오류를 돌이키는 것임에도 불구하고 추상적인 이치나 깨달음을 알아 가기가 쉽다. 그 이유는 자신의 고통의 문제를 연구하지 않기 때문이다.

이 치구심 또한 모두 알음알이에서 비롯된 것이라고 할 수 있다. 이 치구심을 버리기 위해 본래무일물이나 평상심시도平常心是道 또는 무사선無事禪을 말했다. 이러한 알음알이가 수행자를 퇴굴하게 만들거나 묵조를 수행하게 만드는 일로 발생하게 된 것이다. 다음으로 지해知解는 알음알이를 말한다. 이는 자신만의 사고의 기반이 있고 그 모습은 다양하다. 그러나 자신의 사고를 기반으로 하는 것은 한계가 있기 때문에 사람들은 자기 생각에 속는 것이다. 아무리 이것이 자신의 체험이라 해도 이는 십종병 가운데 주로 유심有心을 일으키게 된다. 이러한 지해知解를 벗어날 수 있는 방법은

벽관壁觀을 바르게 이해하는 법이라고 하였다.[51]

이러한 면은 우리나라의 경우도 마찬가지였다. 보조지눌(普照知訥: 1158~1210)국사는 "대혜大慧선사의 『서장書狀』에 언급한 간화看話에 대해 인정하고 간화십종看話十種의 병통을 인정하면서도 이 간화는 아주 소수의 상근기만이 할 수 있는 방법이다."라고 평한 바 있다.

그러함에도 불구하고 간화병통은 화두 위에서 일어난 선병이라고 할 수 있지만 병의 근원을 알면 치료법 또한 쉽게 찾을 수 있듯이 이 병통을 화두 위에 되돌려 깨달음의 문을 만들면 "삼독을 되돌려 삼취정계를 만들고 육식을 돌이켜 육신통을 만들며 번뇌를 돌이켜 보리를 만들고 무명을 돌이켜 대지혜를 만든다."라고 한 것처럼 병통이 곧 깨달음의 문이 될 수 있다고 설한 바 있다.[52]

특히 보조선사는 『간화결의론看話決疑論』에서 열 가지 병이 바로 증오證悟를 구하는 것으로 '소언십종병所言十種病 이구증오지심위본以求證悟之心爲本'이라 하면서 화두 참구 시에 빠지기 쉬운 병통은 바로 대오지심待悟之心에서 온다고 하였다.[53] 즉 보조선사가 말하는 증오證悟란 미혹한 마음으로 깨달음을 기다리는 병통인 장미대오將迷待悟를 뜻한다.

---

51 知訥, 『看話決疑論』 (H4, 735a), "才有一念…."

52 『大慧普覺禪師語錄』 卷25 (T47, 917a), "當恁麼時 始能回三毒爲三聚淨戒回六識爲六神通 回煩惱爲菩提 回無明爲大智."

53 전게서 "所言十種病 以求證悟之心爲本."

보조는 간화병에 대한 대책으로 오로지 화두참구에 몰입해 줄 것을 강조하고 있다. 그의 제자인 진각혜심(眞覺慧諶: 1178~1234)도 깨달음을 기다리는 마음의 병통인 장미대오를 나머지 9가지 병통의 귀결로 파악하면서 아울러 화두를 들 때 몰자미함(無味함)을 역설하였는데 보조와 혜심선사는 관점에 있어서 차이가 있지만 대오待悟가 얼마나 경계해야 할 중요한 선병禪病인지에 대해서는 견해를 같이한다.

이러한 결과로 인해 지금까지 우리가 화두의심을 어떻게 해야 하는가에만 관심이 있었을 뿐 왜 의심해야 하는가에 대한 연구나 비판은 없었다.

오늘에 이르기까지도 병통에 관한 간병론揀病論의 연구는 매우 드물며 또한 간병에 대한 대응책도 미진하며 간화선 방향의 설정 또한 미흡하다.

이러한 간화선 수행의 과정에서 만나게 되는 병통을 크게 지해知解, 안주安住, 인증引證, 대오待悟의 네 가지로 요약해 볼 수 있다.

간화십절목에 해당하는 병통의 열 가지 중에서 일곱 가지는 알음알이인 지해의 범주로 구분하고 다음 안주安住는 아무런 일이 없는 곳에서 빠져도 안 된다.

이는 '부득좌재무不得坐在無 갑리甲裡'로 다음의 인증은 문자로 증거를 삼아서도 안 되며 '부득향문자중인증不得向文字中引證'으로 깨닫기를 기다리는 마음을 가져서도 안 된다는 것을 말한다.

'부득장심대오不得將心待悟'의 대오待悟는 세 가지로 분류하면서 안주安住가 원인이 된 혼침昏沈에 의해 우울증이 생기며 대오로 인해 도거掉擧가 생기고 이 도거로 인해 불안이 생기는 것으로 요약해 볼 수 있다.

2. 무문혜개無門慧開선사의 「선잠禪箴」

이제 무문혜개선사가 10종의 병통으로 설한 「선잠禪箴」을 보도록 하겠다. 조사선의 문제를 타파하기 위해 대혜선사는 간화선을 주창하였는데 이는 화두의심을 성성하고 명명하게 들 것을 역설한 것이다. 그러나 이러한 면은 무문혜개선사가 『무문관』「선잠禪箴」의 세 번째 항목인 '존심징적存心澄寂 묵조사선黙照邪禪 병통病痛'으로 설한 바 있다. 오히려 성성하게 하려는 것이 수행자의 목에 올가미를 채운 것에 비유하여 대혜선사의 간화 주창 이후로 오히려 조사선의 활발한 기상은 사라지고 묵조사선을 비판했던 것이다. 즉 당시에 또 다른 묵조선이 되고 만 현실이 되어 버린 것에 대해 모든 문제의 해결을 오로지 화두를 바로잡으려 하면서 절언절려絶言絶慮와 불립문자不立文字의 사상思想만 너무 강조되는 현실 때문이라고 무문혜개선사는 『무문관』「선잠」에서 경책警策하고 있다.

무문혜개(無門慧開: 1183~1260)선사는 『무문관』에 선병禪病을 고치는 침針이라는 뜻의 「선잠禪箴」을 부가시키면서 열 가지의 선병을 다음과 같이 분류하였다. ① 규칙에만 집착하여 좌선만을 유지하는 것은 끈 없는 속박이며 그렇다고 해서 자유롭게 규칙을 무시하고 걸림이 없이 막행莫行하는 것도 외도의 마구니이다[循規守矩 無繩自縛 病痛]. ② 오직 마음에만 집중하여 수행하는 것은 묵조의 삿된 수행이며 인연을 따르지 않고 규칙을 어기면서까지 마음대로 막행莫行하는 것은 마치 어두운 함정에 빠진 것과 같다[縱橫無礙 外道魔軍 病痛].

③ 언제나 마음을 통일하고 고요하게 하려는 수행 또한 적정주의 침묵에 떨어져 버린 수행이다[存心澄寂 黙照邪禪 病痛]. ④ 시절의 인연을 무시하고 자의적으로 해석하는 것도 어두운 암흑의 함정에 깊이 빠진 것이다[恣意忘緣 墮落深坑 病痛]. ⑤ 항상 성성적적하게 깨어 마음이 미혹하지 않는 것도 이 또한 자기 목에 형틀을 거는 것과 같다[惺惺不昧 帶鎖擔枷 病痛]. ⑥ 선악을 구분하는 것 또한 천당과 지옥 그리고 부처와 법으로 보는 것도 마치 두 겹의 철산에 싸여 있는 것과 같다[思善思惡 地獄天堂 病痛]. ⑦ 부처와 불법에 집착하는 것은 두 겹의 철위산에 갇혀 있는 것과 같다[佛見法見 二銕圍山 病痛]. ⑧ 번뇌 망념이 일어나는 것을 곧바로 알아차리며 좌선 수행만 하는 이 역시 영혼을 가지고 노는 자로 이 또한 병통이라 하였다[念起卽覺 弄精魂漢 病痛]. ⑨ 오롯이 좌선만을 닦는 사람은 흑산에 살고 있는 귀신과도 같은 것이다[兀然習定 鬼家活計 病痛]. ⑩ 깨달음을 향해 나아간다면 법을 상실하게 될 것이요, 만약 물러나게 된다면 종지에 위배된다[進則迷理 退則乖宗 病痛]. 그렇다고 나아가지도 않고 후퇴하지도 않으면 숨만 쉬는 죽은 사람과 같다고 하였다[不進不退 有氣死人 病痛].

이와 같이『무문관』에 나타난「선잠禪箴」의 내용들을 좀 더 자세히 살펴보면 이에 무문혜개선사는「선잠」각 병통에서 양극단적인 모순점을 지적하고 있다. 예를 들어 ①의 순규수구 무승자박循規守矩 無繩自縛 병통에서 규칙과 막행에 대해 오히려 느슨해질 것을 강조한 반면에 ②의 종횡무애縱橫無礙 외도마군外道魔軍 병통에서는 너무 계율을 무시한다면 이것 또한 외도의 마군이 됨을 경계하였으며 ③의 존심징적存心澄寂 묵조사선默照邪禪 병통에서는 참구參究하기를 강조하나 언제나 마음이 고요하게 깨어 있는 것만을 유지하려 하는 것은 또한 묵조默照의 사선邪禪이 되어 버린다고 비판하였다. ④의 자의망연恣意忘緣 타락심갱墮落深坑 병통에서는 선악을 단지 이분법적인 망상으로 분별하는 마음이야말로 번뇌와 편견의 집착의 병통에 빠진 것이라 하였으며 ⑤의 성성불매 대쇄담가惺惺不昧 帶鎖擔枷 병통에서는 각념覺念과 수정修定만을 유지하려는 것 자체가 자신의 목에 덫을 씌우는 것과 같은 형국이라 하면서 양극단에 빠지게 되는 것을 경책하였다. ⑥의 사선사악思善思惡 지옥천당地獄天堂 병통에서는 퇴退・불퇴不退의 양극단兩極端의 모습을 수행 과정에서의 병통 및 모순점으로 지적하였으며 ⑦의 불견법견佛見法見 이철위산二鐵圍山 병통에서는 부처를 보고자 하여 간절하게 구하는 마음 또한 철위산에 갇혀 있는 듯한 양극단의 모순점으로 지적하였고 ⑧의 념기즉각念起卽覺 농정혼한弄精魂漢 병통에서는 수행의 과정에서 오직 깨어 있으려고만 하는 것 또한 조화롭지 못한 모순에 빠지는 병통이라 주장하였으며 ⑨의 올연습정兀然習定 귀가활계鬼家活計 병통은 집착과 번뇌 망상 그리고 한 가지 수행에만 집착하는 병통을 경계하였으며 ⑩의 진즉미리進則迷理 퇴즉승종退則乘宗과 불진불퇴不進不退 유기사인有氣死人 병통으로 멈추거나 물러남이 『무문관』에 나타난 「선잠」 없는 불퇴전의 정진을 역설하고 있다.

이와 같이 대혜의 간화看話 병통이나 몽산의 무자십절목無字十節目 또는 우리나라 보조선사의 『간화결의론看話決疑論』에서 다룬 병통보다는 무문선사가 설한『무문관』에 나타난「선잠」이 좀 더 구체적이며, 또한 48개의 공안을 선정하여 편찬한 것도 이 열 가지 병통인「선잠」과 깊은 연관이 있다고 볼 수 있다.

Ⅳ

「선잠禪箴」을 통해 본 공안집公案集『무문관無門關』에 나타난 병통病痛과 치유治癒의 예

1. 공안집 『무문관無門關』에 나타난 병통과 치유 및 공안의 분류

전체성이란 유기체의 모든 부분들이 외적으로나 내적으로 결합되어 완전함을 이루게 됨을 의미하는데 이러한 관점에서 볼 때 전체성이라 함은 치유治癒나 건강健康이 정신과 육체가 이분법적으로 분리된 것이 아닌 하나의 통합을 이루게 되는 것을 말한다.

여기서 치유治癒는 기존의 치료治療와는 다르게 내면의 심신에 집중하고 몸과 마음이 최상의 충만한 상태로 최고의 기능을 발휘할 수가 있어 이러한 완전한 건강 즉 이 우주 법계의 모든 생명을 포함하여 유정 무정들까지도 조화와 균형을 이룬 최상의 신성한 깨달음에 이르게 할 수 있다는 것이다. 분별심을 버린 평상심과 자비심은 현대과학에서도 그 치유적治癒的인 효과를 이미 입증하고 있다.

『금광명최상승왕경金光明最上僧王經』[54]에 보면 "고통받는 중생을 제도하고자 하거든 먼저 자비심과 불쌍히 여기는 마음을 내어 재물과 이익을 생각하지 말라."고 하였다. 이는 심신이 하나로 조화롭게 균형을 이루고 여여如如하게 지고한 행복의 상태라고 할 수가 있겠다. 따라서 몸과 마음은 둘이 아니며 선禪의 측면에서 바라본다면 심신의 통합이 동시에 해결될 때야만 온전한 깨달음으로 나

54 『金光明最上僧王經』(T16, 448c), "先起慈悲心 莫規於財利."

아갈 수 있다.

이는 밝음을 지향하는 긍정적인 사고가 부정적인 사고보다는 심신의 건강과 생활에 많은 영향을 미치고 있다는 것을 의미하며 서양에서도 이미 많은 연구가 이루어져 왔다.

Rochester 의과대학의 Robert Arder와 Nicholas Cohen을 중심으로 이루진 뇌의 면역체계 간의 연관성을 밝힌 실험과 관련하여 이미 심리신경면역학(Psycho~Neuroimmuno-logy:PNI)이라 지칭하는 연구가 이루어져 왔다.[55]

심신상관의학의 전문가인 Carl Simonton은 마음의 신념이나 생각이 심신의 건강을 회복시키는 치료에 직접적인 영향을 미친다고 하며 외과적인 치료에만 의존하였던 서양의학계에서도 이제 마음의 중요성을 인지하고 심신을 포괄하는 새로운 시각으로 접근하고 있다고 한다.[56]

또한『티베트 명상법』의 저자이자 하버드대학교 객원교수였던 Tulkku Thondup은 "우리 마음의 본성을 깨닫는 것이야말로 가장 궁극적인 치유이며 평상심平常心이야말로 진정한 치유의 힘을 지니고 있다."고 한 바 있다.[57]

이렇듯 선禪에서 보는 병통 및 치유란 불법不法의 대의大義를 깨닫지 못하고 부처의 마음으로 반야般若의 지혜智慧로 나아가지 못

55 J. Kabar Zinn 著, 장현갑, 김교현 역,『명상과 자기치유』, 학지사, 2002. pp. 254~255.

56 J. Diamond, MD,『Life Energy』, (Paragon House New York, 1990), pp. 25~80.

57 Tulkku Thondup,『The Healing Power of Mind』, (Shambhala,1996), pp. 22~40.

하는 차별심과 번뇌 망념의 삿된 중생심의 견해를 말하며 탐진치 삼독심으로 선과 악 그리고 미워하거나 좋아하며 취사선택하는 중생심으로 고통의 인과를 초래하여 윤회하는 업장을 뜻한다. 이를 내려놓고 집착을 놓을 수 있을 때만이 진정한 치유가 이루어져 깨달음에 이르는 기반基盤이 된다고 할 수 있겠다.

다음은 공안집『무문관』에서 무문혜개선사가 참선수행자의 병통으로 설한 선병을 고치는 침이라는 뜻을 지닌「선잠」의 열 가지 병통의 특징적인 예에 해당하는 공안들을 선별하여 차례로 분류하여 본 것이다.

이를 위해서는 공안집『무문관』원전의 48개 공안 하나하나를 모두 하나로 꿸 수 있게 하는 공안의 확철한 이해를 위한 실참의 과정도 필요하다.

역시『무문관』에서 무문혜개선사는「선잠」으로 다음과 같은 열 가지 양극단적인 모순점을 지적하고 있다. 여기에 해당하는 예로 ① 순규수구循規守矩 무승자박無繩自縛 병통에서는 규칙에 너무 매이지도 말라는 병통의 예로 제13칙 덕산탁발德山托鉢이 있다.

또한 ② 종횡무애縱橫無礙 외도마군外道魔軍에서는 너무 규칙을 무시해서도 외도마군에 빠져든다는 예로 제7칙 조주세발趙州洗鉢 등을 들고 있다.

그리고 ③ 존심징적存心澄寂 묵조사선黙照邪禪의 깨어 있는 것만을 유지하려 하는 것 또한 병통이라는 예로는 제5칙 향엄상수香嚴上樹 등이 있다.

다음으로 ④ 자의망연恣意忘緣 타락심갱墮落深坑의 병통에서는 자기 마음대로 시절인연時節因緣을 무시하여 손가락을 잘린 어린 동자의 이야기로 선가禪家의 전설이 되었던 제3칙 구지수지俱胝竪指공안公案 등이 그 예가 될 수 있다.

다음은『무문관』의 48개 공안을 선별하여「선잠」과『무문혜개화상어록無門慧開和尙語錄』등에서 무문선사가 직접 설한 열 가지 병통 및 치유의 예[58]에 해당하는 공안으로 분류分類한 것을 표1로 정리한 것이다.[59] 병통의 예는 중복이 될 수도 있으나 그 예를 들어 살펴보면서 중복을 피하였다.

또한 ⑤ 성성불매惺惺不昧 대쇄담가帶鎖擔枷의 병통이란 각념覺念과 수정修定을 생각이 일어남을 자각하는 것을 참선이라고 착각할 수도 있겠지만 그것 또한 생각의 희론일 뿐이고 이 또한 병통이라 하면서 예로는 제12칙 암환주인巖喚主人 등을 들었다.

그리고 ⑥ 사선사악思善思惡 지옥천당地獄天堂의 병통에서는 선악을 구분하여 천당과 지옥으로 나누어 부처와 법을 보는 것은 두 겹

58『禪宗無門關』「禪箴」(T48, 299a15~終), "循規守矩 無繩自縛 縱横無礙 外道魔軍 存心澄寂 默照邪禪 恣意忘緣 墮落深坑 惺惺不昧 帶鎖擔枷 思善思惡 地獄天堂 佛見法見 二銕圍山 念起即覺 弄精魂漢兀 然習定 鬼家活計 進則迷理 退則乖宗 不進不退 有氣死人 且道如何履踐 努力今 生須了却 莫教永劫受餘殃."

59『無門慧開和尙語錄』卷上 (X69, 356c23), "上堂 循規守短無繩自縛 縱横無礙外道魔軍 存心澄寂默照邪禪 恣意忘緣解脫深坑 惺惺不昧帶鎖擔枷 思善思惡地獄天堂 佛見法見二鐵圍山 念起即覺弄精魂漢 兀然習定鬼家活計 進則迷理退則乖宗 不進不退有氣死人 且道畢竟如何履踐 努力今生須了却 莫教永劫受沈淪."

표1. 『무문관』「선잠」의 열 가지 병통과 치유의 예시에 해당하는 공안

항목	「禪箴」의 열 가지 病痛	해당 公案
1	循規守矩 無繩自縛 病痛	第十三則 德山托鉢
2	縱橫無礙 外道魔軍 病痛	第七則 趙州洗鉢, 第十六則 鐘聲七條
3	存心澄寂 黙照邪禪 病痛	第五則 香嚴上樹, 第十九則 平常是道, 第二十四則 離却語言, 第四十一則 達磨安心
4	恣意忘緣 墮落深杭 病痛	第三則 具胝竪指, 第六則 世尊拈花, 第三十七則 庭前柏樹, 第四十二則 女子出定
5	惺惺不昧 帶鎖擔枷 病痛	第十二則 巖喚主人, 第十七則 國師三喚, 第二十則 大力量人
6	思善思惡 地獄天堂 病痛	第二十三則 不思善惡, 第二十六則 二僧卷簾, 第二十九則 非風非幡
7	佛見法見 二銕圍山 病痛	第一則 趙州狗子, 第四則 胡子無鬚, 第十則 淸稅孤貧, 第十一則 州勘庵主, 第十五則 洞山三頓, 第十八則 洞山三斤, 第二十一則 雲門屎橛, 第二十五則 三座說法, 第二十七則 不是心佛, 第二十八則 久響龍潭, 第三十三則 非心非佛, 第三十六則 路逢達道, 第三十八則 牛過窓櫺, 第四十八則 乾峯一路
8	念起卽覺 弄精魂漢 病痛	第二則 百丈野狐, 第九則 大通智勝, 第三十則 卽心卽佛, 第三十九則 雲門話墮, 第四十則 趯倒淨瓶, 第四十三則 首山竹篦, 第四十四則 芭蕉拄杖, 第四十五則 他是阿誰, 第四十七則 兜率三關
9	兀然習定 鬼家活計 病痛	第三十四則 智佛是道, 第三十五則 倩女離魂
10	進則迷理 退則乘宗 *不進不退 有氣死人 病痛	第八則 奚仲造車, 第十四則 南泉斬猫, 第二十二則 迦葉刹竿, *第三十一則 趙州勘婆, 第三十二則 外道問佛, 第四十六則 竿頭進步

의 철산에 있는 것과 같다고 설한 저 유명한 『육조단경六祖壇經』[60] 에도 전한 바 있는 사선사악思善思惡 지옥천당地獄天堂의 병통을 들었다. 이는 선善도 악惡도 생각하지 말라는 병통으로 그 예로 제23칙의 불사선악不思善惡 등을 들 수 있겠다.

다음으로 ⑦ 불견법견佛見法見 이철위산二鐵圍山의 병통으로는 부처와 불법에 집착하는 것이야말로 두 겹의 철위산에 갇혀 있는 것과 같다는 것으로 마음도 부처도 아니라고 한 제27칙 불시심불不是心佛 등을 예로 들었다.

또한 ⑧ 념기즉각念起卽覺 농정혼한弄精魂漢의 예로는 "번뇌 망념이 일어나는 것을 그때그때마다 곧바로 알아차리고자 하며 좌선 수행만 하는 사람은 영혼을 가지고 노는 놈이다."라고 설한 대목에서 제9칙 대통지승大通智勝이 성불成佛하지 않은 것에 비유하여 설한 대목의 예를 들어 해당 공안들을 분류하여 보았다.

그리고 ⑨ 올연습정兀然習定 귀가활계鬼家活計 병통의 예로는 "오롯이 좌선만을 닦는 사람은 흑산에 사는 귀신과 같다."고 하면서 지혜는 도가 아니라고 한 제34칙 지불시도智不是道 등의 예를 들어 오직 지혜만을 구한다고 하는 그것이 바로 병통이라 하였다.

끝으로 ⑩ 진즉미리進則迷理 퇴즉승종退則乘宗 불진불퇴不進不退 유기사인有氣死人의 병통은 "깨달음을 향해 나아가는 것은 법을 상실하는 것이요, 물러나면 종지를 위배하게 되는 것인데 그렇다고 나

---

60 『六祖大師法寶壇經』(T48, 349b14), "吾為汝說 明良久 惠能云 不思善 不思惡."

아가지도 않고 후퇴하지도 않으면 숨만 쉬는 죽은 사람과 같다."는 것으로 이는『무문관』제46칙 간두진보竿頭進步로 예를 들어 볼 수가 있다. 간두진보란 장대 끝에서 앞으로 한 걸음 더 나아가 백척간두에서 한 발 더 걸어 나가는 대용기를 내는 것이 이 병통으로부터 벗어나는 길이라 하여 그 치유의 방편까지도 제시하고 있다.

2. 공안집 『무문관無門關』에 나타난 병통 및 치유의 예

1) 순규수구循規守矩 무승자박無繩自縛의 병통 및 치유

『무문관』「선잠」의 첫 번째 병통은 '순규수구 무승자박의 병통'으로 "규칙에만 집착하여 좌선만을 유지하는 것은 끈 없는 속박이다."라는 것이다.

그 예로 다음의 『무문관』 제13칙 「덕산탁발」을 들 수 있다.

(1) 제13칙 덕산탁발德山托鉢의 예[61]

첫 번째 '순규수구 무승자박의 병통'으로 이 병통 및 치유의 예로는 『무문관』 제13칙 「덕산탁발」을 보기 전에 덕산선감선사에 대해 잠시 살펴보도록 하겠다.

『무문관』 제13칙 「덕산탁발」에 등장하는 덕산선감(德山宣鑑: 782~865)선사[62]는 육조혜능선사[63]를 이은 청원행사(青原行思: ?~740)[64]와

---

61 전게서 「第十三則 德山托鉢」(T48, 294b29), "德山一日托鉢下堂 見雪峯問 者老漢 鐘未鳴 鼓未響 托鉢向甚處去 山便回方丈 峯舉似巖頭 頭云 大小德山 未會末後句 山聞 令侍者 喚巖頭來問曰 汝不肯老僧那 巖頭密啟其意 山乃休去 明日陞座 果與尋常 不同巖頭至僧堂前 拊掌大笑云 且喜得老漢會末後句 他後天下人 不奈伊何 無門曰 若是末後句 巖頭德山俱未夢見在 撿點將來好 似一棚傀儡 頌曰 識得最初句 便會末 後句 末後與最 初不是者一句."

62 德山宣鑑(782~865): 唐나라 때의 禪僧. 劍南 四川 사람으로 俗姓은 周씨고 법명은 宣鑑이다. 어린 나이로 출가하여 20세 때 具足戒를 받고 大小乘 경전의 뜻에 두루 정통했다. 항상 『金剛般若經』을 강독해 사람들이 周金剛이라 칭송했다. 일찍이 남방의 禪法이 크게 성장하여 '直指人心見性成佛'을 주장한다는 소식을 들었다. 배운 바가 다르다고 생각하여 그들과 辯難하여 학설을 잠재우려고 작정했다. 이에 道氤의 『金剛

석두희천(石頭希遷: 700~791)[65] 그리고 용담숭신(龍潭崇信: ?~?)[66]의 법맥

經疏鈔』를 짊어지고 蜀으로 나가 먼저 澧陽에 이르러 龍潭信禪師를 參謁하고 문답을 나누면서 문득 頓悟했고 마침내 『금강경소초』를 불태운 뒤 青原의 제5세가 되었다. 法系가 달랐기 때문에 항상 棒打를 가르침의 도구로 써서 德山棒이라는 말이 있었는데 엄격하게 수행을 시키는 계열에 속했다. 풍양에서 30년 동안 머물렀는데 武宗의 廢教를 만나자 獨浮山의 石室로 피난했다. 大中 초에 武陵太守 薛廷望의 강력한 요청에 따라 비로소 德山에 머물면서 宗風을 크게 일으키니 울연히 일대 叢林을 형성했다. 道風이 峻嶮하여 천하의 승려들을 몽둥이로 다스렸는데 潙山이나 洞山 臨濟의 도풍과는 사뭇 달랐다. 咸通 6년 12월 3일 문득 제자들에게 "하늘을 문질러 소리를 좇아 너의 심신을 괴롭히니 꿈에서 깨면 그릇된 것을 알 터인데 마침내 무슨 일을 하겠느냐? 捫空追響勞汝心 神夢覺覺非 竟有何事."라고 말하고 말을 마치자 편안히 앉아 입적했다. 世壽 84세고 僧臘 65세다. 敕諡는 見性大師다. 제자가 대단히 많아 巖頭全奯과 雪峰義存 瑞龍慧恭, 泉州瓦棺, 雙流尉遲 등이 있다. 『宋高僧傳』 卷12, 『景德傳燈錄』 卷15 참조.

63 曹溪慧能(638~713): 唐나라 廣東省 新州 출생으로 禪宗 제6조임. 姓은 盧씨로 흔히 六祖·조계大師라 함. 어려서 아버지를 잃고 어머니와 함께 땔나무를 팔아 생계를 꾸려가다가 어느 날 『金剛經』 읽는 소리를 듣고 느낀 바 있어 湖北省 馮茂山에 머물던 弘忍(601~674)을 찾아가 문답하였다. 8개월 동안 곡식 찧는 소임을 한 후에 그의 衣鉢을 전해 받고 남쪽으로 내려가 10여 년을 은둔하다가 676년에 廣東省 廣州 法性寺에서 삭발하고 受戒하여 정식으로 출가함. 그 후 韶州 曹溪山 寶林寺, 韶州 大梵寺, 廣果寺, 廣州 法性寺에서 禪風을 크게 일으켰다. 諡號는 大鑑禪師. 神秀(?~706) 문하의 禪法을 北宗禪이라 하는 데 반해 혜능 문하의 선법은 南宗禪이라 함. 韶州 大梵寺에서 행한 설법을 엮은 것이 『六祖壇經』임.

64 青原行思(?~740): 당나라 때의 禪僧으로 俗姓은 劉씨고 吉州 廬陵 출생이다. 어려서 출가하여 처음에 六祖慧能을 뵈니 크게 인정을 받았다. 나중에 青原山 靜居寺에 있으면서 禪法을 크게 드날렸고 한 계통을 열어 青原行思로 불린다. 나중에 希遷에게 법을 전했다. 南岳懷讓의 臨濟系과 더불어 그 법통을 이어받고 스승이 죽기 2, 3년 전에 고향으로 돌아가 청원산 정거사에 거처했다. 선종의 일파인 曹洞宗의 제7조가 되었고 그 계통에서 조동종 이외에 法眼과 雲門의 2종이 나와 당나라 말에서 송나라 초에 걸쳐 크게 발전했다. 불교를 당시 생활과 결부지어 설법한 데 특색이 있는데 제자가 부처님 진리에서 가장 긴요한 대목을 묻자 "여릉의 쌀값은 얼마인가?"라고 되물은 公案이 있다. 시호는 弘濟大師다. 『宋高僧傳』 卷9, 『景德傳燈錄』 卷5 참조.

65 石頭希遷(700~791): 당나라 때의 승려. 端州 高要 사람으로 俗姓은 陳씨다. 六祖慧能에게 사사하고 혜능이 입적한 뒤에 青原行思에게 배우고 인가를 받았다. 湖南 衡山

法脈을 이은 분이다.

덕산선감선사는『금강경金剛經』에 통달하여 성이 주周씨라 별명을 주금강이라고 했을 정도로『금강경』에 달통한 분이다. 덕산선사로서는 경전에도 매이지 않은 용담숭신선사를 혼내 주려고 가다가 절에 도착하기도 전에 그만 그 밑에서 호떡장사를 하는 노파에게 말문이 막혀 버리고 말아서 후일에 용담숭신선사의 제자가 된 일화가 있다.

용담숭신선사를 만나러 가는 길에 만난 호떡장수 노파가 "스님의 바랑에는 무엇이 담겨 있습니까?"라고 물으니 덕산선사는『금강경소초金剛經疏鈔』라고 답하고 그 노파는 덕산스님에게 "과거심불가득過去心不可得 현재심불가득現在心不可得 미래심불가득未來心不可得[67] 인데 스님은 어디에다 점심하겠느냐?"고 물었다. 선사는 여기서 그만 말문이 막혀 버리는데 그래도 바로 떠나지 않고 노파에게 근

에 있는 南寺에서 바위 위에 암자를 짓고 좌선한 데서 石頭和尙으로 불렸다. 代宗 廣德 2년(764) 梁端으로 내려가 포교의 실적을 올리고 강서의 馬祖道一과 나란히 '湖南의 석두'라고 불리게 되었는데 다 같이 학도들이 운집했다. 穆宗 長慶 때 勅諡 無際를 받았다. 저서에『參同契』와『草庵歌』가 있다. 그의 사상은 후세 曹洞宗의 기원이 되었다.『宋高僧傳』卷9 참조.

66 龍潭崇信(?~?): 당나라 때의 禪僧. 출신이나 생몰년은 미상이다. 靑原行思의 法系에 속하고 天皇道悟를 따라 출가하여 玄旨를 깨달았다. 나중에 澧州(湖南 澧縣) 龍潭禪院에 암자를 짓고 宗風을 크게 떨쳐 세칭 龍潭崇信 또는 龍潭和尙으로 불렸다. 德山宣鑑에게 법을 전했다.

67『金剛般若波羅蜜經』(T8, 751b24), "佛告須菩提 爾所國土中 所有衆生 若干種心 如來悉知 何以故 如來說諸心 皆為非心 是名為心 所以者何 須菩提 過去心不可得現在心不可得 未來心不可得."

처에 선지식이 살고 계시냐고 묻고는 노파가 가르쳐 준 대로 그 길로 숭신선사를 찾아가 제자가 되었다.

그리하여 용담숭신선사의 뒤를 이어 걸출한 선가禪家의 인물이 탄생되었는데 여기에 등장하는 암두전활(巖頭全奯: 828~887)선사[68]와 설봉의존(雪峰義存: 822~908)선사[69]는 모두 덕산선감선사의 법맥을 이은 걸출한 제자들이다.

第十三則 德山托鉢
(제십삼칙 덕산탁발)

本則

德山이 一日에 托鉢下堂이라가 見雪峰問하되 者老漢이 鐘未鳴하고 鼓未響이어늘 托鉢向甚處去니고 山이 便回方丈하다 峰이 擧似巖頭한대 頭云하되 大小德山이여 未會末後句

(덕산 일일 탁발하당 견설봉문 자로한 종미명 고미향 탁발향심처거 산 변회방장 봉 거사암두 두운 대소덕산 미회말후구)

---

68 巖頭全奯(828~887): 당나라 때의 禪僧. 全豁로도 불린다. 福建 南安 사람이고 俗姓은 柯씨다. 靈泉寺에서 출가하여 長安 西明寺에서 具足戒를 받았다. 雪峰義存, 欽山文邃와 함께 서로 힘쓰면서 仰山慧寂을 찾아뵈었고, 다시 德山宣鑑에게 배워 그 법을 이었다. 나중에 洞庭湖 호반에 있는 臥龍山, 巖頭에서 宗風을 크게 날려 巖頭全奯로 불렸다. 光啓 3년 4월 도적떼가 일어나 칼날을 들이댔지만 泰然自若하게 大喝하고 죽음을 맞았다. 世壽는 60세고 시호는 淸儼大師이다.『宋高僧傳』卷23『景德傳燈錄』卷16 참조.

69 雪峰義存(822~908): 당나라 때의 禪僧. 義存眞覺 禪師다. 일찍이 雪峰山에서 상주하여 설봉이란 호를 썼다. 世稱 雪峰義存으로 불린다. 德山宣鑑의 法嗣다.

로다 山이 聞하고 令侍者로 喚巖頭來하여 問曰 汝不肯老僧那아 巖頭密啟其意어늘 山이 乃休去하다 明日陞座한대 果與尋常不同이라 巖頭至僧堂前하여 拊掌大笑云하대 且喜得老漢會末後句하나니 他後天下人이 不奈伊何하리라.

評唱

無門曰 若是末後句인댄 巖頭와 德山이 俱未夢見在라 檢點將來하니 好似一棚傀儡로다.

● 頌曰

識得最初句하면 便會末後句라 末後與最初가 不是者一句리라.

○ 解釋

하루는 덕산선사께서 발우를 들고 공양당으로 내려갔다. 설봉선사가 이를 보고 말했다. “노스님, 아직 종도 울리지 않았고 북소리도 나지 않았는데 발우를 들고 어디를 가십니까?”

덕산선사는 말없이 방으로 되돌아갔다. 설봉선사가 암두선사에게 이 말을 하니 암두선사는 말하였다. “대단하신 덕산도 말후구를 모르는구려.”

덕산선사가 이 말을 듣고 시자를 시켜 암두를 불러놓고 말하였다. "그대가 도대체 나를 어떻게 아는 건가?" 이에 암두선사는 덕산선사의 귀에 입을 대고 가만히 그 뜻을 말하였다. 덕산선사께서는 아무 말 없다가 다음 날 법상에 오르셨는데 과연 다른 때와 그의 태도가 매우 달랐다. 암두선사가 법문하는 승당 앞에 가서 손뼉을 치고 크게 웃으며 말하였다. "기쁘도다. 우리 노스님이 말후구를 아셨구나! 이후로는 천하의 누구도 우리 노장을 어쩌지 못할 것이다."

무문선사는 이에 대해 평하기를 "만약 이것이 말후구라 한다면 암두와 덕산이 함께 아직 꿈에서 깨어나지 못한 것이네. 점검해 보면 마치 한 선반 위의 인형이다."라고 하였다.

또한 게송으로 이르기를 "최초구를 알면 곧 말후구를 알지만 말후구와 최초구는 한 구가 아니네."라고 하였다.

이렇듯 『무문관』의 제13칙 「덕산탁발」이라는 공안은 무척 왁자지껄하다.

덕산선사가 공양 때도 아닌데 발우를 들고 공양간에 가려고 하지를 않나 이를 본 제자 설봉선사가 공양 시간이 아직 되지 않았다며 스승을 타박하기도 한다. 또한 다른 제자인 암두선사는 스승인 덕산선사의 경지를 감히 평가한다.

이 공안에서는 그야말로 스승과 제자 간의 위아래 위계질서가 완전히 붕괴되어 버린 상황을 볼 수 있다. 그러나 이러한 광경은 외적인 권위보다는 내적인 권위를 더 강조하는 선불교 전통에서는 익숙한 일이라고 할 수 있겠다.

이는 임제선사가 설하신 대로 "부처를 만나면 부처를 죽이고" 스스로 부처가 될 수 있으며 "조사를 만나면 조사를 죽일 수 있어야"[70] 조사가 될 수 있다는 것을 잘 이해하고 있어야 가능한 일이라 여겨진다.

덕산선사는 명백히 스스로 주인공으로 일어서는 데 성공한 분이다. 주인공의 삶이란 일체의 다른 것들을 조연으로 보는 삶이기 때문에 주인공이 어떻게 종소리와 북소리가 울려야만 밥을 먹을 수가 있겠느냐는 뜻이다. 배가 고파서 덕산선사는 발우를 들고 공양간으로 갔던 것이고 대자유인인 덕산선사에게 꺼릴 것은 아무것도 없었던 것이다.

그러나 이 장면에서 주목해야 할 것이 바로 첫 번째 병통인 '순규수구 무승자박의 병통'이다. 선사는 방장실을 차지하고 있는 대선사라는 허울 정도는 훌훌 벗어던져 버릴 수 있는 자연스러운 일이었을 것이다. "공양 시간을 알리는 종도 북도 울리지 않았는데 발우를 들고 어디로 가시나요?"라는 제자 설봉선사의 말에 덕산선사가 방장실로 다시 돌아간 이유는 아주 간단하고 명확하다.

---

70 『鎭州臨濟慧照禪師語錄』(T47, 500b21), "逢佛殺佛逢祖殺祖 逢羅漢殺羅漢 逢父母 殺父母 逢親眷殺親眷‥‥始得解脫."

실은 공양간에 아직 공양이 준비되지 않았기 때문이다. 스승의 경지를 짐작하고 있었다고는 해도 설봉선사의 걱정은 매우 컸을 것이다. 스승의 이러한 행동이 마치 제정신 아닌 노망난 노인네처럼 보일 수도 있기 때문인데 설봉선사가 자신의 고민을 사제인 암두선사에게 토로한다. 사형의 이 같은 고민을 듣자 암두선사는 "위대한 덕산 노장이 아직 궁극의 한마디인 말후구末後句는 알지 못하는구나!"라고 탄식한다.

이렇듯 선수행으로 깨달은 자리는 처음과 끝이 없는 것이며 자성의 자리는 일체가 평등하기 때문에 어떠한 분별과 차별도 용납하지 않는다. 설봉과 암두선사 사이에 있었던 이야기를 전해 들은 덕산선사는 암두를 조용히 방장실로 불러들인다. 아마도 덕산선사는 자신의 자유로운 경지를 몰라 주는 제자가 오히려 답답했을지도 모른다.

암두선사가 들어서자 덕산선사는 매우 서운한 낯빛으로 물어보았다. "그대는 나를 인정하지 않는 것인가?" 이때 암두선사는 스승의 귀에다 대고 무엇인가를 비밀스럽게 속삭이는데 이것은 설봉선사에게 이야기했던 궁극적인 그 한마디의 말후구였을 것이다. 그야말로 제자 암두선사가 덕산선사에게 제대로 한 방 먹인 것이며 교학상장教學相長이라고, 때로는 제자가 스승을 가르치기까지도 하는 법에 이르렀다고 할 수 있는 장면이 펼쳐졌던 것이다.

다음 날 덕산선사는 완전히 다른 사람으로 단상에 올라 자연스러움 대신 마치 은산철벽처럼 제자들을 압도하는 위엄으로 대중을 서늘하게 만들었다. 이 모습을 본 암두선사는 손뼉을 치고 기뻐하면서 "이제 우리 노스님께서 궁극적인 한마디의 말후구를 이해하게 되었으니 기뻐할 일이로구나! 이후 세상 사람들은 그를 어쩌지 못하리라."라고 하였다. 암두선사가 스승 덕산선사의 귀에 속삭였던 이 '말후구'는 무엇이었을까?

이미 자신의 삶을 주인으로 영위하는 데 성공했던 덕산선사에게 부족했던 한 가지 병통이라 할 수 있는 것이 바로 첫 번째 '순규수구 무승자박의 병통'으로 예로 들 수가 있을 것이며 암두선사가 이해한 말후구야말로 이를 위한 치유의 방편이라 하겠다.

여기서 말후구란 '이타利他'의 길을 의미한다. 이렇듯 덕산선사는 자신의 삶에 주인공이 되는 데에 성공했다고 하지만 제자들을 주인공으로 만들어야 하는 이타적인 스승의 길은 잠시 간과해 버렸다는 뜻으로 암두선사는 스승 덕산선사께 이렇게 말했을 것이다.

적어도 대승불교의 전통에서는 정상에 오른 자는 삶의 정상에 오르지 못해 고통스러워하는 제자와 중생들을 정상에 오를 수 있도록 도와야 하는 막중한 임무가 남겨져 있기 때문이다.

그러니까 정상은 말末에 해당되고 오른 다음은 후後에 해당하는데 이는 타인을 정상으로 이끄는 자비를 실천해야 한다는 뜻이라고 하겠다. '말후구' 이것이야말로 깨달음을 향한 치유의 방편인데 제자들이 깨우침에 이를 때까지 덕산선사는 여전히 법당에서 최소한 위엄을 갖춘 스승으로 존재해야 한다는 것이며 제자들이 덕산선사를 반드시 넘어서야만이 스스로 주인공이 될 수 있다는 것이고 깨달음을 얻을 수 있다는 은산철벽과 같은 스승이 되어 줄 수 있어야 한다는 말이다. 또한 제자들에게 '자신을 넘어설 수 있다면 너희들도 또한 나처럼 자유로워지리라!'라는 치유의 방편을 설해 주듯이 말이다.

이렇듯 덕산선사는 암두선사와 설봉선사에게 첫 번째 '순규수구무승자박의 병통'인, 즉 규칙에만 집착하여 좌선만을 유지하는 것은 끈 없는 속박이며 병통이라는 경계를 몸소 보여 주었으니 스승에게 당당하게 대응하는 제자의 성숙한 모습을 보고 덕산선사는 홀로 방장실에서 빙그레 미소 지었을 것이다.

2) 종횡무애縱橫無礙 외도마군外道魔軍의 병통 및 치유

『무문관』「선잠」의 두 번째 병통은 '종횡무애 외도마군의 병통'으로 이는 오직 마음에만 집중하여 수행하는 것이 묵조의 삿된 수행이며 인연을 따르지 않고 규칙을 어기면서까지 마음대로 막행莫行하는 것이야말로 마치 어두운 함정에 빠진 것과 같다는 것이다.

이는 앞의 '순규수구循規守矩 무승자박無繩自縛 병통病痛'과는 정반대 개념의 병통으로 이번에는 규칙을 무시하며 걸림이 없는 막행도 또한 외도의 마구니라고 설하고 있다.

다음의 『무문관』 제7칙 「조주세발」과 제16칙 「종성칠조」에서 '종횡무애 외도마군의 병통' 및 치유의 예를 살펴보도록 하겠다.

(1) 제7칙 조주세발趙州洗鉢의 예[71]

이와 같이 『무문관』 제7칙의 「조주세발」에서는 규칙을 아주 무시하고 걸림이 없는 것 또한 앞의 '순규수구 무승자박 병통'의 규칙에만 너무 의식하여 경직되는 것만큼이나 경책하고 있다.

『무문관』 제7칙의 「조주세발」은 시대의 거장 조주선사께 한 학인이 의기양양해서 등장하고 있는데 조주선사[72]가 조용히 그의 병

---

71 전게서 第七則「趙州洗鉢」(T48, 294a01-03), "趙州 因僧問某甲 乍入叢林 乞師指示 州云 喫粥了也未 僧云 喫粥了也 州云 洗鉢盂去 其僧 有省無門曰 趙州開口見膽 露出心肝 者僧聽事不真 喚鐘作甕 頌曰 只為分明極 翻令所得遲 早知燈是火 飯熟已多時."

72 趙州從諗(778~897): 당나라 臨濟宗의 禪師. 南泉普願의 법제자로 법호는 從諗이며 俗姓은 郝씨며 唐의 青州 臨淄 사람이다. 일설에는 曹州 郝鄉 사람이라고도 한다. 어린 나이에 曹州 扈通院, 일설에는 青州 龍興院에서 출가했으며 具足戒를 받기 전에

통을 일깨워 주고 있는 장면을 볼 수 있다.

또한 여기에서 무문선사는 "참된 것은 듣고도 모르니 너무 분명하여 오히려 깨침이 더디다."라고 하면서 병통과 함께 공양을 마쳤으면 발우를 씻으라고 하는, 어쩌면 우리의 일상에서도 흔히 볼 수 있는 너무나도 당연하나 망각하기 쉬운 규칙을 지키는 치유의 방편까지도 제시하여 주고 있다.

다음은 『무문관』 제7칙 「조주세발」의 원문 및 해석이다.

池陽에 가서 남전보원을 參謁하니 남전이 큰 그릇으로 여겼다고 한다. 다시 嵩山 琉璃壇에 가서 受戒하고 얼마 뒤 남전에게 돌아와 20년 동안 의지했다. 처음 남전을 찾았을 때 남전이 "어느 곳에서 왔는가?"라고 물으니, 조주가 "瑞象院에서 왔습니다."라고 대답했다. 남전이 다시 "그러면 서상을 보았는가?" 물었는데, 조주가 "서상은 보지 못하고 누워 있는 부처님을 보았습니다."라고 대답했다. 이에 남전이 "너는 有主 사미냐? 無主 사미냐?"라고 묻자 조주는 "유주 사미입니다."라 했고 남전이 "주가 어디 있느냐?"고 하니 조주는 "동짓달이 매우 춥사온데 건강은 萬福하십니까?"라 대답했다는 일화가 전한다. 그 후 黃檗과 寶壽, 鹽官, 夾山, 五臺 등 여러 大德들을 찾아뵈었다. 여든 살 때 사람들이 趙州성 동쪽 觀音院으로 모셔 거처했는데 40여 년 동안 禪風을 크게 일으켰다. 일찍이 北地에 머물면서 南宗禪을 진작시키고 항상 三祖僧璨의 『信心銘』을 마음에 새겼고 玄言이 천하에 유행하여 문답이나 示衆 등을 통해 남긴 공안들 예컨대 狗子佛性이나 至道無難 등은 널리 회자되었다. 昭宗 乾寧 4년에 입적했는데 世壽 120세였다. 敕謚는 眞際 大師다. 저서에 『眞際大師語錄』 3권이 있다. 『宋高僧傳』 卷11, 『景德傳燈 錄』 卷10 참조.

제칠칙 조주세발
第七則 趙州洗鉢

本則

조주 인승문모갑 사입총림 걸사지시 주운
趙州가 因僧問 某甲이 乍入叢林이니 乞師指示하라 州云
끽죽료야미 승운 끽죽료야 주운 세발우
하되 喫粥了也未야 僧云하되 喫粥了也니다 州云하되 洗鉢盂
거 기승 유성
去아한데 其僧이 有省하다.

評唱

무문왈 조주개구견담 노출심간 자승청사부진
無門曰 趙州開口見膽에 露出心肝하니 者僧聽事不眞하
환종작옹
여 喚鐘作甕이로다.

● 頌曰

지위분명극 번령신득지 조지등시화 반숙이
只爲分明極하여 翻令新得遲하니 早知燈是火오 飯熟已
다시
多時로다.

○ 解釋

조주선사께 한 학인이 묻기를 “제가 총림(선방)에 처음 왔는데 잘 가르쳐 주시길 바랍니다.” 하니 조주선사가 “죽을 먹었느냐, 아직 안 먹었느냐?”고 물었다. 그 학인이 “죽을 먹습니다.”라고 대답하자, 조주선사께서 다시 물었다. “그러면 발우는 씻었겠구나!” 이 말에 그 스님은 바로 깨쳤다.

이에 대해 무문선사는 평하기를 "조주선사가 입을 여니 쓸개도 보이고 심장도 보이고 간장도 훤히 드러났구나! 그런데 이 학인은 참된 것은 듣고도 모르니 종을 가리켜 오로지 항아리라고 잘못 부르는 격이로다."라고 하였다.

또한 게송으로 설하기를 "너무나 분명하기 때문에 오히려 바로 깨침이 더디구나. 등燈이 곧 불이라는 것을 바로 알아차린다면 밥은 이미 다 된 지 오래로다."라고 하였다.

(2) 제16칙 종성칠조鐘聲七條의 예[73]

『무문관』 제16칙 「종성칠조」라는 공안에서 우리가 주목해 볼 필요가 있는 것은 새벽에 총림의 종성鐘聲이 울리면 스님들이 일제히 7조 가사를 수하고 예불에 참여하고 있는 엄숙하고 장엄한 절차이다.

운문선사[74]는 새벽 종소리가 울려 퍼지는 가운데 아름답고 엄숙

---

73 『禪宗無門關』「第十六則 鐘聲七條」(T48,, 295a12~20), "雲門曰 世界恁麼廣闊 因鐘聲裏 披七條 無門曰 大凡參禪學道 切忌隨聲逐色 縱使聞聲悟道 見色明心 也是尋常殊不知衲僧家 騎聲蓋色 頭頭上明 著著上妙 然雖如是 且道聲來 耳畔耳往聲邊 直饒響寂双忘 到此如何話會 若將耳聽 應難會 眼處聞聲方始親頌曰 會則事同一家 不會萬別千差 不會事同一家 會則萬別千差."

74 雲門文偃(?~949): 당나라 말기 중국 禪宗五家의 하나인 雲門宗의 개조로 운문종은 당나라 말에서 北宋代에 걸쳐 성행하였다. 雪峰義存에게 참선하여 인가를 얻은 다음 雲門山에 光泰禪院을 창건하고 禪風을 선양했기 때문에 운문이란 이름이 붙었다. 운문의 宗風은 준엄하고 禪氣가 발랄하여 많은 修禪者가 모여들었다고 한다. 德山緣密

한 이 광경을 무심코 지나칠 수 있는데도 너무도 섬뜩할 정도로 무서운 경책을 하고 있다는 말이다. 이렇듯 평범한 일상 속에서 번뜩이는 선지禪智를 맛볼 수 있다는 것이 공안집『무문관』에 등장하고 있는 공안의 매력이기도 하다.

여기에 무문선사도 평창과 게송으로 색과 소리를 떠나 반야의 지혜로 회통回通하게 되는 치유의 방법을 명백히 제시하고 있다.

원문에서 무문선사는 "통하여 알면 곧 매사가 한집안이요, 회통하지 못하면 천차만별이로다. 알지 못하면 매사가 한집안이요, 알면 곧 천차만별이로다."라고 하면서 치유의 방편을 제시하면서 친절하게 보여 주고 있다. 따라서 이를『무문관』「선잠」에서 설한 '종횡무애 외도마군 병통'의 예이자 앞의 '순규수구 무승자박 병통'처럼 규칙에만 너무 의식하여 경직되는 것만큼이나 경책하고 있다.

이는 '순규수구 무승자박 병통'으로 분류하여 중도적인 사유로 접근해 볼 수 있지만 여기서는 이를『무문관』「선잠」의 두 번째 병통인 '종횡무애 외도마군 병통'의 예로 분류해 보도록 하겠다.

다음은『무문관』제16칙「종성칠조」의 원문 및 해석이다.

과 洞山守初 등의 탁월한 선승을 배출했다. 스님의 어구를 기록한 것이『雲門匡眞禪師廣錄』인데 용어가 간결하고 어구가 참신하다.『景德傳燈錄』卷19,『十國春秋』卷66 참조.

제십육칙 종성칠조
第十六則 鐘聲七條

本則

운문왈 세계임마광활 인심향종성리 피칠조
雲門曰 世界恁麼廣闊이어늘 因甚向鐘聲裏에 披七條오.

評唱

무문왈 대범참선학도 절기수성축색 종사문
無門曰 大凡參禪學道인댄 切忌隨聲逐色이니라 縱使聞
성오도 견색명심 야시심상 수부지납승가
聲悟道라고 見色明心이라도 也是尋常이라 殊不知衲僧家에
기성개색 두두상명 착착상묘 연수여시
騎聲蓋色하여 頭頭上明하고 著著上妙로다 然雖如是나
차도 성래이반 이왕성변 직요향적쌍망
且道하라 聲來耳畔하면 耳往聲邊이니 直饒響寂雙忘이라도
도차여하화회 약장이청 응난회 안처문성방시
到此如何話會오 若將耳聽하면 應難會니 眼處聞聲方始
친
親하리라.

● 頌曰

회즉사동일가 불회만별천차 불회사동일가 회
會則事同一家요 不會萬別千差며 不會事同一家요 會
즉만별천차
則萬別千差하리라.

○ 解釋

운문선사가 말씀하기를 “세계가 이렇게 광활한데 무엇 때문에 종소리가 나는데 7조 가사를 입는가?” 하고 물었다.

무문선사는 평하기를 "대체 참선하고 도를 배우는 사람은 소리에 따르거나 색을 좇는 것을 꺼린다. 예를 들어 소리를 듣고 도를 깨치거나 색을 보고 마음을 밝히는 것은 보통의 일이다. 승가에서 소리에 올라타고 색을 덮으니 모두가 보리이고 반야의 지혜이다. 그렇다 할지라도 불이법문이니 얼른 말해 보라. 소리가 귓바퀴에 오면 귀가 음향 변에 간다 하나 곧바로 도를 더해 음양과 적요를 다 함께 망각할지니 이에 이르러서는 어떻게 얘기할까? 만약 이 체용론을 일치시킨다고 해도 귀로 듣는다면 알기 어려울 것이고 눈으로 종소리를 듣는다면 비로소 친하게 될 것이다." 라고 하였다.

또한 게송으로 이르기를 "회통하여 알면 매사가 한집안이요, 회통하지 못하면 천차만별이로다. 알지 못하면 매사가 한집안이요, 알게 되면 곧 천차만별이로다."라고 하였다.

선禪은 자연스럽고 당연하며 더 이상 할 말이 없는 원융하기 그지없는 일상생활이다. 부단한 정진 끝에 기성의 경계는 무너져 버린다. 분별 자체는 무의미하다.

『무문관』 제16칙의 「종성칠조」에서는 종소리가 울려 모든 스님들이 가사를 수하고 법당으로 향하는 정반대의 장면을 볼 수 있다.

향엄선사는 무심코 던진 돌멩이가 대나무에 부딪치는 소리에 깨달았다고 하는데, 종소리가 울리자 이 엄숙한 절차를 보고서 운문 선사가 마치 파블로프의 개처럼 조건반사적으로 가사를 수하고 규칙에 매여 소리와 색에 집착하는 수행자들을 위해 이를 첫 번째의 자신을 속박시키는 관점으로 보는 병통으로 볼 수도 있다. 하지만 소리에 경계에 무너진 것이 아니라 어쩌면 아름답고 엄숙한 이 광경을 무심코 지나칠 수도 있는데 섬뜩할 정도로 무서운 경책이 아닐 수 없는 이 순간에 가사를 수하고 법당으로 향하는 불행佛行이야말로 분별 자체가 없어져 버린 상태를 말하는 것으로 여기서는 이를 『무문관』「선잠」의 두 번째 병통인 '종횡무애 외도마군 병통'의 예로 들어 볼 수도 있겠다.

3) 존심징적存心澄寂 묵조사선默照邪禪의 병통 및 치유

『무문관』「선잠」의 세 번째 병통인 '존심징적 묵조사선 병통'은 언제나 마음을 통일하고 고요하게 하려고만 하는 수행으로 적정주의 침묵에 떨어져 버린 병통을 말한다. '존심징적 묵조사선 병통'에 해당하는 예로는 제5칙「향엄상수」, 제19칙「평상시도」, 제24칙「이각어언」, 제41칙「달마안심」의 공안을 들 수 있다.

(1) 제5칙 향엄상수香嚴上樹의 예[75]

다음은『무문관』「선잠」의 세 번째 병통인 '존심징적 묵조사선 병통'의 첫 번째 예로『무문관』제5칙「향엄상수」의 원문 및 해석이다.

제오칙 향엄상수
第五則 香嚴上樹

本則

향엄화상운 여인상수 구함수지 수불반지
香嚴和尙云하되 如人上樹하여 口啣樹枝하고 手不攀枝하

75 전게서「第五則 香嚴上樹」(T48, 293c2~9), "嚴和尙云 如人上樹 口銜樹枝 手不攀枝 脚不踏樹 樹下有人 問西 來意 不對即違他所問 若對又喪身失命 正恁麼時 作麼生對 無門曰 縱有懸河之 辨 總用 不著 說得一大藏教 亦用不著 若向者裏對得著 活却從前死路頭 死却從前活 路頭 其或未然 直待當來 問彌勒 頌曰 香嚴真杜撰 惡毒無盡限啞却衲僧口 通身迸鬼眼."

각불답수 수하유인 문서래의 불대즉위타소
고 脚不踏樹일때 樹下有人이 問西來意하되 不對卽違他所
문 약대 우상신실명 정임마시 작마생대
問이고 若對면 又喪身失命함 正恁麼時에 作麼生對할꼬.

評唱

무문왈 종유현하지변 총용불착 설득일대장교
無門曰 縱有懸河之辯도 總用不著이고 說得一大藏教도
역용불착 약향자리 대득착 활각종전 사로
亦用不著이리라 若向者裏에 對得著하면 活却從前의 死路
두 사각종전 활로두 기혹미연 직대당래 문미
頭를 死却從前의 活路頭를 其或未然이면 直待當來를 問彌
륵
勒하라.

● 頌曰

향엄진두찬 악독무진한 아각납승구 통신병
香嚴眞杜撰은 惡毒無盡限하고 啞却衲僧口하여 通身迸
귀안
鬼眼함.

○ 解釋

향엄선사께서 말씀하기를 "한 사람이 나무에 올라가서 입에 나뭇가지를 물고는 손에 가지를 잡지 않고 발은 나무를 디디지 않고 있었다. 이때 나무 아래의 사람이 '조사서래의'를 물었는데 이에 대답하지 않으면 묻는 사람에게 그릇될 것이고 만약 대답하면 떨어져 죽을 것이니 이때 어떻게 대할 것인가?"라고 하셨다.

무문선사께서 이에 대해 평하기를 "청산유수 같은 말솜

씨가 있다 하더라도 아무런 소용이 없으며 모든 대장경을 다 이해했다 하더라도 역시 부질없는 짓이다. 만약 이 속을 향해서 참된 견해를 얻을 수 있다면 죽은 사람을 살리고 산 사람도 죽일 수 있을 것이다. 그러나 만약 견해를 아직 얻지 못했다면, 미륵보살이 나타나길 기다려 그에게 물어나 보라."고 하였다.

또한 게송에 이르기를 "향엄은 참 못돼먹었구나! 그 악독惡毒함이 끝이 없어 수행승들의 말문을 꽉 틀어막아 온몸이 귀신 눈 되게 하네!"라고 하였다.

제5칙 「향엄상수」[76]의 장場에서는 그 어떤 말을 해도 바로 죽을 수밖에 없다. 그야말로 진퇴양난의 형국이다.

이런 관점으로 보면 제5칙 「향엄상수」는 열 번째 병통인 '진즉미리 퇴즉승종과 불진불퇴 유기사인 병통'에 해당하는 예로 들 수도 있지만 세 번째 병통인 '존심징적 묵조사선의 병통' 및 치유의 예

---

76 香嚴智閑(?~898): 당나라 때의 禪僧. 法號는 智閑이고, 青州 山東 益都 사람으로 음에 百丈懷海를 따라 출가했다. 나중에 潙山靈祐禪師를 뵈었지만 맞지 않자 눈물로 이별을 고하고 헤어졌다. 우연히 산속에서 풀을 베다가 조약돌이 대나무에 맞아 '탁' 하는 소리를 듣고 확연히 깨달은 바 있어 위산의 秘旨를 증득하고 그 법을 이었다. 鄧州 香嚴山에 살면서 化法를 널리 시행하니 제자들이 천여 명에 이르렀다. 후세 사람들이 香嚴禪師라 불렀다. 성품이 嚴謹하고 말투가 간략하면서 분명했다. 偈頌 200여 수를 남겼는데, 널리 성행했다. 시호는 襲燈大師다.

로 분류한 이유는 제5칙「향엄상수」의 공안에서 나무에 오른 이가 굳이 침묵을 깨고 나와야만이 병통으로부터 자유로워질 수 있는 것에 더 중점을 두었기 때문이다.

제5칙「향엄상수」공안에서는 나무에 오른 이는 입에 문 나뭇가지를 놓아도 법에 어긋나게 되고 놓지 않아도 법에는 어긋나는 것이 되는 것이니 이는 나무에 발을 디뎌도 법에 어긋나고 나무에 발을 디디지 않아도 법에 어긋나게 되어 이래도 죽고 저래도 죽게 된다는 말이다.

그야말로 천길 낭떠러지에서 한 발자국 떼어야 하는, 뜨거운 양철지붕 위의 고양이와 같은 심정으로 매우 고통스러운 상황이라는 것이다. 이럴 때 손가락 하나 움직이는 간절한 마음으로 이것을 통과할 수 있다면 아무런 문제가 없게 되는데 답하든 답하지 않든지 오직 이것 하나 이 손가락 하나 움직이는 이 마음만 분명하다면 그는 본래면목本來面目의 자리에서 조금도 흔들림이 없을 것이다.

제대로 말할 수 있는 사람은 침묵할 수도 있다. 잠깐 여기서 간과할 수 없는 오랜 오해 한 가지를 바로잡아야만 하는데 향엄상수의 장에서 나뭇가지를 입에 물고 있는 스님이 지금 침묵하고 있다고 생각하는 것이다.

나뭇가지를 입에 물고 있는 이런 상황에서 우선 학인은 침묵을 고수할 것이 아니라 손과 발을 써서 나무줄기를 튼튼히 잡고 조심조심 나무에서 내려와야만 한다. 그러고는 땅에 발을 디디고 그런

연후에 그는 자신에게 질문한 사람과 대화를 나누면 되는 것이다. "아까 달마가 서쪽에서 온 까닭에 대해 물으셨나요?"라고 말이다. 바로 그 순간 우리는 자기의 입에만 의존하지 않게 될 수 있으며 이것은 바로 깨달음에 도달했다는 것이며 이제 그는 입에만 의존하는 삶에서 벗어나 기꺼이 침묵할 수도 있을 것이다.

여기에서 나무는 말의 쟁점을 상징하는 희론(prapañca)의 메타포(은유)이며 『무문관』 제5칙 「향엄상수」의 장에서는 『무문관』 「선잠」의 세 번째 병통인 '존심징적 묵조사선 병통'의 예를 보여 주고 있는 것이다.

침묵을 지키고 마음을 고요하게 통일하려고만 하는 것이 능사가 아니고 나아가 이것만을 고수하고자 하는 것이야말로 '존심징적 묵조사선 병통'인 것이며 이를 치유하기 위해서는 침묵을 깨고 이 병통으로부터 속히 벗어나야 함을 일깨워 주고 있다.

언제나 마음을 통일하고 고요하게 하기 위해 적정주의 침묵에 떨어져 버린 수행 또한 무상無上의 바른 깨달음을 이루기 위해서는 『무문관』 「선잠」의 세 번째 병통인 '존심징적 묵조사선 병통'에 해당하는 이 병통을 치유하고 넘어설 수 있어야 한다는 말이다.

반드시 침묵을 깨고 나무 아래로 내려와 땅 위에 발을 딛고 '조사가 서쪽에서 온 뜻'을 물어 그 깨달음에 이를 수 있어야 하는 치유의 예를 보여 주고 있다.

(2) 제19칙 평상시도平常是道의 예[77]

다음은『무문관』「선잠」의 세 번째 병통인 '존심징적 묵조사선 병통' 및 치유의 두 번째 예인『무문관』제19칙「평상시도」의 원문 및 해석이다.

제십구칙 평상시도
第十九則 平常是道

本則

남전 인 조주문 여하시도 전운 평상심
南泉이 因 趙州問하되 如何是道니꼬 泉云하되 平常心이
시도 주운 환가취향부 전운 의향즉괴
是道니라 州云하되 還可趣向否이까 泉云하되 擬向卽乖하니
주운 불의쟁지시도 전운 도부속지
라 州云하되 不擬爭知是道이리까 泉云하되 道不屬知하고
불속부지 지 시망각 부지 시무기 약진달불
不屬不知하니 知는 是忘覺이요 不知는 是無記라 若眞達不
의지도 유여태허 확연통활 기가강시비
擬之道하여사 猶如太虛하여 廓然洞豁하리니 豈可强是非
야 주어언하 돈오
也리요 州於言下에 頓悟하다.

77 전게서「第十九則 平常是道」(T48, 295b14~22), "南泉因趙州問 如何是道 泉云 平常心是道州云 還可趣向 否 泉云 擬向即乖 州云 不擬爭知是道 泉云 道不屬知 不屬不知知是妄覺 不知 是 無記 若 真達不擬之道 猶如太虛廓然洞豁 豈可強是非也 州 於言下頓悟 無門曰 南泉被趙州發問 直得瓦解氷消分疎不下 趙州縱饒悟去 更參三十年始得頌曰 春有 百花秋有月 夏有涼風冬有雪 若無閑事挂心頭 是人間好時節.

評唱

무문왈 남전 피조주발문 직득와해빙소 분소
無門曰 南泉이 被趙州發問하여 直得瓦解氷消할새 分疎
불하 조주종요오거 경참삼십년 시득
不下로다 趙州縱饒悟去라도 更參三十年하여 始得하리라.

●頌曰

춘유백화추유월 하유양풍동유설 약무한사괘
春有百花秋有月하니 夏有凉風冬有雪이라 若無閑事掛
심두 변시인간호시절
心頭하면 便是人間好時節이니라.

○解釋

조주선사가 남전보원선사께 "어떤 것이 도道입니까?"라고 묻자 남전선사께서는 "평상심平常心이 도道이니라."라고 답하였다.

이에 조주선사는 "뜻하는 바가 있으십니까?" 하자 남전선사께서는 "헤아린다면 곧 어긋나니라."라고 답했다. 이에 조주선사가 다시 "헤아리지 않는다면 어떻게 이 도라는 것을 알겠습니까?"라고 묻자 남전선사께서는 "도는 아는 데에도 속하지 않고 모르는 데에도 속하지 않는다. 안다는 것은 망령된 깨달음이며 앎이 없다는 것은 무기無記이니라. 만약 참으로 헤아리지 않고 도에 사무친다면 태허太虛와도 같이 하여 가없이 훤출하리니 어찌 굳이 옳으니 그르니 할 것인가?"라고 설하셨고 조주선사는 이를 단박에 깨달았다.

무문선사는 이에 대해 평하기를 "조주선사가 남전선사께 물어서 얻어 곧 기왓장 깨지듯 얼음 녹듯 깨쳤다 해도 그것으로 만족하지 않았으니 비록 깨달아 즐거웠으나 다시 삼십 년간을 참구하여야 비로소 얻을 것이네."라고 하였다.

또한 게송하기를 "빛이 밝다. 여름에 서늘한 바람 불고 겨울엔 눈빛이 하얗구나. 만일 하찮은 일이라도 마음에 두지 않아 한가히 걸림이 없으면 이것이야말로 좋은 시절일세."라고 하였다.

이는『무문관』「선잠」의 세 번째 병통인 '존심징적 묵조사선 병통'의 두 번째 예로『무문관』제19칙「평상시도」이다.

이 공안에서는 선의 황금시대를 이룬 마조도일(馬祖道一: 709~788) 선사[78]가 학인 시절에 스승인 남악회양(南岳懷讓: 677~744)선사[79]께서

---

78 馬祖道一(709~788): 당나라 때의 선승. 俗姓은 馬씨로 보통 馬祖道一로 불린다. 호는 大寂禪師고 漢州 什邡 사람이다. 19세 때 출가하여 經律을 익혔다. 慧能 문하 南岳懷讓의 법을 이었다. 일찍이 江西에서 禪學을 널리 떨쳐 江西馬祖로도 불린다. 代宗의 大曆 중에 豫章 開元寺에 있으면서 무리를 모아 설법했는데 禪宗이 이때부터 크게 흥성했다. 그가 전한 宗旨를 일러 당시 洪州宗이라 불렀다. 문하생에 百丈과 大梅, 南泉 등 139명, 入室제자가 84명이라고 전하며 남악의 宗風이 일시에 융성했고, 후일 臨濟宗으로 발전했다. '平常心是道'라 주창했고, 일상생활에서 禪을 실천하는 禪風이 이 무렵 시작되었다. 저서에『馬祖語錄』1卷이 있다.『宋高僧傳』卷10 참조.

79 南岳懷讓(677~744): 당나라 때의 禪僧. 성은 杜씨고 시호는 大慧禪師며 金州 安康 사람으로 15세 때 호북성 荊州에 있는 玉泉寺의 弘景律師를 따라 출가하여 嵩山의 慧安에게 구족계를 받고 20세 무렵 曹溪山에 들어가 六祖慧能 밑에서 8년 동안 頓悟法을 수도하여 마침내 대오했다. 開元 2년(714) 호남성 南岳 般若寺의 觀音臺에 있으면서 30년 동안 크게 혜능의 학설을 펼치며 독자적인 선풍을 떨쳤다. 법계를 南岳下라고 한다. 그리하여 남악회양으로 불린다. 제자에 馬祖道一 등이 있다.『宋高僧傳』卷9,『景德傳燈錄』卷5 참조.

고요하게 좌선만 하는 것을 기왓장을 갈아 성불할 수 없다고 비유한 예가 연상된다.

『무문관』 제19칙 「평상시도」의 원문 및 해석에서 볼 수 있듯이 무문선사도 마음을 고요하게 통일하려고만 하는 수행 또한 적정주의에 빠지게 되는 것이니 이 또한 삿된 수행인 '존심징적 묵조사선 병통'의 예를 보여 주고 있는 공안으로 분류한 것이다.

사실 좌선수행 하면 달마의 면벽수행 이래로 묵조가 으뜸이라고 할 수가 있는데 무문선사는 왜 하필이면 마음을 고요하게 하여 차분하게 맑은 물과 같이 유지하려 하는 것을 묵조의 삿된 선이고 조작된 마음인 작위성과 의도성에 떨어진 것이며 하나의 선병으로 일침을 놓은 것이었을까? 그 이유는 바로 선禪이란 것이 주인공의 면모로 그 일상의 실천수행이 가장 중요하다는 것을 말하기 위함이라 할 것이다. 앉아서만 좌선을 해야 한다는 고정관념에 빠져 고요함과 시끄러움을 나누어 분별하는 이분법적인 차별심으로 인한 병통을 지적하였고 이를 위한 치유의 방편으로 제시하였다.

이는 마치 대혜종고선사가 문자를 희롱하고 이에 빠져 버린 자들을 경책하기 위해 『벽암록』을 태워 버린 후 당시 묵조선을 선양한 천동굉지선사를 비판하고 이를 묵조사선이라 한 것과 맥락을 같이하여 이 같은 병통에서 벗어날 것을 당부하였던 것과도 같은 것이라 하겠다.

(3) 제24칙 이각어언離却語言의 예[80]

다음은 '존심징적 묵조사선 병통'의 세 번째에 해당하는 예인 『무문』 제24칙 「이각어언」의 원문 및 해석이다.

제이십사칙 이각어언
第二十四則 離却語言

本則

풍혈화상 인 승문 어묵섭이미 여하통불범
風穴和尚이 因 僧問하되 語默涉離微하여 如何通不犯고

혈운 장억강남삼월리 자고제처백화향
穴云하되 長憶江南三月裏에 鷓鴣啼處百花香이로다.

評唱

무문왈 풍혈기여체전 득로편행 쟁나좌전인설
無門曰 風穴機如掣電하여 得路便行이나 爭奈坐前人舌

두부단 약향자리 견득친절 자유출신지로
頭不斷고 若向者裏하여 見得親切하면 自有出身之路하리라

차이각어언삼매 도장일귀래
且離却語言三昧하고 道將一句來하라.

● 頌曰

불로풍골구 미어선분부 진보구남남 지군
不露風骨句하고 未語先分付한대 進步口喃喃이라 知君

---

80 전게서 「第二十四則 離却語言」 (T48, 296a13~18), "風穴和尚 因僧問 語默涉離微 何通不犯 穴云 長憶江南 三月裏 鷓鴣啼處百花香 無門曰 風穴機如掣電 得路便行爭奈坐前人舌頭不斷 若向者裏 見得親切 自有出身之路 且離却語言三昧 道將一句來頌曰 不露風骨句 未語先分付 進步口喃喃 知君大罔措."

대 망 조
大罔措로다.

○ 解釋

풍혈선사께 한 선승이 물었다. "말이나 침묵이 진리를 건널 때 어떻게 해야 진리를 다치지 않을 수 있습니까?"

풍혈선사께서 말씀하셨다. "내 항상 강남의 삼월을 생각하노니 자고새 우짖는 곳에 백화가 향기롭구나!"

무문선사는 이에 대해 평하기를 "풍혈선사의 기지는 번갯불과 같아서 길을 확인하면 곧바로 나아가는구나! 그런데 어찌하여 옛사람의 혀끝에 앉아 끊지를 못하고 의지하는가? 만약 이에 대하여 바로 보아 친절하면 스스로 배겨낼 길이 있으리라. 온갖 말들을 두고서 한 구절을 일러 보라!"라고 하였다.

또한 게송으로 이르기를 "풍류구니 골구니 할 것 없이 그가 말하기 전에 이미 드러났네. 입을 열어 지껄이는 것은 그대를 크게 속이는 것인 줄 알라."라고 하였다.

이 공안에 등장하는 풍혈연소(風穴延沼: 896~973)선사[81]는 임제선

81 風穴延沼(896~973): 북송 때 臨濟宗 승려. 浙江 餘杭 사람으로 俗姓은 劉씨다. 어렸을 때부터 英靈한 기질을 보였고 많은 책을 두루 읽었다. 開元寺의 智恭律師를 따라 剃髮하고 具足戒를 받았다. 다시 講肆를 다니면서 法華玄義를 배우고 止觀定慧를 익혔다. 그 후 止南院 顒公을 따라 6년 동안 法을 물으며 배웠다. 長興 2년(931) 汝州의

사[82]의 4대 법손이다. 젊어서는 유학을 공부했지만 정작 과거시험에는 낙방을 했다. 불가에 귀의해서 먼저 천태종에 몸담았다가 다시 선종으로 전향했다. 선사의 첫 번째 스승은 설봉선사의 제자인 경청도부(鏡清道怤: 868~937)선사[83]였다. 그리고 훗날 남원혜옹(南院慧顒: 860~930)선사[84] 밑에서 공부하여 마침내 임제종의 큰스승이 되었다. 풍혈선사는『무문관』에서 제24칙에만 등장한다. 하지만『벽암

風穴古寺에 들어가 7년 동안 머물렀는데, 僧衆들이 구름같이 몰려들고 신도들도 이곳을 중건하여 叢林이 되었다. 天福 2년(937) 州牧이 그 풍모를 듣고 예의로써 대했다. 宋太祖 開寶 6년 8월 입적했고 世壽 78세다. 저서에『風穴禪師語錄』1卷이 있다.

82 臨濟義玄(?~867): 당나라 때의 禪僧. 臨濟宗의 개조. 曹州 南華 사람으로 俗姓은 邢씨고 시호는 慧照다. 어려서부터 불교에 심취하여 黃檗希運을 스승으로 찾았는데 그의 박대에 화가 나 大愚를 찾아갔다. 그러나 대우가 스승은 역시 황벽이라고 타이르자 다시 황벽을 찾아가서 그의 법을 이어받았다. 매우 엄격해서 제자를 가르치는 데 棒을 사용한 德山宣鑑과 쌍벽을 이루어, "德山棒 臨濟喝"이라는 말이 유행했었다고 한다. 艱苦를 두려워하지 않고 行業에 힘써 불법의 요체를 깨달았다. 眞定 臨濟院에 머물렀다. 제자 慧然이 엮은『臨濟錄』은 그의 언행들을 담고 있다. 후인들이 臨濟禪宗이라 불렀고, 禪宗 5대 宗派의 하나가 되었다.『宋高僧傳』卷12 참조.

83 鏡清道怤(868~937): 五代 때의 禪僧. 永嘉 사람으로 俗姓은 陳씨다. 6살 때 영가 開元寺에서 머리를 깎았다. 나중에 閩 땅에 이르러 雪峰禪師를 뵙고 宗旨를 오묘하게 깨달았는데 당시 小怤布衲으로 불렀다. 東府 鏡清寺로 돌아가 설봉의 법을 창도하니 학자들이 모여들었다. 副使 皮光業의 辭學이 대단하여 여러 차례 격론을 벌였는데 물러나 사람들에게 "스님의 높은 논의는 사람이 그 극한을 볼 수 없다[怤師之高論 人莫窺其極也]."고 말했다. 錢俶이 사사롭게 順德大師라 명했다. 錢元瓘이 天龍寺를 맡기를 요청하고, 나중에 龍册寺를 창건하여 불러 머물도록 했다. 吳越의 禪學이 이때부터 흥성하기 시작했다.『宋高僧傳』卷13,『十國春秋』卷89 참조.

84 南院慧顒(860~930): 唐末五代 때 臨濟宗 승려. 河北 사람으로 興化存獎의 法嗣다. 汝州 河南 寶應禪院의 南院에서 지냈다. 나중에 법을 風穴延沼에게 전했다.『宗統編年』권18에 따르면 後唐 明宗 長興 원년에 입적했다고 한다. 그러나『釋氏通鑑』卷12에는 後周 太祖廣順 2년(952) 입적했다고 되어 있다. 나머지 일은 알 수 없다.『五燈會元』卷11 참조.

록碧巖錄』[85]에서는 자주 등장하는 분이다.

이번 공안의 첫 구절은 "말과 침묵이 모두 이離와 미微에 얽혀 있는데 어찌 이것들을 초월할 수 있습니까?"라는 것이다. 이離와 미微라는 용어를 처음으로 사용한 분은 승조법사(383~414)로 그의 저술인 『보장론寶藏論』「이미체정품離微體淨品」[86]에 나온다.

승조勝肇법사는 기원전 4세기 때의 승려로서 구마라집의 네 명의 수제자 중에서 뛰어난 역경가이다.[87] 승조법사는 414년에 세상을 떠났는데 이때는 중국에 불교가 건너오기 100년 전이었다. 『보장론』에서 설하기를 "들어가는 것이 이離이며 나오는 것이 미微이

---

85 전게서 卷7「第 六十一則 風穴若立一塵」(T48, 193b04~c09), "風穴垂語云 若立一塵 家國興盛 不立一塵 家國喪亡(雪竇拈杖云, 還有同生同死底衲僧)…." "풍혈화상이 대중에게 법문을 제시하였다. 만약 한 티끌을 세우면 나라가 홍성하고 한 티끌을 세우지 않으면 나라가 멸망한다. 설두화상이 주장자를 들고서 말했다. 生死를 함께할 납승이 있는가?…."

86 『寶藏論』「離微體淨品」(T48, 145c13), "其入離 其出微 知入離外 塵無所依 知出微內 心無所為 內心無所為 諸見不能移 外塵無所依 萬有不能羈 萬有不能羈 想慮不乘馳 諸見不能移 寂滅不思議."

87 僧肇(384~414): 남북조시대의 승려로 俗姓은 張씨다. 가난하여 소년시절부터 書寫家로 고용되어 생계를 꾸려나가면서 유교와 역사의 고전에 통할 수 있게 되었는데, 특히 노장사상을 좋아했다. 그러나 노자의 『도덕경』도 흡족하지 못하다고 느꼈는데 『維摩經』을 읽고서 환희가 넘쳐나 불가에 귀의하여 20세 무렵에 벌써 장안에 이름이 알려졌다. 때마침 龜玆國의 鳩摩羅什이 姑臧에서 왔다는 말을 듣고 찾아가 印度 龍樹系의 대승불교를 공부했다. 隆安 5년(401) 구마라집이 불경의 번역과 강술을 시작하자, 그의 가장 훌륭한 제자로 활약하여 승략(僧imagefont)과 道恒, 僧叡와 함께 구마라집 문하의 四哲로 일컬었다. 논문집『肇論』은 대승의 空사상에 대한 깊은 이해를 보여 준 것으로 중국불교에 큰 영향을 끼쳤다. 그 밖의 저서에 『寶藏論』 1권과 『般若無知論』, 『物不遷論』, 『不眞空論』 등이 있다. 『維摩詰經』에 주를 달았다. 『高僧傳』 卷7 참조.

다. 이로 들어갈 때 바깥세상의 먼지는 앉을 자리가 없다. 미로 나올 때 속마음은 하는 바가 없다."라고 하였다.

한자의 뜻만 보자면 이離는 '떠날 이' 자이고 미微는 '작을 미' 자로 아주 미세하고 미묘하다는 뜻이다. 여기서 현상계를 떠나서 내면의 세계로 들어가는 것을 이라고 하며 내면의 세계로부터 나오는 것은 미이다.

『보장론』「이미체정품」[88]에 보면 "들어갈 때는 이로 나올 때는 미인데 본정의 체는 이로 물들 수 없고 물들지 않으니 청정하지도 않은 것이라고 하였으며 체體는 미로 만들 수 없고 있지 않으니 의지할 게 없으며 쓰여도 있는 것도 아니고 고요해도 없는 것이 아니어서 없지 않으니 끊을 수도 없고 있지 않으니 영원함도 아니다."라고 하였다.

또한 미는 현상세계이고 침묵하는 것으로서 현상계로부터 분리되어 있다고 하였다.

어찌 되었든 말과 침묵 양쪽 다 주체와 객체가 연결이 되는데 즉 이분법의 세계와 얽히게 되면 여섯 가지 악한 경계에 얽히게 되고 윤회의 고통으로부터 자유로워질 수 없다는 것이다.

---

88 『寶藏論』「離微體淨品」(T48, 145c13), "可謂本淨體自離微也 據入故名離 約用故名微 混而為一 無離無微 體離不可染 無染故無淨 體微不可有 無有故無依 是以用而 非有寂而非無 非無故非斷 非有故非常 夫性離微者 非取非捨 非修非學 非本無今有 非本有今無 乃至一法不生 一法不滅 非三界所攝 非六趣所變 非愚智所改 非真妄所轉 平等普遍 一切圓滿 總為一大法界應化之靈宅 迷之者則歷劫而浪修 悟之者則當體 而凝寂."

본칙에서 학인은 풍혈선사에게 "어떻게 하면 우리가 이와 미 이분법 개념의 세계를 초월할 수 있습니까?"라고 질문하고 있는데 여기에서 학승은 풍혈선사가 이 어려운 문제를 어떻게 풀어 낼지 묻고 싶었을 것이다. 그래서 묻기를 "말과 침묵이 이와 미에 얽히는데 그것을 어떻게 초월할 수 있겠습니까?"라고 물었던 것인데 풍혈선사는 이와 미에 전혀 얽히지 않는다.

그러고는 "내가 한때 강남에 가서 봄의 풍광을 보았다. 그것은 아주 훌륭했으며 수백 송이의 향기로운 꽃들이 활짝 피어 있었고 자고새는 그 속에서 지저귀었다. 이후 내내 그것을 생각해 왔노라."[89]라고 하면서 자신의 참된 삶의 길을 보여 준 것이다.

풍혈선사의 의식에는 이미 주관도 객관도 없다는 것을 볼 수 있다. 여기서는 나만이 홀로 성스럽다거나 나는 없다는 것도 없는 것이다. 풍혈선사는 이와 미, 말과 침묵으로부터 완전히 자유로웠다.

여기에 학인이 풍혈선사로 인해 깨달음의 경계가 어떠했는지에 대한 언급은 없지만 바로 이 장면이 세 번째 병통인 '존심징적 묵조사선 병통'을 예로 든 이유이다.

그것은 침묵을 지키는 것만이 능사가 아니라 내면의 세계로부터 나올 수 있어야만 비로소 말과 침묵으로부터 자유로운 경계가

89 전게서「第二十四則」離卻語言 (T48, 296a13~18), "…長憶江南 三月裏 鷓鴣啼處百花香…."

될 수 있다는 것이다.

사실 학인이 깨달았는지 깨닫지 못했는지는 그다지 중요치 않다. 만약 그것이 중요해진다면 그는 이미 깨달음을 위한 '대오지심'의 병통에 빠져 버리게 되기 때문이다. 침묵 속에 빠져 있는 학인에게 이미 그 치유의 방편은 제시되었다.

중요한 것은 우리 모두는 풍혈선사의 답으로 해서 큰 깨달음에 이를 수 있게 되었다는 사실이다. 이에 무문선사는 풍혈선사의 마음 작용은 마치 번개와도 같다고 설하면서 풍혈선사가 학인들을 지도하는 방법이 번개처럼 빠를 뿐만 아니라 학인의 이해의 단계에서는 가장 적절한 방법이었을 것으로 여겨진다.

그런데 어찌하여 무문선사는 자신의 관점으로 풍혈선사의 방편에 대해 옛사람의 혀끝에 의지한다고 했을까? 이는 '어째서 선사께서 학인을 위해 이와 미의 개념을 끊어 버리지 않았을까요?'라는 말이기도 하다.

무문선사의 이러한 표현은 우리들로 하여금 실제로는 법안을 열게끔 하도록 자극을 주는 방편을 제시하고 있다.

만약 이 공안을 분명하게 깨달았다면 일상 속에서 완벽한 자유와 진정한 마음의 평화를 깨달을 수 있다는 것이며 머리와 입을 쓰지 않고도 몇 마디의 말을 할 수 있는지 보라는 말이기도 하다.

『무문관』과 『벽암록』에는 이와 같은 범주에 들어가는 공안들이 있는데『무문관』제24칙과 그리고『벽암록』제71칙,[90] 제72칙,[91] 제73칙[92]의 공안들이 비슷한 범주에 속한다.

또한 무문선사는 이에 대해 평하기를 “풍혈은 평상시처럼 말한 것이 아니다. 그가 말하기 전에 그건 이미 드러났으며 만일 계속해서 입심 좋게 이야기한다면 스스로 말도 안 되는 줄 알라.”고 하였다.

풍혈선사는 임제선사의 법손으로 보통은 제자들을 아주 엄격하게 대했다. 하지만 평소와 달리 여기서는 친절함과 부드러움을 보이고 있다. 수백 송이 향기로운 꽃 속에 자고새가 지저귀듯이 말이다. 여기에 어떤 말을 덧붙인다는 것은 군더더기일 뿐일 것이다.

그가 말하기 전에 이미 그건 드러나 있으며 중생은 본래로 부처입술을 움직이기 전에 모든 이들에게 완벽한 불성이 부여되어 있다는 것을 여실히 보여 주고 있다. 여기에 뭘 더 필요로 하겠는가?

---

90 전게서 卷八「第七一則」(T48, 200a16~200b03), “擧 百丈復問五峯 併却咽喉唇吻作麼生道… 和尚也併却 雪竇於一句中 拶一拶云 龍蛇陣上看謀略 如排兩陣突出突入 七縱八橫 有鬪將底手脚 有大謀略底人 匹馬單鎗 向龍蛇陣上 出沒自在 爾作麼生圍 繞得他若 不是這箇人爭知有如此謀略 雪竇此三頌 皆就裏頭 狀出底語如此 大似李廣神箭萬里 天邊飛一鶚 一箭落一雕定也 更不放過 雪竇頌百丈問處如一鶚 五峯答處 如一箭相似 山僧只管讚歎五峯 不覺渾身 入泥水了也….”

91 상게서 卷八「第七二則」(T48, 200b13~c10), “擧 百擧 僧問馬大師 離四句絕百非請師直丈又問雲巖 併却咽喉唇吻 作麼生道 蝦蟆 蟖窟裏出來 道什麼 巖云 和尚有也未….”

92 전게서 卷八「第七三則」(T48, 200c15~c16), “擧 百丈復問五峯 併却咽喉唇吻 作麼生道… 峯 云和尚也須併却(攙旗奪鼓 一句截流萬機寢削)丈云 無人處斫額望汝….”

만일 계속해서 입심 좋게 주관과 객관은 하나라느니 우리의 본성은 모든 이분법적인 개념을 초월한다느니 향기로운 꽃들을 생각하고 있다느니 하는 이런 군더더기를 말하는 것은 그야말로 모순이다.

여기에서 승조법사에 대해 잠시 소개해 보지 않을 수가 없어서 간략하게 정리해 보겠다. 승조법사는 글 쓰는 재능이 아주 뛰어나 당시의 황제가 승조법사에게 환속을 하여 황실의 비서를 하라고 명령했다. 하지만 승조법사는 황제의 명을 거절하고 사형을 선고받았다. 법사의 나이 겨우 31세였다. 이에 승조법사는 일주일간의 집행유예를 간청하고 그 기간에 쓴 책이 바로 여기에 나오는 이와 미에 대해 쓴 『보장론』이다. 승조법사는 『보장론』의 저술이 끝나고 조용히 사형을 받아들였다. 죽음의 순간에 승조법사는 다음의 선시를 지었다.

"사대四大는 당시 당초 주인이 없다. 오온五蘊은 본래로 비어 있다. 목줄기에 예리한 칼날이 지나가는데 봄바람을 가르는 듯하구나!"

이렇듯 승조법사는 죽음을 직면하여 담담함을 잃지 않았다. 석존釋尊이 죽음의 순간에서도 제자들에게 상한 음식을 가져다 준 춘다를 원망하지 말라고 하시면서 조건 주어진 것은 모두 다 무상하다고 하셨듯이 말이다.

승조법사가 죽음에 직면했을 때 남긴 선시에서 보았듯이 선사들이 깨달음에 이르렀을 때 오도송을 남겼다. 선禪은 불립문자不立

文字를 표방하는 선종이기 때문에 깨달음의 순간을 언어로 포착하면서 '입문자立文字' 즉 문자를 세운 것 아니냐는 반론이 가능할 수도 있겠지만 사실 이런 반론은 오도송과 같은 '선시禪詩'가 가진 특이성을 간과했기 때문에 발생한 것이라고 할 수 있다.

여기에 만해卍海 한용운韓龍雲(1879~1944)선사의 오도송悟道頌[93]의 예를 한번 살펴보도록 하겠다.

"남아 대장부는 이르는 곳마다 고향이어야 하는데[男兒到處是故鄕] 아직도 몇 사람은 오래도록 손님의 시름 속에 머물러 있네[幾人長在客愁中]. 단말마의 '갈喝' 소리가 울려 퍼지며 온 세상을 열어젖히니[一聲喝破三千界] 눈 속에 복숭아꽃이 흐드러지게 날아다니는구나[雪裏桃花片片飛]!"

이 깨달음의 선시는 1917년 12월 3일 밤 10시 설악산 오세암에서 만해 한용운선사에게 일어났던 최초의 깨달음의 선시로, 한용운선사의 말에 따르면 당시 선사는 오세암에서 참선에 몰두하고 있었다고 한다.

첫 행과 두 번째 행에는 참선하고 있을 때의 선사의 내면이 그림처럼 묘사되어 있다. 첫 행을 통해 우리는 한용운선사가 "수처작주隨處作主 입처개진立處皆眞[94]으로 이르는 곳마다 주인이 되면 서 있는 곳마다 모두 진실되다."라고 표방했던 임제의 정신을 가슴에

93 韓龍雲 著, 『韓龍雲 全集』 卷一, 불교문화원, 2006. pp. 3~10.

94 『鎭州臨濟慧照禪師語錄』(T47, 499a04), "如大器者 直要不受人惑 隨處作主 立處皆真 但有來者皆不得受."

품고 있었다는 것을 알 수 있다.

그런데 문제는 두 번째 행에서 드러난다. 임제선사처럼 주인이 되려고 했지만 당시 한용운선사는 아직 주인이 되지 못하고 손님의 상태에 머물러 있었던 것이다. 심지어 아직도 몇 사람들을 그리워하는 향수까지 보이고 있다. 한용운선사는 주인이 아니라 손님으로서의 삶을 영위하고 있었던 것이다. 주인이 되려고 참선에 들기는 했지만 주인은커녕 오히려 상념에 빠지면서 몇몇 그리운 사람들에게 휘둘리고 있다는 것을 표현하고 있다.

바로 이 순간 고적한 설악산 한 자락에 위치하고 있던 오세암에는 예상치 못한 단말마의 소리가 울려 퍼지며 바람이 불어서인지 무엇인가 떨어진 것이다. 그것은 마치 동산선사의 몽둥이찜질이나 임제선사의 사자후와 같은 할과 다름이 없었다. 그 순간 그는 모든 상념을 끊고 오세암의 주인 즉 자신의 삶에 주인공이 될 수 있기 때문이다.

마침내 한용운선사는 자기 자신의 본래면목에 이를 수 있게 된 것이다. 깨달음의 순간과 그 풍경을 노래하는 세 번째 연과 네 번째 연을 보도록 하겠다. 물론 12월이니 복숭아꽃이 필 리 만무하다. 복숭아꽃은 춘삼월에 핀다. 어쩌면 선사가 보고 있던 휘날리는 복숭아꽃은 달빛을 머금고 있는 눈송이였을 수도 있다. 아니면 춘삼월을 물들이는 복숭아꽃이 바람에 흩날리는 것처럼 상념을 자아냈던 몇몇 사람들을 그의 뇌리에서 완전히 떠나보내는 그의 내면의 풍경일지도 모르겠다.

이렇게 한용운선사의 오도송에서도 볼 수 있듯이『무문관』제24칙「이각어언」은 그리 만만치 않다. 이 공안은 타인의 문자에 빠져 있던 제자가 풍혈연소(風穴延沼: 896~973)선사에게 질문을 던지면서 시작된다. "말과 침묵은 각각 '이離'와 '미微'를 침해한다고 하는데 어떻게 해야 이와 미에 통하여 어기지 않을 수 있겠습니까?"라고 하니 말과 침묵이 각각 이와 미를 침해한다는 '어묵섭리미語默涉離微' 명제는 공안公案에서 묻는 제자의 것이 아니라 바로 승조(384~414)법사의 이야기였던 것이다.

『보장론』에서 승조법사는 부처의 마음을 이離와 미微라는 두 개념으로 설명했던 적이 있다. 이 두 가지 개념은 깨달음에 이른 마음을 규정하는 핵심 개념이라고 할 수가 있겠다. 승조법사는 이離를 무상無相으로 보고 미微를 상즉무상相卽無相이라고 하였다.

이것을 물로 비유하면 승조법사의 생각은 쉽게 이해될 수 있을 것이다. 어느 그릇에도 담기지 않은 물은 어떤 모양도 없다. 이것이 바로 무상(無相, animitta)인 것이다. 원래 상(相, nimitta)이란 말은 모양이나 형태를 가리킨다. 즉 무상이란 특정한 모양이나 형태가 없다는 의미이다. 이는 모든 집착에서 벗어난 부처의 자유로운 마음을 규정하는 개념이다. 그리하여 승조법사는 부처의 마음을 이離라고 규정하면서 이離는 '떠났다' 혹은 '벗어났다'는 뜻을 지니고 있다고 했다.

그렇지만 그 자체로는 아무런 모양이 없는 물도 특정 그릇에 담기면 그릇에 따라 모양이나 형태를 띠고 있을 수밖에 없는데 이런 경우라고 해도 특정 그릇에 담긴 물의 모양이나 형태가 물 자체의 모양이나 형태는 아니다. 원래 물에는 모양이나 형태가 없기 때문에 승조법사가 상즉무상相卽無相이라고 했던 것도 이런 연유에서다. 그릇 때문에 모양이 있는 것 같지만 사실 물에는 모양이 없다.

승조법사가 미微라고 이 상태를 규정했던 것도 이런 이유에서다. 미微는 '숨겨 있다' 혹은' 은미하다'는 뜻이다. 예를 들어 물은 그 자체로 모든 형태에서 '벗어나[離]' 있지만 특정 그릇을 만나면 그 자유스러운 성질을 '숨길[微]'수밖에 없게 된다는 것이다. 부처도 마찬가지라고 할 수 있는데 스스로 자유롭지만 중생들을 만날 때마다 그들에 맞는 눈높이 교육을 실천해야 한다는 말이다.

이렇듯 말과 침묵은 각각 '이離'와 '미微'를 침해한다고 할 수 있는데 어떻게 해야 '이離'와 '미微'에 통通하여 이를 어기지 않을 수 있을까? 어떤 타자에게 이야기를 한다는 것은 물이 특정 그릇에 담기는 것과 같기 때문에 말은 무상無相으로 정의되는 이離의 마음 상태를 침해하게 된다. 반대로 침묵한다는 것은 물이 특정 그릇에서 벗어나는 것과 같다는 말이 된다. 그래서 침묵은 타인에게 맞는 눈높이 가르침 즉 미微의 마음 상태를 침해할 수밖에 없다는 것이다.

이쯤 되면 이 공안이 세 번째 '존심징적 묵조사선 병통'의 예에 해당하는 병통임이 명확해졌을 것이다.

학인은 말을 해도 문제고 침묵해도 문제라면 타인을 만났을 때 어떻게 할지 모르겠다는 것이며 이것은 바로 승조법사의 이론을 지적知的인 알음알이로 이해하려다 난관에 봉착하게 되어 병통에 빠진 상황이 되어 버린다는 말이다.

바로 이 순간 풍혈선사는 엉뚱하게도 두보(杜甫: 712~770)의 시를 읊는데 "오랫동안 강남 춘삼월의 일을 추억하였네. 자고새가 우는 그곳에 수많은 꽃들이 활짝 피어 향기로웠네."라고 한다.

풍혈화상은 지금 남의 문자에 집착하는 주석가나 이론가의 마음이 아니라 자신의 본래면목에서 세상을 있는 그대로 노래하는 시인의 마음을 갖추라는 뜻이었을 것이다.

시인은 꽃을 보면 꽃에 마음을 가득 담고 노을을 보면 노을에 마음을 가득 담는다. 꽃이나 노을을 노래하는 것 같지만 사실 그는 자신의 마음을 노래하고 있다. 비록 모양을 지니고 있으나 시인의 마음은 자유롭기만 하다. 꽃을 만나니 꽃에 담기고 노을을 만나니 노을에 담길 뿐이다. 세모 그릇에 담기면 세모가 되고 네모 그릇에 담기면 네모가 되는 자유로운 물처럼 말이다. 이제 풍혈선사가 두보의 시를 제자에게 던진 이유가 분명해졌을 것이다.

그 예로 한용운선사의 오도송을 왜 소개했는지도 명확해졌을 것이다. 지금 풍혈선사는 우리에게 침묵이니 말이니 하면서 문자의 손님이 되지 말고 자신의 본래면목을 토로하는 문자의 주인이 되라고 요구하고 있다. 시인과 부처는 우리가 생각했던 것 이상으로 유사하다. 자신이니까 쓸 수 있는 글을 쓰는 이가 시인이라면 자신의 본래면목으로 말을 하는 이가 곧 부처이기 때문이다.

물론 모든 시인이 부처는 아니지만 부처는 반드시 시인이라는 단서는 하나 달 수 있을 것이라 여겨진다. 스승의 말을 그대로 읊조리면 스승이 될 수 없으며 부모의 말을 답습하면 아이 수준을 벗어날 수 없으며 부처를 흉내 내면 부처가 될 수 없는 법이다. 그러니까 '불립문자'는 남의 말을 앵무새처럼 읊조리지 말라는 명령이었던 셈이다.

이는 물론 자신의 언어로 그저 침묵하는 것만이 능사가 아니라 자신의 본래면목에 느끼고 판단한 말을 제대로 터뜨리기 위함이었다는 것을 깨달을 수 있을 것이다. 이러한 이유로 『무문관』 제24칙 「이각어언」에서 볼 수 있는 학인의 깨달음은 바로 『무문관』 「선잠」의 세 번째 병통 '존심징적 묵조사선 병통'을 치유해야 할 예로 분류할 수 있겠다.

(4) 제41칙 달마안심達磨安心의 예[95]

다음으로는 '존심징적 묵조사선 병통'에 해당하는 네 번째의 예인 『무문관』 제41칙 「달마안심」의 원문 및 해석을 보도록 하겠다.

---

95 전게서 「第四十一則 達磨安心」 (T48, 298a16~22), "達磨面壁 二祖立雪斷臂云 弟心未安 乞師安心 磨云 將心來 與汝安 祖云 覓心了不可得 磨云 為汝安心竟 無門曰缺齒老胡 十萬里航海特特而來 可謂是無風起浪 末後接得一箇門人 又却六根不具 咦謝三郎不識 四字 頌曰 西來直指 事因囑起 撓聒叢林 元來是爾."

第四十一則 達磨安心(제사십일칙 달마안심)

本則

達磨面壁(달마면벽)이어늘 二祖立雪(이조입설)하여 斷臂云(단비운)하되 弟子心未安(제자심미안)하니 乞師安心(걸사안심)하나이다 磨云(마운)하되 將心來(장심래)하라 爲汝安(위여안)하리라 祖云(조운) 覓心(멱심)하되 了不可得(요불가득)이니다 磨云(마운)하되 爲汝安心竟(위여안심경)이라하다.

評唱

無門曰(무문왈) 缺齒老胡(결치노호)가 十萬里(십만리)를 航海(항해)하여 特特而來(특특이래)하니 可謂是無風起浪(가위시무풍기랑)이로다 末後接得一箇門人(말후접득일개문인)이나 又却六根不具(우각육근불구)하니 咦(익) 謝三郎(사삼랑)이 不識四字(불식사자)로다.

● 頌曰

西來直指(서래직지)를 事因囑起(사인촉기)하니 撓聒叢林(요괄총림)이니나 元來是儞(원래시이)로다.

○ 解釋

달마대사께서 면벽을 하고 계실 때 2조 혜가선사가 눈 위에 서서 칼을 빼어 팔을 자르고 말했다. “제자의 마음이 편안하지 못하오니 바라건대 스승께서 마음을 편안하게 하여 주십시오.” 달마대사께서 답하였다. “그 마음을 가져오너라. 그대를 위하여 편안하게 해 주리라.” 2조가 말하였다.

"마음을 찾아도 얻을 수 없습니다." 달마대사가 말씀하셨다. 그대를 위해 마음을 이미 편안하게 했노라."

이에 대해 무문선사는 평하기를 "이 빠진 노호가 십만 리를 항해하여 특별히 오셔서 바람 없는 곳에 파도를 일으켰다고 하리라. 최후에 문 안의 한 제자를 얻었으나 그가 육근六根에 있어서 불구라 할 것이니! 허 참! 그러나 세 벼슬(법신, 보신, 화신)까지 끊어 버렸으니 사대육신 따위 알 바 아니라네."

또한 게송하기를 "서쪽에서 와 곧바로 가리킨 그 부촉으로 하여 사단이 벌어졌네. 총림을 소란시킨 장본인이 본시 너 아니더냐!"라고 하였다.

이 공안에서 달마대사와 그 제자인 혜가선사의 선문답은 깨달음의 가장 원형적 형태라고 할 수 있겠다. 괴로움에 직면하는 용기가 있어야 괴로움에서 벗어날 수 있다는 것이다. 선종사에서 가장 극적인 장면으로 선종 초조와 2조 탄생 순간에 고통을 외면하려는 비겁함이 모든 부자유와 고통의 원인임을 볼 수 있다.

달마대사는 벽을 향한 참선을 깨고 오랜 침묵을 깸과 동시에 2조 혜가선사는 사납게 내리는 눈 속에 서서 자신의 팔을 자르고 말했다. "제 마음이 아직 편하지 않습니다. 부디 스승께서 제 마음을 편하게 해 주십시오." 그러자 달마대사는 "여기 네 마음을 가지고 와라. 그러면 너를 위해 네 마음을 편하게 해 주겠다."라고 하였다. 혜가는 "마음을 찾으려고 했으나 찾을 수가 없습니다."라고 대답하였고 그 순간 달마대사는 답했다. "마침내 너를 위해 네 마음을 편안하게 해 주었다."

이 장면은 선종사에서 가장 극적인 장면이며 생각하면 할수록 드라마틱하다.

새벽녘에 계속 내린 눈이 어느새 젊은이의 무릎 근처까지 차오른 상황에서 오랜 침묵 속의 달마대사는 마침내 이 젊은이에게 굴복하고 만다. 벽을 향하던 몸을 돌려 비로소 경내에 바위처럼 눈을 맞고 서 있는 젊은이를 향하게 되었기 때문이다. "지금 그대는 눈 속에서 무엇을 구하는 것인가?"

이 젊은이는 자신을 자유로운 사람으로 이끌어달라고 간청한다. 그렇지만 대사는 이 젊은이를 매몰차게 대한다. 자유를 얻는다는 것, 그러니까 깨달음을 얻는다는 것은 그리 쉬운 것은 아니라고 답한다. 그러자 젊은이는 칼을 뽑아 들고 자신의 왼쪽 팔을 잘라서 스님께 바친다. 눈밭에 흩날리는 핏자국처럼 깨달음을 얻으려는 젊은이의 의지는 그만큼 간절하고 절실했다.

마침내 달마대사는 그 젊은이를 제자로 받아들이는데 이 정도의 의지만 있다면 깨달음에 이르려는 노력을 중도에 포기하지 않으리라 확신했기 때문일 것이다.

이렇게 하여 선종의 초조와 2조가 탄생하게 된다. 벽을 향해 참선하고 있던 달마는 바로 남인도에서 중국으로 건너가 깨달음을 전하려고 했던 보리달마(菩提達磨: Bodhidharma: ?~528)이고 불퇴전의 기상으로 눈을 맞고 서 있던 젊은이는 바로 2조 혜가대사가 된 신광神光이었다.

제자로 받아들이자마자 달마대사는 신광에게 혜가(慧可: 487~593)라는 법명을 내린다. 충분히 깨달음의 지혜를 얻을 수 있다고 달마대사가 인가印可한 뜻이다.

선불교의 오래된 전통인 이심전심으로 이어지는 사자상승의 전통은 달마와 혜가대사로 인해 그 기원이 되었으며 달마대사도 선종 초조의 지위를 얻게 되었다고 할 수 있다.

즉 제자가 있어야 스승도 있을 수 있고 두 번째나 세 번째 왕이 있어야 누군가는 태조라는 지위를 얻을 수 있는 법이다. 선종의 역사는 글이 글을 낳는 과정이 아니라 깨달음이 깨달음을 촉발하는 과정이라 하겠다. 이는 한마디로 등불이 다른 등불이 켜지도록 만드는 전등의 아름다운 과정이라고 할 수 있다. 그러나 깨달은 스승은 깨닫지 않은 제자를 강제로 깨달음에 이르게 할 수는 없다. 제자 스스로 깨닫도록 도울 수밖에 없다는 말이다. 이런 아이러니한 사제 관계에서 마침내 제자는 스승과는 다른 깨달음에 이르게 된다.

달마와 혜가 사이에 일어났던 이 일화는『전등록』으로 전해지고 있으니 1500여 년 전 소림사 경내의 새하얀 눈밭에 흩뿌려진 선홍빛 핏자국을 우리는 기억해 볼 필요가 있겠다.

달마와 혜가 사이에서 처음으로 구체화되었던 사자상승의 논리는 그 후 깨달은 사람과 깨달으려는 사람 사이의 관계에서 그대로 반복된다.

예를 들어 홍인(弘忍: 601~674)대사와 혜능(慧能: 638~713)선사 그리고 황벽(黃檗: ?~850)선사와 임제(臨濟: ?~867)선사 사이에도 여전히 달마와 혜가 사이에 있었던 절절한 긴장이 흐르고 있다.[96]

『무문관』 제41칙이 중요한 이유도 바로 여기에 있다 하겠다. 이 공안은 달마와 혜가대사 사이의 선문답을 통해 가장 소박하고 원형적인 형태로 깨달음이 무엇인지를 알게 한다.

또한 혜가선사의 가슴앓이가 무엇이었는지 그리고 달마선사는 어떻게 하여 제자인 혜가에게 깨달음에 이를 수 있는지에 대해 알려주기 때문이다. 이렇게 제자가 되자마자 기다렸다는 듯이 혜가선사는 스승 달마선사에게 자신의 속앓이를 털어놓게 된다. 마음이 편하지 않으니 마음을 편하게 해달라고 말이다.

혜가는 달마스님께 스승이니까 그리고 깨달음에 이른 사람이니 그가 깨달은 것을 조금만 일러 주면 자신도 깨달음을 얻을 수 있으리라는 희망을 품고 물었을 것이다. 한마디로 혜가선사는 자신을 깨달음의 길로 인도해 달라고 스승에게 요구하였던 것이다.

애초에 스스로 주인이 되어야 할 터인데 지금 그는 스스로 노예를 자처하고 있다. 그렇지만 이미 제자로 받아들였기 때문에 달마대사는 실망하지 않고 제자가 스스로 깨달음에 이르도록 오랜 침

---

96 『景德傳燈錄』 卷五 「第三十三祖 慧能大師」 (T51, 235b10), "吾聞西域菩提達磨傳心印于黃梅 汝當往彼參決 師辭去直造黃梅之東禪 即唐咸亨二年也 忍大師一見默而識之後傳衣法令隱于懷集四會之間."

묵을 깨고 혜가선사를 몸소 이끌어 주게 된다.

이것은 바로 『무문관』「선잠」의 세 번째 병통인 '존심징적 묵조사선의 병통'으로 제자로부터 마음이 편하지 않다는 말을 듣고는 오랜 침묵을 깨고 제자에게 역사적인 치유적 질문을 제시한 것이다.

달마대사는 "괴로워하는 네 마음을 가지고 와라. 그러면 네 마음을 편하게 해 주겠다." 이제 마음만 가지고 오면 스승은 깨끗하게 자신의 고통을 치유해 줄 수 있다고 답한다.

그런데 희망은 잠시뿐 혜가선사는 다시 깊은 절망의 구렁텅이에 빠지고 만다. "스님, 마음을 찾으려고 했으나 찾을 수가 없습니다!" 바로 이 장면 또한 깨달음을 위한 명치유의 장이라 하겠다.

처음으로 진지하게 혜가선사는 자신의 마음을 응시하게 된다. 고통으로 일그러진 마음을 찾으려는 혜가와 하나가 되어 본다면 알게 될 것이다. 이는 적어도 수행의 과정에 있는 이라면 고통스러운 마음과 직면하는 혜가선사의 용기를 새겨 볼 필요가 있을 것이다.

그런데 이 장면에서 혜가의 "그 마음을 찾으려고 했으나 찾을 수가 없습니다!"라는 말은 표면적으로는 절망에 빠진 절규로 들리지만 사실 고통에서 벗어난 희열의 치유적 표현이기도 하다는 것을 이해할 수 있을 것이다.

이는 불행에 빠진 사람이 있는데 친구나 스승에게 자신의 불행을 이야기하는 순간 그는 아마도 불행에서 벗어나 최소한 편안함을 느끼게 될 수 있게 된다는 것을 뜻한다. 불행을 이야기하는 순간 우리는 불행에 거리를 둘 수 있기 때문이다. 아름다운 꽃을 그리려면 그 꽃으로부터 거리를 두어야 하는 것처럼 불행한 자신을 이야기하는 나는 순간적이나마 불행한 자신이 아니게 된다는 것이다.

진정한 해탈에 이르지 못한 중생들은 아마도 소소한 자신의 이야기가 그치자마자 다시 불행한 자신으로 돌아갈 수도 있다. 하지만 우리는 알게 된다. 적어도 불행한 자신의 모습에 거리를 두고 직면하는 순간 그 침묵을 깨고 우리는 더 이상 불행하지 않을 수도 있다는 사실을 말이다.

이 직면이야말로 너무나 고통스러워서 의식적으로 피하고만 싶다. 하지만 이러한 직면은 바로 명쾌한 치유의 방편이 될 수 있는 것이며 이는 또한 혜가대사 자신이 찾으려고 했던 고통스러운 그 마음이 중요하기 때문이다.

이 순간 그의 마음은 더 이상 고통스러운 마음이 아닐 터이고 당연히 그의 마음도 고통에서 벗어나게 되었을 것이다. 그래서 "마음을 찾으려고 했으나 찾을 수가 없습니다!"라는 제자의 표현은 미묘微妙한 치유적 요소를 지니고 있다. 고통스러운 마음은 그것에 빠져 있기보다는 고통스러운 자신의 모습을 객관화하는 순간 고통을 초월하게 될 수 있게 된다는 말이다.

혜가선사가 고통스러운 마음을 찾을 수가 없었던 것은 어쩌면 당연한 일이라고 할 수 있겠다. 고통스러운 마음에 직면하려는 그의 마음은 그만큼 더 이상 고통스러운 마음이 아니었을 것이고 그 때의 고통에 빠진 마음은 이미 사라져 버렸기 때문이다.

사실 모든 부자유와 고통은 자신의 부자유와 고통에 직면하지 않는 비겁함 때문에 발생한다고 할 수 있다. 아무리 무서워도 우리는 고통으로 응어리진 상처를 응시해야 할 필요가 있으며 그렇게 할 수 있을 때에만 우리는 작으나마 치료의 기연機緣을 만날 수 있다.

이러한 이유로 오랫동안 묵은 침묵으로부터 빠져나올 수 있는 혜가선사의 직면하는 용기는『무문관』「선잠」의 세 번째 병통인 '존심징적 묵조사선의 병통'의 예에 해당된다고 할 수 있겠다.

4) 자의망연恣意忘緣 타락심갱墮落深坑의 병통 및 치유

다음은 『무문관』「선잠」의 네 번째 병통인 '자의망연 타락심갱의 병통'에 해당하는 예인데 이는 시절의 인연을 무시하고 자의적으로 해석하는 것이야말로 어두운 암흑의 함정에 깊이 빠지게 됨을 의미하는 병통이다. 그 예로는 『무문관』 제3칙 「구지수지」, 제6칙 「세존염화」, 제37칙 「정전백수」, 제42칙 「여자출정」을 들 수 있다.

(1) 제3칙 구지수지俱胝竪指의 예[97]

제삼칙 구지수지
第三則 俱胝竪指

本則

구지화상 범유힐문 유거일지 후유동자 인
俱胝和尙이 凡有詰問하면 唯擧一指러니 後有童子가 因

외인문 화상설하법요 동자역수지두 지문
外人問하되 和尙說何法要오하니 童子亦竪指頭라 胝聞하고

수이도단기지 동자부통호곡이거 지부소지
遂以刀斷其指하다 童子負通號哭而去어늘 胝復召之하니

97 전게서「第三則 俱胝竪指」(T48, 293b11~20), "俱胝和尙 凡有詰問 唯擧一指 後有童子 因外人問 和尙說何法要 童子亦竪指頭 胝聞 遂以刃斷其指 童子負痛號哭而去 胝復召之 童子迴首 胝却竪起指 童子忽然領悟 胝將順世 謂衆日 吾得天龍一指頭禪 一生受用不盡 言訖示滅 無門日 俱胝并童子悟處 不在指頭上 若向者裏見得 天龍同俱 胝并童子 與自己一串穿却 頌日 俱胝鈍置老天龍 利刃單提勘小童 巨靈擡手無多子 分破華山千萬重."

동자회수　지각수기지　동자홀연영오　지장
童子廻首할새 胝却竪起指하니 童子忽然領悟니라 胝將
순세　위중왈　오득천룡일지두선　일생수용부
順世하여 謂衆曰하되 吾得天龍一指頭禪하여 一生受用不
진　언흘시멸
盡이라하고 言訖示滅하다.

評唱

무문왈 구지병동자오처　부재지두상　약향자리
無門曰 俱胝幷童子悟處가 不在指頭上하니 若向者裏
견득　천룡동구지　병동자여자기　일찬천각
見得하면 天龍同俱胝와 幷童子與自己를 一串穿却하리라.

● 頌曰

구지둔치노천룡　이인단제감소동　거령대수무
俱胝鈍置老天龍이여 利刃單提勘小童이라 巨靈擡手無
다자　분파화산천만중
多子하여 分破華山千萬重이로다.

○ 解釋

구지화상은 누가 무엇을 물어보든 간에 오직 손가락 하나만을 들어 보였다. 어느 날 절 밖의 사람들이 와서 화상의 제자인 동자童子에게 “화상께서는 어떤 법을 설하시던가?” 하고 물으면 동자는 화상처럼 손가락을 들어 세웠다. 구지화상이 후에 이 일을 듣고 동자를 불러 동자의 손가락을 잘라 버렸다. 동자는 너무 아파서 통곡하며 방 밖으로 달아나는데 구지화상이 동자를 불렀다. 동자가 머리를 돌린 순간 그때 구지화상이 말없이 손가락을 번쩍 들어 보이시니 이에 동자는 “아하!” 하며 곧 깨쳤다. 구지화상께서 임종을 당하여 세상을 떠나려 할 때 대중에게 "나는 천룡天龍선사의 한 손가락 끝 선禪을 몸으로 익혀 일평생을 써먹고도 남았느니라."라고 이르시고 입적했다.

이에 대해 무문선사는 다음과 같이 평하기를 "구지와 동자는 그 깨달은 곳이 손가락 끝에 있는 것은 아니다. 만약 이것을 알 수 있다면 천룡과 구지와 동자가 자신과 하나로 꿰는 것과 같은 것이다."라고 하였다.

그러고는 게송하기를 "구지는 천룡 노장을 가소롭게 여겨서 예리한 칼로 어린 동자의 손가락을 잘라 시험에 들게 하여 감정勘定하였네. 옛날 거령신巨靈神이 별 조작도 없이 손을 들어 천만 겹의 첩첩한 준령峻嶺을 화산華山과 수양산水楊山으로 한 번에 나누어 분쇄해 버린 것 같다고나 할까?"라고 하였다.

그러면 여기서 구지선사가 깨달은 인연을 간략하게 살펴보도록 하겠다. 절강성 무주에 있는 금화산에 구지금화俱胝金華[98]라는 스님

---

98 俱胝金華(?~?): 당나라 때의 禪僧. 南嶽懷讓의 문중에 속한다. 항상 俱胝(準胝)觀音呪를 외워 세상 사람들이 俱胝라 불렀다. 일찍이 浙江 婺州 金華에 이르렀는데, 나중에 승려들의 질문에 답할 수 없게 되자 마침내 勇猛精進할 마음을 일으켰다. 얼마 지나지 않아 大梅法常의 法嗣인 天龍禪師가 암자에 이르니 스님이 예의를 갖추어 맞으면서 자신의 속내를 말했는데 천룡선사가 손가락 하나를 세워 보여 주니 바로 큰 깨달음을 얻었다. 그 후 學僧들과 법에 대해 문답을 주고받을 때마다 스님은 모두 손가락 하나를 세워 대답해서 세상 사람들이 俱胝一指 또는 一指禪이라 불렀다. 입적하기 전에 "내가 일찍이 천룡의 일지두선을 얻었는데, 평생 다 써먹지 못했다[吾得天龍一

이 살았는데 속성俗姓도 분명치 않고 생몰년도 정확하지는 않다.

여기에서 등장하는 천룡화상의 스승이 대매법상(大梅法常: 752~839)[99]이고 그 위로 스승이 마조도일(馬祖導一: 709~788)이며 마조도일의 스승은 남악회양(南岳懷讓: 677~744)이다. 그래서 남악회양의 스승은 육조이신 혜능선사이기에 육조선사의 문하라는 것을 알 수가 있다. 그 배경을 좀 더 살펴보면 구지화상은 주로 당시에 『칠구지불모준제다라니경』에 의거해 다라니 수행을 주로 했다고 한다. 그러나 실제實際라는 비구니스님에게 일종의 수모를 겪고 난 뒤에 그 분심으로 용맹심을 발휘해 정진하게 되었다고 한다.

이 실제[100]라는 비구니와의 기연은 다음과 같다. 하루는 실제라

指頭禪 一生用不盡].”고 말했다. 『무문관(無門關)』第3則, 『從容錄』第84, 『碧巖錄』第19則 참조.

99 大梅法常(752~839): 당나라 때의 禪僧. 湖北 襄陽 사람으로, 俗姓은 鄭씨다. 어릴 때 출가하여 玉泉寺에 머물렀는데, 많은 경전들을 한 번 읽고는 암송해 잊지 않았다. 20세 때 具足戒를 龍興에서 받았다. 禪에 뜻을 두고 처음에는 馬祖道一에게 가서 參學했다. 『景德傳燈錄』卷7에 따르면 스님이 어느 날 마조에게 “무엇이 부처입니까?” 물으니 마조가 “마음이 곧 부처지[卽心是佛].” 하고 대답하자 깨달았다고 한다. 나중에 大梅山 浙江 鄞縣에 숨어 조용히 수행했다. 이후 法譽가 크게 알려져 學人이 사방에서 몰려들었다. 開成 4년 어느 날 대중들에게 “오는 것을 막지 말고, 가는 것을 잡지 말라[來莫可拒 往莫可追].”고 말하는데, 갑자기 쥐 울음 소리가 들리자, 다시 “이 물건은 다른 물건이 아니니 너희들이 잘 지키거라. 나는 떠난다[卽此物 非他物 汝等諸人善護持之 吾今逝矣].” 말하고 입적했다. 世壽 88세고 法臘 69세다. 『宋高僧傳』卷11 참조.

100 實際(?~?): 당나라 때의 比丘尼. 馬祖道一의 法嗣다. 籍貫이나 年壽는 알 수 없다. 俱胝和尙을 격려하여 大乘을 흠모하는 마음이 들도록 했다. 『景德傳燈錄』卷11에 보면 구지화상이 처음 암자에 머물 때 이름이 實際인 승려가 있었는데 삿갓을 쓰고 들어와 주장자를 짚고 스님 주위를 세 바퀴 돌면서 “한마디 하면 삿갓을 벗겠다.”고 말했다. 세 번 물었지만 모두 대답을 않자 가 버리려고 하니 스님이 “날도 저물었으니 하

는 여승이 찾아와 삿갓을 쓴 채로 석장錫杖을 쿵쿵거리며 구지화상이 좌선하는 주위를 세 번 빙빙 돌고서는 말을 건네며 한마디 할 수 있다면 갓을 벗겠다고 했다.

세 번이나 여승의 물음이 있었으나 구지화상은 끝내 한마디의 대꾸도 하지 못했다. 이 비구니가 낙담하여 돌아가려고 하자 그때서야 구지화상은 해도 저물어 가니 잠시 쉴 겸 하룻밤 머물다 가시라고 말했다. 이에 여승이 한마디 한다면 머물겠다고 했다지만 구지화상은 또 아무 말도 하지 못했다. 그러자 여승은 지체 없이 떠나갔다.

이 비구니의 행동은 구지화상에게 큰 충격을 주었다. 구지화상은 탄식하여 말하기를 "대장부의 모습을 하고 있지만 장부의 기백이 없다."고 하면서 이제 암자를 버리고 여러 곳을 돌아다니며 수행하겠다고 하고는 분연히 대용맹심을 일으켰던 것이다.

그런데 그날 밤 꿈에 산신이 나타나더니 이 암자를 떠나면 안 되고 수일 내로 살아 있는 보살이 화상을 위해 설법해 주리라고 일러 주었다. 여기서 구지화상은 수행 길에 오르는 것을 좀 늦추어 보기로 했다. 이런 일이 있은 후에 열흘이 채 안 되어서 대매법상선사의 법사法嗣인 천룡선사[101]께서 암자에 들렀다.

루 묵고 가라."고 했는데 다시 "한마디 하면 묵겠다."고 했지만 대답이 없자 가 버렸다. 『무문관(無門關)』 第3則, 『從容錄』 第84, 『碧巖錄』 第19則 참조.

101 天龍(?~?): 大梅法常의 法嗣. 어느 날 구지선사에게 천룡선사가 손가락 하나를 세워 보여 주니 바로 큰 깨달음을 얻었다. 그 후 구지선사는 學僧들과 법에 대해 문답을 주

구지화상은 이분이야말로 꿈에서 말한 보살이라 여기고 천룡선사를 친절하게 맞아들였다. 구지화상은 극진히 예배한 후 일의 자초지종을 상세하게 말씀드리고 가르침을 청했다. 이야기를 다 듣고 난 천룡화상은 아무 말도 하지 않은 채 한 손가락만을 우뚝 세워 보이셨다.

구지화상은 그 자리에서 크게 깨닫게 되었다. 그 뒤부터 구지화상은 누가 무슨 물음을 해도 오로지 한 손가락을 우뚝 세워 보이는 것으로 대답을 대신했던 것이다.

『무문관』 제3칙에 나오는 「구지수지」는 '구지지수일지俱胝只竪一指, 구지지두선俱胝指頭禪, 구지일지俱胝一指'와 같은 의미이다. 이 공안은 『종용록從容錄』 제84칙[102]과 『벽암록』 제19칙[103]에서도 볼 수가 있다. 여기서 비구니 실제선사가 석장을 쿵쿵 짚으며 구지화상 주위를 세 번 빙빙 돌았다는 뜻은 마음도 아닌 비심非心으로 즉 청정심을 말하며 마음 아닌 것도 아닌 비비심非非心 즉 광명심을 말하는

고받을 때마다 스님은 모두 손가락 하나를 세워 대답해서 세상 사람들이 俱胝一指 또는 一指禪이라 불렀다. 입적하기 전에 구지선사는 "내가 일찍이 천룡의 일지두선을 얻었는데, 평생 다 써먹지 못했다[吾得天龍一指頭禪 一生用不盡]."고 말한 것으로 기록이 남아 있다. 『宋高僧傳』 卷11 참조.

102 『萬松老人評唱天童覺和尚頌古從容庵錄』 卷6 「從容庵錄目錄」 (T48, 277c60) "八四: 俱胝胝一指(菴居)…."

103 『大慧普覺禪師語錄』 卷24 「示妙道禪人」 (T47, 914b11), "這裏無爾用心處 不若知 是般事 撥置一邊 却轉頭來看 馬大師即心是佛 非心非佛 不是心不是佛不是物 趙州庭前柏樹子 雲門須彌山 大愚鋸解秤鎚 嚴陽尊者土塊 汾陽莫妄想 俱胝竪指頭 畢竟是 何道理 此乃雲門方便也 妙道思之."

것이다. 즉 비심비비심非心非非心으로 일물一物이며 마음 아닌 것도 아니고 그것도 또한 아닌 것으로 즉 부시심不是心 부시불不是佛 부시물不是物을 물었던 것이다.

이는 본체와 생각 생각이라는 작용을 보여 달라는 주문이다. 다급해진 구지화상은 천룡선사에게 그동안의 모든 상황을 설명하고 가르침을 청하게 되는데 천룡선사는 그때 아무 말 없이 손가락 하나만을 번쩍 들었는데 이때 구지화상은 바로 대오大悟하게 된 것이다.

짧은 구절이지만 구지화상의 대신심大信心, 대분심大憤心, 대의심大疑心[104]을 들여다보도록 하는 면이 선적禪的인 장면이라 할 수 있겠다.

여기서 동자승이 손가락을 들어 올린 것은 중생심의 발로라고 할 수 있다. 이 중생심의 발로야말로 무문선사가 설한「선잠」의 네 번째 병통인 '자의망연 타락심갱 병통'인 것이다.

이에 구지화상이 잘라 버린 그 손가락을 비심이라고 한다면 이 비심을 안고 달아나는 동자승을 불러 세워 돌아보게 한 대목은 비비심이라 하겠다. 이것이야말로 중요한 치유의 방편이라 할 수

---

104 『高峰原妙禪師禪要』「示眾」(X70,708b05), "若謂著實參禪 決須具足三要 第一要有大信根 知此事 如靠一座須彌山 第二要有大憤志 如遇殺父冤讐 直欲便與一刀兩段第三要有大疑情 如暗地做了一件極事 正在欲露未露之時 十二時中 果能具此三要 管取剋日功成 不怕甕中走鼈 苟闕其一 譬如折足之鼎 終成廢器 然雖如是 落在西峰坑子裏也不得不救 咄."

있다.

결국 여기까지가 비심 비비심을 뜻하고 있다. 이러한 상황에서 구지화상이 손가락을 들어올려 보인 대목은 비심 비비심의 일물一物을 보여 준 것이라 할 수 있다. 또 한 가지 놓치기 아까운 장면이 있는데 그것은 동자가 깨친 내용이다. 이것은 구지선사가 깨친 내용이 나아가 역대 선사들의 선문답에서 볼 수 있는 부정의 부정인 활구로서의 작용을 하는 손가락을 의미하고 있다.

그 후 구지화상은 한 손가락에 깨치고 자신 또한 한 손가락으로 학인을 제접하게 되었다. 주위 사람들이 "구지화상은 어떻게 가르치나?" 질문하면 시봉하는 동자도 구지를 본떠 무조건 손가락 하나를 들곤 하였는데 이에 구지화상이 손가락을 잘라 버리자 동자가 울면서 뛰쳐나가 버린다.

이때 스님이 동자를 부르니 뒤돌아보았고 이 일화 속에서 '손가락 하나 듦'이 바로 깨달음의 기연으로 등장하고 있으며 이 손가락 하나가 결국 우주 자체이면서 본래면목이라고 할 수 있다.

이 손가락 하나가 천지와 하나이고 삼라만상이 제각각이지만 모아 놓으면 결국은 하나가 된다. 바로 이 한 손가락은 구지 자신이면서 나 자신이고, 우주 그 자체이기 때문이다.

이 천룡화상의 손가락을 보고 구지선사는 바로 손가락과 하나가 되었을 뿐만 아니라 천룡화상과 하나가 되어 천지와도 하나가 되고 자기를 텅 비워 버렸기에 모든 것과 하나 된 통일 상태로 될 수가 있으며 그 통일의 '하나'까지 사라져 버려 결국 무無의 무無가 되었다. 바로 구지화상이 동자의 손가락을 잘라 동자를 부르니 동자가 이에 대답한 순간에 깨달음에 이를 수 있도록 한 이 치유의 방편이야말로 비로소 하나의 기연을 만나 이루어지는 치유의 시점이라고 할 수 있다는 것이다.

이 공안에서 보여 주고 있는 것은 복잡다단한 생활 속에서 살아가야만 하는 현대인에게는 단순함과 지극함이 오히려 긍정적인 에너지를 발휘할 수 있다는 것을 보여 주고 있다. 그런데 여기서 한 가지 꼭 짚고 넘어가야 할 게 있다고 여겨진다. 구지화상도 천룡선사의 손가락 흉내 내기를 반복하였는데 무사했는데 왜 동자는 손가락을 잘린 것일까? 그것은 동자의 손가락은 구지화상의 손가락을 흉내 낸 것이고 구지화상의 손가락 움직임은 천룡선사의 것과는 전혀 다른 자신만의 손가락이기 때문이다. 동자의 경우는 자신이 주인공으로 임하는 시절인연을 무시하고 흉내 내기의 병통에 빠져 버린 까닭에 있다는 것이다.

바로 이 장면으로 하여 이 공안은 무문선사가 설한 『무문관』「선잠」의 네 번째 병통인 '자의망연 타락심갱 병통'에 해당하는 예로 들기에 충분하다.

석존께서 설하신 무상無常이라는 것은 결코 허무라는 개념이 아닌 그야말로 이 세상 만물이 순간순간 변화하고 있으므로 지금 여기 그 순간에 깨어 온몸으로 임하라는 의미이기도 하다. 손가락을 잘리기 전에 동자는 『무문관』「선잠」의 네 번째 병통인 '자의망연 타락심갱 병통'에 빠져 있어서 타인을 흉내 내기에 바빴고 선사가 잘라 버린 손가락은 아프지만 이를 직면하는 순간 동자는 자신의 병통으로부터 치유되어 깨닫게 되었다.

(2) 제6칙 세존염화世尊拈花의 예[105]

다음에는『무문관』「선잠」의 네 번째 병통인 '자의망연 타락심갱 병통'에 해당하는 예로 선가의 전통에서 가장 중요한『무문관』제6칙「세존염화」의 원문 및 해석을 보도록 하겠다.

第六則(제육칙) 世尊拈花(세존염화)

本則

世尊(세존)이 昔在靈山會上(석재영산회상)에서 拈花示衆(염화시중)하니 是時(시시)에 衆皆默然(중개묵연)인데 唯迦葉尊者(유가섭존자)만 破顔微笑(파안미소)하다 世尊云(세존운)하되 吾有正法眼藏(오유정법안장)하니 涅槃妙心(열반묘심)이라 實相無相(실상무상)이요 微妙法門(미묘법문)이며 不立文字(불립문자)하여 教外別傳(교외별전)이니 付囑摩訶迦葉(부촉마하가섭)하노라.

---

105 전게서「第六則 世尊拈花」(T48, 293c13~23), "世尊昔在靈山會上 拈花示眾 是 時眾皆默然 惟迦葉尊者破顏 微笑 世尊云 吾有正法眼藏涅槃妙心實相無相微妙法門 不立文字 教外別傳 付囑摩訶迦葉 無門曰 黃面瞿曇傍若無人 壓良為賤 懸羊頭賣狗 肉將謂多少奇特 只如當時大眾都笑 正法眼藏作麼生傳 設使迦葉不笑 正法眼藏又 作麼生傳 若道正法眼藏有傳授 黃面老子誑謼閭閻 若道無傳授 為甚麼獨許迦葉 頌曰 拈起花來 尾巴已露 迦葉破顏 人天罔措."

評唱

무 문 왈 황 면 구 담 방 여 무 인 압 량 위 천 현 양
無門曰 黃面의 瞿曇은 傍如無人하여 壓良爲賤하고 懸羊
두 매 구 육 장 위 다 소 기 특 지 여 당 시 대 중 도
頭하여 賣狗肉이로다 將謂多少奇特이나 只如當時大衆都
소 정 법 안 장 작 마 생 전 설 사 가 섭 불 소 정 법
笑였더라면 正法眼藏을 作麽生傳고 設使迦葉不笑인들 正法
안 장 우 작 마 생 전 약 도 정 법 안 장 유 전 수 황 면
眼藏을 又作麽生傳고 若道正法眼藏을 有傳授라하면 黃面
노 자 광 호 려 염 약 도 무 전 수 위 심 마 독 허 가 섭
老子는 誑謼閭閻이오 若道無傳授라하면 爲甚麽獨許迦葉고.

● 頌曰

점 기 화 래 미 파 이 로 가 섭 파 안 인 천 망 조
拈起花來에 尾巴已露라 迦葉破顔은 人天의 罔措로다.

○ 解釋

세존께서 옛날 영산회상에 계실 때 꽃을 들어 대중에게 보이셨다. 그때 대중들은 모두 말이 없었으나 오직 가섭존자만 빙그레 미소 지었다. 세존께서 말씀하셨다. "내게 정법안장正法眼藏 열반묘심涅槃妙心 실상무상實相無相인 미묘한 법문이 있으니 문자에 의지하지 않고 교설 이외에 따로 전하여 마하가섭에게 부촉하노라."

무문선사는 평하기를 "황면구담黃面瞿曇, 노란 얼굴의 부처는 자신밖에 아무도 없는 듯 양민良民을 강압하여 종으로 삼고 양머리를 걸어 놓고 개고기를 파는 격이로구나! 이것을 다소 기특하다 할지 모르나 만약 당시에 대중이 모두 웃었다면 어떻게 정법안장을 전수했겠는가? 만약 가섭이 웃

지 않았다면 또한 어떻게 정법안장을 전수했겠는가? 정법안장에 전수할 것이 있었다면 황면의 노자가 사람들을 속인 것이요, 만약 전수할 것이 없었다면 무엇 때문에 오직 가섭에게만 허락하였겠는가?"

이에 게송하기를 "꽃을 들어 보일 때 온통 드러났어라. 가섭의 빙그레 지은 미소는 인간과 천상이라도 모르네."라고 하였다.

『무문관』 제6칙 「세존염화」는 원문의 무문선사의 게송에서도 볼 수 있듯이 석존께서 꽃을 들어 보일 때에 온통 드러났으며 가섭의 파안 미소는 인간과 천상이라도 모르는 것이다. 도대체 가섭존자의 미소를 왜 아무도 모르는 것인가? 그것은 무無의 세계인 공空으로 가섭의 미소가 그때에 형상화形象化되었기 때문이다.

가섭의 미소는 결국 무無의 세계이기에 인간과 천상의 신들과 지옥의 염라대왕조차도 모르는 것이다. 오로지 이 무無의 세계인 공空을 투과한 분들만 가섭의 미소를 알 수가 있으며 가섭존자의 오랜 두타행의 정진은 시절인연이 무르익어야 비로소 염화미소를 지을 수 있게 됨을 보여 주고 있다.

이렇듯 『무문관』 「선잠」의 네 번째 병통인 '자의망연 타락심갱 병통'은 가섭존자처럼 시절인연을 잘 섭수하여야 깨달음에 이르게 되는 병통으로 이 시절인연을 잘 알아 이에 순응하는 것이야말로 치유의 방편임을 역설적으로 보여 주고 있는 예에 해당한다고 하겠다.

(3) 제37칙 정전백수庭前柏樹의 예[106]

다음은『무문관』「선잠」의 네 번째 병통인 '자의망연 타락심갱 병통'에 해당하는 예로 제37칙「정전백수」의 원문 및 해석이다.

제삼십칠칙 정전백수
第三十七則 庭前柏樹

本則

조주 인 승문 여하시조사서래의 주운 정전
趙州 因 僧問하되 如何是祖師西來意니꼬 州云하되 庭前
백수자
柏樹子니라.

評唱

무문왈 약향조주답처 견득친절 전무석가
無門曰 若向趙州答處하여 見得親切하면 前無釋迦하고
후무미륵
後無彌勒하리라.

106 전게서「第三十七則」庭前柏樹 (T48, 297c05~09), "趙州因僧問 如何是祖師西來意 州云 庭前柏樹子 無門曰 若向趙州答處 見得親切 前無釋迦 後無彌勒 頌曰 言無展事 語不投機 承言者喪 滯句者迷."

● 頌曰

언무전사 어불투기 승언자상 체구자미
言無展事오 語不投機라 承言者喪하고 滯句者迷하리라.

○ 解釋

조주선사께 어느 학인이 묻기를 "어떤 것이 조사의 '서래의'입니까?"라고 했다. 이에 조주선사는 "뜰 앞의 백수자"라고 답했다.

이에 대해 무문선사는 평하기를 "만약 조주선사가 답한 것에 대하여 정말로 알아차릴 수 있었다면 앞에 석가도 없고, 뒤에 미륵도 없으리라."라고 하였다.

또한 게송하기를 "말로는 일을 펼 수 없으며 논리로는 기틀을 드러내지 못한다. 말로써 이으려는 사람은 죽고 글귀에 걸리는 자는 미혹하리라."라고 하였다.

『무문관』 제37칙의 「정전백수」는 '문자無字'와 '간시궐乾屎橛'의 공안과 함께 선가에서는 너무나 유명한 화두로 널리 회자되고 있다.

한 학인이 달마조사가 서쪽에서 오신 뜻 즉 '불법佛法의 대의大義가 무엇이냐?'고 물은 이 엄청난 물음에 조주선사는 그저 '정전백수자庭前柏樹子'라고 하였다. 이 공안도 마찬가지로 잣나무라는 언구에 걸리지 않으면 되는 것이라 하겠다. 조주선사는 자신이 앉아 있는 여기라는 시절인연과 공간에서 지금 바로 눈에 띄었던 것이 잣나무였다는 것이다.

이에 대해 무문선사는 “조주선사께서 ‘뜰 앞의 잣나무’라고 한 뜻을 언하에 깨닫는다면 석가나 미륵과 다름이 없으며 이러한 언구言句로서는 핵심을 나타내지 못하는 것이다. 따라서 말에 걸리면 ‘백수자’에 걸려 헤어나지 못하게 될 것이고 결국은 미혹에서 벗어나지 못하리라.”고 한다.

조주선사께서 만년에 주석하셨던 동관음원은 현재의 백림선사柏林禪寺로 중국 선종 사찰 순례지로 손꼽히는 곳이다.

백림선사를 방문한 분들은 아마도 이 잣나무를 찾아보았을 것인데 본칙本則에서처럼 학인의 ‘여하시조사서래의如何是祖師西來意’에 대한 답인 ‘정전백수자庭前柏樹子’가 우리나라에서는 ‘뜰 앞의 잣나무’로 통용되어 왔다. 백림선사에서는 절 마당에 잣나무는 없고 큰 고목나무에 ‘백柏’ 자의 패찰만 달려 있다. 이 나무는 약 1800년 된 수령의 나무인데 다름 아닌 측백나무들이다. 이 백림선사의 사명寺名에서도 알 수 있듯이 이 백림은 ‘측백나무 숲 참선도량’이라는 뜻이다. 그런데 우리 한국에서는 아직도 대부분의 사람들이 측백나무를 잣나무로 오인하고 있다. 그러니까 ‘백柏’ 자의 실체를 전혀 몰랐던 것이라고 할 수 있겠다.

상식적으로 말한다면 달마가 서쪽에서 온 뜻은 ‘심법心法을 전하여 중생을 구제하기 위함’이었다. 즉 조주선사는 이러한 물음에 ‘마음이 곧 부처이다’, ‘평상심이 도다’라는 등으로 답할 수도 있었을 것이다. 그러나 조주선사는 상식을 넘어서서 ‘뜰 앞의 측백나무’라고 답한다.

본칙에서는 생략되어 있지만 오등회원五燈會元에서는 학인이 또 묻는 대목에 대해 다음과 같이 소개되고 있다. “학인이 다시 말하였다. ‘선사께서는 대상으로 보지 마십시오.’ 조주선사는 ‘나는 대상을 들어 설명한 바가 없네.’라고 답했다. 다시 그 학인이 여쭈었다. ‘무엇이 조사가 서쪽에서 온 뜻입니까?’ 그러자 조주선사는 이렇게 답했다. ‘뜰 앞의 측백나무니라.’ ”

조주선사는 인식의 주관도 인식의 대상도 모두 사라져 버린 지금 여기의 무한한 시간과 공간의 인연에 오로지 측백나무의 또렷한 자각만이 있을 뿐임을 말씀하셨을 터인데 수행이 덜 된 학인은 쓸데없는 분별심만을 내고 앉아 있었다는 말이다.

달마가 동쪽으로 간 까닭이 ‘정전백수자’라고 하였는데 뜰과 앞과 전나무에는 뜻이 없다고 하였다면 조주선사는 무엇을 밝히고자 저렇게 대답하였을까? 설사 그 뜻이 없고 무문선사께서 저렇게 설하였다고 하지만 앞에는 미소 띤 세존이 있고 뒤에는 미륵존자가 기다리고 있음을 명심해야 할 것이며 삼세제불과 보살들이 언제나 함께함도 잊어서는 안 될 것이다.

또한 지금 여기의 인연을 저버려서도 안 된다는 말이기도 하다. 만일 이 인연을 저버리게 된다면『무문관』「선잠」의 네 번째 병통인 ‘자의망연 타락심갱 병통’을 여지없이 앓게 될 것이고 바로 지금의 인연에 충실할 수 있을 때야말로 치유의 영역이자 깨달음을 위해 가는 공통의 영역이 될 수 있다고 할 수 있을 것이다.

(4) 제42칙 여자출정女子出定의 예[107]

다음은『무문관』「선잠」의 네 번째 병통인 '자의망연 타락심갱 병통'의 예에 해당하는 것으로『무문관』제42칙「여자출정」의 원문 및 해석이다.

제사십이칙 여자출정
第四十二則 女子出定

本則

세존 석인 문수 지제불집처 치제불각환본처
世尊이 昔因 文殊가 至諸佛集處하니 值諸佛各還本處러

유유일여인 근피불좌 입어삼매 문수내백
라 惟有一女人하여 近彼佛坐하여 入於三昧어늘 文殊乃白

불운 하여인 득근불좌 이아부득 불고문수
佛云하되 何女人이 得近佛坐하고 而我不得이니꼬 佛告文殊

여단각차여 영종삼매 여자문지 문수요여
하되 汝但覺此女하여 令從三昧하여 汝自問之하라 文殊遶女

인삼잡 명지일하 내탁지범천 진기신력
人三匝하고 鳴指一下하여 乃托至梵天하여 盡其神力이라도

---

107 전게서「第四十二則 女子出定」(T48, 298a26~b11), "世尊昔因文殊至諸佛集處 值諸佛各還本處 惟有一女人 近彼佛坐入於三昧 文殊乃白佛 云何女人得近佛坐 而我不得 佛告文殊 汝但覺此女 令從三昧起 汝自問之 文殊遶女人三匝 指一下 乃托至梵天 盡其神力 而不能出 世尊云 假使百千文殊亦出此女人定不得 下方過一十二億河沙國土 有罔 明菩薩 能出此女人定 須臾罔明大士從地湧出 禮拜世尊 世尊勅罔明 却至女人前 鳴指 一下 女人於是從定而出 無門曰 釋迦老子做者一場雜劇 不通小小 且道文殊是七佛之師 因甚出女人定不得 罔明初地菩薩 為甚却出得 若向者裏 見得親切 業識忙忙那伽大定 頌曰 出得出不得 渠儂得自由 神頭并鬼面 敗闕當風流."

이불능운 세존운 가사백천문수 역출차여인정
而不能云이라 世尊云 假使百千文殊라도 亦出此女人定
부득 하방 일십이억하사국토 망명보살
不得이요 下方으로 一十二億河沙國土하여 罔明菩薩하여
능출차여인정 수유 망명대사 종지용출
能出此女人定이라하시더니 須臾에 罔明大士가 從地湧出하
예배세존 세존 칙망명 각지여인전 명지
여 禮拜世尊하니 世尊이 勅罔明하여 却至女人前하여 鳴指
일하 여인 어시 종정이출
一下한대 女人이 於是에 從定而出하니라.

評唱

무문왈 석가노자 주자일장잡극 불통소소 차
無門曰 釋迦老子의 做者一場雜劇이여 不通小小로다 且
도 문수 시칠불지사 인심출여인정부득 망
道하라 文殊는 是七佛之師어늘 因甚出女人定不得이며 罔
명 초지보살 위심각출득 약향자리 견득친
明은 初地菩薩이어늘 爲甚却出得고 若向者裏하여 見得親
절 업식망망 나가대정
切하면 業識忙忙이 那伽大定이리라.

● 頌曰

출득출부득 거농득자유 신두병귀면 패궐당풍
出得出不得은 渠儂得自由라 神頭幷鬼面이여 敗闕當風
류
流로다.

○ 解釋

세존께서 계시던 때 문수가 모든 부처님 모인 곳에 이르니 모든 부처님께서 각기 본래 처소로 돌아갔는데 다만 한 여인만이 부처님 가까이에서 삼매에 들어 있었다. 이에 문

수가 부처님께 물었다. "왜 여인은 부처님 가까이 있는데 저는 그러지 못합니까?" 부처님께서 문수에게 말하셨다. "이 여인을 삼매로부터 깨워 그대가 직접 물으라." 문수가 여인을 세 번 돌고 손가락을 한 번 탁 튕겨서 범천梵天에 이르러 그 신통력을 다해도 깨울 수 없었다. 세존께서 말하셨다. "가령 백천의 문수라도 이 여인을 정定에서 나오게 하지는 못하리라. 아래로 12억이란 모래 수와 같은 국토를 지나 망명罔明보살이 있는데 그가 능히 이 여인을 정에서 나오게 할 것이다." 잠깐 사이에 망명보살이 땅에서 솟아 나와서 세존께 예배를 하였다. 세존께서 망명에게 명을 내려 망명이 여인 앞에 이르러 손가락을 한 번 튕기자 여인이 선정에서 깨어났다.

이에 대해 무문선사는 평하기를 "석가 늙은이가 일장의 잡극을 연출했으나 조금도 통하지 못했다. 일러 보라. 문수보살은 일곱 부처의 스승이거늘 왜 이 여인을 정에서 나오게 할 수 없었으며 망명은 초지의 보살인데 어째서 나오게 할 수 있었는가? 만약 이에 대하여 바로 보아 친하면 망망한 업식이 나가대정이리라."고 하였다.

또한 게송으로 말하기를 "깨우든 못 깨우든 그놈의 자유다. 귀신 머리 귀신 낯이여, 허물 그대로 풍류로구나!"라고 하였다.

『무문관』 제42칙 「여자출정」은 문수보살이 여인의 주위를 세 번

돌며 손가락을 한 번 튕기고 그녀를 범천에까지 들어 올려서 그 신통력을 다 부려 보았으나 그녀를 선정에서 나오게 할 수 없었다는 공안이다.

문수보살이 세존에게 묻기를 "어째서 여인은 세존께 가까이 갈 수 있고 저는 가까이 갈 수 없는 것입니까?"에 대해 어떻게 하면 그녀를 깨울 수 있는가 하고 세존께 묻는 장면이다. 선禪이란 시절인연으로 자연스러운 것이며 단순 명료함을 여기서도 알아볼 수 있다.

『무문관』 제42칙 「여자출정」에 등장하는 망명이라는 초지보살이 여인 앞에 이르러 손가락을 한 번 튕기자 여인이 즉시 선정에서 깨어났는데 만약 이에 대해 모르고 있다면 이는 『무문관』 「선잠」의 네 번째 병통인 '자의망연 타락심갱 병통'에 해당하는 가슴앓이를 문수보살이라도 피할 수 없이 앓게 된다는 말이다.

또한 이 시절인연을 알아 알 수 없는 이 병통을 치유할 수 있게 된다면 그가 초지의 깨달음에만 이른 보살이라도 그가 깨달음에 이르는 병통을 치유하게 될 수 있다는 것을 보여 주는 네 번째 병통인 '자의망연 타락심갱 병통'의 실례를 보여 주는 공안이다.

5) 성성불매惺惺不昧 대쇄담가帶鎖擔枷의 병통 및 치유

다음은『무문관』「선잠」의 다섯 번째 병통인 '성성불매 대쇄담가 병통'에 해당하는 예로『무문관』제12칙「암환주인」, 제17칙「국사삼환」, 제20칙「대역량인」의 공안을 살펴보도록 하겠다.

이 병통은 항상 성성적적하게 깨어 마음이 미혹하지 않는 것에 매이는 것 또한 자기 목에 형틀을 거는 것과 같다는 것이다. 참선하는 수행자가 마음으로 미혹하지 않고자 깨어 있는 불심을 언제나 유지하는 것 또한 하나의 병통이라는 것이다.

(1) 제12칙 암환주인巖喚主人의 예[108]

다음은 '성성불매 대쇄담가의 병통' 즉 언제나 깨어 있는 마음으로 미혹하지 않는 것 또한 자기 목에 형틀을 거는 것과 같다는 병통의 예시인데『무문관』제12칙「암환주인」에 나타난 원문 및 해석에서 그 병통과 치유에 대한 내용을 살펴보도록 하겠다.

---

108 전게서「第十二則 巖喚主人」(T48, 294b19~25), "喏喏無門曰瑞巖老子自買自賣弄出許多神頭鬼面何故聻一箇喚底一箇應底一箇惺惺底一箇不受人瞞底認著依前還不是若也傚 他總是野狐見解頌曰學道之人不識真 只為從前認識神無量劫來 生死本人 喚作本來人."

第十二則 巖喚主人

本則

瑞巖彦 和尙이 每日自喚主人公하여 復自應諾하고 乃云하되 惺惺著하라 諾하다 他日日異에 莫受人瞞하라 諾諾하다.

評唱

無門曰 瑞巖老子가 自買自賣하여 弄出許多神頭鬼面하니 何故오 聻 一箇喚底하고 一箇應底하고 一箇惺底하고 一箇不受人瞞底하니 認著하여 依前還不是라 若也傚他하면 總是野狐見解리라.

● 頌曰

學道之人이 不識眞하고 只爲從前認識神이로다 無量劫來生死本이어늘 癡人喚作本來人이로다.

○ 解釋

서암언瑞巖彦선사는 날마다 스스로 "주인공!" 하고 부르고는 스스로 "예" 하고 대답하였다. 이어서 곧 "그대는 정신 차려 깨어 있는가?" 하고 물었다. 그러고는 곧바로 "예" 하고 대답하면서 "어느 날 어느 때도 남에게 속지 말라!"고 하였다. 그러고는 "예, 예." 하고 스스로 묻고 스스로 답했다.

이에 대해 무문선사는 이렇게 평하고 있다. "서암 늙은이는 스스로 자기가 팔고 자기가 사는구나! 어쩌려고 수많은 도깨비 가면을 가지고 노는 것일까? 저것 보게나. 하나는 부르고 하나는 대답하고 하나는 깨어 있으라고 하고 하나는 남에게 속지 말라고 하는구나! 그러나 이 중에 어느 하나를 붙들어도 잘못이긴 마찬가지로구나! 만약 서암 흉내를 내려 한다면 이 또한 여우의 견해에 떨어지고 말게 될 것이로다."

또한 게송하기를 "수행자가 진실을 알지 못하는 것은 다만 자아를 고집하고 있기 때문이다. 생사윤회의 근본이 되고 있는 이 집착을 어리석은 사람은 본래인이라 하네!"라고 하였다.

위와 같이 언제나 깨어 있으려고만 하는 자신 또한『무문관』「선잠」의 다섯 번째 병통인 '성성불매 대쇄담가의 병통'임을 서암언(瑞巖彥: ?~?)선사[109]가 하나의 포퍼먼스처럼 재현하고 있다.『무문관』

109 瑞巖彥(?~?): 당나라 때의 禪僧. 青原行思의 法系이며 南宗禪의 제6世다. 閩越福建 사람으로 俗姓은 許씨고 法名은 師彥이다. 어릴 때 출가하여 持戒가 엄격하고 분명했다. 처음에 巖頭全奯禪師를 뵙고, 얼마 뒤 臺州 浙江 瑞巖院에 머물렀는데, 하루 종일 너럭바위에 앉아 멍청하게 있으면서 스스로 主人公이라 외치고 다시 스스로 응답하고는 "정신만 바짝 차리면 나중에 사람들에게 욕을 먹지 않을 것이다."라고 대답했다. 異迹이 제법 많았다. 武肅王 錢氏가 일찍이 귀의했다. 입적한 뒤 本山에

제12칙「암환주인」의 예를 들 수 있겠다. 무문선사는 이렇게 설하였다. "하나는 깨어 있으라고 하고 하나는 깨어 있음에만 꼭 매이지 말라고 설하고 있다. 그러나 그것에만 집착하는 것 또한 하나의 병통"이라고 하였다. 따라서 이 양극단에 매이지 않는 것이 이를 치유하는 방편이라고 역설하고 있다.

『무문관』 제12칙의 서암언선사 자신을 자각시키는 방편으로 자신을 향해 "주인공아!" 하면 "예!" 하고 대답하며 언제나 깨어 있으라고 주의를 주는데 이는 중생심을 초월한 지혜로 지금 여기 자신의 보살행을 무심의 경지로 몰입할 것을 강조하고 있는 것이다.

깨어 있으면서도 깨어 있지 않는다는 말처럼 '항상 깨어 있다.'라는 의식 자체도 없이 깨어 있어야지 하는 분별의식을 가지고 수행에 임하는 것은 곧 중생심이 의식적으로 작용하기 때문에 스스로 작용하는 불심의 지혜작용을 장애하고 있는 것이며 자신의 목에 형틀을 거는 것과 마찬가지라는 말이다.

항상 깨어 있어야 한다는 의식을 계속 유지하는 것 또한『무문관』「선잠」의 다섯 번째 병통인 '성성불매 대쇄담가의 병통'에 해당된다고 하겠다.

이는 진정한 의미의 수행이란 자신의 의식을 초월하여 몸이나 의식 자체도 돌아보지 않고 지금 여기 자신의 일에 몰입할 수 있어야 하며 깨어 있는 불심의 지혜란 번뇌 망념을 초월한 무심의 경

탑을 세웠다. 시호는 空照禪師이다.『景德傳燈錄』卷17 참조.

지로 정지된 것이 아니라 자신의 일상생활에서도 주객이 여일如一한 하나의 경지가 되어야 한다는 것을 뜻한다.

예를 들어 다리가 아픈 사람은 이미 다리를 의식하고 걸음을 걷기 시작하는데 이미 다리가 아프다는 것을 의식하게 된다면 그는 상식적으로 정상적인 걸음을 걷지 못하게 되는 것이며 이를 의식하지 않고 걸을 수 있어야 비로소 정상적으로 걷게 될 수 있는 것과 같은 것이다.

『무문관』 제12칙 「암환주인」에서 서암언선사는 바로 다섯 번째 병통인 '성성불매 대쇄담가의 병통'에서 언제나 성성하게 깨어 있으려고만 하는 집착으로부터 벗어나 종횡무진으로 자유로울 수 있어야 비로소 깨달음이 있다는 치유의 방편을 제시하여 보여 주고 있다.

(2) 제17칙 국사삼환國師三喚의 예[110]

다음은 『무문관』 「선잠」의 다섯 번째 병통인 '성성불매 대쇄담가 병통'의 예로 『무문관』 제17칙 「국사삼환」의 원문 및 해석이다.

---

110 전게서 「第十七則 國師三喚」 (T295a24~295B01), "國師三喚侍者 侍者三應 國師云 將謂吾辜負汝 元來却是汝辜負吾 無門曰 國師三喚舌頭墮地 侍者三應 和光吐出國師年老心孤 按牛頭喫草 侍者未肯承當 美食不中飽人湌 且道那裏是他辜負處 國清才子貴家富小兒嬌 頌曰 鐵枷無孔要人擔 累及兒孫不等閑 欲得撐門并拄戶 更須赤脚上刀山."

제십칠칙 국사삼환
第十七則 國師三喚

本則

국사삼환시자 시자삼응 국사운 장위오고
國師三喚侍者하니 侍者三應하다 國師云하되 將謂吾辜
부여 원래각시여고부오
負汝러니 元來却是汝辜負吾로다.

評唱

무문왈 국사삼환 설두타지 시자삼응 화광
無門曰 國師三喚하여 舌頭墮地한대 侍者三應하여 和光
토출 국사연로심고 안우두끽초 시자미긍승
吐出하니 國師年老心孤하여 按牛頭喫草하니 侍者未肯承
당 미식부중포인손 차도 나리시타고부처
當이라 美食不中飽人湌이로다 且道하라 那裏是他辜負處오
국정재자귀 가부소아교
國淨才子貴요 家富小兒嬌로다.

● 頌曰

철가무공요인담 누급아손부등한 욕득탱문
鐵枷無孔要人擔하니 累及兒孫不等閑이로다 欲得撐門
병주호 경수적각상도산
并拄户인댄 更須赤脚上刀山하라.

○ 解釋

국사께서 세 번 시자를 부르니 시자가 세 번 대답하였다. “국사께서 말씀하길 말하자면 내가 너에게 그르쳤지만 실은 네가 도리어 나에게 그르쳤구나!”

이에 대해 무문선사는 평하여 설하기를 “국사께서 처음

불렀을 때 시자가 알아차렸어야 할 터인데 알지 못했다. 그래서 국사께서 세 번이나 부른 것은 친절이 지나친 것이다. 세 번 부른 혀가 땅에 떨어질 지경이었다. 또한 시자가 세 번 '네.'라고 대답한 것은 실은 화광을 몽땅 드러낸 것이다. 국사께서 나이가 많아 법을 넘겨 주려 한 것은 마치 먹기 싫다는 소에게 풀을 먹이려 한 것같이 시자가 그 뜻을 알아차리지 못했던 것이다. 어떤 산해진미도 배부른 사람에게는 체하기 쉽다. 바로 일러 보아라! 어디가 그르친 곳인가? 나라가 깨끗하면 인재가 귀하고 집안이 부유하면 자식들이 교만해지는 법이다."라고 했다.

또한 게송으로 이르기를 "죄인의 목에 거는 쇠칼에는 구멍이 있어야 할 터인데 구멍이 없으니 어찌할꼬. 자손에게까지 누를 끼치게 되니 보통 일이 아니로다. 문을 버리고 집을 버티려면 맨발로 칼날 위를 걷지 않으면 안 된다네!"라고 하였다.

이렇듯 시자는 스승과 날마다 동거한 보람이 있어서인지 지금 하나로 나타나게 되었다. 그래서 스승의 은혜는 머리카락을 잘라 신을 삼아 드려도 모자란다고 한다.

국사가 시자를 세 번 부르니 시자가 세 번 대답한다. 이에 국사가 말하기를 "내가 너를 저버리는가 했더니 네가 나를 저버리는구나!"라고 했다. 그렇다면 과연 시자가 국사를 저버린 곳은 어디인가? 혹시 이에 답을 못한다면 이것은 국사뿐만 아니라 온 우주를 저버리는 일일 것이다.

혜충선사[111]는 노파심절한 노스님이기는 하다. 세 번이나 물어본 뒤에야 간신히 시자가 이미 깨달음에 이르렀다는 것을 확인했기 때문이다.

무문선사는 이를 구멍 없는 쇠칼을 머리에 쓰라 하니 자손에까지 누가 되어 한가하지 못했다고 설하기까지 한다. 가문을 받치고 집을 지탱하고자 한다면 다시 맨발로 칼산을 올라야 하니 이 게송은 진부처의 가르침을 떠받치는 일은 엄청난 과업임을 말하고 있다. 구멍 없는 쇠칼은 견뎌 내기 힘든 부담과 짐을 뜻한다.

가문은 불도의 문이고 진정한 부처의 길이며 집이란 물론 부처의 집안인 것이다. 무문선사는 이 쇠락하는 집을 떠받치고 유지하는 것이 마치 구멍 없는 쇠칼을 짊어지는 것과도 같고 혹은 칼날이 솟은 산을 맨발로 오르는 것과 같다고 말하고 있다.

아마도 우리의 후손들은 평화도 휴식도 없을 것이다. 똑같은 산을 올라도 어떤 이는 군복을 입고 투쟁을 하듯이 오를 것이며 어

---

111 南湯慧忠(?~775): 당나라 때의 國師. 俗姓은 冉씨고, 越州 諸暨 사람이다. 六祖慧能에게 인가를 받고 五靈山과 羅浮山, 四冥山, 天目山 등 여러 명산을 다니다가 남양 백애산 당자곡에 들어가 40여 년 동안 지냈다. 현종과 숙종, 대종의 3대 임금의 두터운 귀의를 받았고 나중에 京師에 이르러 교화를 폈다. 항상 南岳慧思의 종풍을 사모하고 임금에게 주청하여 형악의 무당산에 태일 연창사를, 당자곡에 향엄 장수사를 창건하고 『大藏經』 1부를 모셨다. 大曆 10년 12월에 입적했다. 시호는 大證禪師이다. 『景德傳燈錄』 卷28 참조.

떤 이는 산의 풍광을 즐기면서 오를 것이다. 싫은 마음을 내면 노역이고 형벌이지만 즐거운 마음을 내면 아마도 즐거운 포행처럼 가벼운 소풍이 될 것이다. 이렇듯 무문선사는『무문관』제17칙「국사삼환」의 공안으로 다섯 번째 병통인 '성성불매 대쇄담가 병통'을 들면서 성성적적하게 깨어 있는 것에 집착하는 것이야말로『무문관』「선잠」의 다섯 번째 병통인 '성성불매 대쇄담가의 병통'에 해당한다고 역설하고 있다.

아울러 국사는 각각 다른 차원에서 시자를 불러 세움으로써 깨달음을 위한 치유의 방편에 대해서도 노파심절하게 직접 그 예를 제시하여 보여 주고 있다.

(3) 제20칙 대역량인大力量人의 예[112]

다음은 다섯 번째 병통인 '성성불매 대쇄담가 병통'의 예에 해당하는『무문관』제20칙「대역량인」의 원문 및 해석이다.

---

112 전게서「第二十則 大力量人」(T48, 295b26~c02), "松源和尚云大力量人因甚擡脚 不起 又云 開口不在舌頭上 無門曰 松源可謂 傾腸倒腹 只是欠人承當 縱饒直下承 當 正好來 無門 處喫痛棒 何故聻 要識真金 火裏看 頌曰 擡脚踏翻香水海 低頭 俯視 四禪天 一箇渾身無處著 請續一句."

제이십칙 대역량인
第二十則 大力量人

本則

송원화상 운 대역량인 인심대각불기 우운
松源和尙이 云하되 大力量人이 因甚擡脚不起오 又云하
개구 부재 설두상
되 開口 不在 舌頭上이니라.

評唱

무문왈 송원가위 경장도복 지시결인승당 종
無門曰 松源可謂 傾腸到腹이나 只是缺人承當이라 縱
요직하승당 정호래무문처 끽통방 하고
饒直下承當이라도 正好來無門處하면 喫痛棒하리라 何故오
니요식진금 화리간
誰要識眞金인댄 火裏看하라.

● 頌曰

대각답번향수해 저두부시사선천 일개혼신
擡脚踏翻香水海하고 低頭俯視四禪天이라도 一箇渾身
무처착 청속일구
無處著하여 請續一句하라.

○ 解釋

송원숭악선사가 설하기를 "큰 역량 있는 사람이 어찌하여 발을 들어 일어서지 못하느냐?" 또 설하기를 "말한다는 것은 혀뿌리에 있는 것이 아니다."라고 하였다.

이에 대해 무문선사는 평하기를 "송원선사께서 창자를 기울여 배 속을 털어 보였으나 다만 사람들이 받아들여 감당하지 못하네. 비록 곧 받아들여 감당해 즐길지라도 무문의 처소에 오면 말로 매서운 방망이를 먹이리니 어떤 까닭인가? 진금眞金을 알려거든 불 속을 보라."고 하였다.

또한 게송으로 설하기를 "다리를 들어서 향수를 밟아 뒤집고 머리를 숙여서 사선천을 볼지라도 온통 한 몸뿐이라. 청컨대 일구一句를 일러 보라."고 하였다.

『무문관』 제20칙 「대역량인」에 등장하는 송원숭악(松源崇岳: 1132~1202)[113]선사는 임제종臨濟宗 계열의 선사이다. 송원선사는 그의 스승인 밀암함걸(密庵咸傑: 1118~1186)[114]선사의 법맥이다.

---

113 松源崇岳(1132~1202): 남송 때의 臨濟宗 楊岐派 禪僧. 處州 浙江 龍泉 사람으로 俗姓은 吳씨고, 호는 松源이다. 어릴 때부터 출가의 뜻을 품어 23세 때 五戒를 받고 沙彌가 되었다. 이후 靈石妙와 大慧宗杲 應庵曇華 등 禪林의 宿老들을 參謁했다. 隆興 2년(1163) 西湖 白蓮精舍에서 得度하고 江浙의 여러 고승들을 참알한 뒤 密庵咸傑의 법을 이었다. 報恩光孝寺와 實際禪院, 薦福禪院, 智度禪院, 雲巖禪院 주지를 역임했다. 慶元 3년(1197) 靈隱寺 주지가 되어 顯親報慈寺를 개창했다. 嘉泰 2년 입적했고 世壽 71세다. 제자 善開와 光睦 등이 『松源和尙語錄』 卷2를 편찬했고 陸游가 塔銘을 썼다.

114 密庵咸傑(1118~1186): 송나라 때의 禪僧. 臨濟宗 楊岐派의 분파인 虎丘派의 승려다. 福建 福淸 사람으로 俗姓은 鄭씨고 자 혹은 호는 密菴 密庵이다. 어머니가 꿈에 廬山의 노승이 집에 들어오는 것을 보고 낳았는데 어릴 때부터 총명했다. 출가하여 승려가 된 뒤 여러 선지식을 찾아다녔다. 나중에 衢州 浙江 明果庵에 이르러 應庵曇華를 參謁하고 大悟한 뒤 인가를 받았다. 烏巨庵에 머물렀으며 祥符 蔣山의 華藏寺와 徑山, 靈隱, 天童 등 여러 사찰의 주지를 역임했다. 만년에는 太白에서 지냈다. 淳熙 13년 입적했고 世壽 69세에 法臘 52세다. 저서에 『密菴和尙語錄』 卷1이 있다. 五燈會元 卷20 참조.

가사는 법의 정통승계를 증명하는 외적인 징표이다. 송원선사는 그의 법을 계승할 제자를 뽑을 때가 되자 제자들의 실력을 가늠할 세 개의 문구를 지었다. 결과적으로 이 세 개의 문장은 유명해져서 선가에서는 송원 삼전어三轉語로 알려져 있다. 이번 공안에서는 삼전어 중 처음 두 개가 나온다.

『무문관』「선잠」의 다섯 번째 병통인 '성성불매 대쇄담가 병통'을 살펴보기 전에 먼저 이 삼전어를 살펴보도록 하겠다. 첫 번째는 '어찌하여 큰 역량 있는 이가 자신의 다리를 들어 올리지 않는가?'이며 두 번째로는 말하는 것은 '혀로 하는 것이 아니라'는 것이고 세 번째는 '눈 밝은 사람이 왜 발아래 매인 붉은 실을 끊지 못하는가?'로 '밝게 깨달은 사람의 붉은 끈은 왜 흐름을 멈추지 않는가?'이다. 이를 전어 즉 뒤집는 말이라고 한다. 이러한 말들은 사람들의 망상을 깨달음으로 바꾸어 주는 힘이 있다.

송원선사는 그의 모든 제자들을 이 세 개의 전어로 시험을 했지만 아무도 그 시험을 통과하지 못했다. 송원선사는 가사를 물리쳐 두고 법 승계를 하지 못하고 세상을 떠났다. 선가에서 법이란 물려 줄 제자가 합당하지 않으면 법맥이 끊기더라도 주지 않도록 되어 있다.

그러고는 사십 년 후 한 스님이 황제의 명으로 송원선사가 머물던 사찰에 찾아가서 법을 승계할 증표였던 가사를 꺼내 받아 그 사찰의 대중들에게 펼쳐 보였다고 한다. 그러나 본질을 깨달은 대선사와 같은 대역량인의 큰 깨달음을 얻은 선사들에게는 이 공안을 이해하는 것이 그렇게 어렵지만은 않다는 것을 알게 될 것이다.

깨달음을 얻은 사람은 나와 남 혹은 주관과 객관의 이분법적인 대립으로부터 일어나는 망상과 그 느낌들을 여읜 사람이다. 이러한 분들은 무언가를 할 때 스스로를 인식하지 않는다. 공양할 때는 그저 공양할 뿐 내가 먹는다는 생각을 내지 않는다. 걸을 때는 그저 걷고 내 다리가 걷는다고 하는 생각을 내지 않는다.

이렇듯 모든 공안은 우리의 본성 즉 무無의 세계의 관점에서 보아야 한다. 즉 본성 안에서는 부처도 없고 범부도 없다. 그러므로 만약 깊이 깨달은 사람이나 완벽하게 건강한 사람이 다리를 들어 올리지 않는다면 그것은 범부뿐만 아니라 다리가 아픈 사람에게도 똑같을 것이다. 본성의 관점에서는 일어서거나 걸을 때 아무도 다리를 들어 올리지 않는다는 것을 깨달아야 한다는 것이다. 최소한 알음알이로라도 본성이 무엇인지 안다면 지금 공안이 뜻하는 바를 이해하는 것이 그렇게 어렵다고 생각지 않을 것이다.

송원선사는 계속해서 설하고 있는데 말하는 것은 혀로 말하는 것이 아니며 이 말은 우리가 말할 때 혀끝을 움직이지 않는다고 한다. 우리가 발을 들어 올리지 않는 것처럼 혀도 움직이지 않는 것이다. 말이 흘러갈 때 우리는 말을 한다는 사실을 인식하지도 않고 우리의 혀가 움직이고 있다는 사실도 인식하지 않는다. 이러한 사실은 말을 더듬을 때마다 괴롭게 자신의 혀를 인식하는 말더듬이의 경우도 마찬가지이다. 말더듬이일지라도 그의 본성은 조금도 움직이지 않는다.

다시 본칙 공안으로 돌아와서 무문선사는 평창에서 설하시기를 송원선사가 창자를 기울여 배 속을 털어 보였고 모든 본질의 세계를 드러내 보였다고 한다. 그런데 이 경지는 매우 길고 단련된 선 수행을 통해 이루어진 것이라 할 수 있다. 평창의 나머지 부분에서 무문선사는 누군가 감히 그의 앞으로 와서는 내가 완전하게 깨달았다고 하면 오히려 그에게 방망이를 날릴 것이라고 하였다.

이 또한 깨달았다고 하는 개념을 붙들고 있는 것이며 이 공안은 『무문관』「선잠」의 다섯 번째 병통인 '성성불매 대쇄담가 병통'의 세 번째의 예에 해당한다. 이에 대해 무문선사는 "다리를 들어서 향수해를 밟아 뒤집고 머리를 숙여서 사선천을 볼지라도 온통 한 몸뿐이라. 청컨대 일구를 일러 보라!"라고 하였던 것이다.

인도의 우주론에 의하면 우주의 중심에는 수미산이 있고 그 주위를 향기로운 바다가 둘러싸고 있다. 수미산의 위에는 세 종류의 경계로 욕계, 색계, 그리고 무색계가 있다. 색계에는 네 개의 선천이 있는데 무문선사는 이 네 개의 선천을 뭉뚱그려 일컫고 있다. 더 엄밀하게 말하자면 이것은 바로 우주를 나타내는 것이다.

여기서 무문선사가 뜻하는 것은 우리의 온전한 존재 즉 우리의 본성은 우주만큼 광활하고 그 역량은 진정 경계가 없어서 만약 발을 들어 올린다면 온 우주가 뒤집히게 된다는 것이다. 혹시나 고개를 숙일 때도 온 우주를 뒤덮을 수가 있으며 발을 올리는 동작이야말로 온 전체 우주를 들어 올리는 것과 같다는 것이다. 하지만 그 밖에 아무것도 없으며 있는 그대로의 사태를 보지 못하게 우리의 마음을 왜곡시키는 잘못된 논의라는 것이다.

이럴 때 화두는 깨달은 상태에 있는지를 확인하는 시금석이라고 할 수 있다. 물론 깨달은 마음을 무엇인가 초월적이고 신비스러운 마음이라고 오해해서는 안 된다. 깨달은 마음이란 있는 그대로의 사태를 왜곡하지 않고 보는 마음인 즉 희론이나 가치평가에 물들지 않는 근본적인 경험을 직시하는 마음이다.

『무문관』 제20칙의 「대역량인」에서 송원선사는 두 가지 화두를 우리에게 던지면서 "너희들은 있는 그대로의 근본적인 경험을 직시하고 있는가?"라고 되묻고 있다.

먼저 두 번째 것을 살펴보면 '개구부재설두상開口不在舌頭上', 말을 하는 것은 혀끝에 있지 않다는 것인데 이는 상식적으로 생각하면 당혹스러운 화두이다. 말을 한다는 것은 혀를 움직이는 것이고 따라서 혀를 움직이지 않는다면 인간은 말을 할 수 없다고 우리는 생각하고 있기 때문이다.

그렇지만 있는 그대로의 경험을 본다면 이러한 당혹감은 아무런 근거가 없다는 사실로 드러나게 된다. 혀를 움직여야 말할 수 있다는 이론에 너무 집착하는 순간 우리는 말하고 있는 그대로의 경험을 제대로 볼 수가 없다.

이렇듯 송원선사는 '활발발'하게 살고 있는 경험 차원에서 이야기하고 있다. 말을 할 때 혀끝을 의식하지 않는 생생한 경험 말이다. 예를 들어 "힘이 센 사람이 무엇 때문에 자기 다리를 들어 올릴 수 없는가? 이것은 마치 공을 제대로 찬다면 자신의 다리를 의식하지 않는 것과 같다. 반대로 헛발질을 한다거나 혹은 차고 난 뒤 발이 아프다면 우리는 자기의 다리를 의식하게 될 것이다.

다리가 아플 때나 불편할 때에만 우리는 다리를 의식하고 다리를 조심스럽게 들어 올리는 노력을 의식하게 된다. 그렇지만 이렇게 다리를 의식하는 순간 우리는 힘이 센 사람일 수 없다. 다리를 의식한다는 것은 다리가 불편하다는 뜻이기 때문이다.

반대로 힘이 센 사람 그러니까 대역량인大力量人은 그냥 다리를 들고 무엇인가를 세차게 걷어찰 수 있을 것이다. 그는 자신의 다리를 의식하지 않기 때문이다. 그래서 무문선사도 송원선사의 화두에 "다리를 번쩍 들어 향수해香水海를 걷어차서 뒤집어 버린다." 라고 게송을 붙인다.

향수로 이루어진 거대한 바다를 한 발로 차서 뒤집어 버리듯이 뒤집어 버리는 대역량인의 기백이 후련하기까지 하다. 진정으로 힘이 센 사람은 자기 다리를 의식하지 않는다. 그저 무엇인가를 세게 차서 뒤집어 버릴 뿐이다. 그래서 힘이 센 사람은 자기 다리를 꼭 들어 올려야만 한다고 의식하지도 않는 법이다.

자기 다리를 들어 올리려는 생각을 가진 사람은 다리가 이미 불편한 사람이다. 그는 아직 힘이 약한 사람이라고 하겠다. 힘이 센 사람은 자기 다리를 거뜬히 들어 올릴 수 있다는 생각에 이미 사로잡혀 있기 때문이다. 여기서 자기 다리를 들어 올린다는 의식이 없다는 것은 우리가 제대로 무엇인가를 걷어찰 수 있다는 것이고 혀끝을 의식하지 않는다는 것은 우리는 제대로 무언가를 말하고 있다는 것을 보여 준다는 사실이다.

이러한 이유로 해서 『무문관』 「선잠」의 다섯 번째 병통인 '성성불매 대쇄담가 병통'의 세 번째 예인 『무문관』 제20칙 「대역량인」을 들 수가 있으며 무문선사는 오직 깨어 있다는 것에만 집착하고 있는 이에게 몽둥이를 휘두르면서 이 병통을 치유하기 위해서는 바로 여기에 깨어 있으려고 하는 그 의식마저 내려놓았을 때 비로소 그 실마리를 풀어 낼 수 있다고 제시하고 있다는 것을 볼 수 있다.

6) 사선사악思善思惡 지옥천당地獄天堂의 병통 및 치유

다음은『무문관』「선잠」의 여섯 번째 병통인 '사선사악 지옥천당의 병통'으로 이는 선악을 구분하는 것 또한 천당과 지옥 그리고 부처와 법으로 보는 것도 마치 두 겹의 철산에 싸여 있는 것과 같다는 것이다. 그 예로『무문관』제23칙「불사선악」과 제26칙「이승권렴」, 제29칙「비풍비번」을 들었다.

(1) 제23칙 불사선악不思善惡의 예[115]

다음으로『무문관』제23칙「불사선악不思善惡」의 원문과 해석을 살펴보면서『무문관』「선잠」의 여섯 번째 병통인 '사선사악 지옥천당의 병통'에 대해 고찰해 보도록 하겠다.

---

115. 전게서「第二十三則 不思善惡」(T48, 295c23~296a06), "六祖因明上座 趁至大庾嶺祖見明至 即擲衣鉢於石上云 此衣表信 可力爭耶 任君將去 明遂舉之如山不動 踟蹰悚慄明曰 我來求法 非為衣也 願行者開示 祖云 不思善不思惡 正與麼時那箇是明上座本來面目 明當下大悟 遍體汗流 泣淚作禮問曰 上來密語密意外 還更有意旨否 祖曰 我今 為汝說者 即非密也 汝若返照自己面目 密却在汝邊 明云 某甲雖在黃梅隨眾 實未省自己面目 今蒙指授入處 如人飲水冷暖自知 今行者即是某甲師也 祖云 汝若如是則吾與 汝同師 黃梅 善自護持 無門曰 六祖可謂 是事出急家 老婆心切 譬如新荔支剝了殼 去了核送在爾口裏 只要爾嚥一嚥 頌曰 描不成兮畫不就 贊不及兮休生受 本來面目沒 處藏 世界壞時渠不朽."

제이십삼칙 불사선악
第二十三則 不思善惡

本則

육조 인 명상좌 진지대유령 조견명지 즉척의
六祖 因 明上座 趁至大庾嶺하매 祖見明至하고 即擲衣
발어석상운 차의 표신 가력쟁야 임군장거
鉢於石上云하되 此衣는 表信이어늘 可力爭耶아 任君將去
명 수거지 여산부동 지주속률 명왈
하라 明이 遂擧之하니 如山不動이라 踟躕悚慄하여 明曰
아래구법 비위의야 원행자 개시 조운
我來求法이요 非爲衣也니다 願行者는 開示하소서 祖云하되
불사선불사악 정여마시 나개시명상좌본래면목
不思善不思惡하라 正與麼時에 那箇是明上座本來面目고
명 당하대오 편체한류 읍루작례 문왈 상래
明이 當下大悟하고 遍體汗流하여 泣淚作禮하고 問曰 上來
밀어밀의외 환경유의지부 조왈 아금위여설자
密語密意外에 還更有意旨否이가 祖曰 我今爲汝說者는
즉비밀야 여약반조자기면목 밀각재여변
即非密也어니와 汝若返照自己面目하면 密却在汝邊하리라
명운 모갑수재황매수중 실미성자기면목
明云하되 某甲雖在黃梅隨衆이나 實未省自己面目인데
금몽지수입처 여인음수냉난 자지 금행자
今蒙指授入處하니 如人飮水冷暖을 自知니라 今行者는
즉시모갑사야 조운 여약여시 즉오여여 동사
即是某甲師也이오 祖云하되 汝若如是면 則吾與汝와 同師
황매 선자호지
黃梅이니 善自護持하라.

評唱

무문왈 육조가위 시사출급가 노파심절 비여
無門曰 六祖可謂 是事出急家하니 老婆心切이라 譬如

신려지박료각 거료핵 송재이구리 지요이연
新茘支剝了殼하고 去了核하여 送在儞口裏하여 只要儞嚥
일연
一嚥이로다.

●頌曰

묘불성혜화불취 찬불급혜휴생수 본래면목몰처
描不成兮畫不就하니 贊不及兮休生受라 本來面目沒處
장 세계괴시 거불후
藏이고 世界壞時라도 渠不朽하리라.

○解釋

육조이신 혜능선사가 명 상좌에게 쫓겨 대유령에 이르렀다. 명 상좌가 쫓아오자 곧 의발을 바위 위에 던지고 말하였다. “이 의발은 믿음을 표하는 것인데 어찌 힘으로 빼앗을 수 있을 것인가? 그대가 가져가고자 하면 가져가거라.” 명 상좌가 의발을 들려고 하였으나 산같이 꼼짝하지 않자 명 상좌는 깜짝 놀라서 벌벌 떨었다. 그리고 명 상좌는 이렇게 말하였다. “나는 법을 구하려고 온 것이지 의발 때문에 온 것은 아니니 원컨대 행자께서는 가르쳐 주소서.” 육조인 혜능선사가 말했다. “선善도 생각지 말고 악惡도 생각지 말라. 어떤 것이 명 그대의 본래면목인가?” 이에 명 상좌는 크게 깨닫고 전신에 땀을 쏟으며 눈물을 흘리면서 물었다. “비밀한 말 비밀한 뜻 외에 또 다른 뜻이 있습니까?” 육조인 혜능선사가 말씀했다. “지금 내가 그대를 위하여 설한 것은 비밀한 것이 아니다. 만약 그대가 자신의 면목을 돌이켜 보았다면 비밀하다는 그것은 곧 그대에게 있느니라." 명 상좌는 이렇게 말하였다. "내가 오조의 회하에서 대중으로 따랐으나 그때는 나의 면목을 보지 못했는데 이제야 행자님의 가르침을 받아 깨우칠 수 있었으니 사람이 물을 마시고 나서야 차고 더운 것을 스스로 아는 것과 같이 행자님이야말로 저의 스승입니다."라고 하였다. 이에 육조인 혜능선사가 "진정 그대가 그렇다면 나와 함께 오조황매선사를 스스로 섬길지니 자신이 잘 보호해 가지라."고 하였다.

이에 대해 무문선사는 평하기를 "육조는 이 일을 잘도 말했구나! 매사는 급한 때에 이루어진다. 이는 육조의 지나친 노파심의 결과로구나! 비유컨대 이는 리츠 과일의 껍질을 벗기고 씨를 발라내어 입에 넣어 주면서 다만 꿀꺽 삼키게만 한 것이구나!"라고 하였다.

또한 게송으로 말하기를 "이것은 본뜰 수도 없고 그림 그릴 수도 없고 밝힐 수도 없다고 해서 꿀꺽 삼키지 말 것이니 본래면목이란 감출 수도 없어서 우주가 무너져도 그것은 썩지 않으리라."고 하였다.

이 본문은 이미 『육조단경六祖壇經』[116]에 있는 내용으로 육조인 혜

116 『六祖大師法寶壇經』「行由品」(T48, 349b14), "惠能云 不思善 不思惡 正與麼時那箇是明上座本來面目 惠明言下大悟."

능선사가 오조홍인선사의 문하에서 인가의 증명인 의발을 전수 받은 내용이다. 원래 이 이야기는 『전등록傳燈錄』[117] 등에 등장하고 있는데 돈황본敦煌本 『단경壇經』에는 혜능이 전수한 가사와 발우를 빼앗으려고 했으나 모두 다 돌아가고 혜능은 뒤쫓아 온 혜명에게 '선도 생각하지 말고 악도 생각하지 말라'고 법문을 한 장면場面이다.

돈황본에는 이 이야기가 없고 황벽의 『전심법요傳心法要』[118]에서 더 구체적이고 선사상적禪思想的으로 발전시킨 내용으로 전하며 육조대사의 제자인 하택신회(荷澤神會: 686~760)[119]선사에 의해 더욱 부각되었다.

이처럼 선도 악도 아닌 상대적이고도 이분법적인 차별경계로 보게 된다면 이것은 『무문관』「선잠」의 여섯 번째 병통인 '사선사악지옥천당 병통'에 해당된다고 하겠다.

『무문관』 제23칙의 「불사선악不思善惡」 공안에서는 『무문관』「선

---

117 『景德傳燈錄』 卷8 「南泉普願章」 (T51, 259a), "師却問 不思善不思 思總不生時 還我本來面目來惡."

118 『黃檗山斷際禪師傳心法要』 (T48, 383c19), "六祖云 不思善不思 正當與麼時 還我明上座父母未生時面目來 明於言下忽然默契惡."

119 荷澤神會(686~760): 당나라 때의 禪僧. 荷澤宗의 개조로 俗姓은 高씨고 襄陽 출생이다. 14세 때 國昌寺 顥元法師에게 출가했다. 나중에 韶州 曹溪에 이르러 慧能을 만나 頓悟說을 전수받았다. 玄宗 開元 8년(720) 南陽 龍興寺에 살았다. 나중에 洛陽에서 혜능의 학설을 전파했다. 北宗의 선사들과 滑臺 大雲寺에서 논변했다. 安史의 난이 일어나자 壇度僧을 두고 香水錢을 거두어 관군에게 공급했다. 肅宗이 洛京에 荷澤寺를 세워 이 때문에 하대사라 불리게 되었다. 시호는 眞宗大師다. 저서에 『顯宗記』이 있다. 『宋高僧傳』 卷8, 『景德傳燈錄』 卷5 참조.

잠」의 여섯 번째 병통인 '사선사악 지옥천당 병통'을 초월할 수 있어야 본래면목을 체득할 수 있으며 비로소 이 병통으로부터 자유로워질 수 있는 것이니 이것이야말로 곧 이 병통의 치유를 통한 바른 깨달음에 이를 수 있는 길임을 보여 주고 있다.

이렇듯 선과 악을 한꺼번에 사량하는 병통에 빠지지 않게 되어 견성성불도 이루고 고통받는 중생들이 삼계를 초월하여 해탈에도 이르게 됨을 설하고 있다.

(2) 제26칙 이승권렴二僧卷簾의 예[120]

다음에는 『무문관』 「선잠」의 여섯 번째 병통 '사선사악 지옥천당의 병통'의 예로 『무문관』 제26칙의 「이승권렴」의 원문과 해석을 보면서 '사선사악 지옥천당의 병통'과 치유에 대해 살펴보도록 하겠다.

120 전게서 「第二十六則 二僧卷簾」(T48, 296b02~7), "清涼大法眼 因僧齋前上參眼以 手指簾 時有二僧 同去卷簾 眼曰 一得一失 無門曰 且道是誰得誰失 若向者裏著得一隻眼便知清涼國師敗闕處 然雖如是 切忌向得失裏商量 頌曰 卷起明明徹太空太空猶未合吾宗 爭似從空都放下 綿綿密密不通風."

제이십육칙 이승권렴
第二十六則 二僧卷簾

本則

청량대법안 인 승재전상참 안 이수지렴 시
清凉大法眼이 因 僧齋前上參할새 眼이 以手指簾한대 時
유이승 동거권렴 안왈 일득일실
有二僧이러니 同去卷簾하니 眼曰 一得一失이라하다.

評唱

무문왈 차도 시수득수실 약향자리 착득일척
無門曰 且道하라 是誰得誰失고 若向者裏하여 著得一隻
안 변지청량국사패궐처 연수여시 절기향득
眼하면 便知清凉國師敗闕處하리라 然雖如是나 切忌向得
실리 상량
失裏하여 商量이리라.

● 頌曰

권기명명철태공 태공 유미합오종 쟁사종공
卷起明明徹太空이나 太空도 猶未合吾宗이라 爭似從空
도방하 면면밀밀불통풍
都放下하고 綿綿密密不通風고.

○ 解釋

청량의 법안대사께 어느 때 스님이 점심 식사 전에 입실하니 법안선사께서는 손으로 발을 가리킨다. 그때 두 스님이 함께 가서 발을 말아 올렸는데 법안선사께서 한 사람은 옳고 한 사람은 그르다고 했다.

무문선사는 이를 평하되 "얼른 말해 보라. 이것은 누구의

득이며 누구의 실인가? 만약 이에 대하여 1척안을 착득했다면 즉 청량국사의 패궐처를 알리라. 그렇다 할지라도 득실에 향하여 상량함을 꺼린다."

또한 게송으로 설하기를 "걷어 올리면 명명하여 태공에 철하나 태공도 불법에 합당하지 않다. 그러니까 공에서 뛰쳐나와 바람 한 점 통할 길 없이 차근차근 공부하라!"고 하였다.

이 공안에 등장하는 법안문익(法眼文益: 885~958)[121]선사는 청량원의 법안문익선사로 법안종의 창시자이다. 선사를 호칭하는 대법안은 위대한 법의 눈이라는 뜻이다. 문익은 선사의 법명이다. 법안선사는 『무문관』 제13칙 「덕산탁발德山托鉢」의 공안에도 등장한 덕산선사의 5대 법손이다.

옛 선승들은 깨달음을 얻기 위해서 혹은 자신의 깨달음에 깊이

---

121 法眼文益(885~958): 五代 때의 승려. 浙江 餘杭 사람으로 俗姓은 魯씨다. 7세 때 출가하여 明州希覺에게 의지했다. 나중에 長慶慧稜에게 禪法을 배웠지만 오래 지나도 깨달음을 얻지 못했다. 우연히 羅漢桂琛을 漳州에서 만나 그 법을 이었으며 臨川 崇壽院에 머물렀다. 南唐의 군주 徐璟이 禮敬하여 金陵으로 맞이하자 報恩院에 머물렀는데 스승의 예로 섬기면서 淨慧大師란 호를 내렸다. 그 후 스님을 따라 受戒하고 淸涼伽藍을 세웠다. 高麗와 일본 등지에서 건너온 학자들이 끊이지 않았다. 顯德 5년 가을 윤7월에 입적했고 世壽 74세다. 시호는 大法眼이고 法眼宗의 開祖가 되었다. 저서에 『宗門十規論』과 『大法眼文益禪師語錄』 각 1卷이 있다. 『宋高僧傳』 卷13, 『十國春秋』 卷33 참조.

를 더하기 위해 뛰어난 선사들을 찾아가 선문답을 하기 위해 두루 여행을 하며 행각을 하였다. 한때 법안선사는 행각을 하다가 어느 작은 절에서 하룻밤을 묵었는데 이 절의 주승이 법안선사에게 물었다. "그대는 행각을 해서 무엇을 얻으려 하는가?" "모르겠습니다."라고 법안선사가 답하자 절의 주승이 말하기를 "모름이 가장 근접할 겁니다."라고 하였다. 이 말 끝에 법안선사는 홀연히 깊은 깨달음을 얻게 되었다. 다음 날 아침 주승은 법안선사가 산문 밖으로 나가는 것을 보았다.

하루는 정원에 있는 커다란 바위를 보고 이 절의 주승은 그 돌을 가리키면서 법안선사에게 묻기를 "그대들은 통상적으로 우주가 한마음뿐이라고 설하는데 그렇다면 내게 말해 보라. 이 바위는 마음 안에 있는가? 아니면 마음 밖에 있는가? 분별하는 마음에는 안팎이 있으나 마음에는 안팎이 없다. 마음도 없고 바위도 없다."라고 하자 이에 법안선사는 마음 안에 있다고 대답하였는데 이에 주승은 "자네는 속에 저렇게 큰 돌을 집어넣고 돌아다니느라 억수로 힘들겠구먼!"이라며 퉁명스럽게 답을 하였고 법안선사는 이 말에 큰 충격을 받고 그 절에 머물러 공부하기로 한다.

이 주승이 바로 나한원의 지장계침(地藏桂琛: 867~928)선사로 계침선사는 『종용록從容錄』의 제12칙[122]과 제20칙[123]에 등장하는 분이다.

---

122 『萬松老人評唱天童覺和尚頌古從容庵錄』卷1「第十二則 地藏種田」(T48, 234c09~25a12), "示眾云 才士筆耕 辯士舌耕 我衲僧家 慵看露地白牛 不顧無根瑞草 如何度日舉 地藏問脩山主 甚處來(道不知來處得麼)脩云 南方來(好與下載)藏云 南方近日佛法如何(行

說好話) 脩云 商量浩浩地(低聲)藏云 爭如我這裏種田博飯喫(少賣弄)脩云 爭奈三界何(猶有這箇在) 藏云 爾喚甚麼作三界(南方猶可北方更囉)師云 漳州羅漢院桂琛禪師 漳州牧王公 於閩城西石山 建地藏院 請師住 逾紀遷漳州羅漢 故師又名地藏 脩山主 法眼悟空 進山主 結友之湖外 至漳州阻雨雪 溪漲 寓城西地藏院 圍爐覩地藏 若無人 藏欲驗之亦附火 乃曰 有事相借問得否 脩曰 有事請問 藏曰山河大地與諸尚座 是同是別 脩曰是別 藏竪兩指 脩急曰是同是同 藏亦竪兩指起去 法眼曰 院主竪兩指其意如何 脩曰 亂與 眼曰 不得麁心欺他 脩曰 鼠口豈有象牙 次日辭行 前至宿處 眼曰 兄輩前去 吾依地藏 或有長處 無則復來相尋 眼既久參 脩等三人亦至地藏 遂問 南方佛法近日如何 當時只好道與此方常日一般 却云商量浩浩地 自領出頭也不知 藏云 爭如我這裏種田博飯喫 當時便好 道恁麼則非但南方也 更道爭奈三界何 帶累他南方禪客 俗氣也不除 藏為慈悲之故 有落草之談 道爾喚甚麼作三界 不如只道箇老僧種田事忙 免得天童一狀領過 頌云 宗說般般盡強為(今日不著便)流傳耳口便支離(眾僧莫怪)種田博飯家常事(不可別有) 不是飽參人不知(要知作麼)參飽明知無所求(更須請益天童一遍) 子房終不貴封侯(也是靈龜曳尾) 忘機歸去同魚鳥(隨流得妙)濯足滄浪煙木秋(受用不盡)" "대중에게 보이시다. '재주가 많은 선비는 붓으로 밭을 갈고 말솜씨가 능란한 사람은 혀로 밭을 갈지만 우리들 납자의 가풍은 한데 드러난 흰소도 돌보기를 게을리하고 뿌리 없는 상서로운 풀도 돌아보지 않는다. 무엇으로 세월을 보낼꼬?' 하노라. 지장이 수산주에게 묻되 '어디서 왔는가?' 하니(온 곳을 모른다고 할 수는 없겠지.) 수산이 대답하되 '남방에서 왔습니다.'라고 하였다.(짐이나 좀 풀어 줌이 좋겠다.) 지장이 다시 묻되 '요즘 남방의 불법이 어떠한가?' 하니(다니면서 좋은 말을 해야지.) 지장이 다시 이르되 '내가 여기에서 밭에 씨를 뿌리고 주먹밥을 먹는 것만이야 할 수 있겠느냐?' 하니(자랑이 너무 심하군!) 수산주가 말하되 '삼계는 어찌하시렵니까?' 하매 (아직도 그런 게 남았나?) 지장이 되묻되 '그대는 무엇을 삼계라 하느냐?' 하였다. (남방에서는 가하겠지만 북방에서는 아직 멀었다.) 장주 나한원 계침선사는 장주의 목사 왕공이 민성의 서쪽 석산에다 지장원을 세우고 청하여 주석케 한 분이다. 선사는 12년을 지나 장주의 나한원으로 옮겼으므로 지장이라고도 불리운다. 수산주는 법안 · 오공 · 진주와 도반의 의를 맺은 터였다. 호외 지방을 가다가 장주에 이르러 진눈깨비로 개울이 넘쳐 길이 막히매 성 서쪽에 있는 지장원에 가서 머물렀는데 난로를 둘러싸고 앉아 지장을 보되 전혀 무시해 버렸다. 지장은 그들을 시험해 보고자 하여 또 불을 지피면서 묻되 '일이 있는데 그대들께 물어도 되겠는가?' 수산주가 대답하되 '일이 있거든 물으시오.' 지장이 '산하 대지와 그대들과는 같은가 다른가?' 수산주가 이르되 '다르다.' 지장이 두 손가락을 세워 보이니, 수산주가 얼른 말을 바꾸어 이르되 '같다, 같다' 하니, 지장이 또 두 손가락을 세워 보이고는 일어나서 나갔다. 이에 법안이 묻되 '원주가 두 손가락을 세운 뜻이 무엇인가?' 수산주가 대답하되 '혼란시켜 주기 위한 것이다.' 다시 법안이 이르되 '거친 마음으로 남을 속이지 마시오.' 하였으나 수산주는 '쥐 주둥이에서 어찌 상아가 나오리오?' 하고 무시해 버렸다. 이튿날 하직하고 떠나서 다음 숙소에 이르러 법안이 말하되 '형들은 먼저 가시오. 나는 지장에게 의지하겠소. 혹 장한 점이 있으면 모르거니와 없으면 다시 와서 나를 찾아주시오.' 하였다. 법안이 지장에게 참문한 지 꽤 오래된 뒤에 수산주 등 세 사람도 지장에게로 왔는데 이때 '남방의 불법이 요즘 어떠냐?'고 물은 것이다. 이때 다만 '이 지방의 일상과 다를 것이 없습니다.' 했으면 좋았을 것을 도리어 이르되 '헤아리려 해도 끝이 없습니다.' 했으니 자기의 죄상을 들추어내는 격임을 몰랐다. 지장이 또 묻되 '내가 여기서 밭에 씨를 뿌리고 주먹밥을 먹는 것만이야 할 수 있겠느냐?' 하였을 때 문득 '그렇다면 남방뿐만 아닙니다.' 했어야 좋았을 터인데, 도리어 이르기를 '3계는 어찌하시렵니까?' 하였으니 남방의 선객들은 아직 속기도 제하지 못한 데 연루했음이야 어찌하랴. 지장이 자비심 때문에 잔소리를 하되 '그대는 무엇을 3계라 부르느냐?' 하였지만 그저 '이 노승은 밭갈이가 바쁘구나.' 하여서 천동에게 똑같은 죄인 취급 당하는 것이나 면하는 것이 좋았을 것을. 종통이다, 설통이다 모두가 억지로 하는 짓이니(오늘은 편치가 않구나.) 귀와 입으로 흘러 전해짐이여, 이내 갈래갈래 흩어진다. (대중은 괴이히 여기지 말라.) 밭 갈고 주먹밥 먹는 일 예사로운 살림이니 (딴 것이 있을 수 없지.) 느긋이 참구한 이가 아니면 알지 못하리. (알려고 한들 무엇하리오.) 참구함이 풍족하면 구할 바 없음을 분명히 알리니 (다시 천동에게는 한번 물어야 할걸.) 장자방은 끝내 봉후를 버렸어라. (그렇다 해도 신령한 거북이 꼬리를 진흙에 끄는 격이지.) 세상 잊고 돌아서니 새와 물고기와 함께하고 (흐름을 따라 묘함을 얻었는가?) 푸른 물결에 발을 씻노라니 가을 강에 노을이 걸쳤네. (써도 써도 다함이 없다.) 스승께서 이르시다. 청량이 이르되 '종통은 자신의 수행을 위함이고, 설통은 깨닫지 못한 이에게 보이기 위함이라.' 하였는데, 그 근본은 『능가경』에서 나왔다. 부처님께서 대혜에게 말씀하시되 '두 가지 통함이 있으니, 종통이라는 것은 스스로가 수승하게 전진하는 모습을 얻음을 말미암아 문자 · 언어 · 망상 등을 멀리 여의고 무루의 세계에 나아가거나 스스로의 깨달음을 말미암아 광명이 더욱 빛나는 것이니 이를 종통의 모습이라 한다. 어떤 것이 설통의 모습인가? 아홉 부류의 갖가지 교법을 설하되 이 · 불이 · 유 · 무 등을 떠나서 공교로운 방편으로 근기에 맞게 설법하는 것을 설통의 모습이라 한다.'고 하였다. 강사들은 이르되 '설통만 있고 종통이 없으면 해가 구름에 가리운 것 같고 종통만 있고 설통이 없으면 뱀이 대통 속에 들어간 것 같고 종통과 설통을 다 갖춘 것은 해가 허공에 뜬 것 같고 종통도 설통도 없는 것은 개가 갈대발 속에서 짖는 것 같다.'고 하였다. 종통과 설통으로 나뉘어 이미 두 쪽이 되었는데 선에서 다시 다섯 파로 나뉘고 교에서 삼승으로 나뉘는 일을 어찌 감당하겠는가? 거기에는 하나도 세울 수 없거늘 모두가 억지로 한 것뿐이다. 하물며 입에서 나와 귀로 들어가면서 청해 묻고 드러내어 송해서 이야기의 덩굴이 신라를 지나 뻗고 공현의 차 병에 탕이 끊이지 않게 되었으니, 남방불교만이 헤아리려 해도 끝없는 것이 아니라 만일 불을 말해도 입이 타지 않는 이라면 변재가 폭포수 같다 하여도 원래 한 글자도 없나니 밭을 갈고 덩어리 밥을 먹는 일은 예사로운 일이거늘 넉넉히 참구하지 않아서 그 취지를 알지 못함이야 어찌하랴? 옛사람은 깊은 산속 괭이자루 옆에다 다리 부러진 솥을 걸고, 애벌찌기 좁쌀로 밥을 지었다. 부란 만족할 줄 아는 데 지나지 않나니 일생 동안 남에게 구하지 않고 귀란 맑고 한가함에 지나지 않으니 어찌 황금 인장을 말같이 만들 필요가 있겠는가? 그러므로 이르되 '참구하기를 흡족히 하면 더 구할 바 없음을 분명히 안다.'고 하였다. '장자방은 끝내 봉후를 귀히 여기지 않았다.'고 한 것은 『사기』에 이르되 '한나라 6년에 공신에 봉했다. 어떤 이가 이르기를 장량은 일찍이 싸운 공적이 없소이다.' 하니 고제가 대답하기를 '휘장 안에서 산가지를 놀려 천리 밖의 싸움을 승리로 이끈 것은 자방의 공이니라. 그에게 제나라의 3만호를 갖게 하노라.' 하였다. 이에 장량이 이르기를 '신이 처음에 비에서 내려 와서 유에서 왕과 만났사온데 이는 하늘이 신을 폐하께 드린 것이옵고 폐하께서는 신의 계교를 받아들이셔서 시기를 다행스럽게 맞추신 것입니다. 신은 이 땅을 봉해 주신 것으로 족하오며 3만 호의 봉작은 감당치 못하옵니다.'라고 한다. 이는 굳이 법당을 열고 법을 펴서 남방을 가르칠 필요가 없지 않는가 함을 송한 것이다. 『이소경』의 어부가에 이르되 '출렁이는 물이 맑거든 나의 갓끈을 씻을 것이요, 출렁이는 물이 흐리거든 나의 발을 씻는다.' 하였으니 그야말로 원숭이와 학이 함께 있고 물고기와 새가 같이 논다 하리라. 일러 보라. 어떤 사람이 진짜 외통수인가?"

123 전게서 卷2「第二十則 地藏親切」(T48, 240a05~b07), "示眾云 入理四 長安大道七縱八橫 忽然開口說破 舉步踏著 便可高掛鉢囊拗折拄杖 且道 誰是其人 舉 地藏問法眼 上座何往(羅織人作麼)眼云 迤邐行脚(索草鞋錢去也) 藏云 行脚作麼生 (果然放不過)眼云 不知(何不早恁麼道)藏云 不知最親切(就身打劫)眼豁然大悟(險費盤纏) 師云 楊無為問芙蓉楷和尚 相別幾年 蓉云 七年 公云 學道來參禪來 蓉云 不打 這鼓笛 公云 恁麼則空游山水百無所能也 蓉云 相別未久善能高鑒 公大笑 南泉 道不屬知不屬不知 知是妄覺 不知是無記 今人見道不知最親切 更是法眼悟頭 便一向不 知不會 只這是也 殊不知 古人一句子 如天普蓋 似地普擎 既不知最親切 荷澤道知之一 字眾妙之門 又作麼生 爾但是則總是 莫坐在是處 不是總不是 莫坐在不是處 兼通五位正偏 豈可死在句下 只這法眼悟處 也是偶爾成文 柏山大隱和尚道 因禍致福也 在地藏接人手段 鉤在不疑之地 驀下一釣 法眼猛省 元來却在這裏 磁州老師道 爾但 行裏 坐裏心念未起時 猛提起覷見即便見不見 且却拈放一邊 恁麼做功夫 休歇也不礙 參學 參學也 不礙休歇 投子青和尚道 既金龍失水 妙翅急提地藏時節因緣 絲毫無間 天童筆端有 舌更為重宣 頌云 而今參飽似當時(吾猶昔人非昔人也) 脫盡簾纖到不知(猶有這箇在) 任短任長休剪綴(枉費工夫). 隨高隨下自平治 (不勞心力) 家門豐儉臨時用鹽得). 田地優游信步移(要行即行)三十年前行脚事(沒可分明辜負一雙眉

(依舊在眼 師云宗鏡道迷 今日悟迷非悟 所以道 悟了還同未悟人 地藏問時 要知發 足道理法眼答處 亦非謙讓推辭地藏就便 一提道 不知最親切法眼大悟元來這不知却 親切 臨濟問洛浦甚處來浦云濟云 有事相借問得否 浦云 某甲不會 濟云 大唐國 覓箇不會底不得 臨濟常用殺人刀亦有活人劍 不似地藏殺人見血為人為徹 這箇 不知不會 脫體迥別 直須脫盡簾纖方到不知不會處 溈山普請開田 仰山問 這頭得恁頭得恁 麼高 溈曰 水能平物 但以水平之仰曰 水也無憑 和尚但高處高平 低處低平溈然云 肇公般若無知論曰 諸法不異者 豈曰續鳧截鶴夷嶽盈壑 然後為無異哉 所以道任短任長休剪綴 隨高隨下自平治 張無盡道萬般支準費工夫 一切順隨成善巧 只麼信口 便道 信手便用 信脚便行 春月花開恁麼會得 行甚驢脚 所以玄沙不出嶺 保壽不渡河 不出門知天下事 覺範頌云 一箇面如楪子大 眼耳鼻舌分疆界 髑髏裡頭都不知 聽汝外邊爭揑怪 口問鼻曰 飲食在我 言語在我 汝有何功 在吾之上 鼻曰 五嶽之中 嶽居尊 鼻復問眼 汝何在上 眼曰 吾同日月 寔有照鑒之功 敢問眉 有何功處於吾上 眉曰 我寔無功 慚居上位 儻容在下 眼在眉上看 爾甚麼面孔 是以寶月明禪師上堂云 古者道 在眼曰見 在耳曰聞 且道 在眉毛 喚作什麼 良久云 憂則共慼 樂則同歡 人皆知有用之用 不知無用之大用 且道 賓頭盧尊者兩手撥 眉意旨如何 師撥眉云 猫." "대중진리 속에 들어가 깊은 이야기를 하는 것은 셋이라 해도 넷이라 해도 무방하고 장안의 큰 거리는 가로로 가도 세로로 가도 걸림이 없다. 홀연히 입을 열어 그 도리를 설파해 버리고 발걸음을 들어 보다 높이 디딜 수 있어야 비로소 걸망과 발우를 높이 얹어두고 주장자를 꺾어 버릴 수 있으리라. 일러 보라. 그는 어떤 사람인가? 지장이 법안에게 묻되 '상좌는 어디로 가려는 사람을 얽어 넣어서 무엇 하려는고?' 법안이 대답하되 '이리저리 행각을 하렵니다.' 하였다. (짚신 값이나 달라고 할 일이지.) 지장이 묻되 '행각의 일이 어떻지?' (과연 놓치질 않는구먼)' 하였다. 법안이 대답하되 '모릅니다.'라고 하였다. (어째서 진작 그렇게 말하지 않았지?) 이에 지장이 말하되 '모르는 그것이 가장 친절함에 가까우니라.' 하매 (들렀던 김에 날강도질을 하는구나!) 법안이 활짝 크게 깨달았다. (헛되이 노자만 낭비했구나!) 스승께서 이르시다. 양무위가 부용해화상에게 묻되 '헤어진 지가 몇 해이던고?' 하니 부용이 대답하되 '7년입니다.'라고 하였다. 공이 다시 묻되 '도를 배우셨소? 아니면 참선을 하셨소?' 하니 부용이 대답하되 '그러한 풍각은 울리지 않습니다.' 하였다. 공이 다시 말하되 '그렇다면 공연히 산천을 돌아다닌 것이니 전혀 이익이 없겠군!' 하니 부용이 대꾸하되 '헤어진 지가 오래지 않은지라 잘도 꿰뚫어 보십니다.' 하니 공이 크게 웃었다. 남전이 이르되 '도는 알고 모르는 데 속한 것이 아니니 안다면 허망한 느낌일 것이요, 모른다면 무감각일 것이다.'고 하였다. 그런데 요즘 사람들은 모르는 그것이 가장 친절하다는 말에 법안이 깨달은 것만을 보고는 문득 한결같이 생각하기를 '알지 못하고 이해하지 못하면 그대로가 옳다.'고 여기나니 옛사람의 한 말씀은 하늘이 두루 덮듯이 땅이 두루 받들듯 함을 전혀 모르기 때문이다. 이미 가장 친절하다는 도리를 알지 못하니 하

택이 '안다는 한 글자가 뭇 묘함의 문호라.'고 한 것은 또 어찌하겠는가? 그대들은 그저 옳다면 몽땅 옳다고 여기거니와 옳다는 함정에도 빠져 있지 말아야 하고, 그르다면 몽땅 그르다고 여기거니와 그르다는 함정에도 빠져 있지 말아야 한다. 5위의 정과 편을 겸하여 통했다면 어찌 말 구절 밑에 죽어 엎드려 있겠는가? 법안이 깨달은 그곳이란 벌레 먹은 나뭇잎이 우연히 글자를 이룬 것과 같았을 뿐이니 백산대은화상이 이르되 '재앙으로 인한 복을 이루는 묘는 지장이 사람을 제접하는 수단에 있으니 요점은 의심하지 않게 하는 데에 있었다. 그러므로 눈 깜짝할 사이에 던져진 낚시에 법안이 활짝 깨달았으면 원래가 그 경지에 있었다.' 하였다. 자주노사가 이르되 '그대들이 오직 다닐 때나 앉았을 때나 딴 생각이 일어나기 전에 용맹스럽게 화두를 들어 재빨리 보아 버리면 이는 곧 보지 못했던 것을 보는 것이 되거니와 일단 한쪽으로 밀어두고 그저 그렇게 공부를 지어 가면 쉰다 해도 참선공부에 걸리지 않고 참구해 배운다 해도 쉼에 걸리지 않으리라.' 하였다. 투자청화상은 이르되 '마치 금룡이 물을 잃으니 가루라가 황급히 채가듯 지장은 시절인연에서 털끝만치도 어김이 없다.' 하였는데 천동은 붓끝에 혀가 있어 다시 늘어놓는구나! 지금껏 흡족히 참구함이 옛 시절 같으나 (내가 옛사람 같으나 옛사람은 아니다.) 실밥 같은 티마저 벗어나 모르기에 이르렀다.(아직도 그런 것이 있는가.) 짧건 길건 맡겨두어 재단질을 말 것이요 (헛수고를 했구나!) 높건 낮건 인연 따라 스스로 평평해지게 하라. (몸과 마음을 수고롭게 할 필요가 없구나.) 가문의 풍요와 검소는 형편에 따르고 (염초야 빠질 수 없을 터이지.) 고향 길을 거님에는 발걸음을 맡긴다. (다니고 싶으면 곧 다닌다.) 30년 전부터 행각한 일이여,(헤아려 생각할 길이 없다.) 분명히 한 쌍의 눈썹을 저 버렸도다.(여전히 눈위에 있는데….) 스승께서 이르시다. 종경이 이르되 '종전에는 깨달음을 미혹해서 미혹한 듯하였고 오늘에는 미혹을 깨달았으나 또한 깨달음이 아니다. 그러기에 이르기를 깨닫고 나면 도리어 깨닫기 전의 사람과 같다는 말이 있다.' 하였는데 지장이 물었을 때 길 떠나는 도리를 알아야 하고 법안이 대답한 것 또한 겸양으로 양보한 것이 아님을 알아야 한다. 지장이 내친김에 한마디 던지기를 '모르는 것이 가장 친절하다.' 하매 법안은 원래 모르는 그것이 도리어 친절한 줄을 크게 깨달은 것이다. 임제가 낙포에게 묻되 '어디서 오는가?' 하니 낙포가 대답하되 '난성에서 옵니다.'라고 하였다. 임제가 다시 묻되 '알아볼 일이 있는데 물어도 되겠는가?' 하니 낙포가 대답하되 '모릅니다.' 하매 임제가 말하되 '대당국 전체를 부숴도 진정 모르는 자를 구하기란 어렵구나!'라고 하였다. 임제는 항상 살인도를 쓰고 또 활인검도 곁들였으나 지장의 사람을 죽이려면 피를 보아야 되고 남을 도우려면 끝까지 도와야 한다는 자세에는 전혀 미치지 못한다. '알지 못하고 이해하지 못한다.'는 말은 진실의 본체가 아득히 뛰어났으니 반드시 가느다란 실밥마저도 벗어나야만 비로소 알지 못하고 이해하지 못하는 경지에 이른다는 것이다. 위산이 논을 일구는 운력을 붙였는데 앙산이 묻되 '여기는 이렇

결국 법안선사는 이후에 지장계침선사의 법을 잇는다.

법안선사는 제자들을 깨달음으로 이끄는 데 탁월한 기량으로 유명하다. 그의 방편을 비유하면 서로 쫀다고 표현할 수 있다. 마치 병아리가 알 속에서 깨어날 만큼 충분히 자라면 알 껍질을 열고 나오려고 안에서 껍질을 쪼는데 어미 닭도 밖에서 역시 똑같은 지점

게 낮고 저기는 저렇게 높습니다.' 하니 위산이 말하되 '물이 능히 모든 물건을 평평케 하니 물로써 고르라.'고 하였다. 앙산이 이르되 '물에도 기준이 없으니 화상께서는 높은 곳은 높게 고르고 낮은 데는 낮게 고르소서.' 하니 위산이 옳게 여겼다. 조공은『반야무지론』에서 이르되 '모든 법이 다르지 않다고 하여 어찌 오리의 다리를 잇고 학의 다리를 자르고, 산을 뭉개고 구덩이를 메운 뒤에야 차이가 없다고 하겠는가?' 하였다. 그러기에 이르기를 '짧건 길건 맡겨두어 재단질을 말 것이고 높건 낮건 인연 따라 스스로 평평하게 하라.' 하였다. 장무진이 이르되 '만 가지 기준으로 공부를 쌓아 모든 일에 수순하게 되어 좋은 방편이 이루어졌다.' 하였으니 이렇게 해서 입에 맡기어 말하고 손에 맡기어 사용하고 다리에 맡기어 걸으면 봄에는 꽃이 피고 가을에는 잎이 떨어지는 뜻을 알리고서 이렇게만 안다면 무슨 노새 걸음 같은 행각이 필요하랴! 그러기에 현사가 영을 나온 적이 없고, 보수는 강을 건넌 적이 없고 문을 나선 적이 없는데도 천하의 일을 알았다. 각범이 송하되 '하나의 얼굴이 접시 크기 같은데 눈·귀·코·혀가 그 안에 진을 쳤다. 해골 속의 경지는 전혀 알지 못하면서 그대 밖으로 다투어 반연하도록 허용하누나.' 하였다. 입이 코에게 묻기를 '먹고 마시는 일도 내가 하고, 말도 내가 하는데 그대는 무슨 공이 있어 내 위에 있는가?' 하니 코가 응수하되 '5嶽 가운데 중악이 존귀하기 때문이다.' 하였다. 그러자 다시 눈에게 묻기를 '그대는 무슨 공이 있어 내 위에 있는가?' 하니 눈이 대답하기를 '나는 일월과 같아서 비추고 밝히는 공이 있다.' 하였다. 또한 눈썹에게 묻되 "무슨 공이 있어 내 위에 있는가?' 하니 눈썹이 답하기를 '나는 공이 없는데도 위에 있는 것이 부끄럽다. 만일 나를 아래에 있게 한다면 눈썹 위에 있을 터이니 그대 보라. 어떤 몰골이 되겠는가?' 하였다. 그러므로 보월선사가 상당하여 이르되 '옛 어른이 이르기를 눈으로는 보고 귀로는 듣는다 하거니와 일러 보라. 눈썹은 무엇을 한다 하겠는가?' 하고 양구했다가 이르되 '근심스러울 땐 함께 걱정하고 즐거울 땐 함께 즐긴다. 사람들은 모두가 작용 있는 작용은 알되 작용 없는 큰 작용은 알지 못하는구나. 일러 보라. 빈두로존자가 두 손으로 눈썹을 쥐어 뽑은 뜻이 어디에 있을까?' 하고 이어 눈썹을 뽑고는 이르되 '고양이다!'라고 하였다."

을 쫀다고 한다. 이렇게 알 껍질을 서로 쪼는 일이 동시에 같은 지점에서 벌어지면 껍질이 깨지면서 병아리는 안전하게 밖으로 나올 수가 있게 되는 것이다. 이러한 상황을 제자들을 제접할 때 방편으로 사용한다면 스승이 쪼아 주는 시점이 제자가 깨우치려고 쪼는 순간보다는 너무 늦지도 너무 빠르지도 않아야 한다. 이처럼 법안선사는 제자들을 제접하는 기량이 아주 탁월했다. 그래서 법안선사의 지도 방편은 법안종의 특징 중 하나가 되었다.

다시 『무문관』 제26칙 「이승권렴」의 공안으로 돌아가서 이 공안은 한 승려가 점심공양 시간 전에 가르침을 얻으려 법안선사의 방을 찾은 시점에서부터 시작된다. 거기에는 법안선사를 시봉하는 두 명의 시자 승려가 있었다.

법안선사는 이미 펼쳐져 있던 대나무 발을 손가락으로 가리켰다. 법안선사의 의중을 추측한 시자는 대나무 발을 말아 올렸다. 그 둘 다 똑같이 말아 올렸음에도 불구하고 법안선사는 이렇게 말한다. 하나는 얻었고 다른 하나는 잃었다. 이는 하나는 좋고 하나는 그렇지 못하다는 뜻이다.

이 공안은 두 가지 관점에서 참구될 수 있다. 하나는 얻었고 하나는 잃었다고 법안선사는 말한다. “하나는 얻고 다른 하나는 잃었다.” 그렇다고 해서 선사는 어느 쪽이 더 낫고 어느 쪽이 부족한지는 말하지 않았다는 것에 우리는 주목할 필요가 있다. 만일 둘 중 하나가 흔들리는 조짐을 보였다거나 자기 자신의 공부와 안목에 자신감이 없었다면 아마 속으로 꽁해서는 기분이 좋지 않았을 것이다. 스승이 잃었다고 지칭하는 쪽이 바로 자신일 것이라고 생각하는 자격지심에서 말이다.

바로 이 자격지심 또한 병통이라고 할 수 있겠다. 마음이 자족하며 추구심이 없어서 항상 여여한 이라면 조그만큼도 흔들리거나 구애되거나 걸리지 않았다는 뜻이다. 만약 이에 걸려 버리면 학인은 『무문관』「선잠」의 여섯 번째 병통인 '사선사악 지옥천당의 병통'에 빠져서 허우적거렸을 것이고 법안선사는 두 시자의 얼굴을 면밀히 살펴보았을 것이기 때문이다.

이 공안을 참구하는 또 다른 관점은 법안선사가 하나는 얻고 하나는 잃었다고 말할 때 진짜 무엇을 가리키는지에 대해 참구해 볼 필요가 있겠다.

깨달음의 세계에는 결국 뭘 얻었느니 잃었느니 좋으니 나쁘니 말할 수 없다. 즉 무無의 세계에서는 이러한 이분법적인 대립이 없다. 만약 이에 빠져 있다면 법안선사는 아마도 치유의 방편으로 학인들을 깨달음에 이를 수 있도록 전어傳語를 사용했을 것이다.

법안선사가 한 말들은 학인들로 하여금 바로 의심하여 의정을 일으키고 의단이 되어서 비로소 얻음도 잃음도 없는 마음의 상태에 이르게 될 수 있게 한다.

법안선사는 자신의 두 시자들뿐만 아니라 우리 모두에게 이분법적인 개념이 없는 이 절대의 세계를 제시하고 있다. 보통의 공안은 지금까지 언급한 두 가지 각도에서 보아 왔다. 선禪의 관점에서 볼 때는 가장 근접한 깊이가 있다고 여겨지는데 한 학승이 법안선사에게 가르침을 청하러 왔는데 그를 보자 법안선사는 대나무 발을 향해 손짓을 했다.

그런데 법안선사가 그렇게 한 진짜 뜻은 무엇일까? 학승은 아무 일도 하지 않았다. 두 학인은 법안선사가 대나무 발을 말아 올리고 싶어한다고 추측을 했을 것이다. 그러나 이는 사실이 아니다.

법안선사는 그저 대나무 발을 가리켰을 뿐이며 그 이상도 그 이하도 아니다. 선사가 하나는 얻었고 하나는 잃었다고 말한 것도 다 마찬가지의 의미이다. 거기에 어떤 뜻이란 없다.

법안선사는 그의 혀와 입을 조금도 움직이지 않았다. 하지만 이것이야말로 전신을 완벽하게 드러내고 있는 것이다. 누가 얻고 누가 잃었는가? 이 말의 뜻을 따라가게 된다면 그 누구도 답을 알 수는 없다. 왜냐하면 우리는 그 자리에 없었기 때문이다. 그럼에도 무문선사의 진짜 의도는 우리가 생각을 벗어나도록, 그래서 본성을 깨닫게 될 수 있도록 자극을 주고 찔러 보는 것에 있다고 알아차릴 수 있다.

무문선사가 만약 이에 대하여 외눈을 얻었다면 곧 청량국사의 허물을 알리라고 평한 대목이 있는데 여기서 한쪽 눈은 견성을 뜻한다.

본성의 세계를 보면 법안선사의 말이 틀렸다는 것을 알 수 있다. 왜냐하면 깨달음의 세계에는 얻고 잃음이 없을진대 선사가 얻고 잃음을 논하였다는 것이다. 절대적 깨달음의 세계에서는 이분법이란 있을 수 없기 때문이다. 발이 걷히는 것은 망상과 이분법적인 생각이 사라지는 것을 뜻하는데 선 수행으로 호흡을 세거나 때로는 그저 앉아 있거나 혹은 무자 그리고 여타 공안을 참구하면 그렇게 될 수 있다.

성심을 다해 꾸준히 하다 보면 모든 개념과 생각이 완전히 사라지는 마음이 공한 상태에 이르게 된다. 하지만 완전한 공함도 아직은 최상의 경지가 아니다. 만약 공이 경계에 집착하게 된다면 그 또한 얽어매는 격이 되어 버릴 것이기 때문이다. 과거의 습관과 편견에 사로잡혀 있는 그대로 세상을 보지 못하도록 하는 것 그것이 바로 알라야식이다. 그러니까 알라야식은 일종의 색안경과도 같은 것에 비유할 수도 있을 것 같다. 자신의 색깔대로 사물의 색깔을 왜곡해서 보게 된다는 점에서 말이다.

『무문관』 제26칙의 「이승권렴」에서 대법안선사는 이 알라야식을 '발[簾]'에 비유하고 있다고 하겠다. 한옥에서 주로 사용했던 것이 '발'인데 과거 어느 순간에 내려진 발을 통해 바라본 세상이라면 이는 알라야식에 매개되어 바라본 세상을 상징한다고 할 수 있다.

반대로 발을 걷고 내다본 세상은 알라야식을 끊고 '있는 그대로' 바라본 세상을 상징한다고 할 수 있다. 그렇다면 이제 "한 사람은 옳지만, 다른 한 사람은 틀렸다."는 법안화상의 이야기를 풀어 볼 수 있을 것이다. 두 스님 중 누가 옳았던 것일까? 발의 왼쪽을 걷었던 스님이 옳았던 것일까? 아니면 오른쪽을 걷었던 스님이 옳았던 것일까? 발을 걷는 순간에 일망무제의 푸른 허공이 보는 이의 시야에 펼쳐질 것이다.

아마도 발을 걷고 바라본 허공은 바로 나가르주나가 설했던 '공空'과 다르지 않았을 것이다. 아직도 오른쪽 스님이 옳을까, 왼쪽 스님이 옳을까 고민하고 있다면, 만일 그렇다면 법안선사는 가차 없이 사자후를 던지실 것이다. 편견과 습관을 걷어 내고 있는 그대로 세상을 보라고 말이다. 공空으로 세상을 본다는 것은 아무런 편견이나 집착이 없이 있는 그대로 본다는 것을 의미한다. 있는 그대로 보지 못하고 한쪽은 옳고 한쪽은 그르다는 식의 이분법적인 논리로 바라보게 된다면 이것은 바로 『무문관』「선잠」의 여섯 번째 병통인 '사선사악 지옥천당의 병통'에 빠져 버린 경우가 될 것이며 이러한 편견과 관습을 확철하게 걷어 버릴 수 있는 것이 치유의 예가 될 것이다.

이는 공안 역시 이분법적인 논리와 편견 및 집착에서 벗어날 수 있어야 비로소 이 병통으로부터 치유의 세계인 깨달음으로 나아갈 수 있게 된다는 것을 설하고 있다.

(3) 제29칙 비풍비번非風非幡의 예[124]

다음은『무문관』「선잠」의 여섯 번째 병통인 '사선사악 지옥천당의 병통'과 그 치유의 예로『무문관』제29칙「비풍비번」의 원문과 해석이다.

제이십구칙 비풍비번
第二十九則 非風非幡

本則

육조 인 풍양찰번 유이승대론 일운번동
六祖가 因 風颺刹幡하여 有二僧對論하되 一云幡動이라하

일운풍동 왕복증미계리 조운 불시풍동
고 一云風動이라하여 往復曾未契理어늘 祖云하되 不是風動

불시번동 인자심동 이승 송연
이요 不是幡動이요 仁者心動이라한대 二僧이 悚然하다.

評唱

무문왈 불시풍동 불시번동 불시심동 심처
無門曰 不是風動이요 不是幡動이며 不是心動이니 甚處

견조사 약향자리 견득친절 방지이승매철득금
見祖師오 若向者裏하여 見得親切하면 方知二僧買鐵得金

조사인준불금 일장루두
과 祖師忍俊不禁이나 一場漏逗로다.

124 전게서「第二十九則의 非風非幡」(T48, 296c18~24), "六祖因風颺刹幡 有二僧對論一云幡動 一云風動 往復曾未契理 祖云 不是風動不是幡動 仁者心動 二僧悚然 無門曰 不是風動 不是幡動 不是心動 甚處見祖師 若向者裏見得親切 方知二僧買鐵得金 祖師忍俊不禁一場漏逗 頌曰 風幡心動 一狀領過 只知開口 不覺話墮."

● 頌曰

風幡心動(풍번심동)을 一狀領過(일장령과)하면 只知開口(지지개구)가 不覺話墮(불각화타)로다.

○ 解釋

육조혜능선사는 사찰에 달아 놓은 번이 바람에 날리는 것을 보고 두 스님이 대론하기를 한 스님은 깃발이 날린다 하고 한 스님은 바람이 움직인다고 하면서 이를 반복하기를 결론이 나지 않는 것을 보고 육조께서 말씀하기를 "그것은 바람이 움직이는 것도 아니요 번이 날리는 것도 아니다. 그것은 바로 그대의 마음이 움직이는 것이다."라고 하였다. 그러자 이에 두 스님은 매우 송구스러워했다고 한다.

무문선사는 이에 대해 평하기를 "이는 바람이 움직이는 것도 아니고 깃발이 움직이는 것도 아니다. 그렇다고 마음이 움직이는 것도 아니다. 어디서 조사를 볼 것인가? 만약 여기서 바로 볼 수가 있다면 지금 바로 두 학인學人이 절을 사서 금을 얻었다는 것을 알 수 있을 것이다. 조사는 웃음을 참을 수 없어 생각지도 않게 한바탕 치부를 드러냈다."고 하였다.

또한 게송으로 설하기를 "바람이나 깃발 혹은 마음이 움직인다고 하는 자는 모두 한 통의 영장으로 같은 죄로써 끌려간다. 육조는 다만 입을 여는 것만을 알고 있고 생각 없이 말하게 된 것을 알아차리지 못한 것이다."라고 하였다.

『무문관』 제29칙 「비풍비번」의 장場인 남중국의 법성사에는 달마로부터 시작되어 오조홍인(五祖弘忍: 601~674)선사에 이른 선종의 법맥이 땅속에 묻혀 있던 수맥이 활화산처럼 땅 위로 솟구치듯이 다시 용솟음쳐 올랐다.

홍인대사 이후 사라져 버린 여섯 번째 조사인 혜능(六祖慧能: 638~713)선사는 이렇게 화려하게 세상에 등장하게 되었다. 돌이켜 보면 15년 전 북중국에 비해 문화적으로 세련되지 않은 남중국 시골 출신인 혜능선사가 오조인 홍인선사의 의발衣鉢을 받은 사건은 당시 선종 내부에서는 매우 센세이션한 사건이었다.

아울러 어떤 이들은 이러한 사건에 대해 강한 거부반응을 일으킬 수밖에 없었을 것이다. 언제나 기득권을 지키려는 무리는 있을 수밖에 없기 때문이다. 이런 거부반응을 가라앉히는 데 혜능대사도 자그마치 15년이란 긴 세월이 필요했다.

그렇지만 선종을 이끌어야 할 커다란 책무를 어깨에 짊어진 혜능선사로서는 세상 사람들의 미혹함을 방기하고만 있을 수는 없었을 것이다. 당시 인종법사는 법성사에서 『열반경涅槃經』을 강의하였는데 법성사로 수많은 수행자들이 모여들었다. 이때 물론 육조의 신분을 감춘 혜능선사도 여기에 끼어들어 모임에 참여하였고 바람이 움직이는지 아니면 깃발이 움직이는지에 대한 논란에 휩싸이게 되었다.

그때 사찰에 들이닥친 강한 바람으로 인해서 달아놓은 깃발이 펄럭였는데 아마도 서양의 과학적 훈련으로 답습된 우리는 당연히 바람이 움직인다는 스님의 편에 섰을 것이다.

그렇다면 깃발이 움직인다고 주장하는 그 스님은 바보였던 것일까? 그렇지 않다. 깃발이 움직이지 않는다면 바람이 부는지의 여부를 알 수 없었을 것이다. 바로 그것이 깃발이 움직인다고 주장했던 스님의 속내였을 것이다. 이 두 스님의 치열한 논쟁으로 인해『열반경』강의는 잠시 멈추게 될 수밖에 없었다. 강의에 참여했던 수행자들이 양편으로 갈라져서는 갑론을박이 시작되었기 때문이다.

바로 이때 마치 예리하고 날카로운 칼날에 조용히 잘려 나가는 비단의 미세한 소리처럼 조용한 목소리가 들려왔는데 그 작은 목소리는 쟁쟁거리며 칠판을 긁는 소리처럼 논쟁을 주도했던 두 스님뿐만 아니라 논쟁에 참여했던 모든 수행자들을 침묵하게 하였다.

"바람이 움직이는 것도 깃발이 움직이는 것도 아닙니다. 그대들의 마음이 움직이고 있을 뿐입니다."

행자들 속에 숨어 있던 혜능선사의 등장은 이 모든 논쟁을 종식시켜 버린 것이다. 바람에 펄럭이는 깃발에 마음이 갔기 때문에 바람이 움직인다거나 혹은 깃발이 움직인다는 논쟁이 일어난 것이라 하면서 말이다. 이는 우리의 마음 밖에 어떤 세상이 존재하고 있는 것이 아니라는 뜻이다.

이에 대해 무문혜개선사는 혜능선사의 비풍비번에 대해 다음과 같이 평한다. "바람이 움직이는 것도 아니고 깃발이 움직이는 것도 아니고 마음이 움직이는 것 또한 아니다." 여기서 무문선사는 바로 위대한 스승 혜능선사의 말마저도 거부하는 놀라운 기개를 보여 주고 있다.

그렇다면 무문선사가 말씀하신 "마음이 움직이는 것도 아니다." 라는 말은 무슨 뜻인가? 다행히도 무문선사는 이 지향성 자체마저 부정하는 것은 아님을 알 수 있으니 "마음이 움직이는 것도 아니다."라고 말했을 때 이 마음이란 우리의 마음이 지향하고 있는 마음에 지나지 않는다는 것이다. 즉 마음은 외부에도 쏠리지만 동시에 내부에도 쏠리는 것이다. 여기서 주목해야 할 것은 이것은 대상화되어 실체화된 것이 아니라 지향하는 활동 혹은 쏠림이란 활동이 바로 마음이라는 것이다. 만약 바람에 깃발이 나부끼는 장면에만 고착하거나 아니면 자신의 마음에만 집중할 때에 혹은 어느 한쪽만이 옳다고 하게 되면 마음의 활발발活潑潑한 활동성이 없어지게 된다는 뜻이다.

이 점이 혜능선사나 무문선사가 걱정했던 바이며 바로 지금 여기에 있다는 사실이다. 바람에 펄럭이는 깃발에만 마음이 고착되어 버리자 혜능선사는 "바람도 깃발도 아니고 마음이 움직이는 것"이라고 했다. 혜능선사는 바로 그 마음의 활동성을 깨우려 했으며 선사에 의해 바람이나 깃발이 아니라 자신의 그 마음에 고착되어 버렸을 때 무문선사는 "마음이 움직이는 것도 아니다"라 평하고 있다.

이에 무문선사는 깃발과 바람 대신 이제 마음에 고착되어 있는 마음의 활동성을 다시 깨우고자 하였던 것인데 이를 이분법적으로 분별하면서 고착된 이 마음은 『무문관』「선잠」의 여섯 번째 병통인 '사선사악 지옥천당 병통'의 예에 해당되며 또한 이를 위한 치유를 위해서는 활발발한 마음의 작용을 장애하여 막고 있는 이 분별망상을 내려놓는 길이야말로 깨달음으로 가는 치유의 방편이 된다는 말이다.

이렇듯 혜능선사는 앞의 선지식들과 후에 오실 선지식들과 마찬가지로 마음의 역동적인 지향성이 분명했다. 깨달음이란 지적으로 이해하는 것이 아닌 자신의 온몸으로 체현하고 사는 것이다. 하루하루의 일상을 성실히 반복하다 보면 어느 날엔가는 부지불식간에 몰록으로 깨달음에 이르게 되기 때문이다.

이렇게 하여 『무문관』 제29칙의 「비풍비번」의 공안에서 볼 수 있는 『무문관』「선잠」의 여섯 번째 병통인 '사선사악 지옥천당의 병통'과 치유에 대해 살펴볼 수 있었다.

7) 불견법견佛見法見 이철위산二銕圍山의 병통 및 치유

다음은『무문관』「선잠」의 일곱 번째 병통 '불견법견 이철위산 병통'으로 이는 부처와 불법에 집착하여 보는 것도 또한 마치 두 겹의 철산에 싸여 있는 것과 같다는 병통이다.

그 예로는『무문관』의 핵심 공안인 제1칙「조주구자」, 제4칙「호자무수」, 제10칙「청세고빈」, 제11칙「주감암주」, 제15칙「동산삼돈」, 제18칙「동산삼근」, 제21칙「운문시궐」, 제25칙「삼좌설법」, 제27칙「불시심불」, 제28칙「구향용담」, 제33칙「비심비불」, 제36칙「노봉달도」, 제38칙「우과창령」, 제48칙「건봉일로」로 분류하였다.

(1) 제1칙 조주구자趙州狗子의 예[125]

『무문관』「선잠」의 일곱 번째 병통인 '불견법견 이철위산 병통'의 첫 번째 예로는『무문관』제1칙「조주구자」를 들 수 있다. 이는 부처와 불법에 집착하는 것에 대해 제1칙「조주구자」에서 조주선사

---

125 전게서「第一則 趙州狗子」(T48, 292c23~293a12), "趙州和尙因僧問 狗子還有佛性也無 州云無 無門曰 參禪須透祖師關 妙悟要窮心路絕 祖關不透 心路不絕 盡是 依草附木精靈 且道 如何是祖師關 只者一箇無字 乃宗門一關也 遂目之曰禪宗無門關 透得過者 非但親見趙州 便可與歷代祖師 把手共行 眉毛廝結 同一眼見 同一耳聞 豈不慶快有要透關底 麼將三百六十骨節八萬四千毫竅 通身起箇疑團 參箇無字 晝夜提撕 莫作虛無會 莫作有無會 呑了箇熱鐵丸 相似吐又吐不出 蕩盡從前惡知惡覺 久久純熟 自然內外打成 片如啞子得夢 只許自知 然打發 驚天動地 如奪得關將軍大刀入手 逢佛殺佛逢祖殺祖 於生死岸頭得大自在 向六 道四生中 遊戲三昧 且作麼生提撕 盡平生氣力 擧箇無字 若不間斷好 似法燭一 點便著 頌曰 狗子佛性 全提正令 纔涉有無 喪身失命."

는 무無라고 답한다는 말이다. 이 무야말로 '있다 없다' 하는 유무의 대립을 초월한 절대무絶對無 즉 무자無字임을 단적으로 보여 준다. 사찰에 가면 무무문無無門이라고 하여 없는 것 또한 없다고 이름하는 문도 있듯이 그 없는 것 또한 없다는 것을 알 수 있어야 함을 뜻한다.

이렇듯 우리나라 선문의 제일화두第一話頭라 일컫는 조주무자趙州無字 화두는 '개에게는 왜 불성이 없는가?'라는 물음이다. 이 무자 즉 격외도리형 화두의 관문을 통과하지 못하면 첫 관문에서 수많은 선객들이 그만 나가떨어져 버리고 말게 된다.

그러나 이 관문을 통과하게 되면 저절로 나중에 나오는 물음에 대한 답도 해결하게 되는데 이것이 바로 그 유명한 무자화두로 '일체중생一切衆生 개유불성皆有佛性'으로 모든 것에는 불성이 살아 있다고 한 공안이다. 이것은 이미 널리 알려진 붓다의 가르침인데 어째서 무라고 하였을까? 이는 모든 존재가 본래 부처이기 때문에 진리 그 자체가 스스로를 드러내고 있다는 깨우침을 말하는 것이다.

그러나 어리석은 사람들은 진리의 형상을 코앞에 두고 엉뚱하게도 강이나 산을 보고 있다. 그러나 있다 없다는 어느 한 방향에만 치우치는 것도 아니며 불성 또한 이에 집착하게 되면 곧바로 『무문관』「선잠」의 일곱 번째 병통인 '불견법견 이철위산 병통'에 빠져 버리고 만다.

이는 부처와 불법에 집착하여 보는 것이 역시 두 겹의 철산에 싸여 있는 것과 같다는 것인데 이렇듯 우리 자신이 본래 부처로 불성에 집착하지만 않는다면 이 병통을 치유하여 깨달음에 이르는 것은 마치 세수하다 코 만지는 것과 같이 몰록으로 이루어져서 궁극적인 깨달음에까지 이를 수가 있다는 뜻이다.

다음은 『무문관』 제1칙 「조주구자」의 원문과 해석이다.

제일칙 조주구자
第一則 趙州狗子

本則

조주화상 인 승문 구자환유불성야 무 주운 무
趙州和尙이 因 僧問 狗子還有佛性也 無니까 州云 無하다.

評唱

무문왈 참선 수투조사관 묘오 요궁심로절
無門曰 參禪은 須透祖師關이요 妙悟는 要窮心路絶이라

조관불투 심로부절 진시의초부목정령 차도
祖關不透하고 心路不絶하면 盡是依草附木精靈이니 且道

여하시조사관 지자일개무자 내종문일관야 수
하라 如何是祖師關고 只者一箇無字가 乃宗門一關也라 遂

목지왈선종무문관 투득과자 비단친견조주
目之曰禪宗無門關이라하니 透得過者는 非但親見趙州라

변가여역대조사 파수공행 미모시결 동일안견
便可與歷代祖師와 把手共行하고 眉毛廝結하여 同一眼見

동일이문 기불경쾌 막유요투관저마 장삼
하고 同一耳聞하리니 豈不慶快리오 莫有要透關底麽아 將三

백육십골절 팔만사천호규 통신기개의단 참개무
百六十骨節과 八萬四千毫竅 通身起箇疑團하여 參箇無

자 주야제시 막작허무회 막작유무회 여
字하여 晝夜提廝하대 莫作虛無會하며 莫作有無會하고 如
탄료개열철환상사 토우토불출 탕진종전악지악
呑了箇熱鐵丸相似하여 吐又吐不出하야 蕩盡從前惡知惡
각 구구순숙 자연내외 타성일편 여아자득
覺하고 久久純熟하면 自然內外가 打成一片하여 如啞子得
몽 지허자지 맥연타발 경천동지 여탈득관
夢하야 只許自知니라 驀然打發하면 驚天動地호대 如奪得關
장군대도입수 봉불살불 봉조살조 어생사간
將軍大刀入手하여 逢佛殺佛하고 逢祖殺祖하야 於生死竿
두 득대자재 향육도사생중 유희삼매 차작
頭에 得大自在하여 向六道四生中하야 遊戲三昧하리라 且作
마생제시 진평생기력 거개무자 약불간단
麽生提廝오 盡平生氣力하여 擧箇無字하대 若不間斷하면
호사법촉일점변착
好似法燭一點便著하리라.

● 頌曰

구자불성 전제정령 재섭유무 상신실명
狗子佛性이여 全提正令이니 纔涉有無하면 喪身失命하리라.

○ 解釋

조주선사께 어느 때 한 학인이 묻기를 "개에게도 불성佛性이 있습니까, 없습니까?" 하자 조주선사께서 "무無"라고 답했다.

이에 대해 무문선사는 이와 같이 평을 하였다. "참선參禪은 모름지기 조사관祖師關을 통달하는 데 뜻이 있고 오묘한 깨달음은 궁극에 마음 길이 끊어져야만 한다. 조사관을 꿰뚫지 못하고 마음 길을 끊지 못하면 이는 모두 짚으로 만든 허수아비와 같다. 일러 보라. 어떤 것이 조사관인가? 다만

이 '무無' 자 하나가 종문宗門의 한 관문關門이다. 이를 가리켜 선종무문관禪宗無門關이라 한다. 터득한 이는 친히 조주선사를 볼 뿐만 아니라 역대 조사와 손잡고 같이 행하고 눈썹을 맞대고 같은 눈으로 보고 같은 귀로 들으리니 이 어찌 경쾌하지 않으랴. 관문을 꿰뚫고자 하는 이 있는가? 없는가? 삼백육십 골절骨節과 팔만사천의 털구멍 등 전신에 의단疑端을 일으켜 밤낮으로 이 '무자' 를 들어 참구하되 허무한 알음알이를 짓지 말 것이며 있다 없다는 알음알이도 짓지 말고 불타는 쇳덩이를 삼킨 것같이 토하고 토해도 나오지 않게 하여 종전의 모든 다른 지견이 없이 오래오래 두고 순숙純熟하면 자연히 안팎이 하나가 된다. 이때는 마치 벙어리가 꿈을 꾸는 것처럼 혼자만 알다가 문득 깨달아 분명하면 하늘이 놀라고 땅이 흔들리는 듯하여 관우장군이 대도大刀를 빼앗아 손에 쥔 것과 같으니 부처를 만나면 부처를 죽이고 조사를 만나면 조사를 죽여 생사에 자유자재하며 육도사생六道四生 가운데 재미있게 노는 그대로가 삼매三昧가 된다. 그러면 어떻게 공부를 해야 할 것인가? 평생의 기력을 다하여 이 '무無' 자를 들되 만약 끊어지지 않게 되면 한 점 법의 촛불을 밝히기에 좋은 때라고 하였다."

또한 게송하기를 "개의 불성이여! 온통 제시한 정령이여! 정령正令이라 어리석게도 있다 없다고 하는 것에 머물러 버린다면 목숨까지 잃으리라."고 하였다.

(2) 제4칙 호자무수胡子無鬚의 예[126]

다음은 『무문관』「선잠」의 일곱 번째 병통인 '불견법견 이철위산 병통'의 예로 『무문관』 제4칙 「호자무수」의 원문 및 해석이다.

제사칙 호자무수
第四則 胡子無鬚

本則

혹암왈 서천호자 인심무수
或庵曰 西天胡子가 因甚無鬚오.

評唱

무문왈 참수실참 오수실오 자개호자 직수친
無門曰 参須實参하고 悟須實悟하여 者箇胡子를 直須親
견일회 시득 설친견 조성양개
見一回하야사 始得다 說親見하면 早成兩箇하리라.

● 頌曰

치인면전 불가설몽 호자무수 성성첨몽
癡人面前에 不可說夢이니 胡子無鬚에 惺惺添懵이로다.

○ 解釋

혹암사체선사는 서역의 오랑캐는 왜 수염이 없느냐고 물었다.

---

126 전게서 「第四則 胡子無鬚」(T48, 293b24~27), "或庵曰 西天胡子 因甚無鬚 無門曰 參須實參 悟須實悟 者箇胡子 直須親見一回始得 說親見 早成兩箇 頌曰 癡人 面前 不可說夢 胡子無鬚 惺惺添懵."

무문선사는 이에 대해 평하기를 "참은 모름지기 실참이라, 깨달으려면 진짜로 깨달아야지 모름지기 친견 일회하여 친견했다고 하면 두 개가 되어 버린다."고 하였다.

이에 게송하기를 "어리석은 사람의 면전에서 꿈 얘기를 하지 말라."고 하였다.

혹암사체(或庵師體: 1108~1179)[127]선사는 송나라 임제종의 스님으로 원오극근[128]선사의 법손이다. 달마대사를 직접 보고 수염이 있다 없다 하면 이는 두 가지 분별의 길로 들어서게 된다. 이는 눈을 뜨고 있으면서도 진짜는 보고 있지 못하는 것을 뜻한다. 당연히 그것은 진짜 참구도 아니고 진짜 깨달음도 아니라는 말이다.

이렇게 되면 이 또한 부처와 불법에 집착하여 보는 것도 마치 두

---

127 或庵師體(1108~1179): 焦山師體. 南宋代 禪僧. 초산은 주석한 지명. 속성은 羅씨. 台州 출신. 護國景元의 법사로서 焦山 등에 머묾. 『禪林古鏡叢書』 卷6, 『禪林寶訓』 참조.

128 圜悟克勤(1063~1135): 송나라 때의 禪僧. 俗姓은 駱씨고 자는 無著이며 佛果선사라는 이름으로 알려졌다. 彭州 崇寧 사람으로 臨濟宗의 제5조 法演의 제자가 되어 법을 계승했다. 徽宗 政和 중에 황명으로 康蔣山에 가니 학자들이 다투어 뒤를 따랐고 명성이 京師에 울려 퍼졌다. 高宗 建炎 초에 재상 李伯紀가 상주하여 金山 龍游寺에 머무르게 되었다. 황명으로 行在에 나가 만나고 圓悟 禪師란 호를 하사받았다. 나중에 蜀으로 돌아와 다시 昭覺寺에 머물렀다. 입적한 뒤 시호는 眞覺선사다. 雪竇重顯이 저술한 『頌古百則』에 주석을 더하고, 垂示와 着語 評唱을 추가하여 『碧巖錄』 10卷을 저술했다. 그 밖의 저서에 『圓悟佛果禪師語錄』 20卷이 있다. 『鴻慶居士集』 卷42 傳, 『補續高僧傳』 卷9 참조.

겹의 철산에 싸여 있는 것과 같다는 것이 아니고 무엇이겠는가? 이러한 이유로 『무문관』「선잠」의 일곱 번째 병통인 '불견법견 이철위산 병통'의 예로 제4칙 「호자무수」을 들어 볼 수 있다.

부처와 불법에 집착하듯이 달마대사가 수염이 있다 없다고 하는 유무有無의 분별에 빠지는 것이야말로 '불견법견 이철위산의 병통'에 해당하며 이 집착으로부터 벗어나 망념의 나를 내려놓을 수 있을 때라야 이것이 곧 치유인 것이며 깨달음에 이를 수 있는 길임을 『무문관』 제4칙 「호자무수」에서 제시하고 있음을 알 수 있다.

(3) 제10칙 청세고빈清稅孤貧의 예[129]

다음은 『무문관』「선잠」의 일곱 번째 병통인 '불견법견 이철위산의 병통'의 예인 『무문관』 제10칙 「청세고빈」의 원문 및 해석이다.

제십칙 청세고빈
第十則 清稅孤貧

本則

조산화상 인승문운 청세고빈 걸사진제
曹山和尚이 因僧問云하되 清稅孤貧하니 乞師賑濟하노이

129 전게서 「第十則 淸稅孤貧」 (T48, 294a25~b02), "曹山和尚 因僧問云 清稅孤貧乞師賑濟 山云 稅闍梨稅應諾 山曰 青原白家酒 三盞喫了猶道 未沾唇 無門曰 清稅輸機 是何心行 曹山具眼深辨來機 然雖如是且道 那裏是稅闍梨喫酒處 頌曰貧似范 丹氣如項羽 活計雖無 敢與鬪富."

산운 세사리세응락 산왈청원백가주 삼잔끽
다 山云하되 稅闍梨稅應諾하니 山曰青原白家酒를 三盞喫

료 유도미첨순
了하고 猶道未沾脣이로다.

評唱

무문왈 청세수기 시하심행 조산구안 심변래
無門曰 清稅輸機는 是何心行고 曹山具眼하여 深辨來

기 연수여시 차도 나리시세사리 끽주처
機로다 然雖如是나 且道하라 那裏是稅闍梨의 喫酒處오.

● 頌曰

빈사범단 기여항우 활계수무 감여투부
貧似范丹이나 氣如項羽라 活計雖無나 敢與鬪富로다.

○ 解釋

조산선사께 한 스님이 와서 청세는 외롭고 가난하니 선사께서 좀 베풀어 주시라고 하였다. 조산선사는 그 스님을 불렀다. 세사리라며 부르자 청세스님이 대답하였는데 조산선사는 청원의 백가주를 석 잔이나 들이키고도 아직 입술도 안 축였다고 말했다.

이에 대해 무문선사는 평하기를 “청세의 수기라니 이게 무슨 심사인고.”라고 하자 “조산의 안목이 건너오는 수작을 벌써 간파했다네. 그렇더라도 어디 말해 보라. 대체 어디가 청세가 술을 마신 자리인가?”라고 하였다.

또한 게송하기를 “청세의 가난은 범단과 같고 그 기개는 항우와 같네. 가진 것도 없으면서 감히 부를 다툰다.”고 하였다.

선문답은 선禪적인 언어로서 때로는 시적인 영감을 요구하기도 한다. 그만큼 메타포 즉 상징이나 은유적인 함의를 다양하게 사용하고 있다는 뜻이다. 우리가 시를 이해하려면 시인의 입장에 서야 하고 그 시인의 입장에 서려면 시인의 사상과 시의 배경을 알아야 하듯이 말이다. 여기서 청세라는 법명을 가진 스님은 이미 자신이 깨달음의 경지에 서 있다고 자신만만해 하고 있다. 어찌 보면 기백이 넘치는 모습처럼 보인다.

그런데 조산선사께 그는 자신의 경지를 외롭고 가난하다고 표현하고 있다. '외롭다'는 상대성을 떠난 '절대성'을, 그리고 '가난하다'는 것은 자신이 '무소유무일물' 혹은 '무아의 경지'에 있다는 것을 의미한다. 이런 배경을 알고 나서야 비로소 우리는 이 공안의 초입에 들어갈 수 있을 것이다.

그런데 여기서 문제는 또 발생하게 된다. 우리말로 번역된 공안에는 '청세야'라고 불렀다고 하지만 한문 원어에는 '세사리'라고 하였다. '세사리'에서의 '세'는 청세를 그리고 '사리'는 아사리(acharya)에서 유래된 말이고 'acharya'는 뛰어난 스님에 대한 존칭어이다.

이렇듯 이 공안의 배경에 대한 이해가 전혀 없다면 이 공안에 접근하는 것은 사실상 불가능하였을 것이다. 청세스님 자신이 아무리 진리를 깨쳤다고 한들 자신도 좀 구제해 주시라고 하는 말밖에 안 되는데 조산선사에게 선적인 도발을 한 것이다.

이때 조산선사는 한 치의 망설임도 없이 즉시 청세스님을 부른다. 선사께서 극존칭으로 청세스님을 부를 때 스님은 자신도 모르게 부지불식간 대답을 하여 버리며 선가의 거목 조산선사는 깨우침을 인가받고자 들이대는 청세스님에게 오히려 덕 높은 고승이라는 호칭으로 스님의 아상을 아프게 꼬집었다는 말이다. 그런데 청세스님은 이에 무심결로 대답해 버리자 진검승부는 싱겁게 끝나 버리게 된다.

깨친 사람이란 몸과 마음의 공성空性을 모두 통각한 사람이라 할 수 있다. 대상으로서의 나는 의식이라는 거울에 비친 것이며 근원으로서의 나란 순수한 의식 자체이면서 절대적 존재란 마치 앎과 하나가 된 빛과도 같다. 깨달은 이는 한마디로 모든 개념화와 대상화를 멈춘 이라고 하겠다. 그러므로 깨친 사람은 자신이 깨쳤다고 말하지 않는다. 개체로서의 깨친 사람은 이미 이 세상에 존재하지 않기 때문이다. 이렇듯 조산[130]선사는 청세스님이 깨침과 하나가 되지 못했다는 것을 단박에 알아차렸던 것이다. 이렇듯 앎과 존재가 서로 다르다면 그것을 깨침이라 이름할 수 없을 것이다.

그래서 조산선사는 청원의 백가주를 석 잔이나 마시고도 아직도 입술을 축이지 못했다고 말한다. 백가주라는 것은 청원의 백씨

---

130 曹山本寂(840~901): 당나라 때 조동종 禪僧, 泉州 莆田 사람으로 俗姓은 黃씨다. 처음에는 유학을 배웠다가 19세 때 승려가 되어 福州 복당현 雲名山에 들어가 25세 때 비구계를 받았다. 咸通 초년에 洞山의 良价에게 가서 그 宗旨를 받았고, 무주의 曹山 崇壽院에 있다가 다시 하옥산으로 옮겼다. 이 두 곳 法席은 아주 융성했다. 조동종이란 이름은 실로 양개의 동산과 본적의 曹山에 의하여 지어진 것이다. 천복 1년에 입적했고, 世壽 62세였다. 시호는 元證 禪師며, 저서에 『曹山語錄』 1卷과 『注對寒山子詩』가 있다. 『宋高僧傳』 卷13 참조.

성을 가진 사람이 만든 귀한 중국의 대표 명주인데 여기서 석 잔이란 '세사리'라는 세 음절의 단어를 뜻하기도 한다. 이렇듯 조산선사의 뜻은 그토록 그대가 원하는 답을 주었으니 너는 이제 만족하느냐는 질책의 의미라는 것이다. 그렇다면 이때 청세스님의 마음은 과연 어떠했을까? 우리의 마음에는 본래 괴로움이 없기 때문에 또한 고집멸도도 없다. 단지 고집멸도에 대해서 말하고 가난과 외로움에 대해 말하는 그 마음만 있을 뿐이다. 그런데 문제는 청세스님이 조산화상이 "세사리야!" 하고 불렀을 때 분명히 대답해 버렸다는 것이다.

이는 청세스님은 스스로 부처의 마음을 내고서도 자신의 존재까지도 이미 망각하여 버렸다는 사실이다. 그래서 조산화상은 법의 안목에 어두운 청세스님에게 청원백가의 술을 세 되나 마시고서 아직 입술도 적시지 않았다고 하느냐고 핀잔을 주었던 것이다.

마음은 한순간도 떠나지 않고 머물러 있으면서도 부처의 온갖 묘기를 다 부리기도 한다. 조산선사는 자신만만한 청세스님에게 법 자체로서 실컷 법을 누리며 즐기면서도 아직 이 법의 맛을 모르겠다는 것이냐고 하면서 아직도 스스로가 부처인지를 모르고 중생 노릇을 하느냐고 경책을 하였던 것이다.

그래서 무문선사께서는 이를 평하기를 "청세스님이 부처의 마음을 가지고도 진리의 향기조차 맡지 못하고, 온 우주를 스스로 만들어 놓고도 아직도 법이 무엇인지 모르고, 법도 보지 못하면서 자신을 떠보는 청세스님에게 이렇게 야단을 치면서 사실 최고로

값지고 보배로운 법주法酒는 다 마시고도 아직 마시지 못했다고 투덜대기만 한다."고 하였다.

온 우주와 천지가 모두 다 내 것인데 아직도 내 것만을 찾고 있는 청세스님이 그 마음을 몰라 지지리 궁상을 떨고 있으니 이를 불쌍히 여겼던 모양이다. 그렇다면 조산선사께서 지금 여기에 계신다면 오늘날 아직도 내 것만을 좇아 살아가는 대부분의 현대인에게 과연 어떻게 말씀하실까?

다시 무문선사의 평창에서 무문선사는 청세의 수기輸機라고 하여 무슨 되먹지 못한 심사라고 하였다. 조산선사는 법의 안목을 갖춘 자로서 청세가 물은 뜻을 이미 잘 알고 있었다. 또한 무문선사는 "어디가 청세가 술을 마신 자리인지를 바로 일러라."라고 하였다.

수기란 마음의 의중을 드러낸다는 의미로서 여기서는 떠본다는 뜻인데 한마디로 시비를 걸어 들이댄다는 의미이다. 마음 아닌 데가 없는데 어디가 청세가 술 먹은 자리인지를 물었다면 무문선사의 가풍에서 수행한 스님이라면 그걸 질문이라고 하느냐 하면서 곧바로 뺨을 후려칠 것이다. 즉심시불이니 가난하다고 말할 수도 없고 언제나 늘 온갖 묘용을 내는 그 마음 하나를 가지고 있으니 외롭다고도 말할 수가 없다.

또한 "어디가 청세가 술을 먹는 자리인지."라고 물었을 때 생각에 좌우되어 말과 개념을 취하지만 않는다면 "어디가 청세가 술을 먹는 자리인지."라고 묻는 이 마음이 바로 그 자리인 것이다. 이렇듯 내 마음 밖에는 마음이 없으며 오직 이 마음 하나뿐이라는 것이다.

또한 무문선사는 게송에서 "가난하기는 범단范丹과 같고 기개는 항우項羽와 같네. 먹고 살 활계活計도 없으면서 감히 부와 맞선다."고 하였다. 무문선사는 청세의 가난을 범단에 비유하고 그 기개는 항우와 같다고 칭찬한다. 이 공안에서 범단은 당시 청빈한 이의 대명사로 자는 사운史雲이라 불렀다. 유불선 삼교에 능통한 대학자였는데 무문선사는 청세스님의 청빈함을 범단에 비유했고 그의 기개를 힘이 센 항우장사에 비유하고 있다.

청세스님을 이 두 사람에게 비유한 이유는 스님의 청빈한 점, 그리고 당시 조산선사 같은 대선지식에게 맞서는 그의 의기를 항우장사에 지지 않을 기개라고 찬탄하면서 청세가 무일푼의 거지라고 할지라도 구도求道를 향한 용맹심은 대단하다는 말이다. 그러나 활계가 없다고 한 것은 청세스님이 청빈하니 베풀어 주시라고 하면서 처음에 나선 것은 범단이나 항우와도 같은 기개였으나 나중에 청세라고 부르니 그렇다고 대답한 대목은 탐탁지 않았던 모양이다. 어찌하여 덕 높은 스님이라고 부른 것에 답하는 그 마음을 가지고 있으면서도 거지 노릇 하고 외로움에 지쳐 있다고 말하는지를 모르겠다는 뜻이다.

우주가 다 내 집이고 만물이 다 내 재산인데 무엇 때문에 먹고 싶은 것도 먹지 못하고 마시고 싶은 것도 마시지 못하는지를 물었던 것이다. 중생이 먹고 싶을 때 먹지 못하고 잠자고 싶을 때 잠잘 수 없어 늘 궁핍하게 살아간다는 것을 빗대어 하는 말이다.

이 마음자리를 확철하게 깨달은 부처는 부족한 게 없다. 늘 지금 여기 이 마음자리에 불생불멸하게 머문다. 그러나 잘 살고 있다는 것을 충분히 느끼지 못하고 그저 남과 비교하면서 쫓기면서 살아가지 않고 정말로 자기가 잘 살고 있다는 것을 알아차리지 못하면 이 또한『무문관』「선잠」의 일곱 번째 병통인 '불견법견 이철위산 병통'에 해당된다.

또한 이 병통을 치유하는 자유로운 부처가 되는 길을 자신이 처한 일상의 생활 속에서 찾으라고 하셨다. 일상에서 여여如如하게 생활하다 보면 지극한 선정에 이르고 결국에는 지혜가 나타나서 부처가 될 수 있다고 말이다.

수행자에게 있어서 가난은 미덕이다. 이때의 가난이란 물질적 가난이 아니라 마음이 가난한 것이다. 아무데도 집착할 것이 없고 어떤 상황에도 분별심이 일어나지 않는 가난을 말한다. 탐 · 진 · 치 삼독심으로 가득 차 있다면 아무리 물질을 적게 가지고 있다 하더라도 마음이 가난한 것이 아니다.

마음의 가난이란 끊임없는 자기성찰의 철저한 수행에서 비롯된다. "공부가 익고 익어지면 하도 가난해서 송곳 하나 꽂을 땅이 없다 하였는데 올해는 더욱 가난하여 꽂을 송곳마저 없다."고 한 옛 스님의 행적에 비추어 볼 일이다.

그리하여 이 가난이 가난해졌다는 마음까지 없어져 버릴 때야 말로 참가난이라 할 수 있다. 가난의 뿌리조차 없어질 때 가식도 체면도 모두 날아가고 텅 빈 그야말로 오롯한 그것만이 존재하게 될 것이다. 스스로 고빈孤貧하다면 그뿐이지 무엇 때문에 구걸하듯 인정을 받고자 하는가? 여기에 조산선사는 청세의 이름을 불러 상相을 부수는 자비를 보여 주었다. 진실로 그 마음에 무일물無一物하여야 무진장無盡藏한 세상을 자유로이 노닐 수 있게 되며 이렇듯 부처에도 집착하는 병통을 치유할 수 있을 때라야 스스로 부처에 이르게 된다는 것을 『무문관』 제10칙 「청세고빈」에서는 바로 '불견법견 이철위산 병통'의 치유가 이루어져야 비로소 깨달음에 이를 수 있다는 것을 보여 주고 있다.

(4) 제11칙 주감암주州勘庵主의 예[131]

다음은 일곱 번째 병통으로 '불견법견 이철위산 병통'의 예인 『무문관』 제11칙 「주감암주」의 원문 및 해석이다.

---

131 전게서 「第十一則 州勘庵主」 (T48, 294b06~16), "趙州到一庵主處問 有麼有麼主竪起拳頭 州云 水淺 不是泊舡處 便行 又到一庵主處云 有麼有麼主亦竪起拳頭 州云 能縱能奪能殺能活 便作禮 無門曰 一般竪起拳頭 為甚麼 肯一箇不肯一箇 且道誵訛在甚處若向者裏 下得一轉語 便見趙州舌頭無骨 扶起放倒得大自在 雖然如是 爭奈趙州却 被二庵主勘破 若道二庵主有優劣 未具參學眼 若道無優劣 亦未具參學眼 頌曰 眼流星機掣電 殺人刀活人劍."

제십일칙 주감암주

第十一則 州勘庵主

本則

조주도일암주처문 유마유마 주수기권두 주
趙州到一庵主處問하되 有麼有麼아 主竪起拳頭어늘 州
운 수천불시백항처 변행 우도일암주처운
云하되 水淺不是泊舡處라하고 便行하다 又到一庵主處云하
유마유마주역수기권두 주운 능종능탈 능
되 有麼有麼主亦竪起拳頭한데 州云하되 能縱能奪하고 能
살능활 변작례
殺能活이라고 便作禮하다.

評唱

무문왈 일반수기권두 위심마긍일개 불긍일개
無門曰 一般竪起拳頭어늘 爲甚麼肯一箇하고 不肯一箇
차도 와효재심마 약향자리하득 일전어
오 且道하라 誵訛在甚麼오 若向者裏下得하여 一轉語하면
변견조주설두무골 부기방도 득대자재 수연
便見趙州舌頭無骨하고 扶起放倒에 得大自在하리라 雖然
여시 쟁나조주각피이암주감파 약도이암주 유우
如是나 爭奈趙州却被二庵主勘破오 若道二庵主가 有優
열 미구참학안 약도무우열 역미구참학안
劣이라도 未具參學眼이오 若道無優劣이라도 亦未具參學眼
이니라.

● 頌曰

안류성 기체전 살인도 활인검
眼流星하고 機掣電하니 殺人刀요 活人劍이로다.

○ 解釋

조주선사가 한 암주를 찾아서 "계십니까, 계십니까?" 하자 그 암주가 주먹을 들었다. 선사는 물이 얕아서 배를 세울 곳이 못 된다고 하고 돌아갔다. 이번에는 다른 암주를 찾아가 "계십니까, 계십니까?" 하였다. 그도 역시 주먹을 들었는데 선사는 그 암주가 능통능난하여 살활자재하다고 칭찬했다.

이에 대해 무문선사는 평하여 말하기를 "쌍방이 주먹을 들었는데 무엇 때문에 한쪽은 긍정하고 한쪽은 부정했을까? 일러 보라. 잘못이 어디에 있는가? 만약 이에 대하여 일견식을 얻었다면 조주선사의 혀에는 뼈가 없고 활과 부기[活] 방과 살殺에 자유자재하리라. 그러나 어찌할꼬. 조주가 오히려 두 암주에게 간파당한 것을! 만약 두 암주에게 우열이 있다 하면 아직은 실력이 없고 만일 우열이 없다고 해도 실력이 없는 것이다."라고 하였다.

또한 게송으로 이르기를 "눈은 마치 흐르는 별과 같고 기개는 번갯불과도 같아서 죽이려면 죽이고 살리려면 살린다."고 하였다.

조주선사가 각각의 두 암주를 만났을 때 모두 똑같이 주먹을 세워 보였다. 그런데 첫 번째 만난 암주는 조주선사의 눈 밖에 났으며 두 번째 암주는 조주선사로부터 인정을 받았다. 무엇 때문인가? 이것은 머리로 궁리해도 은산철벽이다.

이는 아무런 진척이 없으면서 눈도 콧구멍도 귓구멍도 없는 수수께끼 같다. 막다른 궁지로 몰아넣고 죽느냐 사느냐의 극한 상황에서 입을 열어 보라는 식이다. 이것은 마치 귀머거리가 되고 장님이 되어 궁구하지 않으면 접근조차 힘이 들 것이다. 또한 이것은 더 이상 마음 쓸 곳이 없어지고 초승달 그림자가 물소의 뿔에 각인되는 경지에 이르러야만 늙은 쥐가 소뿔 속에 덜컥 걸려들어가는 것과 같다. 순일무잡한 자리에서 한 발자국 더 들어가야 이 맛을 보게 된다는 것이다. 두 개의 상황은 같은데 정반대의 판정을 받은 이 사건은 결코 만만하지 않다.

여기에 아무런 이유도 근거도 없다. 조주선사는 어째서 하나는 부정하고 하나는 인정을 하였을까? 분명히 조주선사의 속셈이 있다는 것이다. 이렇게 깊은 신심이라야 분별 망상의 높은 산을 넘어 불가사의한 의정疑情 덩어리가 생긴다.

두 암주 사이에 하나는 맞고 하나는 틀리다는 식의 우열이 있다거나 주먹에 무엇이 있다는 생각은 다 분별의식에서 오는 병病이다. 이러한 까닭으로 『무문관』 제11칙 「주감암주」의 공안은 『무문관』 「선잠」의 일곱 번째 병통인 '불견법견 이철위산 병통'의 예에 해당된다.

또한 조주선사가 학인의 공부를 시험하려는 수작이 아닌가 하는 태도도 아니다. 지금 여기의 난제는 죽이는 살인도殺人刀를 잡든가 살리는 활인검活人劍을 잡든가 하는 기로에 서 있다. 여기에서는 조주선사의 평마저도 아무 소용이 없다. 자칫 잘못하면 우리들 자신마저도 조주선사의 시험에 걸려들고 말 것이므로 바짝 정신을 차려서 함부로 딴전을 피우면 안 된다는 말이다.

『무문관』 제11칙 「주감암주」에서는 조주종심(趙州從諗: 778~897)이라는 대선지식이 우리에게 당혹감을 던지며 깨달음의 그 관문을 열고 있다.

여기에는 조주선사 외에 무명의 스님 두 분이 등장한다. 조주선사가 첫 번째 스님의 암자를 찾았을 때 그 스님은 별안간 주먹을 들어 보인다. 여기서 주먹을 든다는 것은 무슨 의미인가? 그것은 흔한 '주먹감자'를 말한다. 타인을 비하할 때 동서양 구별 없이 쓰는 일종의 욕 같은 표현이라고 할 수 있다. 자신이 나름대로 깨달음에 이르렀다고 자부하던 조주선사는 아마도 당혹하였을 것이다. 암자에서 수행하고 있던 무명의 한 스님이 주먹감자를 날렸으니 기분이 좋을 수는 없었을 것이다.

조주선사 또한 곧바로 그 스님을 비하해 버렸다. "이곳은 물이 얕아서 배를 내가 정박시킬 만한 곳이 못 되는구나!" 다시 말해서 자신처럼 큰 인물이 상대할 가치도 없는 천박한 사람이라는 것이다. 여기서 우리가 주목해야 할 점은 타인이 가하는 모욕에도 당당한 조주선사의 면모이다.

하지만 이러한 조주선사의 당당한 면모에도 불구하고 조금 아쉬운 점이 있다. 조주선사는 자신을 인정하지 않았던 무명의 스님에게 자신도 인정하지 않는 통쾌한 복수를 하였다는 것이다.

이것은 그의 내면에도 나름 인정받고자 하는 욕망이 있었다는 것을 말해 주는 것이 아닐까? 부지불식간에 조주선사는 인정받고 싶은 욕망에 떨어져 버리고 말았다는 것을 뜻한다. 『서경書經』[132]에도 성인도 망념을 가지게 되면 미친 광인이 되고, 광인도 망념을 이기게 되면 성인이 된다[惟聖罔念作狂 惟狂克念作聖]."고 한 바 있다.

다행스럽게도 조주선사는 깨달은 대선지식답게 실수를 금방 알아차리게 된다. 이 사실은 두 번째 암자의 무명의 스님을 만날 때 확연히 드러난다. 두 번째 스님도 조주에게 첫 번째 무명의 스님과 마찬가지로 '주먹감자'를 날린다. 그러나 이미 자신의 실수를 자각하였던 조주선사였기 때문에 두 번째 스님의 모욕에 맞서서 상대방보다 자신이 크다는 허영을 부리기보다는 상대방이야말로 자신보다 정말로 크다고 긍정해 버리고 만다. "줄 수도 있고 뺏을 수도 있으며 죽일 수도 있고 살릴 수도 있구나!"라고 하면서 말이다.

이렇게 말한 것은 한마디로 말해 상대방 스님이 자유자재한 깨달음을 얻었다는 뜻이다. 여기서 조주선사는 본래 자신의 모습으로 되돌아가게 된다.

타인의 인정에도 결코 연연하지 않는 주인공의 마음으로 돌아가게 된 것이다. 타인에게 모욕당했을 때의 불쾌감이 없다면 이것

---

132 『書經集傳』 卷下, "惟聖罔念作狂 惟狂克念作聖 天惟五年 須暇之子孫 誕作民主 罔可念聽."

은 바로 타인에게 인정받으려는 욕망 또한 사라졌다는 것을 뜻한다. 그렇다면 이제 다시 궁금해지는 것이 있다. 조주선사가 두 번째 스님에게 절을 했을 때 그 스님은 어떻게 하였을까? 아니, 어떻게 해야만 했을까? 이제 관심은 두 번째 무명의 스님에게 향하게 된다.

만약 스님이 자신을 인정해 주었다면서 기뻐하는 순간에 이 두 번째 스님은 천 길 나락으로 떨어져 버렸을 것이다. 아마도 그는 다시 '주먹감자'를 이전보다 더 험상궂은 얼굴로 날리거나 아니면 자신을 시험하고자 하는 선사의 뺨을 후려쳤을지도 모를 일이다.

법에 밝다는 것은 자신이 전혀 미혹되지 않아서 어떤 생각도 없고 두려움도 없다는 것을 뜻한다. 공안은 자신이 확철한가, 그렇지 않은가에 초점을 둔다. 절대로 남의 이야기가 아니라는 것이다. 조주선사라고 해서 우리가 잘 아는 유명한 스님이니까 무조건 법이 확실할 것이라고 생각하는 것 또한 금물이다. 그렇다면 첫 번째 암주와 두 번째 암주 중에 누가 더 법에 밝은 걸까? 바로 이것이 남의 이야기다.

어쨌든 무문선사는 원래 공안의 의미를 잘 살려서 거미줄을 몇 개씩 쳐 놓고 기다리고 있다. 약간 흔들려 버리면 거미가 어디에서 나타났는지도 모르게 순식간에 거미줄로 먹이를 확 감아 버려서 꼼짝 못하게 한다. 그러나 아무리 수없이 거미줄을 쳐 보아도 빠져나갈 방법은 있다. 그게 바로 자신의 안목이라는 것이다. 묘안은 바로 "계십니까?" 이것에 있다. "이것이 어디에 있습니까, 계십니까?" 이에 대한 답은 오직 지금 여기라는 것뿐이다. 이것을 알면 조주선사의 속내를 간파할 수 있게 될 것이다. "계십니까?" 하는 한마디에 선사는 아마도 주먹을 쥐거나 뛰어나와 인사를 하거나 아니면 웃거나 찡그리거나 등등의 여러 가지로 답을 할 수 있을 것이다.

임제의 「사료간」[133]에 만약에 "계십니까?"에서 답을 못 찾는다면 놓을 줄도 알고 빼앗을 줄도 알고 죽고 살릴 줄 알며 절을 하면서 수긍한다고 해도 역시 모르는 것은 마찬가지이다. "계십니까?" 했는데 두 암자 모두 답이 없었다면 조주선사는 아마도 이 암자에서 편하게 머물 수 있었을지도 모르겠다. 생각이라는 망상이 두더지처럼 튀어나오고 들어가도 단지 그것이 분명하다면 땅으로 숨는 일조차도 이 손가락 하나를 벗어나지 못한다.

만약 이러한 망상에 빠져 버리면 이것은『무문관』「선잠」의 일곱 번째 병통인 '불견법견 이철위산의 병통'에 빠져서 헤매게 되는 것이며 바로 이러한 병통을 치유하여 망견을 내려놓을 수 있는 것이야말로 진정한 깨달음에 이르게 될 수 있다는 것이다.

타인의 평가에 웃고 울며 일희일비하는 삶은 마치 바람에 나뒹구는 나뭇잎 같은 수동적인 삶에 불과하다. 인간은 다른 매개가 없어도 당당한 삶의 주체가 될 수 있으며 삶의 주인공이 될 수 있다. 바로 이 점이 신이나 다른 존재에 의존하지 않는 당당한 불교

133 宗浩 著,『臨濟禪 硏究』,「四料簡」. 경서원 1996. pp. 425~462.

의 매력이기도 하다. 만약 타인의 인정에 연연하지 않는다면 결코 자살과 같은 극단적인 선택을 하지 않게 될 것이다. 타인에게 인정받기에 목마르지 않게 된다면 우리는 비바람 치는 폭풍우 속에서도 자리를 지키는 당당한 산과 같을 테니까 말이다.

바로 이 점이 불교적 사유가 신에 의지하는 기독교로 대표되는 서양 사유로부터 구별되는 대목이라 여겨진다. 불교는 인간이 어떤 매개 없이도 당당한 삶의 주체가 될 수 있다는 것을 깊이 긍정하고 있다. '천상천하 유아독존天上天下唯我獨尊'을 외쳤던 부처님이나 매일 스스로를 '우주의 주인공主人公'이라 부른 선지식이 존재했다는 것이다.

(5) 제15칙 동산삼돈洞山三頓의 예[134]

다음은 일곱 번째 병통으로 '불견법견 이철위산 병통病病'의 예인 『무문관』 제15칙 「동산삼돈」의 원문 및 해석이다.

---

134 전게서 「第十五則 洞山三頓」 (T48, 294c24~295a08), "雲門因洞山參次 門問曰 近離甚處 山云査渡 門曰夏在甚處 山云湖南報慈 門曰幾時離彼 山云八月二十五 門曰放汝三頓棒 山至明日却上問訊 昨日蒙和尚放三頓棒 不知過在甚麼處 門曰飯袋子 江西湖南 便恁麼去山 於此大悟 無門曰 雲門當時便與本分草料 使洞山別有生機一路 家門不致寂寥 一夜在是非海裏 著到直待天明 再來又與他注破 洞山直下悟去未是性燥 且問諸人 洞山三頓棒合喫不合喫 若道合喫 草木叢林皆合喫棒 若道不合喫 雲門又成誑語向者裏 明得 方與洞山出一口氣 頌曰 獅子教兒迷子訣 擬前跳躑早翻身 無端再敘當頭著 前箭猶輕後箭深."

제십오칙 동산삼돈
第十五則 洞山三頓

本則

운문 인 동산참차 문 문왈 근리심처 산운
雲門 因 洞山參次에 門이 問曰하되 近離甚處오 山云하되
사도 문왈하재심처 산운 호남보자 문왈
查渡로소이다 門曰夏在甚處오 山云하되 湖南報慈니다 門曰
기시리피 산운 팔월이십오 문왈 방여삼돈방
幾時離彼오 山云하되 八月二十五니다 門曰 放汝三頓棒하
산 지명일 각상문신 작일몽화상방삼돈방
노라 山이 至明日하여 却上問訊하고 昨日蒙和尙放三頓棒하
부지과재심마처 문왈반대자 강서호남 변임마
니 不知過在甚麼處오 門曰飯袋子야 江西湖南에 便恁麼
거 산 어차 대오
去하라한데 山이 於此에 大悟하다.

評唱

무문왈 운문 당시 변여본분초료 사동산별유
無門曰 雲門이 當時에 便與本分草料하여 使洞山別有
생기일로 가문 불치적료 일야재시비해리
生機一路런들 家門이 不致寂寥어늘 一夜在是非海裏하여
착도 직대천명재래 우여타주파 동산 직하
著到케하고 直待天明再來하여 又與他注破하여 洞山이 直下
오거 미시성조 차문제인 동산삼돈방 합끽
悟去하니 未是性燥로다 且問諸人하노니 洞山三頓棒을 合喫
불합끽 약도합끽 초목총림 개합끽방
가 不合喫가 若道合喫이라하면 草木叢林도 皆合喫棒이오
약도불합끽 운문 우성광어 향자리명득
若道不合喫이라하면 雲門이 又成誑語로다 向者裏明得하면
방여동산 출 일구기
方與洞山으로 出로 一口氣하리라.

● 頌曰

獅子教兒迷子訣(사자교아미자결)하되 擬前跳躑早翻身(의전도척조번신)이요 無端再敍當頭著(무단재서당두착)하니 前箭猶輕後箭深(전전유경후전심)이로다.

○ 解釋

운문선사께 어느 때 동산스님이 참배하였는데 "그대는 어디서 왔는고?" 하고 물었다. 동산스님이 대답하기를 "사도에서 왔습니다." 하였다. "여름철 어디서 지냈는가?" 하고 묻자 "네, 호남의 보자사에서 지냈습니다."라고 대답하였다. "언제 그곳을 떠났는가?" 하고 다시 묻자 "팔월이십오일에 떠나왔습니다."라고 대답했는데 이에 운문선사는 "그대에게 3돈 방을 놓겠노라."고 하였다.

동산선사가 명일에 운문선사를 찾아 물었다. "선사께서 제게 3돈 방을 놓으신다고 하셨는데 저의 허물이 어디에 있습니까?" 운문선사가 답하기를 "이 밥통아, 강서로 호남으로 어디를 그렇게 싸돌아다닌단 말이냐?" 하자 이에 동산선사는 크게 깨쳤다.

이에 대해 무문선사는 평하기를 "운문선사께서 그때 본분사의 초료를 가르쳐 주어 동산선사에게 이 같은 생기일로를 주었더라면 운문종의 가문이 적로하여 망하지 않았을 것을…. 동산선사가 하룻밤 내내 이리저리 생각을 일으켜 다음 날 다시 찾아가서야 일구에 깨닫게 하였으니 아직은 완전하지 못하다. 묻노니 '동산선사가 삼 돈 방을 맞을 것인가, 맞지 않을 것인가?' 만약 맞을 것이라 답하면 산천초목은 물론 모두가 다 맞을 것이고 그렇지 않다면 운문선사가 우리를 속인 말이 된다. 만약 이러한 이치를 알 수 있다면 그때는 동산선사와 같이 더불어 호흡하게 될 것이다." 라고 하였다.

또한 게송으로 말하기를 "사자가 새끼를 가르치는 비결과 같이 사자는 어찌할 수 없는 처지를 당해 재빨리 몸을 뒤치니 다시 순서를 밟아 진여자성의 자리에서 마주하게 된다. 이는 앞의 화살은 가벼우나 두 번째 화살은 무겁다." 라고 하였다.

동산수초(洞山守初: 910~990)[135]선사는 다음으로 살펴보게 될 제18칙「동산삼근」에도 등장하는 동일한 분으로 선가5종의 하나인 조동종을 창시한 동산양개(洞山良价: 807~869)[136]선사와는 다른 분이다.

---

135 洞山守初(910~990): 曹洞宗을 창시한 동산양개가 아닌 운문의 제자로 湖北 사람이다. 양주 동산에 살았기 때문에 洞山守初라 불리며 운문의 宗風은 준엄하고 禪氣가 발랄하여 많은 修禪者가 모여들었는데 그중에 德山緣密과 洞山守初 등의 명승이 있었다고 전한다.『傳燈錄』卷23,『五燈會元』卷15 참조.

136 洞山良价(807~869): 당나라 때의 禪僧. 曹洞宗의 개조로 俗姓은 兪씨고, 흔히 洞山良价로 불린다. 시호는 悟本禪師며 江西 會稽 사람이다. 어릴 때 출가하여 21세 때 嵩山에서 구족계를 받고, 이어서 南泉普願과 潙山靈祐 등 여러 고승을 찾았다. 大中 13년(859) 新豊山에서 禪法을 실행하다가 나중에 豫章 高安 洞山의 普利院으로 옮겨 종풍 선양에 힘썼다. 그래서 동산양개로 불렀다. 제자가 항상 수백 명에 이르렀다. 저서에『寶鏡三昧』와『玄中銘』,『大乘經要』등이 있다.『宋高僧傳』卷12 참조.

여기의 동산수초선사는 선가5종 중에 운문종雲門宗의 선사이다.

이 공안의 장場에서 그는 아직 깨닫지 못한 상태로 운문선사의 지도를 받기 위해 찾아왔던 모양이다. "그대는 어디서 왔는고?" 하고 운문선사가 물었는데 이는 단순한 인사가 아니라 상대의 본면목을 묻는 질문으로 그 깊이를 타진하는 물음이었던 것이다. "사도에서 왔습니다."라고 답하였는데 이런 답을 하면 그가 깨달았는지 못 깨달았는지 알 수 없다.

이에 운문선사는 계속해서 묻는다. "하안거는 어디서 보냈는가?" 이에 동산선사는 "호남의 보자사에서 났습니다."라고 답했는데 이 또한 운문선사가 보기에는 깨달음이고 뭐고 없는 답이었다. 이에 또 운문선사가 "언제 그곳을 떠나왔는가?" 하고 묻자 동산선사는 "8월 25일에 떠나왔습니다."라고 답했으며 이도 역시 일반적인 대화의 틀에서 벗어날 능력이 없는 답이었다.

한마디로 그는 여전히 눈먼 장님이었다. 선가에서의 문답은 법의 경계에 한정된 언어이다. 예를 들어 친근한 인사말이나 그동안 떠나온 여행경로 같은 것과 관련된 문답이 아니라는 것이다. 이 세 가지 질문들을 던짐으로써 운문선사는 학승의 의식 상태를 알아보고자 한 것이지 일상적인 여행경로를 알고자 한 것이 아니었다. 이 점을 동산스님은 이해하지 못했다. 아마도 동산스님은 너무도 훌륭한 선지식을 만난 상황으로 준마를 탔을 것인데 그때는 그만 훌륭한 준마 위에 자신이 타고 있다는 사실조차도 알아채지 못했다. 그가 가는 이 길은 진정 향상한 최고의 길이었는데 말이다. 동산스님은 그 사실을 까맣게 몰랐다. 한마디로 그는 자신의 바깥 경계에 있는 사물만 인식하고 있었다.

만약 깨달음을 얻은 사람도 이와 같이 운문선사처럼 질문한다면 그 또한 동산선사와 똑같이 대답할 수 있을 것이다. 꼭 언어적인 대답이 아니라 진짜 선사가 깨달음을 알아볼 수 있는 또 다른 징후가 있었을 것이다. 예를 들면 그의 눈빛이나 걸음걸이 혹은 말투 같은 것에서도 알 수가 있었을 것이라는 뜻이다.

그런데 동산스님은 모양에 있어서도 아주 미미한 정도의 깨달음의 징후를 보이지 않았던 모양이다. 이에 운문선사는 “너에게 60방 때릴 것을 용서하겠다.”라고 하였다. 1돈이 20방이니 3돈이면 60방을 뜻한다. 운문선사가 말씀하신 진짜 의미는 “넌 60방을 맞아야 하나 그리하지 않겠다. 오히려 내 방망이만 더럽혀질까 그런다.”라는 말이다.

어쩌면 이러한 표현은 60방의 매보다 더 심하게 동산선사의 폐부를 찌르는 말이었을 것이다. 이러한 답은 운문선사로서는 아주 자비스럽게 찔러 주는 것인데도 동산은 자신의 대답이 그렇게 우매하고 불손했다고 생각하지 않았다. 밤새 동산스님은 잠을 이룰 수가 없었을 것이다. 동산스님의 이러한 모습은 아주 단순하고 신실했다. 거기에 아상이란 찾아볼 수가 없었다. 날이 밝기가 무섭게 운문선사께 달려간 그는 마치 어린아이처럼 진실된 마음으로 운문선사에게 답을 구했다. 바로 이것이야말로 좌선을 하는 데 이상적인 마음자세라고 할 수 있겠다. 이렇게 묻는 동산스님에게 운문선사의 답은 "야, 이 밥자루야. 그렇게 강서로 호남으로 쏘다니고 천지로 헤매서 뭘 찾으려 하느냐?"였던 것이다. 이 절에서 저 절로 쏘다닐 게 아니고 깨달음이란 자기를 자신 안에서 간파해야만 하는 것인데 긴 세월만 낭비하고 다닌다는 의미였다. 이 한마디로 운문선사는 본분의 양식을 밤새워 고민한 동산에게 한 번 더 돌파하였다.

이에 대해 무문선사는 이렇게 평한다. "이때 동산이 바로 깨달음을 얻기는 했지만 이것을 가지고 여전히 밝다고 할 수 없다. 이제 그대에게 묻겠는데 동산스님이 60방을 맞아야 하겠는가? 만일 그렇다면 온 산천초목도 다 같이 맞아야 할 것이고 그렇지 않다면 운문이 거짓말을 하는 것이니 그대가 이러한 이치를 또렷이 알 수 있다면 동산과 같은 입으로 호흡을 함께 할 것이다. 그런데 만약 운문선사가 그때 동산선사에게 본분의 양식을 곧바로 주었더라면 더 일찍 깨달았을 것이고 운문의 문중이 지금에 와 이렇게 황폐해지지는 않았을 것이라는 뜻이다."

선禪은 최상승의 관점에서 질문을 던진다. 조사나 부처의 관점도 초월한다. 무문선사가 이렇게 말하는 것은 마치 운문종이 수백 년 전에 중국에서 끊긴 것에 대해 운문선사와 동산선사 모두에게 아주 혹독한 비난을 가하는 것처럼 보이나 사실은 운문이나 동산하고는 아무런 관계가 없다. 단지 경각심을 주기 위해 동산이 60방을 맞아야 한다든가 하는 것이지 그렇지 않다면 현상계에서 모든 행동은 물질세계의 완벽한 표현 외에 다름이 아닌 것이며 이것은 우리의 본성 외에 다른 이름이라는 것이다.

그래서 세상의 모든 것은 완벽하고 아무런 허물도 범하지 않고 있다. 그의 모든 답은 옳았던 것이다. 만약 그에게 허물이 있다고 한다면 절간의 모든 존재와 세상의 모든 것에 허물이 있는 것과 같고 동산에게 허물이 없다 하면 운문이 거짓말을 한 것이므로 운문선사 스스로에게 방을 날려야 할 것이다. 그대가 이것을 또렷이 알아차릴 수 있다면 동산과 같은 입으로 호흡을 함께 하리라는 것이며 이 말은 깨달음이 동산만큼 또렷할 것이라는 뜻이다.

여기에 무문선사는 이렇게 게송을 읊는다. "사자가 새끼를 가르치는 비결을 의논하러 들어가 깨달았네. 살림 없는 동산에게 거듭펴 계합하게 함이여, 앞 화살이 가볍다면 뒤 화살은 깊다 하리."

사자는 새끼를 낳고 약 1주일 후에 자신의 새끼를 절벽에서 밀어 떨어뜨린다. 이런 식으로 어미 사자는 다시 기어 올라오는 녀석만 기른다고 한다. 이때 운문선사는 동산을 마치 새끼 사자 다루듯 하고 있다. 이튿날 어미 사자에게로 다시 돌아온 새끼 사자에게 운문선사는 또 뜻하지 않게 장군을 먹인다. 첫 번째 장군은 "너에게 60방 날리려다가 내가 참는다."이고 두 번째 장군은 "이 밥자루야! 왜 그렇게 강서로 호남으로 쏘다니냐?"였던 것이다. 첫 번째 장군은 그런대로 가벼우나 두 번째 장군은 그 의미가 매우 깊었다. 동산에게 첫 번째 장군은 그다지 효과적이지 않았으나 두 번째 장군은 동산의 심장을 관통하여 큰 깨달음을 이루게 된 것이다.

무문선사의 문중은 선가의 오가칠종 중에서 임제종에 속한다. 운문선사의 가풍하고는 조금 다르다. 임제종이라는 가풍을 이해하려면 임제종의 창조이시고 사자처럼 단호하고 맹렬했던 임제선사를 살펴볼 필요가 있어 잠시 언급해 보겠다.

임제선사의 정신은 지금도 『임제어록臨濟語錄』에 남아 전해지고 있다. 임제선사의 핵심적인 속내를 가장 분명히 보여 주는 것은 우리나라의 선가에서도 자주 회자되고 있는 '수처작주隨處作主 입처개진立處皆眞'[137]이란 사자후이다. '이르는 곳마다 주인이 된다면 처하는 곳마다 모두 참이 된다.'는 뜻인데 이 여덟 글자의 가르침은 사실 안이건 밖이건 마음으로 만나는 모든 경계와 나타나는 무엇이든지 그것이 설사 부처나 조사나 혈육이라도 내려놓고 죽여 버리라는 의미이다.

만약 그렇게만 한다면 비로소 해탈에 이를 수 있다는 말이다. 진실로 잊지 말아야 하겠다. 이 해탈에 이르는 것만이 임제선사의 도전적인 가르침의 핵심이다. 이렇듯 부처가 된다는 것은 실제로 사람을 죽이라는 의미이거나 일체의 외적인 권위나 경계에 좌충우돌하는 것이 아니라 자신의 삶에 당당한 주인공이 된다는 것 그 이상도 그 이하도 아니다.

그래서 임제선사는 이렇게 설했다. "그대가 부처나 조사라는 존

---

137 『鎭州臨濟慧照禪師語錄』「臨濟慧照玄公大宗師語錄序」(T47, 498a16), "道流！佛法無用功處 秖是平常無事 屙屎 送尿 著衣 喫飯, 困來即臥… 愚人笑我 智乃知焉 古人云向外作 工夫 總是癡頑漢 爾且 隨處作主 立處皆真."

재를 염두에 두고 그들을 머리로 존경하고 있다거나 또는 부모나 친척을 염두에 두고 그들을 잊지 못한다면 수행자는 바로『무문관』「선잠」의 일곱 번째 병통인 '불견법견 이철위산 병통'에서 헤매면서 아직 성불하지 못한 예에 해당한다. 이러한 병통을 내려놓을 수 있고 치유할 수 있어야만 비로소 해탈에 이를 수 있다."

수행자는 미래에 부처나 조사가 되고자 하는 자이고 동시에 출가하기 전 과거에는 누군가의 아들이나 조카였을 것이다. 이는 결국 미래를 끊고 과거를 끊어야 해탈할 수 있다는 것인데 바로 이것을 임제선사는 전하고자 했다는 것이다. 미래와 과거를 끊었을 때 우리는 어디에 있게 될까? 당연히 그것은 현재라는 시제일 것이다. 이렇듯 지금 여기 "그대가 이르는 곳마다 주인이 되어 서 있는 곳이 모두 참되다."라고 설한 임제선사의 뜻이 분명해진다.

만약 부처와 불법에 집착하여 보는 것도 마치 두 겹의 철산에 싸여 있는 것과 같다는 것이야말로『무문관』「선잠」의 일곱 번째 병통인 '불견법견 이철위산 병통'의 예에 해당된다.

불법에 집착하여 두 개의 철산에 갇혀 있더라도 이를 곧바로 내려놓을 수만 있다면 비로소 이 병통을 치유할 수 있으며 이 병통이야말로 깨달음에 이르는 뗏목이 되는 방편이 되어 줄 수 있다는 것이다.

(6) 제18칙 동산삼근洞山三斤의 예[138]

다음은 일곱 번째 병통인 '불견법견 이철위산 병통'의 예인 『무문관』 제18칙 「동산삼근」의 원문 및 해석이다.

제십팔칙 동산삼근
第十八則 洞山三斤

本則

동산화상 인 승문 여하시불 산운 마삼근
洞山和尚이 因 僧問하되 如何是佛이니꼬 山云하되 麻三斤이라하다.

評唱

무문왈 동산노인 참득사방합선 재개양편 노출간장 연수여시 차도 향심처 견동산
無門曰 洞山老人이 參得些蚌蛤禪하여 纔開兩片하고 露出肝臟이로다 然雖如是나 且道하라 向甚處하여 見洞山고.

● 頌曰

돌출마삼근 언친의경친 내설시비자 편시시비인
突出麻三斤이여 言親意更親이라 來說是非者가 便是是非人이니라.

---

138 전게서 「第十八則 洞山三斤」(T48, 295b05~10), "洞山和尚 因僧問 如何是佛 山云 麻三斤 無門曰 洞山老人參得些蚌蛤禪 纔開兩片 露出肝腸 然雖如是且道 向甚處見洞山 頌曰 突出麻三斤 言親意更親 來說是非者 便是是非人.

○ 解釋

동산수초선사께 한 선승이 "어떤 것이 부처입니까?" 하고 물으니 동산선사께서 "마삼근麻三斤이다."라고 답하였다.

이에 대해 무문선사는 평하기를 "동산노인이 방합선蚌蛤禪을 참구하여 겨우 두 껍질을 얻어 간장을 드러냈구나! 그러나 얼른 말해 보라. 동산 노장의 배 속을 어떻게 볼 것인가?"라고 하였다.

또한 게송으로 설하기를 "드러내는 마삼근의 말이 친절할 뿐만 아니라 그 뜻 또한 친절하네. 와서 시비를 말하는 이가 곧 시비인是非人이다."라고 하였다.

『무문관』 제18칙에서 동산수초(洞山守初: 910~990)선사는 저울로 삼을 달고 있었다. 그런데 한 스님이 찾아와 지극한 예를 올리고 대뜸 "부처가 무엇입니까?"를 묻는데 마침 저울대의 눈금은 세 근을 가리키고 있었다. 큰스님은 주저함 없이 "삼 세 근이니라."라고 답하였다. 여기서 의정이 일어나야 한다. "마삼근이 어찌하여 부처인가, 마삼근?"이라는 일상의 언어를 빌려서 분별 너머에 있는 적멸의 세계로 들어갈 수가 있어야 하는 것이다.

여기서 분명한 사실은 동산선사의 마삼근의 빛깔과 일반 사람들의 것은 매우 다르다는 것이다.

동산선사의 마삼근은 간장까지 모두 다 속내를 보여 주는 진리의 전체 살림살이다. 법성공法性空에서 저절로 튀어나오듯 하는 말씀이기 때문이다. 차라리 대선사께서 "부처는 대웅전에 있지 않느냐? 삼십이상을 갖춘 분이지 않느냐?" 하고 말씀하셨다면 그토록 수많은 납자들이 잠을 못 이룰 정도로 고민하지는 않았을 것이다. 삼 세 근이 부처라니 이 일을 어떻게 하면 좋을까? 이와 비슷한 유형의 화두 몇 개의 예를 들어 보도록 하겠다. "어떤 것이 부처입니까?"라는 물음에 '안횡비직'이라 대답한 이도 있고 '병정동자래구화'라고 대답한 이도 있고 심지어는 '농적적'이라고 답한 이도 있다.

세세히 살펴보면 이보다 더 친절할 수는 없을 것이다. 핵심은 바로 여기에 있다. 무작정 별 의미 없이 툭툭 던져지는 말씀처럼 보이나 거기에는 분명한 까닭이 있다. 선지식은 절대 무책임하지 않으며 도리道理에 어긋나지도 않는다. 화두를 참구하는 사람들은 우선 스승에 대한 그리고 화두에 대한 철저한 믿음 즉 대신근大信根을 전제로 정진한다.

'마삼근!'이라는 이 한마디 속에 만고불변의 진리가 들어 있다. 시쾌사是快事, 통쾌한 답변인 것이다. 초논리적이지만 질서가 내재해 있다. 물론 이것은 스스로의 체인體認이 요구되는데 만약 그렇지 않으면 미륵불이 하생下生하더라도 소용이 없을 것이다. '마삼근'이라고 말씀하시는 동산선사의 마음은 바로 부처의 마음이다.

만일 어느 스님이 "부처가 무엇입니까?"라고 물었을 때 이를 설명해서 답하려 한다면 정말 엄청나게 많은 말을 해야만 할 것이다. 하지만 잠시 이 부처라는 것을 우리의 본성 혹은 '부모미생전父母未生前 본래면목本來面目'인 부처의 마음으로 간주해 보도록 하겠다. 이것은 마치 모든 살아 있는 것들은 본래로 부처라고 말할 때의 그 부처와도 같은 것이다.

진정한 깨달음 없이 우리는 내면의 부처를 만날 수 없다. 우리가 깨닫지 못하고 살지라도 만약 우리에게 에고 덩어리가 없다면 우리의 마음은 자연스럽게 부처의 마음과 조화를 이루게 될 것이다. 즉 우리의 의식이 이분법적이고 차별적이지 않다면 우리는 매사 원만하고 자연스럽게 마치 새가 하늘을 날 듯 물고기가 물속에서 헤엄치듯 임할 수 있다는 것이다.

우리가 그렇게 살 수 있을 때 비로소 우리는 부처인 것이며 부처는 이미 멀리 있지 않다. 하지만 조금만이라도 이분법적인 의심이 일어나면 우리 마음의 평화는 벌써 깨져 버린다. 이번 칙에서 질문을 하는 학승은 내면의 부처에 대한 믿음이 어느 정도는 있다고 볼 수 있겠지만 아직 명백하게 깨닫지 못한 사람일 것이다.

바로 이 학인은 부처를 구하고자 하는 그 마음이 병통이 되어 깨달음에 이르지 못하는 『무문관』「선잠」의 일곱 번째 병통인 '불견법견 이철위산 병통'을 앓고 있는 경우에 해당된다. 그래서 학승은 동산선사에게 물었다. "무엇이 부처입니까?" 동산선사가 답했다. "마삼근麻三斤", 말 그대로 하면 세 근의 마라는 것이다. 그렇다면 세 근의 마가 도대체 부처와 무슨 관계가 있다는 걸까? 어디에 연결고리가 있을까?

그 순간 마삼근 외에 뭐 다른 것은 없다. 사실 마삼근만 해도 충분하다. 별다른 것이 없을 때 마는 무無라고 하겠다. 이 무無는 우주의 완벽한 표현이다. 이로 인해 온 우주가 꽉 차 버리게 된다. 그리고 그것 외에는 아무것도 남은 것이 없는 것이다. 이것은 『벽암록』의 제67칙[139]과도 같은 것이다.

여기서 마삼근의 또 다른 이름은 무無이다. 깨달음에 눈을 뜨게 되면 마삼근이란 일어서고 앉고 음식을 먹고 경전을 독경하고 울고 자고 하는 등등의 그놈 외에는 아무것도 아니란 것을 단박에 깨닫게 될 것이다. 마삼근이란 본성인 바로 여기 지금의 또 다른 이름이며 어떤 이들은 학승이 동산선사에게 왔을 때 동산선사가 마의 무게를 재고 있었고 그래서 그 학승이 "부처가 무엇입니까?"라고 물었을 때 마삼근이라고 답한 것이라고 한다.

실은 정말 그랬는지 안 그랬는지는 상관이 없다. 하지만 분명한 것은 만약 동산선사가 말하는 바가 부처는 마삼근이고 마삼근이 부처라고 하는 것이라는 생각을 굴린다면 그 순간 부처를 완전히 잃어버린다는 것이다. 마삼근이나 마도 삼도 근도 아마의 무게하고는 아무런 상관이 없다.

---

139 전게서「第六十七則 嚴經智慧」(T48, 269a09~12), "示眾云 一塵含萬象 一念具三千 何況頂天立地丈夫兒 道頭知尾 靈利漢 莫自辜負已靈埋沒家寶麼舉 華嚴經云 我今普見 一切眾生 具有如來智慧德相(熊翻斤斗驢舞柘枝)但以妄想執著 而不證得(妄想執著亦不惡)."

이렇게 보면 마삼근이 얼마나 위대하고 훌륭한 답이었는가를 알 수 있을 것이다. 하지만 만약 마삼근을 생각이나 의미로 뚫으려 한다면 그 비밀은 계속 숨겨진 채로 남아 있을 것이다. 오로지 진정으로 깨달은 법안을 갖춘 자만이 그 위대함을 알아볼 수가 있기 때문이다.

무문선사는 평창에서 동산노인은 방합선을 참구하여 얻을 수 있어 양 껍질을 여니 간장을 드러냈다고 했다. 이 말은 동산선사가 그의 입을 열고 마삼근이라고 답했을 때 그의 모든 존재 즉 그의 본성을 드러냈다는 뜻인데 어디에서 동산스님을 본다는 것인가?

선가에서는 많이 배운 사람보다 마음이 순박한 이의 미덕을 더 강조하고 있다. 마음이 맑고 깨끗하고 단순한 사람이 훨씬 빨리 깨쳤기 때문이다. 난데없이 마삼근이라 하는 말은 그 자체로 너무나 친절하고 친절한 답인데 와서 시비를 말하는 이는 곧 시비하는 자다. '마삼근!' 딱 바로 그것! 앞도 뒤도 없고 위도 아래도 없다. 그저 내지르듯 나올 뿐이다. '마삼근!'이라는 답은 친절하면서도 그 뜻은 절실하다. 이 자체로 친숙하고도 더더욱 친숙하다. 즉 마삼근밖에는 나라고 할 것이 없는 것이다. 그저 하나일 뿐이며 여기에는 주체도 객체도 없고 따로 알아차릴 것도 없다. 마삼근에 대해서 옳다 그르다를 논하는 것은 마삼근과 아무런 상관없는 일이다. 바로 마삼근은 사실이지 개념이 아니기 때문이다. 마삼근에 어떤 의미를 부여하면 안 된다. 만약 의미를 부여한다면 자체의 생명을 빼앗아 버리는 격이 된다. 마삼근의 생명이 진짜 생명 즉 우리 본성의 진짜 생명이기 때문이다.

선가禪家에서는 부처라는 말조차도 마음의 청정한 터에 낀 땟국물이라고까지 했다. '무엇이 부처입니까?' '마삼근!' 바로 마삼근은 마삼근일 뿐이다. 만약 이 사실을 깨닫게 된다면 진짜 자신을 마주하게 될 것이다. 그것이 바로 깨달음이라 할 수 있겠다. 동산선사는 진짜 부처를 마삼근으로 던져 보였다. 진정 마삼근을 철저하게 깨닫고 싶다면 무자無字를 참구하듯이 마삼근을 참구해 볼 필요가 있다. 마삼근을 마치 삶이 걸려 있는 듯 참구한다면 갑자기 진정한 내면의 생명이 바로 눈앞으로 튀어나오게 될 것이다.

이렇듯 그 사실은 스스로 자명하다. 누군가가 여기에 논박을 하고 그 사실 외에 무엇인가 더 찾고 있다면 그는 이미 이분법적인 개념을 가진 사람이며 절대로 진실에 다가서지 못하게 될 것이다. 애당초 말이란 암호와도 같다. 만약 스님이 스님에 머무르면 그는 결코 부처는 될 수 없다. 마삼근 화두의 핵심은 바로 고정된 관념의 틀을 깨는 것에 있다.

선불교의 매력은 화두에 있다고 할 수 있다. 한마디로 화두라는 것은 풀기 어려운 문제를 가리키는 것이다. 그렇다고 해서 수학적 문제, 물리학적 문제 혹은 경제적 문제 등의 풀기 어려운 문제가 모두 화두가 될 수 있는 것은 아니다. 이 화두는 노예로 살아가는 사람은 풀 수가 없고 오직 주인공으로 살아가는 자만이 풀 수 있기 때문이다. 이 화두가 바로 깨달음의 시금석이다. 화두를 깨치게 되면 깨달은 사람 즉 부처가 될 수 있는 것이고 그렇지 못하면 평범한 사람에 머무르게 된다. 그래서 수행하는 납자뿐만 아니라 일반 사람들도 이 화두에 몰두하는데 만약 자신을 가로막고 있는 화두를 타파할 수만 있다면 부처님과 같은 반열에 올라 대자유를 만끽할 수 있게 된다.

성장成長의 병통을 앓고 있는 학인이 자신의 병痛을 치유하여 깨달음에 이르고자 하는 『무문관』「선잠』의 열다섯 번째 공안에 대해 살펴보도록 하겠다.

어느 학승이 "어떤 것이 부처입니까?"라고 묻자 동산선사는 너무나도 명확하게 답하고 있다. "마삼근이다!" 이제 동산선사의 제자인 스님에게도 평생 가슴에 품고 풀어 내야 할 화두가 하나 새겨지게 된다. "마삼근!" 정말 풀기가 만만치 않은 화두이다.

이와 같은 것은 『경덕전등록景德傳燈錄』에 등장하는 「단하소불丹霞燒佛」[140]이란 공안의 장場에서도 볼 수 있다. '단하선사가 부처를 태웠다.'는 것인데 추운 겨울 대웅전에 방치된 단하(丹霞: 739~824)[141]선사는 추위를 쫓기 위해 목불을 쪼개서 모닥불을 만들었다. 추우니

---

140 『景德傳燈錄』「鄧州丹霞山天然禪師法嗣」卷14 (T51, 313c07), "有僧問曰 丹霞燒木佛和尚為什麼供養羅漢."

141 丹霞天然(739~824): 당나라 때의 禪僧. 石頭希遷의 제자로 처음에 儒業을 익히 다가 나중에 禪僧을 만나 깨닫고 南嶽石頭 문하에 들어가 3년을 공부한 뒤 머리를 깎고 受戒했다. 얼마 뒤 江西馬大師를 뵙고 천연이란 法號를 받았다. 天台 華頂峰에서 3년을 지내고, 다시 徑山에 가 國一禪師를 뵈었다. 元和 연간에 龍門山에 와서 龐居士 伏牛禪師와 物外之交를 맺었다. 일찍이 洛陽 慧林寺에서 木佛을 태워 추위를 막은 일로 천하에 명성을 떨쳤다. 15년(820) 法錫을 南陽 丹霞山에서 크게 떨쳤다. 長慶 4년 입적했으며 世壽 86세다. 시호는 智通禪師이고 塔號는 妙覺이다. 『宋高僧傳』卷11 참조.

까 불을 쬐어 몸을 녹이려는 생각이었다. 그렇지만 단하선사의 행동은 보통 스님으로서는 생각할 수 없는 경천동지할 만행이라고 할 수 있었을 것이다.

당연히 절을 지키던 다른 스님이 깜짝 놀라서 어떻게 부처를 태울 수 있느냐고 노발대발하였다. 그러자 단하선사는 너무나도 명확하게 말한다. "목불에 사리가 있는지 보려고요." 노발대발하던 스님은 당연히 이렇게 말한다. "나무에 어떻게 사리가 있겠는가!"라고. 이렇게 답하는 순간에 그 스님은 깨달았던 것이다. 자신이 지금까지 목불이라는 나무토막에 얼마나 집착했는지를 말이다. 나무토막이 하나 있는데 그것은 목불이 될 수도 있고 땔나무도 될 수가 있다. 아니면 밥그릇이 될 수도 있다.

'만약 사찰에 땔나무가 떨어졌다면 그곳을 지키던 스님은 얼어 죽어야만 하는 것일까? 아니면 목불을 땔나무로 써야 하는 것인가?'의 문제에 봉착하게 될 것이다. 과연 목불을 지키느라 얼어 죽은 스님이 자유로운 것일까? 아니면 목불을 아무런 죄책감 없이 땔나무로 삼아 몸을 녹인 스님이 자유로운 것일까? 이때는 목불을 마치 땔나무라고 보아야 하듯이 승복도 '마삼근'이라고 보아야 하는 것처럼 승복을 승복으로 유지하는 것이야말로 집착이라고 한다면 승복을 기꺼이 풀어서 '마삼근'의 상태로 되돌리는 것이 집착에서 벗어나 해탈할 수 있다는 말이다.

승복은 오직 승복으로만 기능할 뿐이지만 세 근의 마는 승복도 될 수 있고 다른 옷도 될 수 있고 심지어 이불보도 될 수 있기 때문이다. 바로 이것이 자유이고 해탈이 아니겠는가? 깨달은 사람은 바로 마삼근과 같은 사람이다. 타자가 누구냐에 따라 자신을 그에게 걸맞은 옷으로 만들어 그 사람에게 입혀 줄 수 있다. 개구쟁이 아이를 만나면 자신의 머리를 만져도 껄껄 웃으면서 아이의 친구가 되거나 지적인 호기를 부리는 제자 앞에서는 그의 알음알이를 깨부수어 주는 주장자를 휘두르는 사자와 같은 스승이 될 수 있어야 한다.

여기에서 학인이 "어떤 것이 부처입니까?"라고 하는 이 질문은 『무문관』「선잠」의 일곱 번째 병통인 '불견법견 이철위산 병통'의 예에 해당하며 이러한 알음알이로부터 빠져나와 주장자를 휘두를 수 있는 이것은 치유의 영역으로 학인을 깨달음에 이르게 하는 방편임을 알 수 있게 된다.

(7) 제21칙 운문시궐雲門屎橛의 예[142]

다음으로 일곱 번째 병통인 '불견법견 이철위산 병통'의 예인『무문관』제21칙「운문시궐」의 원문 및 해석을 살펴보도록 하겠다.

---

142 전게서「二十一則 雲門屎橛」(T48, 295c06~c10), "雲門因僧問 如何是佛 門云乾屎橛 無門曰 雲門可謂 家貧難辨素食 事忙不及草書 動便將屎橛來 撐門拄戶 佛法興衰可見 頌曰 閃電光 擊石火 貶得眼 已蹉過."

이십일칙 운문시궐
二十一則 雲門屎橛

本則

운문 인승문 여하시불 문운 간시궐
雲門이 因 僧問하되 如何是佛이닛고 門云하되 乾屎橛이니라.

評唱

무문왈 운문 가위 가빈 난변소식 사망 불급 초서 동변장시궐래 탱문주호 불법흥쇠 가견
無門曰 雲門은 可謂 家貧에 難辨素食이요 事忙에 不及草書로다 動便將屎橛來하여 撑門拄户하니 佛法興衰를 可見이로다.

● 頌曰

섬전광 격석화 잡득안 이차과
閃電光이요 擊石火라 眨得眼하면 已蹉過하리라.

○ 解釋

어느 때 운문선사께 한 스님이 "어떤 것이 불佛입니까?" 하고 물었다. 운문선사께서는 "간시궐(乾屎橛, 마른 똥막대기)"이라고 답하였다.

이에 대해 무문선사께서 평하기를 "운문선사께서 잘 말씀하셨구나! 집이 가난해서 밥 먹기 어렵고 일이 바빠서 천천히 글씨를 쓸 겨를이 없는데 어찌하면 간시궐로 가문을 버리고 집도 버리니 불법의 흥쇠를 가히 알 수 있겠구나!"라고 하였다.

또한 게송으로 다음과 같이 이르셨다. "섬전광이요 격석화라 눈 깜박할 사이에 그르치고 마는구나!"

운문문언(雲門文偃: ?~949)선사는 당나라 말에서 송나라 초까지의 인물로 선종 오가칠종 중에서 운문종을 창시한 운문산의 문언文偃선사이다. 선종 오가칠종을 시대별로 살펴보면 육조인 혜능대사의 6대 법손이 되는 임제의현선사를 중심으로 한 임제종臨濟宗과 위산과 앙산선사가 사제 간에 창설한 위앙종潙仰宗이 있으며 임제종에서 후에 나누어진 황룡혜남(黃龍慧南: 1002~1069)[143]선사의 황룡파黃龍派와 그의 아우의 제자인 양기방회(楊岐方會: 992~1046)[144]선사의

143 黃龍慧南(1002~1069): 송나라 때의 禪僧. 임제종 黃龍派의 개조로, 황룡혜남으로도 불린다. 俗姓은 章씨고, 四川 信州 출생이다. 11세 때 출가하여 스님이 된 뒤 廬山으로 들어갔다가 다시 여러 곳을 다니며 법을 구했다. 처음에 泐潭에 의지했다가 다시 石霜과 慈明을 參謁했다. 雪峰悅禪師에게 사사하고 크게 깨우쳤다. 그 후 黃龍山에 살면서 많은 제자를 교육하여 황룡파를 열고, 중국 선종 5家7宗의 한 위치를 차지하기에 이르렀다. 『禪林僧寶傳』 卷22 참조.

144 楊岐方會(992~1046): 송나라의 禪僧. 臨濟宗 楊岐派의 시조로, 袁州 宜春 사람이고, 俗姓은 冷씨다. 20세 때 筠州 九峰山에 와서 삭발하고 승려가 되었다. 潭州를 떠나 石霜礎를 참례하고 院務를 보좌하다가 법을 얻은 뒤 구봉산으로 돌아왔다. 스승을 찾아 각처를 다니다가 南源山 廣利禪院의 慈明에게서 불법을 배우고 그 법통을 이어 임제종 제8조가 되었다. 仁宗 慶曆 중에 원주 楊岐山에서 전법하여 명성을 사방에서 떨쳤는데 이 때문에 '楊岐方會'로 불렸다. 그의 禪風은 신선하고, 또 언어로써는 통하지 않는 미묘한 깨달음을 마음으로써 학자에게 베푸는 교묘한 機用을 구비하고 있는 점이 특징이다. 중국 선종의 五家七宗의 하나로 꼽혀 임제종 발전의 기틀이 되었는

양기파楊岐派가 있다. 다음으로 법안문익선사가 창시한 법안종法眼宗과 문언선사의 운문종雲門宗과 마지막으로 동산양개선사의 조동종曹洞宗이 있다.

각 종파의 특징에 대해 간략하게 알아보도록 하겠다. 각 종파의 특징은 주로 종파를 창시한 선사의 개성을 따른다. 예를 들면 조동종에서는 세상에 나서길 꺼려하며 고목처럼 오로지 좌선에 전념하는 묵조선법을 고수한다. 농부가 마치 극진한 정성과 보살핌으로 작물을 일구듯이 섬세하고 면밀한 수행에 중점을 둔다.

임제종의 특색은 활발발하고 신랄함 그리고 당당한 선풍을 들 수 있다. 임제종의 호방하고 당당한 선풍은 임제장군이라는 별명이 붙을 정도로 말을 탄 늠름한 장군에 비유되곤 했던 임제선사에게서 유래되고 있다.

위앙종은 부드러우면서도 엄격하고 근엄한 종풍을 보이고 법안종은 교와 선의 일치를 주장하고 있듯이 매우 날카롭고 예리한 특징이 있는데 후에 운문종, 위앙종과 함께 임제종에 흡수된다.

여기에 등장하는 운문선사의 운문종은 먼 산꼭대기에서 휘날리는 붉은 깃발이라고 비유하듯이 아주 먼 거리에서도 분명하게 보이지만 가까이 접근하기에는 어렵다. 운문선사는 솜씨 좋고 뛰어난 언어의 달인이었다. 이 공안에서도 볼 수 있듯이 '간시궐'처럼

데, 특히 제자 白雲守端의 門流가 번성했다. 저서에 『楊岐方會和尙語錄』 2卷과 『楊岐方會和尙後錄』이 전한다. 『禪林僧寶傳』 卷28, 『佛祖歷代通載』 卷18 참조.

종종 한 단어만 사용한다.

이렇듯 운문선사의 법거량에 나오는 말이나 구절들은 지극히 미묘하여 사람을 이끄는 탁월한 매력이 있다. 운문선사가 제시하는 각 구절들은 대개 세 가지를 포함한다. 그 부분에 대해 조금 더 설명해 보겠다.

첫 번째 유형은 상자와 뚜껑 유형이다. 예를 들어 뛰어난 장인이 상자와 뚜껑을 만들면 둘이 하나로 딱 들어맞듯이 말이다. 물 한 방울도 들어가지 못하도록 만든 상자처럼 뛰어난 선사의 답은 학인이 묻는 말에 딱 들어맞게 된다. 이것은 마치 장갑이 손에 딱 맞는 것과 같다.

두 번째 유형은 모든 망상을 가차없이 쳐내 버리는 유형이다. 뛰어난 선사의 말은 마치 날카로운 칼처럼 학인의 망상과 이분법적인 생각을 잘라 버리는 힘이 있다.

뛰어난 선사의 모든 공안들은 망상을 쳐내 버리는 힘이 있어서 학인들이 견성을 할 수 있다. 자신의 머리가 이미 날아가 버렸는데도 대부분의 학인들은 자신들이 이미 목숨을 잃었다는 사실을 모른다.

세 번째 유형은 파도를 따르는 파도 유형이다. 해변에 서서 보면 파도가 아주 가깝게 서로를 따르는 모습을 볼 수 있다. 이 파도는 서로를 끊임없이 좇는다. 마찬가지로 훌륭한 선사의 말은 각개 학인의 의식 수준을 항상 따라다닌다. 이런 식으로 선사는 학인 모두에게 가장 적절한 지도를 각자의 근기에 맞게 제접해 줄 수 있는 것이다.

운문선사의 일구一句는 이 세 개의 모든 유형으로 가르침을 주고 있다. 이들 각 종단은 각 파마다 학인들을 제접할 때 불법을 가장 빠르고 효과적인 방법으로 단련하기 위해서 가문의 고유한 특색을 거량擧揚하고 걸출한 대선지식을 배출하는 데에 총력을 기울였다. 만약 선지식이 가르치는 깨달음을 위한 제접법이 학인들을 깨우쳐 줄 수 없고 그저 세월만 낭비하게 된다면 그 종단은 존립해야 할 아무런 이유가 없기 때문이다.

이런 관점에서 『무문관』 제21칙 「운문시궐」의 공안도 살펴볼 필요가 있다. 어째서 운문선사는 부처님이 깨치신 이 신성한 불법을 물었는데 거기다 대고 마른 똥막대기라고 답했을까? 똥막대기라면 이 사람 저 사람이 볼일을 본 후에 휴지 대용으로 똥을 닦는 나뭇가지를 말하는 것인데 운문선사는 참 어이없는 답을 하였던 것이다.

"부처가 무엇이냐?"는 물음으로 꽉 차 있는 학인은 벌써부터 『무문관』 「선잠」의 일곱 번째 병통인 '불견법견 이철위산 병통'을 앓고 있는 경우에 해당한다. 그런데 학인의 질문에 대한 운문선사의 답은 차라리 충격적이기까지 하다. '간시궐' 공안은 아주 간단하고 단순하다. 이 공안은 운문선사의 간결하고 함축적인 치유적 방편의 일례라고 할 수 있다. 부처에 집착하여 분별망상을 일으키는 사람들은 그 간결함에 오히려 당혹해할 수도 있을 것이다.

이것은 마치 앞서 본 동산의 마삼근과도 비슷하다. 여기 운문선사의 '간시궐'이 있다. 간시궐은 너무도 단순하고 아주 생생하게 드러나 있다. 만일 좌선을 하면서 완전히 몰입된 상태라면 이 문답을 듣는 순간 즉시 깨달음을 얻을 수 있을 것이다. 운문선사의 '마른 똥막대기'라는 답은 확실히 잡다한 분별 망상을 끊어 낼 수 있는 치유治癒의 방편이다.

『무문관』 제15칙과 제16칙에서도 운문선사를 만나 보았는데 운문선사 역시 자신이 매우 엄격한 수행 지도를 받았기 때문에 똑같은 방식으로 후학을 지도했다는 사실을 볼 수 있었다.

이 공안에서도 한 학승이 운문선사에게 묻는다. '마른 똥막대기'라는 답에는 방금 앞서 언급한 세 가지 유형의 언구가 되기 위한 조건이 포함되어 있다. '마른 똥막대기'는 분명 속세에서는 더러운 물건이다. 오늘날 같으면 아마도 화장실에서 휴지 대신 썼을 것이다. 그러나 운문선사의 간시궐은 더러운 것도 아니고 냄새도 전혀 나지 않는다.

누군가가 말했다. 이 학승이 부처의 상에 집착해 있는데 운문선사가 그런 상을 빼앗기 위해서 똥막대기를 들었다는 것이다. 바로 이것이야말로 '무無'이고, '마삼근!'이다. 학승은 어느 날 간시궐이란 것이 온 우주와 다름이 아님을 깨닫게 된다. 이것은 지극한 마음의 평화를 가져올 것이지만 솔직히 말해서 이 모든 것이 간시궐과 특별히 관련이 있는 것은 아니다. 그것만으로도 충분할 것이다. 한번 온몸으로 간시궐이라 해 보면 이 온 우주에 이것 외에 아무것도 없음을 보게 될 것이다. 그 밖에는 아무것도 있지 않다.

그것이 바로 자신의 본성이고 온 우주이기 때문이다. 이것은 반드시 자신의 살아 있는 경험으로 이 깨달음에 도달해야만 한다.

여기에 무문선사는 운문선사의 가세가 가난하여 소식조차 차리기 어려웠고 초서조차 끄적거릴 겨를이 없다고 했다. 그리고 마른 똥막대기를 집어들어 내보이고는 여기에 "불법의 흥망성쇠를 가히 알 만하다."고 한 것은 매우 냉소적인 표현이라 할 수 있지만 본질적인 관점에서 보면 이 또한 모든 것이 완벽하고 있는 그대로 완전한 것이다. 달리 뭐라 할 것이 있을까? 그대로 마른 똥막대기이다. 불법을 퇴색시키는 것 외에 아무것도 아니다. 모든 것은 번갯불이 번쩍하고 부싯돌이 튀기듯 눈 깜짝할 사이에 이미 지나가 버린다. '마른 똥막대기!' 이 한 목소리가 마치 번갯불과 같고 부싯돌의 불꽃과도 같다.

한순간이라도 보려 하면 할수록 지나가 버린다. 그것을 잡을 수는 없다. 만약 깨닫고 싶다면 '간시궐!' 바로 이뿐인 것이다. 이렇듯 학인의 분별망상을 단방에 깨 버릴 수 있는 답이 바로 간시궐이며 곧 치유의 방편이 될 수 있다.

『무문관』 제21칙의 '마른 똥막대기(간시궐)!'에서 부처를 세상에서 제일 더럽고 추한 '마른 똥막대기'라고 하였으니 혹시 운문선사가 지금 어떻게 된 것은 아닐까? 성스러운 부처에 모욕을 가하는 운문선사의 속내는 무엇이었을까? 지금 운문선사는 사찰에 모신 황금불상, 그러니까 도금한 불상을 염두에 두고 이야기한다고 하겠다.

만약 과거에 깨달았던 존재가 높아 보이면 현재 수행하고 있는 자신이 낮아 보이는 법이다. 그리고 이어서 부처가 되는 것이 너무나 먼 일로 보여서 절망하게 된다. '마른 똥막대기!' 지금 운문선사는 제자의 숭배 대상을 바로 팽개쳐 던져 버린 것이다. 숭배하는 것이 없을 때에만 제자는 스스로 주인공이 될 수 있을 테니까 말이다.

운문선사의 우상 파괴는 과거의 부처들을 숭배하느라 자신이 부처가 될 수 있다는 사실을 망각한 제자를 깨우려는 사자후였던 셈이다. "스스로 주인공이 되려고 발원한 자가 다른 사람을 흉내 내다니 말이 되는 소리인가?"라는 것이다. 다른 것을 숭배한다는 것은 그것을 주인공으로 받아들이는 것을 의미하는데 이는 바로 그 순간에 우리의 삶이 조연의 삶으로 전락해 버리고 만다는 것을 뜻하는 것이기도 하다.

또한 그만큼 깨달음과 해탈에서 멀어질 수밖에 없다는 것을 말하고 있으며 깨달음은 자신이 주인공이라는 것을 절실하게 아는 것이고 해탈은 조연으로서의 삶에서 벗어나는 것을 의미한다.

바로 이것인데 운문선사는 지금 학인이 『무문관』「선잠」의 일곱 번째 병통인 '불견법견 이철위산 병통'에 빠져 있는 것을 직감적으로 알아차리고 있었던 것이며 세상에 어느 상담가도 이토록 탁월한 관점과 방편으로 치유할 수 있을는지는 모르겠다는 말이다.

이렇듯 운문선사는 평범한 불교 신도가 되는 속박의 길과 스스로 부처가 되는 해탈의 길 그 갈림길 사이에 제자가 서 있는 것을 보고서 바로 '마른 똥막대기!'라는 호통으로 제자가 갈 수 있는 또 다른 길을 끊어 버린다. 이 장면은 운문이 얼마나 그의 제자를 사랑했는지 미루어 짐작이 가는 대목이다.

이제 제자에게는 스스로 부처가 되는 해탈의 길 즉 내재종교로의 길만이 남겨진 셈이다. 이처럼 초월종교인 기독교와 달리 불교는 내재종교이다. 초월종교는 인간을 오직 하나인 신의 조연으로 만들지만 내재종교는 인간을 주인공인 주연으로 긍정하기 때문이다. 이렇듯 불법의 진리를 깨닫고자 한다면 법을 비유적으로 나타내는 신성한 표현들 즉 부처니 도니 깨달음이니 불생불멸이니 하는 말로부터 해방되어야 한다.

또한 마른 똥막대기니 똥이니 오줌이니 중생이니 범부니 하는 하찮게 여겨지는 개념으로부터 자유로워져야만 비로소 치유는 이루어지고 깨달음으로 갈 수가 있다.

불법의 진리는 신성하고 고매한 표현이나 추잡하고 불결한 표현이나 일상적인 표현의 말이나 개념으로 분리될 수 있는 것도 얻을 수 있는 것도 아니라는 것이다.

바로 이러한 관점이 『무문관』 제21칙 「운문시궐」의 공안에서 설하고 있는 치유적 요소로 『무문관』 「선잠」 일곱 번째 병통인 '불견법견 이철위산 병통'을 치유할 수 있게 하는 방편이 되어 줄 수 있다. 분별을 떠난 이 자리에서는 손발을 움직이는 이것과 생과 사가 다르지 않고 신성함과 불결함이 다르지 않고 옳고 그름이 다르지 않고 중생과 부처가 다르지 않고 불생불멸과 전광석화가 다르지 않다. 분별하여 모양을 따라가면 부처와 마구니가 다르지만 이 모양에 치우치지 않고 법을 따르면 부처와 마구니는 전혀 다르지 않으며 부처 그대로 진리이며 마구니 그대로 진리이다.

이러한 분별을 넘어서면 마른 똥막대기 그대로 법이고 부처 그대로 법이지만 분별을 넘어서지 못하면 마른 똥막대기도 법이 아니고 부처도 법이 아니라는 병통의 무더기에 빠지게 된다.

무문선사는 운문선사의 수행생활이 가난하고 바쁘지만 이것저것 생각으로 헤아리지 않고 바로 법을 나타내 보였으니 실로 운문선사의 도력은 높이 살 만하다고 했다.

운문선사는 우물쭈물하지 않고 바로 법을 보여 주고 있다. 위에서 말하는 빈도貧道란 단순히 수행자가 지켜야 할 가난을 말한 것이 아니다. 깨치고 난 뒤에도 공부를 게을리하지 않아서 깨쳤어도 깨쳤다는 내가 없는 경지를 말한다.

이 경지에 이르면 똥막대기나 부처님 몸이나 다르지 않게 된다. 일체중생이 오로지 하나의 법으로서 똑같다. '섬전광 격석화' 이 두 말 다 재빠르다는 뜻인데 법을 물으면 각자覺者는 바로 대답할 것이고 그렇지 않은 중생은 얼굴이 벌게져서 우물쭈물할 것이다. 법을 아는 운문선사는 간시궐을 말하든 국화꽃을 말하든 부처를 말하든 마구니를 말하든 언제나 전광석화같이 바로 법을 보여 주고 있는데 모든 모양을 바수어 형체 하나 남지 않으면 공하나 명백하게 남게 된다.

이것 하나 분명하게 남아 실재하고 있다는 것이다. 바로 이것이야말로 본래의 나이며 진실된 나로 깨치고 나면 곧 불생불멸한 법 바로 그것이며 오직 한 호흡 한 호흡지간의 진실된 그 하나일 뿐이다.

(8) 제25칙 삼좌설법三座說法의 예[145]

다음은 일곱 번째 병통인 '불견법견 이철위산 병통'의 예로『무문관』제25칙「삼좌설법」의 원문 및 해석이다.

제이십오칙 삼좌설법
第二十五則 三座說法

本則

앙산화상 몽견 왕미륵소안제삼좌 유일존자
仰山和尙이 夢見하되 往彌勒所安第三座하니 有一尊者

백추운 금일당제삼좌설법 산내기백추운
가 白槌云하되 今日當第三座說法이라하거늘 山乃起白槌云

마하연법 이사구절백비 체청체청
하되 摩訶衍法은 離四句絶百非하니 諦聽諦聽하라.

145 전게서「第二十五則 三座說法」(T48, 296a22~27), "仰山和尙 夢見往彌勒所安第三座 有一尊者 白槌云 今日當第三座說法 山乃起白槌云 摩訶衍法離四句絕百非 諦聽諦聽 無門曰 且道是說法不說法 開口即失 閉口又喪 不開不閉十萬八千 頌曰 白日青天 夢中說夢 捏怪捏怪 誑謼一眾."

評唱

무 문 왈 차 도 　 시 설 법 　 불 설 법 　 개 구 즉 실 　 폐

無門曰 且道하라 是說法인고 不說法인고 開口卽失이요 閉

구 우 상 　 불 개 불 폐 　 십 만 팔 천

口又喪이 不開不閉하면 十萬八千이니라.

● 頌曰

백 일 청 천 　 몽 중 　 설 몽 　 날 괴 날 괴 　 광 호 일 중

白日青天에 夢中에 說夢하니 捏怪捏怪로 誑謼一衆이라.

○ 解釋

앙산선사가 꿈에 미륵불이 계신 데에 가서 세 번째 좌석에 앉았는데 한 스님이 대중에게 고하되 오늘은 세 번째 자리에 앉은 이의 설법이 있겠다고 하니 이에 앙산선사께서 곧바로 일어나 말씀하기를 "마하연의 법은 이사구절백비離四句絶百非이니 자세히 들어라."고 하였다.

이에 대해 무문선사는 평하기를 "말해 봐라. 이것이 설법인가, 설법이 아닌가? 입을 열면 바로 잃어버릴 것이요 입을 닫고 있어도 잃을 것이며, 입을 열지도 않고 입을 닫지 않아도 10만 8천 리로다."라고 하였다.

또한 게송으로 다음과 같이 설하기를 "잠을 자다가 꿈을 꾸고 꿈에 한 이야기를 하다니 참 이상도 하고 황당하다."라고 하였다.

앙산화상이 미륵부처님이 계신 곳에 가서 세 번째 자리에 앉은

사실은 화상이 낮에 잠깐 졸면서 꾼 꿈이었다. 그곳에 있던 한 존자가 나무 방망이 죽비를 치면서 말했다. 오늘은 세 번째 자리에 있는 분이 설법하겠다고 하자 앙산화상은 일어나 나무 방망이 죽비를 치며 말했다.

"대승의 불법은 네 구절을 떠나서 백 가지의 잘못을 끊는 것이니 분명히 들으라."

그렇다면 미륵부처님이 계신 천상의 도솔천은 어떤 곳이고 세 번째 자리[三座]에 앉아서 세 번째 설법을 설한다는 것은 무슨 의미이며 사구백비를 떠나고 끊는다는 것은 무엇이란 말일까? 우리가 여기서 분명히 해야 할 것은 바로 이 앙산화상이 화신으로서 설한 세 번째 설법을 명확히 들어야 한다는 것이다[諦聽].

앙산화상의 설법을 천상 도솔천의 천인대중들이 분명히 듣고 깨우쳤다면 이제 꿈속에서 꿈이 깨어 있는 일, 소위 몽중일여夢中一如까지는 다해 마친 것이며 그다음은 앞생각이 멸하고 뒷생각이 생함을 통해 문득 깨쳐지는 숙면일여의 경지이다.

사구백비를 떠나고 끊어야 만이 비로소 동정動靜 간에도 양변에 치우치지 않는 중도행이 가능하게 된다. 이는 동정일여動靜一如라 하나 불생불멸不生不滅로 중생생멸衆生生滅이 없는 무생법인無生法忍의 팔정도행과 다름이 아닌 것으로, 참고로 사구백비란 유有·무無·역유역무亦有亦無·비유비무非有非無는 즉 무색계 사선정의 공무변처정·식무변처정·무소유처정·비상비비상처정의 네 가지와 다르지 않다. 그러면 이 네 가지를 떠나고 끊음이란 무엇인가?

이는 구차제정의 마지막인 처處에 매이고 구애받지 않는 정定인즉 상수멸정想受滅定을 말한다. 그러니 만약 마하연법의 대승불법이 조사선과 여래의 그것과 다른 것이라고 우긴다면 이것은 매우 어리석은 일이라 할 수 있겠다. 혹 그렇지 않다고 해도 이 또한 10만 8천 리 멀어지게 될 것이다.

이 공안에 등장하는 앙산혜적[146]선사는 육조혜능선사의 6대 법손이다. 앙산선사는 그 유명한 설봉의존선사와 동시대의 인물이다. 앙산선사는 위산영우[147]선사의 법을 계승하였다. 스승인 위산

---

146 仰山慧寂(807~ 883): 당나라 때의 禪僧. 潙山靈祐와 함께 潙仰宗의 開祖가 되었다. 仰山慧寂 또는 仰山 禪師로도 불린다. 韶州 懷化 사람으로 俗姓은 葉씨다. 韶州 湞昌 사람이라고도 한다. 어릴 때부터 출가하려고 했지만 부모의 허락을 받지 못하자 양 손가락을 잘라 뜻을 밝혔는데 그때 나이 17세였다. 이에 南華寺 通禪師에게 가 具足戒를 받기 전에 사방을 다녔는데 처음에는 耽源應眞을 參謁해 玄旨를 깨달았다. 이어 위산영우를 찾아 마침내 堂奧에 오르고 心印을 얻었다. 다시 江陵에 가 戒를 받고 律藏을 깊이 연구한 뒤 巖頭全奯을 뵙고, 얼마 뒤 위산에게 돌아와 곁에서 15년 동안 시봉하다가 위산의 법을 이었다. 江西 仰山으로 옮겼는데, 학도들이 운집하여 성황을 이루니 세칭 앙산혜적으로 불렀다. 어느 날 한 梵僧이 "중국에 와서 문수를 뵈러 했는데, 소석가를 만났다[特來東土禮文殊 卻遇小釋迦]."고 말해, 나중에 仰山小釋迦라 불리게 되었다. 師資相承으로 따로 한 파를 이루어 위앙종이 성립되었다. 평소 손짓으로 학인들을 깨우쳤는데 仰山門風이 되었다. 나중에 江西 觀音院으로 옮겼고, 後梁 貞明 2년 다시 韶州 東平山으로 옮겼다가 그 해 입적했는데, 世壽 77세다. 中和 2년(883) 또는 大順 2년(891) 입적했다고도 한다. 시호는 智通禪師다. 저서로 『仰山法示成圖相』이 전한다. 『宋高僧傳』 卷12, 『景德傳燈錄』 卷11 참조.

147 潙山靈祐(771~853): 禪宗 五家의 하나인 潙仰宗의 개조. 이름은 靈祐이고 시호는 大圓 禪師며 福州 출생이다. 호남성 寧鄕縣에 있는 위산에서 7년 동안 법을 닦아 위산이라는 법호를 얻었다. 15세 때 출가하여 寒山과 拾得을 만났고, 나중에 百丈懷海의 법을 이었다. 걷는 모습이 佛法에 들어맞았다 하여 위산에 있도록 했다는 이야기는

영우선사는 마조도일의 제자인 백장회해[148]선사의 수법제자이다.

『무문관』 제25칙의 「삼좌설법」은 『오등회원五燈會元』 제9권[149]에 더욱 자세하게 나온다. 여기에서는 앙산선사가 대낮에 잠깐 졸다가 꿈에 미륵부처님이 계신 도솔천 내원궁으로 갔더니 법당에 사람이 가득하고 세 번째 자리가 비어 있기에 앉았다고 한다. 그때 바로 어떤 스님이 종을 치고 대중에게 말하기를 "오늘은 세 번째 자리에 앉은 사람이 설법할 차례다."라고 하자 이때 앙산선사가 바로 일어나 종을 치고 설법하기를 "대승의 불법은 사구를 여의고 백비를 끊는다. 자세히 듣고 자세히 들어라."고 하였다. 그때 대중들이 모두 일어나 흩어지는 것을 보고 꿈을 깼다고 한다. 앙산선사가 이 사실을 위산선사께 말씀드렸더니 "그대는 이미 성스러운 지위에 들었군." 하면서 스승이 앙산선사께 곧 예배를 했다고 한다. 앙산선사가 오른 도솔천은 미륵부처님이 계신 곳으로 미륵은

유명하다. 위산은 인적이 드문 깊은 산속이었지만 그의 덕을 흠모하여 많은 수행승이 찾아와 禪風을 크게 떨쳤다. 저서에 『潙山靈祐語錄』과 『潙山警策』이 있다. 『景德傳燈錄』과 『宋高僧傳』 등에 그의 전기와 행장이 기록되어 있다.

148 百丈懷海(720~814): 당나라 중기의 禪僧. 俗姓은 王씨고 이름이 회해며 시호는 大智禪師이고 福州 長樂 사람이다. 百丈山에 오래 머물러 백장선사라는 호칭을 얻었다. 覺照 또는 홍종묘행(弘宗妙行)이라는 별칭도 있다. 20세 때 西山 慧照를 따라 출가했다. 그 후 南宗禪의 馬祖道一에게 배워 깨달음을 얻고 강서성 大雄山 百丈山에 자리를 정했다. 그래서 백장해회로 불린다. 鄉尊庵 百丈寺를 창건하여 선풍을 일으키고 선종의 규범인 「百丈淸規」를 제정하여 교단의 조직이나 수도생활의 규칙 등을 成文化했다. 시호는 大智禪師다. 『景德傳燈錄』 卷6.

149 『五燈會元』 卷9 (X80, 187b20), "師臥次 夢入彌勒內院 眾堂中諸位皆足 惟第二位空 師遂就座 有一尊者白槌曰 今當第二座說法 師起白槌曰 摩訶衍法 離四句 絕百非諦聽…."

석가모니부처님 다음에 오실 미래의 부처님이다. 도솔천에서 설법하고 계시는데 56억 7천만 년 뒤에 오신다고 한다.

위산선사와 앙산선사는 선가5종 중에서 부드러우나 재치가 번뜩이는 가풍인 위앙종의 공동 개창자이다. 위앙종의 위앙은 위산과 앙산의 앞 글자를 따서 만든 이름이다. 두 선사는 스승과 제자의 이상적인 관계를 잘 유지해서 위앙종이 마치 아버지와 아들이 서로를 따라 염불한다는 것으로 묘사될 정도로 스승과 제자 사이에 각별한 차이가 없다. 이번 공안의 주 무대는 좌선하고 일어서고 앉고 먹고 마시고 하면서 꿈의 이름으로 무대에 등장하고 있다.

그런데 우리가 짚고 넘어가야 할 것은 우리의 망상과 현상세계만이 꿈이 아니라 우리가 지향하는 깨달음과 그 본질의 세계 자체까지도 꿈일 뿐이란 것을 알아야만 한다는 것이다.

지금 오늘의 이 사실은 내일이면 꿈이 되고 만다. 순간순간 바로 지금 이전의 모든 것은 꿈이다. 물론 지금 여기도 역시 꿈인데 정작 우리가 꿈을 꾸고 있을 때는 그게 꿈이란 것을 알아채지 못한다. 그 순간 그것은 우리에게 진짜이기 때문이다. 꿈에는 좋은 꿈도 있고 나쁜 꿈도 있다. 그리고 행복한 꿈도 있고 불행한 꿈도 있다. 경전에도 석가모니부처님께서 태어나 좌선을 하시고 이후 대각을 성취하셔서 설법을 하시다가 열반에 드셨는데 이 모든 과정이 다 꿈이라고 했다. 이것은 좋은 꿈의 사례라고 할 수 있다. 다른 한편으로 육도윤회와 삼악도는 나쁜 꿈의 예가 될 수 있다.

보통의 사람들은 대부분 쓸모 없고 소박한 꿈을 꾼다. 몇몇 소수의 사람들은 견성이라는 근사하고 즐거운 꿈으로 깨어나기도 한다. 부처와 조사들은 위대한 꿈을 꾸고 그 꿈들을 꿈속에서 설법하는 분들이라고 할 수 있다. 여기서 육도 윤회와 삼악도의 나쁜 꿈을 꿈에서 『무문관』「선잠」의 일곱 번째 병통인 '불견법견 이철위산 병통'에 빠진 것이라고 한다면 부처와 조사들이 위대한 꿈을 꾸고 꿈속에서 설법하는 경우는 이 병통을 치유하여 깨달음을 이룬 경우에 해당된다고 하겠다.

『무문관』 제25칙의 앙산선사도 꿈을 꾸었다. 꿈속에서 앙산선사는 미륵불이 계시는 곳으로 가서 세 번째 자리에 앉아 있다가 설법을 하였는데 이 설법은 사구를 떠나고 백비를 초월한 것이었다. 훗날 위산선사가 이 이야기를 듣고 앙산을 칭찬하면서 말했다. 이후에 앙산선사는 성인의 반열에 오르게 되었다. 보통 성인이란 완벽한 깨달음을 얻기 위해 52단계를 밟아 올라야 한다.

과거의 조사이자 위대한 선사들 중에 그저 깨달음을 얻었다고 해도 보통 사람 정도로만 불릴 수 있는 분들이 많다. 일반적으로 말해서 사람을 네 가지 부류로 나누어 볼 수 있다. 첫째로 깨달음을 얻지 못한 보통 사람, 둘째 깨달음을 얻은 보통 사람, 셋째 깨닫지 못한 성인, 넷째 깨달음을 얻은 성인 선수행자들은 궁극적으로 네 번째 부류의 깨달음을 얻은 성인이 되는 것이다.

이 설법에 대한 예로 『종용록宗容錄』의 제7칙 공안[150]을 보도록 하겠다. 약산유엄선사가 법단에 한동안 오르지 않자 원주스님이 말

---

150 『宗容錄』「第七則 藥山陞座 」(T48231b6~c1 2), "示眾云眼耳鼻舌各有一能眉毛在上士農工商各歸一務拙者常閑本分宗師如何施舉藥山久不陞座(動不如靜) 院主白云大眾久思示誨請和尚為眾說法(便重不便輕) 山令打鐘眾方集(聚頭作相那事悠悠) 山陞座良久便下座歸方丈(一場話霸)主隨後問和尚適來許為眾說法云何不垂一言(大海若知足百川應倒流) 山云經有經師論有論師爭怪得老僧(可惜龍頭蛇尾)師云飢者易為食渴者易為飲是以三家五請菩薩上堂半偈全身夜叉陞座豈悕法哉黃龍南禪師云蓋今之人容易輕法者眾欲如田夫時時乾之令其枯渴然後溉灌方得秀實也藥山久不陞座又且不然覺範道一菴深藏霹靂舌從教萬象自分說永嘉道默時說說時默大施門開無壅塞院主頭頭蹉過白云大眾久思示誨請和尚為眾說法仁義道中主賓分上也未為分外山令打鐘只見雷霆施號令眾方集豈知星斗煥文章山陞座良久下座歸方丈一上神通不同小小主隨後問云和尚適來許為眾說法云何不垂一言翠巖芝云藥山下座院主當初怪不為眾說法可謂誤他三軍萬松道正是將頭不猛山云經有經師論有論師爭怪得老僧瑯瑘覺云藥山下座不妨疑著及乎院主捞著失却一隻眼萬松道再得完全能幾箇而不知換得兩隻眼雪竇道可惜藥山老漢平地喫交盡大地人扶不起萬松道和尚也須出隻手無餘頌云丈室未離已喫交悄然歸去轉無憀經師論師猶相告一欵分明便自招萬松道曹司易勘公案未圓解與天童如何判斷頌云癡兒刻意止啼錢(堪作何用)良駟追風顧影鞭(踢起便行)雲掃長空巢月鶴(樹下底一場懡㦬)寒清入骨不成眠(開眼作師云涅盤經說嬰兒啼時母將黃葉云與汝金兒即止啼此頌久思示誨與云何不垂一言外道問佛不問有言不問無言世尊良久外道便作禮云世尊大慈開我迷雲令我得入外道去後阿難問佛外道見何道理而言得入佛言如世良馬見鞭影而行藥山與世尊一等舉鞭院主率眾僧禮有分却怪不垂一言可謂東土衲僧不如西天外道天童恁麼頌萬松恁麼說盡是止啼黃葉只為諸人熱夢未醒睡輕者一呼便覺睡重者搖撼方驚更有一等椓抄起來猶自寱瞬他藥山睛巢月鶴清不成眠雲泥有隔雖然如是睡語不少." "시중: 눈·귀·코 각각 한 가지 기능에 능하나 눈썹은 위에 있을 뿐이다. 사·농·공·상은 각각 한 가지 업무에 종사하는데 재주 없는 자는 언제나 한가하다. 본분종사는 어찌해야 하는가? 본칙: 약산이 오랫동안 설법좌에 오르지 않았다. 원주는 말했다. '대중들이 오랫동안 스님의 가르침을 생각하고 있습니다. 대중들을 위하여 설법해 주십시오.' 약산이 종을 치게 하자 대중들이 모였다. 약산은 설법좌에 잠시 올라가 있다가 문득 자리에서 내려와 방장실로 돌아가 버렸다. 원주는 약산의 뒤를 따라가며 물었다. '스님께서 대중을 위해서 설법한다 하시고는 어찌 한 말씀도 없으십니까?' 약산은 말하기를 '경전에는 그 경전을 가르치는 경사가 있고 논에는 그 논을 가르치는 논사가 있거니 어찌 노승을 괴이하게 여기는가?'…."

했다. "모든 대중들이 오랫동안 가르침을 기다리고 있으니 화상께서는 설법을 해 주십시오."라고 말이다. 약산선사는 종과 북을 울리라고 명하였고 모든 대중이 모였으므로 약산선사는 법단에 올랐다. 그리고 한동안 앉아 있다가 법단을 내려왔다.

그러고는 자신의 방으로 바로 돌아가 버렸다. 어느 스님이 약산선사를 따라가서 물었다. "화상께서 설법을 하겠다고 하시지 않았습니까? 어째서 한 말씀도 하시지 않았습니까?" 약산선사가 답했다. "경에는 경전 전문가인 경사가 있고 논에는 논서의 전문가인 논사가 있는데 자네는 어찌하여 이 노승이 한 일을 괴이하게 여기는가?"

이것은 밝은 대낮에 꿈 가운데 꿈을 설한다는 것이다. 괴이하고 괴이하니 대중을 속이지 말라. 밝은 대낮 푸른 하늘에 모든 것은 완벽하고 명백하며 그게 전부이다. 그런데 꿈속의 모든 것은 현실이 아니던가? 만일 앙산화상의 뜻을 그 마음의 의단으로 간파하여 보면 앙산화상과 한마음이 되어 마치 손바닥이 마주치면 소리가 나듯이 '아하!' 하고 그 마음이 되고 그 마음이 활짝 열리면서 반야의 지혜가 확 드러나게 된다.

이러한 이유로 『무문관』 제25칙을 『무문관』「선잠」의 일곱 번째 병통인 '불견법견 이철위산 병통'의 예로 분류하였으며 앞에서 설법한 약산유엄선사처럼 오히려 부처를 보려고 하는 것조차 강한 집착이라는 이유로 이를 내려놓아 치유하고자 하는 방편으로 이를 설하고 있다.

(9) 제27칙 불시심불不是心佛의 예[151]

다음으로는 일곱 번째 병통인 '불견법견 이철위산 병통'의 예로 『무문관』 제27칙 「불시심불」의 원문 및 해석을 살펴보면서 그 병통 및 치유에 대해 살펴보도록 하겠다.

제이십칠칙 불시심불

第二十七則 不是心佛

本則

남전화상 인 승문운 환유불여인설저법마

南泉和尚이 因 僧問云하되 還有不與人說底法麼이니까

전운 유 승운 여하시불여인설저법 전운

泉云하되 有니라 僧云하되 如何是不與人說底法이니꼬 泉云

불시심 불시불 불시물

하되 不是心이요 不是佛이요 不是物이니라.

評唱

무문왈 남전 피자일문 직득취진가사 낭당불

無門曰 南泉이 被者一問하여 直得揣盡家私하니 郎當不

소

少로다.

---

151 전게서「第二十七則 不是心佛」(T48, 296b11~b16), "南泉和尚 因僧問云 還有不與人說底法麼 泉云有僧云 如何是不與人說底法 泉云 不是心不是佛不是物 無門曰 南泉被者一問 直得揣盡家私 郎當不少 頌曰 叮嚀損君德 無言真有功 任從滄海變終 不為君通."

● 頌曰

정 영 손 군 덕　　무 언 진 유 공　　임 종 창 해 변
叮寧損君德하고 無言眞有功이라 任從滄海變이라도

종 불 위 군 통
終不爲君通이로다.

○ 解釋

남전화상에게 어떤 스님이 묻기를 “아직 사람에게 설하지 못하는 법이 있습니까?” 하니 남전화상이 대답하기를 “있느니라.” 하였다. 그 스님이 다시 묻되 “어떤 것이 사람에게 설하지 못하는 법입니까?” 하니 남전화상 대답하기를 “그것은 마음도 아니요, 부처도 아니며 물건도 아니다.”라고 하였다.

이에 대해 무문선사는 평하기를 “남전화상이 이 질문을 받아 바로 가사를 몽땅 망해 버리고 꼴사납게 되었도다.”라고 하였다.

또한 게송하기를 “친절도 지나치면 그대로 덕을 덜고 무언이 진실로 공이 됨이라. 사실상 푸른 바다가 변해도 마침내 그대를 위하여 통하지 않으리.”라고 하였다.

남전보원(南泉普願: 748~834)[152]선사는 앞의 제14칙에서 ‘고양이의

152 南泉普願(748~834): 당나라 때의 禪僧. 鄭州 新鄭 (河南 開封) 사람으로 俗姓은 王씨다. 10세 때 大隗山 大慧에게 수업을 받았다. 大曆7년(772) 嵩山 會善寺 暠律師에게 나가 具足戒를 받고 法礪律師가 제창한 相部律宗을 익혔다. 얼마 뒤 강사를 다니면

목을 자른' 공안의 주인공이다. 선의 황금시대를 이끈 마조도일(馬祖導一: 709~788)[153]선사의 제자이며 '개에게 불성이 없다.'고 한 '무자無字' 공안의 조주종심(趙州從諗: 778~897)선사의 스승이다. 선善을 일컬어 부처님의 마음이라 하고 교敎는 부처님의 말씀이라고 하여 선사들의 어록은 주로 언어를 떠난 자리를 뜻한다. 선사들은 이에 대해 언어를 떠난 마음의 본성인 진여자성의 자리로 유도하는 것이기 때문에 일상적으로는 이해가 되지 않는, 격에 맞지 않는 말이나 행위로 표출하고 있다.

이 공안에 등장하고 있는 남전선사에게 질문한 내용으로 보아

서『楞伽經』과『華嚴經』등을 듣고 中論과 百論 十二門論 등의 玄義에 통달했다.나중에 江西 馬祖道一을 參謁하고 깨우쳤다. 貞元 11년(795) 池陽 南泉山에 禪宇를 짓고 30여 년 동안 산을 나오지 않았다. 太和 초에 대중들의 요청에 따라 산을 나왔다. 이때부터 학도들이 운집하여 法道를 크게 드날렸다. 어느 날 東西兩堂에서 고양이를 가지고 싸웠는데 사람들의 얘기를 듣더니 "도를 들었으면 고양이를 살려 주고 아니라면 고양이 목을 베어 버리겠다."고 말했다. 아무도 대답하지 못하자 고양이 목을 베어 학도들의 망상을 끊어 버렸다. 南泉斬猫 화두는 이후 人口에 회자되었다. 태화 8년 12월 25일 입적했고 世壽 87세다. 세칭 南泉普願으로 불린다. 저서에『南泉語錄』1卷이 있다. 法嗣에 從諗과 曇照 師祖 등 17명이 있다.『宋高僧傳』卷11,『景德傳燈錄』卷8 참조.

153 馬祖道一(709~788): 당나라 때의 선승. 俗姓은 馬씨로 보통 馬祖道一로 불린다. 시호는 大寂禪師이고 漢州 什邡 사람이다. 19세 때 출가하여 經律을 익혔다. 慧能 문하 南岳懷讓의 법을 이었다. 일찍이 江西에서 禪學을 널리 떨쳐 江西馬祖로도 불린다. 代宗 大曆 중에 豫章 開元寺에 있으면서 무리를 모아 설법했는데, 禪宗이 이때부터 크게 홍성했다. 그가 전한 宗旨를 일러 당시 洪州宗이라 불렀다. 문하생에 百丈과 大梅 南泉 등 139명으로 入室 제자가 84명이라고 전하며, 남악의 宗風이 일시에 융성했고, 후일 臨濟宗으로 발전했다. '平常心是道'를 주창했고 일상생활 속에서 禪을 실천하는 禪風이 이 무렵 시작되었다. 저서에『馬祖語錄』1卷이 있다.『宋高僧傳』卷10 참조.

상당한 수행력이 있는 것으로 여겨진다. 부처님께서 설하지 못한 법문이 있느냐는 질문의 뜻은 '말의 길이 끊어지고 생각할 곳도 없어진' 적멸의 경계를 말한다. 앞서 언급한 '불립문자不立文字 직지인심直指人心 견성성불見性成佛'이라는 선종의 종지를 이해하면서 말할 수 없고 또 언어로 표현하여 전하지 못한 법문을 물었다는 것이다. 남전화상 역시 마음도 아니고 부처도 아니며 그렇다고 어떤 물건도 아니라는 말로 표현하여 질문을 되돌려 주고 있다. 즉 스스로의 주인공인 자신의 마음으로 찾아 보라는 공안으로 던져 준 것이다.

이 공안은 마조선사의 '심즉시불心卽是佛 비심비불非心非佛'[154] 즉 '마음이 바로 부처이며 또한 마음도 아니고 부처도 아니다.'라는 공안과 일맥상통한다. 말로 표현할 수 없는 진리를 말로 표현해 버리면 그것은 참된 진리라 할 수 없다. 무언無言은 금金이요 유언有言은 은銀이라고 했듯이 말을 하여 덕을 감하게 되니 말 안 하는 것이 진실한 공덕이 된다는 것이다. 세상일도 때로는 그럴 때가 많다. 그러나 말을 해서 덕을 볼 수 있고 안 해서 덕을 볼 수도 있다. 여기서는 설사 푸른 바다가 변하여 높은 산이 된다 하더라도 끝끝내 말해 줄 수가 없다는 것이다. 이것은 자기 스스로 자기 진성을 밝히는 일이기 때문이다. 세상을 터득하는 지극한 지혜는 밖

---

154 『續傳燈錄』 卷25 (T51, 637c21), "祖便以即心即佛非心非佛 睦州擔板漢 南泉斬猫兒 趙州狗子無佛性有佛性之語 編辟之其所對了無凝滯 至子胡狗話 祖遽轉面曰 不是."

에서 찾을 수가 없다. 아무도 내 공부를 대신해 줄 수는 없다. 마음도 아니고 부처도 아니며 물건도 아닌 이것이 과연 무엇일까?

원문에서 학인이 이 의심에 아직 막혀 있는 마음의 상태야말로 바로 일곱 번째 병통인 '불견법견 이철위산 병통'에 빠져 버린 상태인 것이다. 또한 이 마음에 의심 덩어리[疑團]가 확 치밀고 일어나서 '탁!' 하고 터져 버려서 해결되면 이는 곧 치유의 상태이자 깨달음에 이른 것이라고 하겠다. 이렇듯 작은 일상사에서 있을 수 있는 상담의 영역에서의 치유가 일대사의 기연이 되어 줄 수가 있지만 깨달음과 대승적大乘的인 일단은 그 영역을 초월하는 더 넓은 의미를 포함하고 있기도 하다. 그러나 수행의 방식은 개개인의 성향이나 문화적 환경에 따라 각각 천차만별로 다를 수도 있다. 『무문관』 제27칙의 젊은 학인은 남전선사에게 패기만만하게 묻는다.

남전화상께 학인은 사람들에게 말하지 않고 침묵해야만 하는 것이 있냐고 물었는데 남전스님은 "있다."고 답한다. 그러자 젊은 학인은 이미 깨달음에 이른 남전화상에게 "어떤 것이 사람들에게 이야기하지 않은 법인가요?"라고 또 묻는다. 이번에는 남전선사에게 위기가 닥친 셈이다. 젊은 학인에게 자신이 침묵하고 있었던 가르침을 이야기한다면 남전화상은 자신이 사람들에게 충분히 말할 수 있었던 것을 이야기하지 않았다는 것을 드러내는 것이 되고 이것은 스승으로서는 해서는 안 되는 게으름이자 무책임한 것을 보여 주는 것이다. 반대로 젊은 학인에게 어떤 것이 사람들에게 이야기하지 않는 법인지 그 대답을 하지 않는다면 남전화상은 '사람들에게 이야기하지 않는 법이 있다.'고 말한 앞의 말을 부정하는 꼴이 되어 버린다. 하지만 깨달음에 이른 남전선사는 가볍게 젊은 학인이 펼쳐놓은 함정에서 빠져나온다. "마음[心]도 아니고, 부처[佛]도 아니고, 중생[物]도 아니다." 이야말로 무릎을 탁 치게 만드는 대답이 아닐 수 없다.

모든 경전은 결국 마음, 부처 그리고 중생을 이야기하는 것에 지나지 않는다는 것을 뜻한다. 『화엄경』의 「야마천궁보살설게품夜摩天宮菩薩說揭品」[155]에서는 '심불급중생心佛及衆生 시삼무차별是三無差別'이라 하여 마음과 부처 그리고 중생 이 세 가지는 차별이 없다고 하였다. 마음과 부처 그리고 중생에 관한 것은 말할 수가 있다. 단 마음, 부처 그리고 중생이 구별된다는 조건에서이다. 그렇지만 이 세 가지가 구별되지 않고 하나로 결합된다면 우리는 그것을 말할 수 있을까? 구별되지 않는 것을 구별하는 것은 불가능한 일이고 그래서 우리는 이것에 대해 침묵해야만 하는 것이다. 깨달음에 이른 남전화상은 자신의 본래면목을 회복해서 부처가 되는 데 성공한 분이다.

이런 존재를 어떻게 마음이니 부처니 혹은 중생이니 하면서 일면으로 규정할 수 있겠는가? 사람들에게 이야기하지 않은 법이니 이야기할 필요도 없는 법은 바로 마음과 부처 그리고 중생이 결합

155 『大方廣佛華嚴經』 卷10 「夜摩天宮菩薩說揭品」 (T9, 465c14), "如心佛亦爾 如佛衆生然心佛及衆生 是三無差 諸佛悉了知 一切從心轉別."

되어 있는 깨달음이며 자유로운 상태이다. 이것은 사변적인 논의와 토론의 대상이 아니라 구체적인 삶에서 드러나야 할 영역이다. 깨달음에 이르지 못한다면 깨달음에 대한 모든 논의는 횡설수설에 불과한 무지몽매한 법이다. 깨달음은 남전화상이나 젊은 스님이 스스로 삶의 차원에서 드러내야 하는 것이기 때문이다. 실로 말할 수 없는 것이 있다. 이것은 스스로 드러난다. 그것이 신비스러운 것이다. 아마도 남전화상의 답을 들은 젊은 스님의 얼굴에는 빙그레 미소가 번졌을 것이다.

(10) 제28칙 구향용담久響龍潭의 예[156]

다음에는 일곱 번째 병통인 '불견법견 이철위산 병통'의 예로 『무문관』 제28칙 「구향용담」의 원문 및 해석을 살펴보면서 그 병통과 치유에 대해 살펴보도록 하겠다.

---

156 전게서 「第二十八則 久響龍潭」(T48, 296b20~c14), "龍潭因德山請益抵夜 潭云 夜深子何不下去 山遂珍重揭簾而出 見外面黑却回云 外面黑 潭乃點紙燭度與 山擬接潭便吹滅山於此忽然有省 便作禮 潭云 子見箇甚麼道理 山云 某甲從今日去 不疑天下老和尚舌頭也至明日龍潭陞堂云 可中有箇漢 牙如劍樹 口似血盆 一棒打不回頭 他時異日向孤峯頂上立吾道在 山遂取疏抄 於法堂前將一炬火 提起云窮諸玄辨 若一毫致於太虛 竭世樞機 似一滴投於巨壑 將疏抄便燒 於是禮辭 無門曰 德山未出關時 心憤憤口悱悱 得得來南方 要滅却教外別傳之旨 及到澧州路上 問婆子買點心婆云 大德車子內是甚麼文字 山云 金剛經抄疏 婆云 只如經中道 過去心不可得 見在心不可得 未來心不可得 大德要點那箇心 德山被者一問 直得口似匾檐 然雖如是 未肯向婆子句下死却 遂問婆子 近處有甚麼宗師 婆云 五里外有龍潭和尚及到龍潭納盡敗闕 可謂是前言不應後語 龍潭大似憐兒不覺醜 見他有些子火種 郎忙將惡水 驀頭一澆澆殺 冷地看來一場好笑 頌曰 聞名不如見面 見面不如聞名 雖然救得鼻孔 爭奈瞎却眼睛."

제이십팔칙 구향용담

第二十八則 久響龍潭

本則

용담 인 덕산청익 저야 담운 야심 자하
龍潭 因 德山請益하여 抵夜어늘 潭云하되 夜深커늘 子何
불하거 산 수진중 게렴이출 견외면흑 각
不下去오 山이 遂珍重하고 揭簾而出이라사 見外面黑하여 却
회운 외면흑 담 내점지촉 도여 산
回云하되 外面黑이니라 潭이 乃點紙燭하여 度與한대 山이
의접 담 변취멸 산 어차홀연유성 변작례
擬接커늘 潭이 便吹滅하니 山이 於此忽然有省하고 便作禮하
담운 자견개심마도리 산운 모갑 종금일거
다 潭云하되 子見箇甚麼道理요 山云하되 某甲이 從今日去
불의천하노화상설두야 지명일 용담승당운
로 不疑天下老和尙舌頭也니라 至明日하여 龍潭陞堂云하
가중 유개한 아여검수 구사혈분 일봉
되 可中에 有箇漢인대 牙如劍樹하고 口似血盆하여 一棒으로
타불회두 타시이일 향고봉정상 입오도재
打不回頭하니 他時異日에 向孤峰頂上하여 立吾道在리라
산 수취소초 어법당전 장일거화 제기운
山이 遂取疏抄하여 於法堂前에 將一炬火하여 提起云하되
궁제현변 약일호치어태허 갈세추기 사일적
窮諸玄辯이라도 若一毫致於太虛요 竭世樞機라도 似一滴
투어거학 장소초변소 어시예사
投於巨壑이라하고 將疏抄便燒하고 於是禮辭하다.

評唱

무문왈 덕산 미출관시 심분분 구비비 득
無門曰 德山이 未出關時에는 心憤憤하고 口悱悱하여 得
득내남방 요멸각교외별전지지 급도예주노상
得來南方하여 要滅却敎外別傳之旨러니 及到澧州路上하

문파자매점심 파운 대덕 차자내 시심마
여 問婆子買點心한대 婆云하되 大德의 車子內에는 是甚麽
문자 산운 금강경소초 파운 지여경중도
文字오니까 山云하되 金剛經疏抄로다 婆云하되 只如經中道
과거심불가득 현재심불가득 미래심불가득
하대 過去心不可得이며 現在心不可得이며 未來心不可得
대덕 요점나개심 덕산 피자일문
이라하니 大德은 要點那箇心이니꼬 德山이 被者一問하여
직득구사변담 연수여시 미긍향파자구하사각
直得口似匾擔이나 然雖如是나 未肯向婆子句下死却하고
수문파자 근처유심마종사 파운 오리외 유
遂問婆子하되 近處有甚麽宗師니까 婆云하되 五里外에 有
용담화상 급도용담 납진패궐 가위시전언
龍潭和尙이로다 及到龍潭하여 納盡敗闕하니 可謂是前言이
불응후어 용담대사련아 불각추 견타유사자
不應後語라 龍潭大似憐兒에 不覺醜하여 見他有些子
화종 랑망장악수 맥두일요요살 냉지간래
火種하고 郎忙將惡水하여 驀頭一澆澆殺하니 冷地看來하면
일장호소
一場好笑로다.

● 頌曰

문명불여견면 견면불여문명 수연구득비공
聞名不如見面이요 見面不如聞名이라 雖然救得鼻孔이나
쟁나할각안청
爭奈瞎却眼睛고.

○ 解釋

용담숭신선사께 덕산선사가 가르침을 청하여 듣다가 밤이 깊었다. 용담선사께서는 "밤이 깊었는데 왜 물러가지 않는가?"라고 하자 덕산선사는 마침 인사를 하고 염簾을 들고 나왔다가 다시 들어와서는 "캄캄합니다."라고 하였다. 용담선사께서 초에 불을 붙여 켜시고는 막상 덕산선사가 받으려 하자마자 훅 꺼 버리셨다. 이에 덕산선사는 곧 깨닫게 되었으며 용담선사께 절을 올렸다. 용담선사께서 "그대는 어떤 도리를 보았는가?"라고 물으시니 덕산선사는 "오늘부터 저는 천하天下의 노화상老和尙들과 역대 선지식들의 말씀을 믿어 의심치 않겠습니다."라고 답하였다.

다음 날 용담선사께서는 설법좌說法座에 올라 "이 가운데 대장부가 있으니 그 이는 칼 숲과도 같고 그 입은 쇳덩이와도 같아서 아무리 때려도 꿈쩍하지 않는다. 또한 그는 훗날에 높은 봉우리의 정상에서 나의 도를 크게 일으키리라."고 하셨다. 덕산선사는 『금강경소초』를 법당 앞에서 불사르면서 "깊은 진리의 모든 말을 다할지라도 털끝 하나를 허공에 놓은 것과 같고 세상의 중요함을 다한다 할지라도 물한 방울을 깊은 골짜기에 떨어뜨린 것만 같네."라고 외치고는 하직 인사를 드린 후 떠났다.

무문선사는 이에 대해 이렇게 평하였다. "덕산선사가 아직 깨치지 못하였을 때 그는 입으로는 다 말할 수도 없지만 마음이 분하고 분하여 남방으로 가서 교리敎理 밖에 특별히 전했다는 그 뜻을 말끔히 쓸어 없애 버리려고 예주 땅으로 가기에 이르렀다. 때가 되어 길가의 떡집 노파에게 점심을 사려고 하자 노파는 '스님의 바랑 속에는 무슨 글이 들어 있습니까?'라고 물었다. 덕산선사는 『금강경소초』라고 대답했다. 노파가 '『금강경』 가운데는 과거의 마음도 얻을 수 없고 현재의 마음도 얻을 수 없고 미래의 마음도 얻을 수 없다고 했는데 스님은 어느 마음으로 점을 찍으렵니까?'라고 묻자 이 물음에 덕산선사는 그만 입이 콱 막혀 버렸다. 덕산선사는 이렇게 노파에게 지기는 했으나 그냥 물러나지 않고 근처에 어떤 큰 선지식이 계시냐고 물어보았다. 그러자 노파는 오 리 밖에 용담선사께서 계신다고 하였다. 용담선사를 찾아뵙고 덕산선사는 노파와의 대담을 이야기했다. 용담선사께서는 덕산선사에게 아직 불씨가 남아 있는 것을 알아보시고 덕산선사를 가여운 어린아이처럼 여겨서 급히 물을 가져다가 불씨마저 없애 버렸다. 아마도 이 차가워진 땅을 보게 된다면 한바탕 크게 웃게 될 것이다."라고 하였다.

또한 게송으로 이르기를 "이름을 듣는 것이 얼굴 보는 것만 못하다는데 얼굴을 보니 이름 듣는 것만 못하구나. 비록 그러하나 구하던 콧구멍을 얻어서 눈이 멀어 버렸으니 어찌할까?"라고 하였다.

등불은 밝음과 어둠을 구분하고 있을 뿐 꺼지는 순간에 그 구분은 사라져 버린다. 경전도 등불처럼 한계가 명확하다. 결국 자신의 마음에 의지해 홀로 가야 하는 것이다. 선의 불립문자는 바로 잃어버린 자신의 목소리를 되찾으라는 의미라고 할 수 있다. 불립문자는 바로 문자를 통해 습득되는 모든 지적인 이해를 표방하지 않는다. 이는 극명한 선언이다. 아마 이 슬로건만큼 선종의 특징을 잘 보여 주는 것도 없을 것이다. 자신의 삶을 당당하고 자유롭게 살아가려는 자는 주인공이 하고자 하는 대로 모든 것을 주관하여 갈 뿐이지 만일 말이나 글에 얽매인다는 것은 일곱 번째 병통인 '불견법견 이철위산 병통'에 빠져 버린 것이다.

여기서 우리가 간과할 수 없는 것은 말이나 글, 즉 문자라는 것은 인간이 자신의 속내를 타인에게 전달하는 기본적인 수단이라는 점이다. 그렇다면 불립문자라는 선언으로 선사들은 영원한 침묵만을 선택하였을까? 그렇지는 않다. 선사들이 부정했던 이 문자는 바로 자신의 문자가 아닌 타인에 의해 조장된 문자를 의미하고 있다. 즉 타인의 말이나 문장을 따라 살아간다는 것은 노예의 삶이지 주인의 삶은 아니기 때문이다.

『무문관』 제28칙 「구향용담」은 자유로운 선의 세계를 탁마해 가는 학인에게는 매우 중요한 교훈을 전하고 있다.

이 공안에 등장하는 덕산선사는 불립문자의 정신이 무엇인지를 매우 적절하게 보여 주고 있다. 덕산선사는 용담선사를 만나고서야 바로 타인의 문자가 아닌 자신의 마음이 중요하다는 것을 깨닫게 되었으며 아만으로 가득 찬 자신의 병통을 치유할 수 있었던 것이다. 그런데 사실 진짜 중요한 대목은 덕산선사가 용담선사를 만나기 전 어떤 노파와의 만남이라고 할 수 있다.

『전등록傳燈錄』[157]을 보면 덕산선사와 노파의 만남을 자세히 알 수가 있다. 『무문관』을 설했던 무문선사 또한 이 노파와의 만남에 주목하여서인지 이 스토리를 언급하고 있다. 그 내용을 간략하게나마 살펴보도록 하겠다.

용담선사를 만나러 남쪽으로 내려오기 전에 덕산선사의 마음은 분노로 가득 차 있었다. 그것은 남중국에서 일어나 융성하고 있던 새로운 불교의 흐름인 선종 때문이었다. 남중국의 선사들이 여러 부처님들의 말과 글을 전면적으로 부정하며 교외별전教外別傳을 주장하고 있었다. 그것은 즉 교외별전이라고 하여 경전의 내용 이외에 석존의 가르침이 따로 전해지고 있다는 것이었다. 그래서 덕산선사는 분이 나서 견딜 수가 없었던 것이다. 그는 경전을 무시하고도 부처가 될 수 있다는 오만방자한 생각을 깨부수고 싶었을지도 모르겠다. 아마도 남중국으로 여행을 떠난 덕산선사의 자신감은 하늘을 찌를 듯했을 것이다.

덕산선사에게는 이 세상 모든 것을 자를 수도 있는 다이아몬드로 만든 무기, 그러니까 모든 희론을 논박할 수 있는『금강경』이란 경전이 있었으니까 말이다. 그러나 덕산선사는 불행히도 중국 땅

157『景德傳燈錄』卷15 (T51, 318a), "洪州泐潭寶峯和尚有僧新到師謂曰其中事即易道不落其中事始終難道僧曰某甲在途時便知有此一問師曰更與二十年行脚也不較多曰莫不契和尚意麼師曰苦瓜那堪待客師問僧古人有一路接後進初心汝還知否曰請師指出古人一路師曰恁麼即闍梨知了也曰頭上更安頭師曰寶峯不合問仁者曰問又何妨師曰遮裏不曾有人亂說道理出去.

예주澧州로 내려가던 중 한 노파를 만나면서 그의 자신감은 바닥에 떨어져 산산조각이 나고 만다. 길가에서 간식을 팔고 있던 노파에게 덕산선사는 먹을 것을 요청한다. 음식을 준비하면서 노파는 덕산에게 지나가듯이 묻는다. "스님! 수레 속에는 어떤 책이 있나요?" "이것은 『금강경』의 주석서입니다."라고 덕산선사가 답하자 노파는 다시 묻는다. "『금강경』에는 과거의 마음도 잡을 수 없고 현재의 마음도 잡을 수 없고 미래의 마음도 잡을 수 없다는 말이 있는데 스님께서는 어느 마음으로 점심을 드시려고 하십니까?"라고 말이다. 덕산선사는 이렇게 지나가듯 묻는 노파의 질문에 대답할 수가 없었다. 당혹감과 낭패감에 덕산선사는 서둘러 말꼬리를 돌리게 된다. "이 근처에 어떤 선사가 계십니까?" 노파는 오 리쯤 떨어진 곳에 용담선사가 있다고 알려준다. 이렇게 무엇인가에 쫓기듯 경황없이 용담선사를 찾아가게 되었던 것이다.

『금강경』[158]을 달달 외울 정도로 덕산선사는 경전의 내용에 정통했지만 그의 이해는 단지 지적인 것에 그쳤을 뿐 노파의 물음에 한 마디도 대답할 수 없을 정도로 자신의 삶에는 한 치도 적용할 수가 없었던 것이다. 어디서부터 잘못되었을까? 덕산선사는 노파의 물음에 어떻게 답을 했어야 할까? 노파는 덕산선사에게 심각한 화두를 하나 던졌던 것이다. 용담선사와 만나서 이러저런 이야기를

---

158 『金剛般若波羅蜜經』「第十八 一體同觀分」(T8, 751b24), "佛告須菩提 爾所國土中所有眾生 若干種心 如來悉知 何以故 如來說諸心 皆為非心 是名為心 所以者何 須菩提 過去心不可得 現在心不可得 未來心不可得."

나누었지만 아마 덕산선사의 뇌리에는 노파와의 만남이 잊혀지지 않았을 것이다. 해가 지고 캄캄한 밤이 되어 덕산선사가 숙소로 돌아가려고 용담선사의 방을 나왔을 때 바깥이 너무나 캄캄해서 덕산선사는 용담선사에게 등불을 부탁한다.

그러자 용담선사는 종이에 불을 붙여서 등불을 켜고 덕산선사에게 건네 준다. 캄캄한 주변이 순식간에 환하게 되었다. 그렇지만 이것이 왠일인가? 용담선사는 덕산선사에게 건네 주었던 등불을 갑자기 훅 불어 꺼 버리는 것이다. 바로 이 순간 일곱 번째 '불견법견 이철위산의 병통'에 빠졌던 덕산선사는 꺼진 등불을 허무하게 든 채 다시 암흑 속에 던져진 자신의 병을 치유하여 깨달음에 이를 수 있게 되었다. 여기서 등불은 매우 중요한 은유가 된다.

그렇다면 여기서 등불은 무엇을 상징하고 있을까? 이 등불은 바로 용담선사가 만들어 준 것이다. 그런데 그것은 바로 앞서 깨달았던 선각들의 가르침, 그러니까 『금강경』과 같은 경전들을 상징한다. 용담선사께서 등불을 훅 불어 끄자마자 덕산선사는 바로 깨닫게 된다. 무엇을 깨달았을까? 덕산선사의 깨달음을 이해하기 위해서 등불이 켜지고 꺼지는 장면에 좀 더 주목할 필요가 있다고 여겨진다. 등불이 켜지면 등불로 환한 부분과 등불이 미치지 않아 어두운 부분이 확연히 구별되어 나타나지만 반대로 등불이 꺼지는 순간에 그런 구분은 곧바로 사라져 버리게 될 것이다.

마침내 용담선사와의 만남을 통해 덕산선사는 자신이 왜 노파에게 쩔쩔맸는지 그 이유를 깨닫게 되었다. 그것은 자신이 『금강경』에만 집착하고 있었기 때문에 노파의 질문에 대응할 수 없었던 것이다.

다시 말해 모든 것을『금강경 』에 입각해서 바라보고 생각했기 때문에『금강경』이란 너무도 밝은 등불이 비추지 못하는 것이 있다는 사실을 생각할 수도 없었다. 노파의 이러한 질문은 바로『금강경』의 맹점을 지적했던 것이다.

사실 등불이란 것도 그런 것이다. 밝기의 정도나 비추는 방향에 따라 비출 수 있는 부분과 그럴 수 없는 부분이 발생할 수밖에 없다. 하지만 우리는 등불이 비추는 특정한 부분에 연연해서 등불에도 한계가 있다는 사실을 쉽게 망각하곤 한다. 용담선사는 노파의 질문에 덕산선사가 쩔쩔맸던 이유를 곧바로 가르쳐 주었던 것이다. 모든 경전들은 각각 자기만의 고유한 한계를 갖고 있는 등불과도 같다. 그래서 이 모든 경전들은 자신이 비출 수 있는 측면과 그럴 수 없는 측면이 있을 수밖에 없다.

이제 더 이상 덕산선사는『금강경』에 맹신하지도 의지할 수도 의지해서도 안 될 것이다. 덕산선사는 오직 자신의 주인공인 마음에 의지한 채 사자처럼 홀로 나아갈 수밖에 없다. 결국 덕산선사는 자신이 그렇게 보물처럼 가슴에 품고 있었던『금강경』의 주석서를 태워 버리고 심지어는 자신에게 귀한 깨달음을 주었던 용담선사마저 버리고 무소의 뿔처럼 홀연히 떠나가게 된다.

그렇다면 이 영역을 통과한 덕산선사는 문자나 언어로부터 완전히 벗어나게 되었을까? 그렇지는 않다. 덕산선사는 말도 하고 글도 쓰게 되었을 것이다. 그러나 앵무새처럼 흉내 내는 타인의 말이나 글이 아니라 자신이니까 할 수 있는 그런 글이나 말을 이야기하였다. 불립문자라는 슬로건의 목적은 바로 여기에 있다. 바로 남의 말을 흉내 내는 것이 아니라 잃어버린 자신의 목소리를 찾아 오직 자신만이 구사할 수 있는 언어로 표현할 수 있다는 말이다.

(11) 제33칙 비심비불非心非佛의 예[159]

다음에는 일곱 번째 병통인 '불견법견 이철위산 병통'의 예로 『무문관』 제33칙 「비심비불」의 원문 및 해석을 살펴보면서 그 병통과 치유에 관한 내용을 살펴보도록 하겠다.

제삼십삼칙 비심비불
第三十三則 非心非佛

本則

마조 인 승문 여하시불 조왈 비심비불
馬祖 因 僧問하되 如何是佛이니꼬 祖曰 非心非佛이니라.

159 전게서 「第三十三則 非心非佛」 (T48, 296c18~24), "六祖因風颺刹幡 有二僧對 論一云幡動 一云風動 往復曾未契理 祖云 不是風動不是幡動 仁者心動 二僧悚然 無門曰 不是風動 不是幡動 不是心動 甚處見祖師 若向者裏見得親切 方知 二僧買鐵得金 祖師忍俊不禁一場漏逗 頌曰 風幡心動一狀領過 只知開口 不覺話墮."

評唱

무 문 왈 약 향 자 리 견 득 참 학 사 필
無門曰 若向者裏하여 見得하면 參學事畢하리라.

● 頌曰

노 봉 검 객 수 정 불 우 시 인 막 헌 봉 인 차 설 삼 분
路逢劍客須呈하고 不遇詩人莫獻하라 逢人且說三分하고
미 가 전 시 일 편
未可全施一片이니라.

○ 解釋

마조도일선사께 한 선승이 "어떤 것이 부처입니까?"라고 물으니 마조선사께서는 "마음도 아니고 부처도 아니니라." 라고 답하였다.

이에 대해 무문선사는 평하기를 "만약 이 속을 향하여 보아 얻으면 공부를 다 마쳤다 하리라."라고 하였다.

또한 게송으로 이르기를 "길에서 검객을 만나면 칼을 쓰고 시인 아닌 이를 만나서는 읊지 마라. 사람을 만나 3할[三分]을 설하고 전부를 베풀지는 못했구나! 만약 이 속을 향하여 보아 얻으면 공부를 다 마쳤다 하리라."고 하였다.

비심비불非心非佛은 즉심즉불卽心卽佛이라는 무기無記에 빠진 대중들을 전혀 다른 방법으로 제도하는 말씀으로 여겨진다. 여기서 무기는 아이러니하게도 집착과 상통하는 말임을 이해할 필요가 있다. 선에서 늘 경계하는 차별심, 집착심, 고정관념 등은 중생들의

병이다.

즉심즉불의 화두가 오히려 병의 원인이 되었다면 그때는 정반대의 처방을 내리는 수밖에 없다. 비심비불非心非佛은 『무문관』「선잠」의 일곱 번째 병통인 '불견법견 이철위산 병통'을 치유하기 위한 비심비불이라 할 수 있을 것이다.

『전등록傳燈錄』「마조전馬祖傳」[160]을 보면 이런 이야기가 있다.

어떤 학學이 마조선사께 질문을 했다. "화상和尙은 어째서 즉심시불卽心是佛이라고 합니까?" 마조선사는 "우는 아기의 울음을 그치게 하기 위한 것이다."라고 답하셨다. 그러자 다시 물었다. "울음을 그친 뒤에는 어떻게 해야 합니까?" 이에 마조선사는 "비심비불非心非佛이지."라고 답하였다. 또한 그 학學이 "이 두 가지 이외의 사람이 오면 어떻게 합니까?"라고 물었다. 그러자 마조선사는 "그에게는 중생이 아니라[不是物]고 답한다."라고 한다.

또 그 학인이 다시 묻기를 "갑자기 그러한 사람이 오면 어떻게 합니까?"라고 하자 마조선사는 "그로 하여금 대도를 체득하라고 하리라."라고 답하였다. 이와 같이 잘 살펴보면 결국 즉심시불과 비심비불은 어느 것이나 집착을 끊도록 하는 법문임을 알 수가 있으면서 비심비불이야말로 집착과 깨달음을 향한 집착의 병통을 끊어 내는 치유의 방편임을 알 수 있다[不是物].

---

160 『景德傳燈錄』卷6「馬祖傳」(T51, 247a), "僧問和尚為什麼說即心即佛師云為止小兒啼 僧云 啼止時如何 師云 非心非佛 僧云 除此二種人來如何指示 師云 向伊 道不是 僧云 忽遇其中人來時如何 師云 且教伊體會大道."

『벽암록』[161]에도 다음과 같은 남전보원화상과 백장열반화상의 '설할 수 없는 불법'에 대한 선문답을 다음과 같이 수록하고 있다.

남전선사에게 백장열반화상이 묻기를 "예로부터 성인이 남에게 설하지 않은 불법이 있습니까?" 하자 남전선사는 있다고 하면서 "마음도 아니요, 부처도 아니요, 중생도 아니오." 하고 답하였다. 백장열반화상이 말하기를 "설해 버렸군!" 하니 남전화상이 말하기를 "나는 이렇습니다만 스님은 어떻습니까?" 하였다. 백장열반화상이 답하기를 "나는 큰 선지식이 아닌데 어찌 설할 수 있는 불법과 설할 수 없는 불법이 있는지 알 수 있겠습니까?"라고 하니 남전화상은 "나도 모르겠소[不會]."라고 답했고 백장열반화상은 "내가 그대에게 너무 많이 말했군!"이라 하였는데 이는 활발발 자재한 말씀의 근본 취지는 자가보장自家寶藏의 보살핌에 있다고 하겠다.

161 『碧巖錄』「第二十八則 南泉不說底法」(T48, 168a27), "擧南泉參百丈涅槃和尚 丈問 從上諸聖 還有 不爲人說底法 泉云 有 丈云 作生是不爲人說底法 泉云 不是心 不是佛 不是物 丈云 說了也 泉云 某甲只恁 和尚作生 丈云 我又不是大善知識 爭知有說不說 泉云 某甲不會 丈云 我太爲說了也." "남전화상이 백장산의 열반화상을 참문하자 열반화상이 물었다. '예로부터 성인이 남에게 설하지 않은 불법이 있습니까?' 남전화상이 답했다. '있지요.' 백장화상이 물었다. '어떤 것이 남에게 설하지 않은 불법입니까?' 남전화상이 답했다. '마음도 아니요, 부처도 아니요, 중생도 아니오.' 백장화상이 말하기를 '설해 버렸군!' 남전화상이 말하기를 '나는 이렇습니다만 스님은 어떻습니까?' 백장화상이 답하기를 '나는 큰 선지식이 아닌데 어찌 설할 수 있는 불법과 설할 수 없는 불법이 있는지 알 수 있겠습니까?' 남전화상이 답했다. '나도 모르겠소[不會].' 백장화상이 말하기를 '내가 그대에게 너무 많이 말했군!'이라 하였다."

같은 예로『마조어록』[162]에는『돈오입도요문론頓悟入道要門論』의 저자인 대주혜해大株慧海(? ~ ?)선사[163]가 처음 마조선사를 친견할 때의 이야기가 있다. 마조선사가 "자네는 어디서 왔는가?" 하니, 혜해선사가 "월주 대운사大雲寺에서 왔습니다."라고 답하였다. 마조선사는 묻기를 "무엇하러 왔는가?"라고 하였다. 이에 혜해선사는 "불법을 구하러 왔습니다."라고 답하였다. 그러자 마조선사는 "나는 아무것도 없다. 불법이 어찌 나에게 있겠는가! 그대는 왜 자기 집에 있는 보물을 돌보지 않고 밖에서 찾고 있는가?"라고 했다. 그러자 혜해선사가 "저에게 보배가 있다니 무슨 뜻인지요?"라고 묻자 마조선사는 "지금 나에게 묻고 있는 그대가 바로 보배일세. 왜 밖으로 찾아다니는가?"라고 하였다.

이렇듯 마조선사는 부처가 따로 있는 것이 아니라 '마음이 곧 부처'라는 사실을 가르치려고 부단히 노력하였다. 그런데 이러한 큰

162『馬祖道一禪師廣錄』(X69,3c08), "大珠初參祖祖問曰從何處來曰越州大雲寺祖曰來此擬須何事曰來求佛法祖曰自家寶藏不顧拋家散走作什麼我這裏一物也無求甚麼佛法珠遂禮拜問曰阿那箇是慧海自家寶藏祖曰即今問我者是汝寶藏一切具足更無欠少使用自在何假向外求覓珠於言下自識本心不由知覺踊躍禮謝師事六載後歸自撰頓悟入道要門論一卷祖見之告眾云越州有大珠圓明光透自在無遮障處也."

163 大珠慧海: 당나라 때의 선승으로 建州 福建 사람임. 俗姓은 朱씨이고 世稱 大珠和尚 또는 大珠慧海로 불린다. 越州 浙江 紹興 大雲寺 道智法師를 따라 출가하여 처음에는 經教를 배워 깨달은 바 있었다. 나중에 여러 지방을 다니다가 馬祖道一을 參謁했다. 마조가 "제 집의 보장은 돌아보지 않고 내돌아다니면서 무얼 하려느냐[自家寶藏不顧 拋家散走作什麼]?"고 한 말에 본성을 깨달아 6년 동안 마조를 섬겼다. 마조가 보고는 "월주에 큰 구슬이 있으니 둥글고 밝은 빛이 꿰뚫어 자재하구나[越州有大珠 圓明光透自在]."라고 말했다. 저서에 語錄 2권과『頓悟入道要門論』1권이 있다. 悟道한 뒤 월주로 돌아와 禪旨를 널리 떨쳤다.

희망의 뉴스가 학인들에게는 차츰차츰 고정관념화되었으며 즉심즉불이 마치 당연한 것으로 수용되면서 무기라는 늪에 빠져 버리게 된 것이다. 그리하여 또렷한 자기의식마저 사라져 버리고 말았다.

이야말로 마음이란 곳에 강한 집착심이 생긴 결과였다. 그래서 집착과 무기가 양면성의 서로 다른 표현이라고 본다면 '비심비불' 이야말로 이 둘을 단숨에 날려 버릴 수 있는 재치 만점의 화두라고 할 수 있을 것이다. 강호江湖는 남종선의 본거지로 강서와 호남을 줄인 말이다.

다섯 번째 조사인 홍인선사에게는 걸출한 두 명의 제자가 있었다. 신수[164]와 혜능이 바로 그분들이다. 선불교의 역사에서 신수선

---

164 神秀上座(?~706) : 당나라 때의 禪僧. 汴州 尉氏 (河南 開封) 남쪽 사람으로 俗姓은 李씨다. 신장이 8척이고 눈썹과 눈매가 빼어났으며 威德이 당당했다. 젊어서부터 經史를 읽어 博學多聞했다. 剃染受法하고 스승을 찾아 여러 곳을 다녔다. 나중에 蘄州 雙峰 東山寺에 이르러 五祖弘忍을 參謁하고 나무하고 물을 길으면서 도를 구했다. 홍인 또한 큰 그릇으로 여겨 教授師를 맡겼다. 오조 문하의 第一位에 올라 神秀上座라는 이름을 얻었다. 또 大鑑慧能과 서로 친해 서로 깨우쳐 주었다. "몸은 보리수요 마음은 명경대라. 날마다 열심히 닦아 먼저가 없게 하리라[身是菩提樹 心如明鏡臺 時時勤拂拭 莫使惹塵埃]."는 게송이 유명하다. 그러나 衣鉢은 전해 받지 못했다. 高宗 上元 2년(675) 10월 홍인이 입적하자 江陵 當陽山으로 옮겨 傳法하니 승려들이 그의 德風에 귀의해 道譽를 크게 떨쳤다. 則天武后가 소식을 듣고 불러 內道場에 들게 하고 특별히 존중했다. 칙명으로 당양산에 度門寺를 세워 그 덕을 기렸다. 中宗이 즉위하자 역시 존경하여 張說이 제자의 예를 갖추었다. 일찍이 무후에게 상주하여 혜능을 부르게 하고 스스로도 편지를 써서 초청했지만 혜능이 고사하면서 자신은 嶺南과 인연이 있어 大庾嶺을 넘을 수 없다는 대답을 들었다. 그래서 禪門에 南能北秀란 말이 나오게 되었다. 神龍 2년 2월 洛陽 天宮寺에서 입적했고 이때가 世壽 102세였다. 시호는 大通禪師인데 선문에서 시호를 받은 최초의 일이었다. 法流는 長安과 낙

사는 북종선北宗禪을, 그리고 혜능선사는 남종선南宗禪을 상징하고 있다. 바로 강서와 호남, 그러니까 강호라는 시골이 바로 남종선의 본거지라고 할 수 있다.

반면 북종선은 장안長安과 낙양洛陽의 대도시를 본거지로 한다. 강서를 대표했던 스님이 바로 마조도일(馬祖導一: 709~788)[165]선사이고 호남을 대표했던 스님이 석두희천(石頭希遷: 700~791)선사였다. 이 두 분이 없었다면 혜능선사에게서 시작된 남종선이 번창해서 후에 중국에서 나아가 동아시아 선불교의 주류가 되는 일도 없었을 것이다.

우리에게 참동계參同契와 초암가草庵歌로 유명한 석두희천石頭希遷선사도 중요하지만 지금 여기서 특히 우리가 주목해야 할 분은 바로 마조도일선사이다. 왜냐하면 백장청규로도 유명한 백장선사도, 활발발한 무사도인인 임제(臨濟: ?~867)선사도 수많은 공안과 일화를 일으킨 조주선사에 이어『무문관』을 편찬했던 무문선사마저

양 일대에서 홍성했다. 禪旨를 드날리고 漸悟의 설을 주장하여 南宗禪 혜능이 주장한 頓悟와 대비되어 南頓北漸이란 말이 나오게 되었다. 제자 가운데 道璿은 일찍이 일본에까지 이르러 일본 초기 修禪者는 대부분 이 계통에 속하게 되었다. 法嗣에 嵩山普寂과 京兆義福 등이 있다. 門庭이 한때 융성하여 세칭 北宗禪의 祖로 불렸다. 그러나 법류가 몇 대 이어지지 못하고 쇠미해지고 말았다.『宋高僧傳』卷8 참조.

165 馬祖導一(709~788): 당대의 선승 남악회양의 제자임, 일설에는 신라승 무상의 제자라 함. 漢州 什防 출생. 資州의 唐和尙에게 출가하여 逾州의 원圓律師에게 계를 받았다. 후에 혜능 문하의 남악회양의 법맥을 이었다. 그가 이룬 홍주종파는 후에 임제종으로 발전하였다. '평삼심시도'를 주창하였으며 교리 설명을 담은 어록이 전한다. 속성이 馬氏이므로 통칭 호인 大寂禪師 또는 별칭인 馬祖道一로 불린다.

도 모두 마조선사의 법맥 아래 있기 때문이다. 그렇다면 마조선사는 어떻게 하여 이 남종선이라는 도도한 강물을 만들게 되었던 것일까? 마조선사의 개성을 이해하려면 스승인 남악회양(南岳懷讓: 677~744)선사[166]에게서 무엇을 배웠는지 알아야만 하겠다.

남악회양선사는 바로 육조혜능선사의 직계 제자다. 마조선사와 남악선사 사이에는 앞에서 소개한 마경대의 에피소드가 있다.

남종선에서 가장 막강한 영향을 끼쳤던 마조도일선사의 깨달음은 바로 여기서 시작된 것이라고 할 수가 있었다. 벽돌은 있는 그대로 벽돌일 뿐이고 거울은 있는 그대로 거울일 뿐이므로 여기에는 일체의 가치평가가 있어서는 안 된다.

여기에 가치평가를 부여하는 순간에 우리의 마음은 해묵은 집착에 빠져 버리고 만다. 더 좋다는 것을 추구하고 더 나쁜 것을 피한다는 것 이것은 우리가 외적 가치의 노예라는 것을 보여 준다. 그래서 중요한 것은 이런 일체 가치평가로부터 자유로워지는 것 아닐까? 이럴 때 우리는 세상의 주인으로 살아가는 부처가 될 수 있을 테니까 말이다. 우리가 무엇인가에 집중한다는 것은 그것에

---

166 南嶽懷讓(677~744): 속성은 두 씨. 金州 安康, 지금의 산시성 사람이다. 어린 나이에 불전을 좋아했고, 20세 즈음에 형주 옥천사에서 항경에게 의탁해 출가했으며 후에 숭산에 이르러 혜안에게서 禪을 배웠다. 또한 소주의 조계산에서 혜능을 찾아 돈오 법문을 받았다. 혜능이 죽은 후 당나라 玄宗 때인 713년에 남악 반야사 관음대에 머물면서 혜능 일파의 학설을 널리 폈다. 제자 마조도일을 후계자로 법을 전하여 남악 일파를 형성해서 그를 '남악회양'이라고 부른다. 열반 후 당나라 경종이 대혜선사라는 시호를 내렸다.

온통 마음을 빼앗겨 버리는 것을 말한다. 당연히 집착할 때 우리의 마음은 활발발하게 생동하는 것이 아니라 무엇인가에 사로잡혀 아교처럼 딱딱하게 굳어 버린 상태라고 할 수 있다. 이런 상태에서 어떻게 주인공으로서의 삶, 다시 말해 부처의 삶을 영위할 수 있겠느냐는 말이다. 나아가 이런 상태에서 어떻게 우리가 자비의 마음을 가질 수 있겠는가. 그래서 부처가 되려고 이에만 집착하는 것, 나아가 부처가 되려는 방법으로 좌선에만 몰입한다는 것 또한 스스로 부처가 되지 않았다는 증거일 뿐만 아니라 될 수 없다는 징표이다.

『마조어록』에서 마조선사는 자신의 가르침을 다음과 같이 명료화하고 있다. "무릇 불법을 구하려는 사람은 마땅히 구하는 것이 없어야 한다. 마음 바깥에 별도로 부처가 있지 않고 부처 바깥에 별도의 마음이 있는 것이 아니기 때문이다."라고 하였다.

『무문관』의 제33칙 「비심비불」의 공안은 "마음 바깥에는 별도로 부처가 있지 않고 부처 바깥에 별도의 마음이 있는 것이 아니다."라는 마조선사의 가르침과 깊이 연관되어 있다.

아마도 마조선사에게 물었던 그 학인은 마조선사의 가르침을 미루어 짐작하고 있었다고 여겨진다. "어떤 것이 부처입니까?"라고 묻는 이 학인은 『무문관』「선잠」의 일곱 번째 병통인 '불견법견 이철위산 병통'에 빠져 있었을 것이다.

어쩌면 학인은 "너의 마음에서 부처를 찾아라."는 스승의 말을 기대했는지도 모르겠다. 그렇지만 마조선사의 대답은 이 학인의 기대를 좌절시켜 버린다. "마음도 아니고 부처도 아니다." 이는 재미있는 반전이다. 마음과 부처를 자꾸 외부에서 구하려는 학인에게 마조선사는 "무릇 불법을 구하려는 사람은 마땅히 구하는 것이 없어야 한다."는 사자후로 경책하면서 깨달음을 향한 치유의 방편까지 친절하게 제시하여 보여 주고 있다.

(12) 제36칙 노봉달도路逢達道의 예[167]

다음은 일곱 번째 병통인 '불견법견 이철위산 병통'의 예로 『무문관』 제36칙 「노봉달도」의 원문 및 해석을 살펴보면서 그 병통과 치유의 예를 살펴본 것이다.

『무문관』에서 오조법연(五祖法演: 1024~1104)[168]선사와 관련된 공안

---

167 전게서 「第三十六則 路逢達道」 (T48, 297b26~c01), "五祖曰 人 不將語默對 且道將甚麼對 無門曰 若向者裏 對得親切 不妨慶快 其或未然 也須一切處著眼 頌曰 人 不將語默對 攔腮劈面拳 直下會便會."

168 五祖法演(1024~1104): 북송 때의 臨濟宗 楊岐派 禪僧. 綿州 巴西 (四川 綿陽) 사람으로 俗姓은 鄧씨다. 35세 때 비로소 출가하여 具足戒를 받았다. 成都에 유학하면서 百法과 唯識의 여러 論들을 익히고 깊은 뜻을 탐구했다. 어느 날 教門에 의심이 생겨 몸으로 증험하고 이해하고자 책 상자를 짊어지고 남쪽으로 淮浙을 건너 만나는 고승마다 두루 물었지만 끝내 깨칠 수 없었다. 다시 圓照宗本을 뵙고 고금의 公案古則을 물었다. 또 浮山法遠을 참례하고, 나중에 白雲守端禪師에 몸을 맡겨 부지런히 參究해 마침내 廓然徹悟하고 인가를 받았다. 얼마 뒤 명령에 따라 分座하여 대중에게 진리를 열어 보였다. 처음에 四面山에 머물다가 나중에 白雲山으로 돌아왔고, 만년에 太白山에 있다가 다시 蘄州 五祖山 東禪寺로 돌아왔다. 徽宗 崇寧 3년 6월 25일 上堂하여 대중들과 작별하고 몸을 깨끗이 씻은 뒤 입적했다. 世壽 80여 세다. 世稱 五祖法演으로 불린다. 法嗣가 자못 많아 佛眼淸遠과 太平慧懃, 圜悟克勤이 가장 유명하다. 이들을 일러 法演下三佛이라 부른다. 저서에 『黃梅東山演和尙語錄』과 『舒州白雲山海會演和尙語錄』 등이 있다. 『補禪林僧寶傳』 참조.

은 네 번이나 등장하는데 『무문관』 제35칙, 제36칙, 제38칙, 제45칙이 이에 해당된다.

제삼십육칙 노봉달도
第三十六則 路逢達道

本則

오조왈 노봉달도인 부장어묵대 차도
五祖曰 路逢達道人하여 不將語默對니 且道하라
장심마대
將甚麽對오

評唱

무문왈 약향자리 대득친절 불방경쾌 기
無門曰 若向者裏하여 對得親切하면 不妨慶快하리라 其
혹미연 야수일체처착안
或未然인댄 也須一切處著眼이니라.

●頌曰

노봉달도인 부장어묵대 난시벽면권 직하
路逢達道人하여 不將語默對라 攔腮劈面拳이라야 直下
회편회
會便會하리라.

○解釋

어느 때 오조법연선사께서 설하기를 "길에서 달 도인을 만났을 때 말이나 침묵으로 대하지 마라. 자! 일러 보아라! 어떻게 대할 것인가?"라고 하였다.

이에 대해 무문선사는 평하기를 "만약 이에 대하여 바르게 응대할 수 있다면 그 어찌 즐겁지 않겠는가! 그렇지 못하다면 모름지기 어느 곳에서나 착안하도록 노력해야 할 것이다."라고 하였다.

또한 게송으로 이르기를 "길에서 통달通達한 도인道人을 만나거든 말이나 침묵으로 대하지 말고 그 자리에서 주먹으로 뺨따귀를 후려쳐라. 그 순간에 알 사람은 바로 안다."라고 하였다.

무문선사는 오조법연선사의 법손이기 때문에 이처럼 많은 배려를 한 것으로 여겨지면서 객관적으로도 오조법연선사는 임제종의 중흥조라 불릴 만큼 특출한 인물임에는 틀림이 없다.

『무문관』 제36칙 「노봉달도」는 선가에서 그리 생소한 화두는 아니다. 이 공안은 제24칙 「이겁어언」의 공안과 제32칙 「외도문불」의 공안과도 그 성격이 비슷하다.

'길에서 도인을 만나면 어떻게 응대할 것인가.' 여기에서 오조법연선사께서 요구하는 것은 소위 말후구末後句의 답이다. 말후구는 구경究竟으로서 곧 즉여卽如를 뜻하고 있다. 무심無心한 인식상태인 여여如如와 무심의 작용인 즉여卽如의 힘은 부단한 정진 끝에 얻어지는 것이라 하겠다.

이 즉여가 곧 말후구이다. '최후의 구절'인 이 말후구는 그 어떤 것이라도 관계는 없다. 무분별후득지無分別後得智의 일체작용은 진리에 그대로 부합되기 때문이다. 즉 행주좌와 어묵동정이 모두 불사佛事이다. 그래서 처처에 선禪 아닌 것이 없다는 말이다. 말하면서도 말한 바 없이 하고 말하지 않으면서도 우레와 같은 메시지를 보내고 있다. 이것은 일체의 상을 여의고 상대와 하나가 되었을 때 비로소 나타나게 된다.

자타일여自他一如라 하듯이 지금 이 자리에서는 말하는 그 자체가 침묵이요 침묵하면서도 장광설을 퍼붓는 것이다. 부처님께서도 『능가경』[169]에서 일자불설一字不說을 설한 바가 있다.

무문선사께서 일체처에 착안着眼하라고 한 그 착안의 자리는 시비선악의 분별을 떠난 몰입의 경지이다. 이때 상대와 100% 합일할 수 있다면 이것은 마치 사물이 명경明鏡의 대臺를 의식하지 않고 그대로 빨려드는 것과도 같다고 할 수 있다. 즉 산을 만나면 산이 되고 강을 만나면 강이 되는 것이다. 어묵[語]의 차별 경계에 떨어지지 않고 도인을 상대하는 방법은 아주 단순하고 간단한 것이면서도 거룩한 것이라 할 수 있다.

『무문관』 제36칙 「노봉달도」는 『오등전서五燈全書』[170]에 조동종曹

---

169 『楞伽阿跋多羅寶經』 卷三 (T16, 499a2), "佛告大慧 我及過去一切諸佛法界常住 亦復如是 是故說言我從某夜得最正覺 乃至某夜入般涅槃 於其 中間 不說一 亦不已說 當說字." "대혜여 나와 諸佛이 증득한 진여와 常住의 法性 또한 이와 같나니라. 이 까닭에 성불한 때로부터 열반하기까지의 사이에 一字도 설하지 않았고 또한 설하여 마친 것도 아니고 또한 설할 수도 없는 것이니라."

170 『五燈全書』 卷28 「洪州鳳棲山同安丕禪師」 (X81, 660a22), "師曰 問路達道人 不將語默對 未審 將甚麼對 師曰 要蹋要拳…." "한 승려가 물었다. '길에서 達道人을 만나거든 말이나 침묵으로 대하지 말라고 하는데 잘 모르겠습니다. 어떻게 대해야 하겠습

洞宗의 운거도응(雲居道膺: ?~902)[171]선사의 법사法嗣인 동안도비(同安道丕: 889~955)[172]선사와 한 학인이 주고받은 문답에도 기록되어 있다. 여기에서 한 학인이 "길에서 도인을 만나거든 말이나 침묵으로 대하지 말라고 하는데 잘 모르겠습니다."라고 하였는데 이 대목은 일곱 번째 병통인 '불견법견 이철위산의 병통'에 빠진 상황으로 학인이 "어떻게 해야 하겠습니까?"라고 그 치유의 방편을 물어오자 선사께서는 바로 이 시기를 "발길질도 하고 주먹질도 하게!"라고 하면서 친절하게도 치유의 방편을 제시해 주고 있는 공안이기도 하다.

우리나라에서는 회철回撤, 이엄利嚴선사 그리고 려엄麗嚴선사가 바로 운거도응雲居道膺선사의 제자들인데 선가에서는 스승이 제자의 정신을 차리게 하기 위해서는 할이나 방을 포함해 모든 수단과 방편을 가리지 않았다는 예시를 볼 수 있겠다.

니까?' 그러자 동안선사께서 가로되, '발길질도 하고 주먹질도 하게….'"라고 했다.

171 雲居道膺(?~902): 당나라 때의 禪僧. 世稱 雲居道膺 禪師라 불렸다. 幽州 河北薊門 玉田 사람으로 俗姓은 王씨다. 어릴 때부터 총명하여 25세 때 范陽 河北 涿縣 延壽寺에서 具足戒를 받았다. 처음에는 小乘戒을 닦다가 나중에 京兆 終南山 翠微寺 無學에게서 배웠다. 또 洞山良价 문하에 들어가 그 법을 이었다. 처음에는 三峰庵에 살다가 나중에 洪州, 江西 雲居山에 들어가 大法을 널리 펴면서 30여 년을 지냈는데, 도력이 천하에 두루했고 徒衆도 1천 5백 명에 이르렀다. 天復 2년 1월 3일 입적했다. 우리나라에서는 回撤, 利嚴 禪師 그리고 麗嚴 禪師가 제자이며 시호는 弘覺 禪師이다.

172 同安道丕(889~955): 洪州 사람으로 唐末五代 시기의 禪僧이다. 雲居道膺 禪師의 법을 이어받아 曹洞宗 第三世 祖師가 되었다. 뒤에 洪州 鳳棲山 安院에서 설법하여 曹洞宗의 교의를 널리 알렸다. 세간에서 同安道丕선사라고 칭하였다.

(13) 제38칙 우과창령牛過窓櫺의 예[173]

다음은 일곱 번째 병통인 '불견법견 이철위산 병통'의 예로 『무문관』 제38칙 「우과창령」의 원문 및 해석에 대한 것이다.

제삼십팔칙 우과창령
第三十八則 牛過窓櫺

本則

오조왈 비여수고우과창령 두각사제 도과료
五祖曰 譬如水牯牛過窓櫺하여 頭角四蹄는 都過了나
인심마 미파과부득
因甚麽하여 尾巴過不得고.

評唱

무문왈 약향자리 전도착득일척안 하득일전어
無門曰 若向者裏하여 顚倒著得一隻眼하여 下得一轉語
가이상보사은 하자삼유 기혹미연 경수
하면 可以上報四恩하고 下資三有하리라 其或未然인댄 更須
조고미파 시득
照顧尾巴하사 始得하리라.

● 頌曰

과거타갱참 회래각피괴 자사미파자 직시심기
過去墮坑塹하고 回來却被壞라 者些尾巴子가 直是甚奇

---

173 전게서 「第三十八則 牛過窓櫺」 (T48, 297c13~18), "五祖曰 譬如水牯牛過窓櫺頭角四蹄都過了 因甚麽 尾巴過不得 無門曰 若向者裏 顚倒著得一隻眼 下得一轉語 可以上報四恩下資三有 其或未然 更須照顧尾巴始得 頌曰 過去墮坑塹 回來却被壞 者些尾巴子直是甚奇怪."

괴
怪로다.

○ 解釋

오조법연선사가 말씀하기를 "비유컨대 소가 외양간 사이로 지나갈 때 머리와 뿔, 네 발은 모두 나왔는데 꼬리가 나오지 못한 것과 같으니 무엇 때문에 꼬리가 빠져나오지 못하는가?"라고 하였다.

이에 대해 무문선사는 평하기를 "만약 이에 대하여 뒤집어 외눈을 얻어서 바른 한마디를 한다면 위로는 네 가지 은혜에 보답할 것이고 아래로는 세 가지 존재에 보탬을 주리라. 혹 그렇지 못하다면 다시 꼬리를 비추어 보아야 비로소 얻으리라."라고 하였다.

또한 게송으로 이르기를 "지나가면 구렁에 빠지고 돌아가면 부서질 터 이 꼬리란 놈 심히 기괴하구나!"라고 하였다.

『무문관』 제38칙의 오조산五祖山의 제자들을 가르쳤던 오조법연(五祖法演: 1024~1104)선사는 우리에게 난해하기 이를 데 없는 물소와 관련된 화두를 하나 던지고 있다.

"그 물소의 머리와 뿔 그리고 네 발굽이 모두 창살을 통과했는데도 무엇 때문에 꼬리는 통과할 수 없었는가?" 많은 선지식들은 이 화두를 너무나 쉽게 생각하고 있는 것 같다. 몸은 이미 출가해서 수행을 하고 있지만 아직도 세속의 욕심을 버리지 않아서 깨달음에 이르지 못한다는 스님들의 상태를 설명하는 화두라고 이해하는 듯하다.

물론 그렇게 해석하는 데 근거가 없는 것은 아니다. 『불설급고장자녀득도인연경佛說給孤長者女得度因緣經』[174]에는 몸통은 빠져나왔는데 꼬리는 빠져나오지 못한 코끼리 이야기가 나오기 때문이다. 급고독이라는 부자의 딸이 깨달음에 이르게 된 과정을 세존世尊이 설명하고 있는 취지의 제목을 가진 이 경전에서 코끼리의 꼬리는 분명 아직도 버리지 못한 탐욕을 상징한다.

---

174 『佛說給孤長者女得度因緣經』 卷下(T2, 852c08), "時彼哀愍王 忽於一夜得十種夢 一者夢見有一大象從窓牖出 身雖得出尾為窓礙 二者夢見有一渴人井隨其後是人寧忍於渴終不取飲 三者夢見有人以其真珠貿易於麨 四者夢見有人以其栴檀香木貿易常木 五者夢見有一大園華果茂盛 忽為 猛風吹落散壞 六者夢見有諸小象驅大香象奔走而出 七者夢見有一獼猴身有糞穢四向馳走污諸獼猴眾皆迴避 八者夢見有一獼猴於一處坐 有眾獼猴為作灌頂 九者 夢見一張白氎有十八人各各執奪少分而氎不破 十者夢見有多人眾聚集一處." "이때 애민왕은 갑자기 하룻밤에 열 가지 꿈을 꾸게 되었다. 첫째는 큰 코끼리 한 마리가 창문으로 나오다가 몸뚱이는 빠져나왔으나 꼬리가 창문에 걸린 꿈이었다. 둘째는 어떤 목마른 사람을 우물이 뒤를 따라다니는데 이 사람이 목마른 것을 참을지언정 끝내 그 물을 마시지 않는 꿈이었다. 셋째는 어떤 사람이 진주를 가지고 보릿가루와 바꾸는 꿈이었다. 넷째는 어떤 사람이 전단향 나무를 가지고 보통 나무와 바꾸는 꿈이었다. 다섯째는 어떤 큰 원림에 꽃과 과실이 무성한데 갑자기 사나운 바람이 불어와 떨어져 흩어지고 깨지는 꿈이었다. 여섯째는 여러 마리 작은 코끼리가 큰 코끼리를 몰아내 달아나게 하는 꿈이었다. 일곱째는 한 원숭이가 몸에 똥칠을 하고 사방으로 달리면서 여러 원숭이를 더럽히자 원숭이들이 모두 피하는 꿈이었다. 여덟째는 한 원숭이가 한 곳에 앉아 있는데 여러 원숭이가 정수리에 물을 부어 주는 꿈이었다. 아홉째는 한 장의 흰 모직물[氎]을 열여덟 사람이 달려들어 각각 조금씩 빼앗으려 하였으나 모직물이 찢어지지 않는 꿈이었다. 열째는 많은 사람들이 한 곳에 모여 서로 싸우고 다투며 시비를 따지는 꿈이었다. 이것이 왕이 꾼 열 가지의 꿈이었다."

하지만 이미 주인공이 된 선사가 남이 만든 각본과 감독의 지시대로 무엇인가를 한다는 것은 있을 수가 없는 일이다. 법연선사도 『불설급고장자녀득도인연경』을 알고 있을 것이다. 그리고 우리가 물소의 꼬리에 대해 어떤 답을 할지 알고 있었다고 하겠다. 그렇지만 과연 법연스님이 과거 경전에 의지해야 풀릴 수 있는 화두를 냈을까? 선사가 당신의 제자들뿐만 아니라 천 년 뒤 우리들에게 경전의 문자에나 의지하라고 가르칠 리 만무하다는 것이다.

불립문자는 선종의 종지 중 하나이다. 그래서 법연선사의 화두는 정말 뚫기 어려운 화두라고 할 수 있다. 그렇다면 도대체 몸통은 통과했지만 아직도 창살을 통과하지 못한 물소의 꼬리는 무엇을 상징하는 것일까? 창이 있는 방을 생각해 보면서 그곳에 자유를 잃고 갇혀 있는 물소들이 살고 있다고 상상해 보자. 그중 한 마리는 남달랐는데 구속에 적응하기보다는 구속에서 벗어나려고 노력했다.

자유를 되찾으려는 열망과 노력이 마침내 결실을 맺어서인지 그 물소는 창살을 지나 바깥으로 나오는 데 성공했다. 이제 아무런 거리낌이 없는 자유의 대로가 펼쳐진 것이다. 이제 그냥 아무 곳이나 뛰어가면 되는데 몸통이 창살을 통과했다면 꼬리는 어렵지 않게 나올 수 있었을 것인데 창살을 통과하지 못하는 그 물소의 꼬리는 무엇인가? 자유를 되찾은 그 물소는 혼자서 자유를 만끽할 수가 없었다. 자신이 탈출한 방에는 아직도 동료 물소들이 갇혀 있으니까 말이다.

모든 물소들이 탈출할 수 있을 때까지 그는 탈출구를 동료들에게 알려주고 싶었다. 그러니 꼬리를 창살에 남겨둘 수밖에 없었다. 이것이 자비의 마음, 다시 말해 이타의 마음이 아니면 무엇이겠느냐는 말이다. 『불설급고장자녀득도인연경』에 등장하는 코끼리의 꼬리와 법연스님이 말한 물소의 꼬리는 다른 꼬리였던 것이다.

전자가 고요한 물이 되기 위해 반드시 제거해야만 하는 미꾸라지와 같은 것이었다면 후자는 깨달은 자가 검은 때가 묻는 것을 기꺼이 감당하고 내미는 자비의 손이었다. 해골에 담긴 물을 마시고 원효대사는 코끼리의 꼬리를 창살에서 빼냈다면 소성거사가 되면서 원효가 물소의 꼬리를 민중 속에 그리고 그들의 마음속에 드리운 것과 같은 것이라 할 수 있겠다.

『금강삼매경론金剛三昧經論』[175]에서 원효대사는 "모든 공에 머무르지 않는다고 하는 것은 온 세상의 중생을 교화하기 위해서이다."라고 설하였다. 이것은 집착이 사라진 공空의 상태에 머물면서 스스로 자유를 얻었다고 뻐기지 말아야 한다는 뜻이라 하겠다. 모든 중생이 깨달음에 이를 때까지 홀로 얻은 깨달음에 만족해서는 안 된다. 그것은 자비의 가르침에 위배되는 일이기 때문이며 『무문관』 제38칙 「우과창령」의 오직 위로의 깨달음에만 집착하여 꼬리

175 元曉 著, 이기영 譯, 『金剛三昧經論解說』, 대양서적, 1975, pp. 10~33.

가 빠져나오지 못한 수행자는 『무문관』「선잠」의 일곱 번째 '불견법견 이철위산 병통'에 해당되는 경우이며 중생을 교화하기 위해 집착이 사라진 상태야말로 이 병통을 치유하여야 만이 비로소 자유로운 깨달음에 이를 수 있다.

(14) 제48칙 건봉일로乾峯一路의 예[176]

다음은 일곱 번째 병통인 '불견법견 이철위산 병통'의 예인 『무문관』 제48칙 「건봉일로」의 원문 및 해석이다.

제사십팔칙 건봉일로
第四十八則 乾峯一路

本則

건봉화상 인 승문 시방박가범 일로열반문
乾峯和尙이 因 僧問하되 十方薄伽梵 一路涅槃門이라하

미심노두재심마처 봉점기주장 획일획운 재
니 未審路頭在甚麼處오 峯拈起拄杖하여 劃一劃云하되 在

자리 후승청익운문 문점기선자운 선자발조
者裏니라 後僧請益雲門한대 門拈起扇子云하되 扇子踍跳

176 전게서 「第四十八則 乾峯一路」 (T48, 299a02~12), "乾峯和尙因僧問 十方薄伽梵 一路涅槃門 未審路頭在甚麼處峯拈起拄杖 劃一劃云 在者裏 後僧請益雲門 門拈起扇子云扇子踍跳 上三十三天 築著帝釋鼻孔 東海鯉魚打一棒 雨似盆傾 無門曰 一人向深深海底 行簸土揚塵 一人於高高山頂 立白浪滔天 把定放行各出一隻手 扶竪宗乘大似兩箇 馳子相撞著 世上應無直底人 正眼觀來 二大老總未識路頭在 頌曰 未擧步時先已到未動舌時先說了直饒著著在機先 更須知有向上竅."

상삼십삼천 축착제석비공 동해이어 타일
하여 上三十三天하여 築著帝釋鼻孔하고 東海鯉魚를 打一
봉 우사분경
棒하니 雨似盆傾이로다.

評唱

무문왈 일인 향심심해저행 파토양진 일인
無門曰 一人은 向深深海底行하여 簸土揚塵하고 一人은
어고고산정입 백랑도천 파정방행 각출일척수
於高高山頂立하여 白浪滔天하니 把定放行이 各出一隻手
부수종승 대사양개치자 상당착 세상응무
하여 扶豎宗乘하니 大似兩個馳子가 相撞著하여 世上應無
직저인 정안관래 이대로 총미식노두재
直底人이라 正眼觀來하면 二大老도 總未識路頭在로다.

● 頌曰

미거보시선이도 미동설시선설료 직요착착재기
未擧步時先已到하고 未動舌時先說了라 直饒著著在機
선 경수지유향상규
先이라도 更須知有向上竅니라.

○ 解釋

한 스님이 건봉乾峰선사께 물었다. "시방의 모든 부처님들은 한 길로 열반의 문에 이르렀다고 합니다. 그런데 그 길이 어디에 있는지 아직 모르겠습니다." 그러자 건봉스님은 주장자를 들어 허공에 한 획을 긋고 이르기를 "이 안에 있느니라."라고 하였다. 후에 그 스님이 운문스님에게 자세한 설명을 부탁하였더니 스님은 부채를 집어 들고 이렇게 답했다. "이 부채가 뛰어올라 33천에 이르러 제석천의 콧구멍을 쑤시고 다시 동해의 잉어를 치니 한 방에 물동이를 기울인 것처럼 큰비가 쏟아지는구나."

무문선사는 이에 대해 평하기를 "한 사람은 깊고 깊은 바닷속으로 가서 흙을 일어 자욱한 먼지를 일으키고 또 한 사람은 높고 높은 산꼭대기에 서서 하얀 파도를 하늘 끝까지 일으킨다. 쥐는 것과 놓는 것을 뜻대로 하여 각자 한 손씩 내밀어 선禪의 종지宗指를 붙들어 세운 것이다. 이것은 마치 두 마리 낙타가 서로 부딪치는 것과 같으니 세상에서는 이에 대응할 사람이 없도다. 바른 눈으로 살펴보건대 건봉과 운문 두 노장은 열반으로 가는 길이 어디에 있는지 전혀 모르는구나!"라고 하였다.

또한 게송으로 이르기를 "걸음을 떼기도 전에 벌써 거기에 이르렀고 혀를 움직이기 전에 벌써 다 말해 버렸다. 비록 한 수 한 수 기선을 제압했더라도 다시 향상向上의 도리가 있음을 알아야 하리라."고 하였다.

집착과 번뇌에 사로잡힌 인간이 스스로의 노력에 의해 부처가 된다는 불교 전통은 인간에게 능동성과 생산성을 부여하고 있다. 간단한 비유로 이 개념들을 설명해 보겠다. 동양 전통에서는 이것을 '이이일二而一 일이이一而二'라고 표현한다.

동양의 주희였다면 실체와 양태 사이의 관계를 '불상리不相離 불상잡不相雜'이라고 이야기했을 것이다. '서로 떨어지지는 않지만 그렇다고 서로 섞여 있지도 않다'는 것이다.

2세기경 인도 중부에서 활동했던 이론가 마명(馬鳴: Aśvaghoṣa)이 지은 『대승기신론大乘起信論; Mahāyāna~śradd hotpāda~sāstra』[177]은 우리나라의 원효(617~686)선사 때문에 우리에게도 친숙하며 동아시아권에서 가장 영향을 끼친 논서이다. 원효선사가 쓴 『대승기신론소大乘起信論疏』[178]와 『대승기신론별기大乘起信論別記』[179]는 지금까지 나온 주석서들 중 1,400여 년이 지났는데 아직도 최고의 권위를 자랑하고 있다.

그렇다면 도대체 『대승기신론』의 어느 측면이 불립문자를 표방하던 선불교의 선사들마저 매료시켰던 것일까? 그것은 하나의 마

---

177 『大乘起信論』「大乘起信論序」(T32, 576a3), "一心法 有二種門 云何爲二 一者心眞如門 二者心生滅門 是二種門皆各總攝一切法." "일심법에는 두 가지 문이 있다. 첫째는 심진여문이고, 둘째는 심생멸문이다. 이 두 가지 문이 다 각각 일체법을 모두 섭수한다."

178 『大乘起信論疏』「起信論海東疏刊行序」(T44, 202a25), "此下第二釋生滅門 於中有二 初正廣釋. 復次有士種薰習以下 因言重顯 初中有三 一者釋上立義分中是心生滅 二者復次生滅因緣以下 釋上生滅因緣 三者復次生滅相以下 釋上生滅相 初中有二 一者就體總明 二者依義別解." "이 아래는 두 번째 생멸문을 풀이한 것이니 이 중에 두 가지가 있다. 처음은 바로 널리 풀이한 것이며 다시 네 가지 훈습이 있다. 다음은 말에 의하여 거듭 나타내는 것이다. 처음 중에 세 가지가 있으니 첫째는 위의 입의분 중에서 이 마음의 생멸[是心生滅]을 해석한 것이고 둘째 '다시 생멸의 인연이란'의 아래는 위의 생멸인연을 해석한 것이며 셋째 '생멸상이란'의 아래는 위의 생멸상을 해석한 것이다. 처음 중에 두 가지가 있으니 첫째는 體라는 점에서 전체적으로 밝혔고 둘째는 뜻에 의하여 하나씩 풀이하였다."

179 『大乘起信論別記』「海東沙門元曉撰」(T44, 277a21), "言依一心法有二種者 如經本言寂滅者名為一心 一心者 名如來藏門." "일심법에 의해 두 가지 문이 있다는 것은 능가경에서 적멸이라는 것이 일심이라 이름하며 일심이란 여래장이라 이름하는 것과 같다."

음에 두 가지 양태가 가능하다는 발상이었다. 『대승기신론』은 시작부터 하나의 마음에는 두 가지 양태가 있다고 선언하면서 논의가 전개되고 있다. 즉 일심一心이란 법에 의하여 두 가지 문이 있으니 무엇이 둘인가? 첫째는 심진여문心眞如門이고, 둘째는 일심一心이 있다. 이 두 가지 문이 모두 각각 일체의 법을 총괄하고 있기 때문이다.

『무문관』의 제48칙에 등장하는 건봉(乾峰: ?~?)[180]선사나 운문(雲門: 864~949)선사를 전혀 무서워할 필요는 없을 것이다. 건봉선사는 생몰년이 확실치는 않지만 운문선사와 거의 동시대의 인물이다.

불행히도 건봉선사와 운문선사는 우리보다 먼저 만난 이 무명 스님과도 같이 별다른 무기가 없었던 것 같다. 부처가 되려고 치열하게 노력했던 그 스님은『수능엄경首楞嚴經: Śurāṅgamasamadhi sūtra』에 등장하는 한 구절에서 그 실마리를 찾으려고 했다. "세계의 모든 부처들은 하나의 길로 열반문에 이른다[十方薄伽梵 一路涅槃門]."는 구절이다.

이 무명의 스님은 '하나의 길'을 알고 싶었던 것이다. 그 길을 찾을 수만 있다면 자신도 열반에 이를 수 있으리라고 여겼다. 이 무명의 스님이 묻는 절절한 질문에 건봉선사는 허공에 주장자로 한 획을 긋고 답한다. "여기에 있다." 여기서 사실 무명의 스님은 깨

---

180 乾峰(?~?): 당나라 말기 曹洞宗 禪僧. 조동종의 개조 洞山良价의 法嗣로 越州 浙江에 살면서 乾峰一路의 公案과 乾峰二光三病의 法語로 禪林에 이름을 알렸다.

달음에 이르러야 했다. 주장자로 허공에 새겨진 한 획은 무엇을 뜻하는 것일까? 사실 어떤 것도 의미하지 않는다. 중요한 것은 바로 그 순간 무명의 스님의 마음은 공중에 한 획을 긋고 있는 주장자에 마음이 쏠리고 있다는 점이다.

지금 건봉선사는 무명의 스님의 마음을 끌어내고 있다. 그리고 우렁찬 고함보다 더 커다란 울림을 가진 침묵의 사자후를 던지고 있다. "네가 찾는 하나의 길이란 바로 네 마음이다. 지금 공중의 한 획을 보고 있는 마음, 그 활발발活潑潑하게 살아 있는 마음이다. 알겠느냐! 이 바보야!"라고 말이다. 지금 건봉선사는 이 무명의 스님이 가지고 있는 마음 중 진여의 마음인 부처의 마음을 바로 보여 주고 있었던 것이다.

불행히도 여기서 이 무명의 스님은 깨달음을 얻지 못했다. 심지어 혹 떼려다 혹을 더 붙인 격으로 『수능엄경』[181]의 구절도 난해하기만 한데 이제 더 난해한 가르침도 받았다. 도대체 공중에 주장자로 그어진 그 한 획은 무슨 뜻일까? 건봉선사의 제스처를 이해하느라 머리가 아플 지경이었을 때 이 무명의 스님은 다행히 운문스님을 만나게 된다. 당연히 건봉스님의 한 획의 의미를 물어보았다.

---

181 『大佛頂如來密因修證了義諸菩薩萬行首楞嚴經』 卷5 (T19, 124c10), "爾時 世尊欲重此義 而說偈言…十方薄伽梵 一路涅槃門." "그때에 세존께서 거듭 이 뜻을 펴시고자 하여 게송으로 설해 말씀하시되… 시방세계의 모든 부처들은 하나의 길로 열반문에 이른다."

그러자 운문선사는 이번에는 주장자가 아니라 부채를 들고 이야기한다. "이 부채가 뛰어올라 33천에까지 올라가 제석천帝釋天의 콧구멍을 찌르고 동해의 잉어를 한 방 먹이면 물동이가 기울어지는 것처럼 비가 엄청나게 올 것이다." 운문선사는 건봉선사보다 한 술 더 뜨고 있다.

그렇지만 무명의 스님은 알까? 이는 운문선사가 지금 집착과 잡념에 사로잡힌 중생의 마음을 가리키고 있다는 사실을 말이다.

이 집착과 생멸의 마음이야말로『무문관』「선잠」의 일곱 번째 병통인 '불견법견 이철위산 병통'의 예에 해당하는 것이며 운문선사는 이에 대한 치유의 방편으로 이 생멸의 마음이 황당무계한 상상이나 거대한 허풍과 같다는 것을 무명의 스님에게 보여 준 것이다.

8) 념기즉각念起卽覺 농정혼한弄精魂漢의 병통 및 치유

다음은『무문관』「선잠」의 여덟 번째 병통인 '념기즉각 농정혼한의 병통'으로 번뇌 망념이 일어나는 것을 곧바로 알아차리며 좌선 수행만 하는 이 역시 영혼을 가지고 노는 자와 같다는 것이다. 그 예로 다음의『무문관』제2칙「백장야호」, 제9칙「대통지승」, 제30칙「즉심즉불」, 제39칙「운문화타」, 제40칙「적도정병」, 제43칙「수산죽비」, 제44칙「파초주장」, 제45칙「타시아수」, 제47칙「도솔삼관」을 살펴보겠다.

(1) 제2칙 백장야호百丈野狐의 예[182]

다음은『무문관』제2칙「백장야호」의 원문 및 해석으로『무문관』「선잠」의 여덟 번째 병통인 '념기즉각 농정혼한의 병통' 및 치유의 예로 번뇌 망념이 일어나는 것을 곧바로 알아차리며 좌선 수행만 하는 이 역시 영혼을 가지고 노는 병통에 빠진 자와 같다고 한 예

182 전게서「第二則 百丈野狐」(T48, 百丈野, 293a16~b07), "百丈和尚 凡參次有一老人 常隨眾聽法 眾人退老人亦退 忽一日不退 師遂問 面前立者復是何人 老人云 諾某 甲非人也 於過去迦葉佛時 曾住此山 因學人問 大修行底人還落因果 也無 某甲 對云 不落因果五百生墮野狐身 今請和尚 代一轉語貴 脫野狐遂問 大修行底人還 落因果 也無 師云 不昧因果 老人於言下大悟 作禮云 某甲已脫野狐 身住在山後 敢告和尚 乞依亡僧事例 師令無維那白槌告眾 食後送亡僧 大眾言 議 一眾皆安 涅槃堂 又無人病 何故如是 食後只見師領眾 至山後巖下 以杖挑出 一死野狐 乃依火葬 師至晚上堂 舉前因緣 黃蘗便問 古人錯祇對一轉語 墮五百 生野狐身 轉轉不錯 合作箇甚麼 師云 近前來與伊道 黃蘗遂近前 與師一掌 師 拍手笑云 將謂 胡鬚赤更有赤鬚胡 無門曰 不落因果 為甚墮野狐 不昧因果 為甚脫野狐 若向者裏著 得一隻眼 便知得 前百丈贏得 風流五百生 頌曰 不落不昧 兩采一賽不昧不落 千錯萬錯."

를 보도록 하겠다.

제이칙 백장야호
第二則 百丈野狐

本則

백장화상 범참차 유일노자 상수중청법 중
百丈和尙이 凡參次에 有一老子하여 常隨衆聽法하되 衆

인퇴 노인역퇴 홀일일불퇴 사수문 면전입
人退하면 老人亦退러니 忽一日不退할새 師遂問하되 面前立

자 부시하인 노인운 낙 모갑 비인야 어과
者는 復是何人고하니 老人云 諾하고 某甲은 非人也라 於過

거가섭불시 증주차산 인 학인문 대수행저인
去迦葉佛時에 曾住此山이러니 因 學人問하되 大修行底人

환락인과야무 모갑대운 불락인과 오
이라도 還落因果也無니까 某甲對云하되 不落因果라하고 五

백생 타야호신 금청화상대일전어 귀탈야
百生에 墮野狐身이로소이다 今請和尙代一轉語하여 貴脫野

호 수문 대수행저인 환락인과야무 사운
狐니이다 遂問하되 大修行底人도 還落因果也無니까 師云하

불매인과 노인어언하 대오 작례운
되 不昧因果니라하니 老人於言下에 大悟하고 作禮云하되

모갑 이탈야호신 주재산후 감고화상
某甲이 已脫野狐身하여 住在山後니이다 敢告和尙하노니

걸망승사례 사령유나 백추고중 식후송망승
乞亡僧事例하소서 師令維那로 白槌告衆하고 食後送亡僧

대중언의 일중개안 열반당 우무인병
이라하니 大衆言議하되 一衆皆安이요 涅槃堂에 又無人病이

하고 여시 식후지견사령중 지산후암하
어늘 何故로 如是오 食後只見師領衆하고 至山後巖下하여

이장도출일사야호 내의화장 사지만상당
以杖挑出一死野狐할새 乃依火葬하다 師至晩上堂하여

거 전 인 연 황 벽 변 문 고 인 착 지 대 일 전 어
擧前因緣한대 黃檗이 便問하되 古人錯祗對一轉語로
타 오 백 생 야 호 신 전 전 불 착 합 작 개 심 마 사 운
墮五百生野狐身하여 轉轉不錯하니 合作箇甚麼오 師云하
근 전 래 여 이 도 황 벽 수 근 전 여 사 일 장
되 近前來하라 與伊道하리라 黃檗遂近前하여 與師一掌하니
사 박 수 소 운 장 위 호 수 적 경 유 적 수 호
師拍手笑云하되 將謂胡鬚赤이러니 更有赤鬚胡로다.

評唱

무 문 왈 불 락 인 과 위 심 타 야 호 불 매 인 과 위 심 탈
無門曰 不落因果는 爲甚墮野狐며 不昧因果는 爲甚脫
야 호 약 향 자 리 착 득 일 척 안 변 지 득 전 백 장
野狐오 若向者裏하여 著得一隻眼하면 便知得前百丈하여
영 득 풍 류 오 백 생
贏得風流五百生하리라.

● 頌曰

불 락 불 매 양 채 일 새 불 매 불 락 천 착 만 착
不落不昧여 兩彩一賽요 不昧不落이여 千錯萬錯이로다.

○ 解釋

백장회해선사께서 설법할 때마다 한 노인이 와서 늘 대중들 뒤에서 열심히 듣고 있다가 대중이 물러가면 함께 물러가곤 하더니 어느 날은 설법이 끝나 대중이 다 물러갔는데도 그 노인만은 남아 서 있었다. 백장선사께서 이상히 여겨 누구시냐고 물으셨다. 그러자 노인 말이 "저는 사람이 아니올시다. 옛날 가섭불迦葉佛 당시에 이 절의 주지였습니다. 그때 어느 학인이 '대수행인大修行人은 인과因果에 떨어집

니까, 안 떨어집니까?' 하고 묻기에 제가 인과에 떨어지지 않는다고 대답하였습니다. 그 때문에 오백 생 동안 여우의 몸이 되었으니 선사께서 한 말씀으로 이 여우의 몸을 벗어나게 해 주시기를 청합니다." 하고는 "대수행인은 인과에 떨어집니까, 안 떨어집니까?"라고 다시 물었다. 이때 백장선사께서 "인과에 매昧하지 않느니라."라고 하자 노인이 그 말끝에 대오大悟하여 인사하고 "제가 이미 벗어 버린 여우의 몸이 뒷산에 있을 것이오니 스님께서 죽은 스님[僧]같이 장례를 치러 주시기 바랍니다." 하였다. 백장선사께서 유나維那를 시켜 식후에 스님의 장례가 있다고 대중에게 고하게 하시니 모두 평안하여 열반당涅槃堂에 한 사람의 병자도 없었는데 어째서 죽은 스님의 장례가 있다고 하느냐고 대중이 수근대었다. 식후 백장선사께서 대중을 데리고 뒷산 바위 밑에 이르러 지팡이로 죽은 여우를 끄집어내어 화장火葬을 하셨다. 백장선사께서 저녁에 법당에 나와 앞의 인연에 대해 설하셨다. 이때 황벽黃檗스님이 일어나서 "고인古人이 잘못 대답하여 오백 생 동안 여우의 몸이 되었는데 만약 잘못 대답하지 않았다면 무엇이 되었을까요?"라고 물었다. 백장선사께서 "앞으로 가까이 오라. 그대를 위해 가르쳐 주리라." 하셨다. 황벽스님이 가까이 나아가자마자 선사의 뺨을 한 대 후려쳤다. 이에 선사는 박수를 치고 웃으며 "과연 그렇구나! 오랑캐의 수염은 붉다더니 여기에 또 붉은 수염 오랑캐가 있구나!"라고 하였다.

이에 대해 무문선사가 붙인 평창이다. "인과에 떨어지지 않는다고 했는데 무엇 때문에 여우 몸이 되었으며 인과에 매하지 않는다고 했는데 무엇 때문에 여우 몸을 벗어났을까? 만약 여기에 대해 외눈을 얻었다면 문득 전 백장의 오백 생 여우 생활이 도리어 풍류風流였다는 것을 알 것이다."

또한 게송하기를 "떨어지지 않는다, 매하지 않는다여! 이리저리 굴려 봐도 하나의 주사위요, 매하지 않는다, 떨어지지 않는다여! 천 번 그르치고 만 번 그르쳤도다!"라고 하였다.

여기서 마조대사의 법을 이어받은 백장회해(百丈懷海: 720~814)선사의 호는 백장이다. 백장선사는 항상 부지런히 일하기로 유명했는데 '일일부작一日不作이면 일일불식一日不食이라, 즉 하루 일하지 않으면 하루 굶는다'는 신조를 철저하게 지킨 분이다. 한때 제자들이 자신들의 스승이 늙은 몸으로 힘들게 일하는 것을 보고 안타까운 마음에 호미와 괭이를 감추었는데 스님이 식사를 전폐해 버리자 하는 수 없이 호미와 괭이를 도로 내드렸다는 유명한 일화가 있다.

『무문관』 제2칙 「백장야호」는 48칙의 공안 중에서 가장 진기한 스토리를 내포하고 있는 공안이기도 하다.

깨달은 각자覺者에게는 불락이 맞겠지만 깨닫지 못하면 불매라도 과분할 것이다. 반야의 밝음과 무명의 어두움이 둘이 아니라 하나이듯 깨달음과 미혹도 역시 하나의 뿌리에서 나온 것이기 때문이다. 명안 종사들의 거래처는 단 한 치의 오차도 허용하지 않는다.

인과란 곧 매함이 없는 불락인과인 가운데 인과가 역연한 것인즉 인과불매란 다름 아닌 곧 중도이다. 부처님께서 구경의 깨달음인 무여열반을 이루시고도 인간으로서 생사의 몸을 받으셨으니 이것이 불매인과이고 부처님께서 열반에 드시고도 후에 제자 가섭이 "부처님께서는 본래 생사가 없다고 하셨는데 이렇게 돌아가셨으니 이것은 만 중생을 속인 것이 아닙니까?" 하고 물었을 때 두 발을 관 밖으로 내밀어 '곽시쌍부槨示雙趺'라 하였다.

이것이 바로 인과불매이다. 이렇듯 백장야호의 전 백장은 비록 여우로서 사람으로 둔갑하는 신력을 갖추었는지는 몰라도 중도를 모르기 때문에 정법안장의 종사들의 안목으로 볼 때는 그는 그저 여우의 소견을 갖추었을 뿐이다.

이렇듯 『무문관』 제2칙 「백장야호」 공안에는 『무문관』 「선잠」의 여덟 번째 '념기즉각 농정혼한의 병통'인 번뇌 망념이 일어나는 것을 곧바로 알아차리며 좌선 수행만 하는 이 역시 영혼을 가지고 노는 병통에 빠진 자와 같다는 예에 해당되며 후 백장선사가 이 병통을 치유하여 여우의 재를 지내 주는 것은 신묘한 치유의 능력을 보여 주고 있는 장면이다. 여기서 '인과불락因果不落'은 '인과불매因果不昧'에 대비되는 말이다. 인과는 어떤 행위에 대한 결과를 말한다.

예를 들어 폭력과 거짓을 일삼으면 마침내 들통이 나고 그에 상응하는 벌을 받게 되는데 이것이 바로 뿌린 대로 거두는 인과응보의 법칙이다. 그런데 여우의 몸으로 태어난 수행자는 부처나 위대한 도인이 도덕률을 초월한 존재라고 믿었기에 '인과불락'이라고 답했던 것이다.

그런데 여기서 백장선사의 생각은 달랐다. 위대한 성인일수록 자신의 생각이나 언행의 옳고 그름을 잘 판단할 수 있어 그 행위가 불러오는 결과를 너무나 잘 알기에 그릇된 언행을 절대로 하지 않기 때문이다. 알고 있기에 행할 것은 행하고 행하지 않을 것은 행하지 않는데 인과불매(인과에 어둡지 않다)라고 답한 것이다.

말[言]이란 곧 방향을 가리키는 것인데 전 백장은 '인과불락'이라 하여 중생을 그릇된 길로 안내하게 되어 오백 생 동안 여우 몸을 받게 되었다는 것이다. 바로 이것이 불교의 수승함이기도 한 것이다. 불교의 가르침은 구체적으로 실행 가능한 실존적이라는 것이다. 스스로 부처가 되려는 것 그래서 죽어서야 천국을 꿈꾸는 것이 아니라 살아 있을 때 인간의 가장 자유로운 삶을 영위하려는 것 이것이 바로 불교의 정신이라 할 수 있다.

나가르주나는 『중론』[183]에서 "어떤 존재도 인연因緣으로 생겨나

---

183 『中論』「觀因果品」(MS, 20.1), "若衆緣和合 而有果生 和合中已有 何須和合生." "만약 원인(因)과 緣들의 結合(samagri)에서 결과가 생겨나고 그 결합 속에 결과가 존재한다면, 어떻게 그 결합에서 결과가 생겨난다는 것일까? 만일 인(因, hetu)과 연(緣, prayaya)이 화합(sarigati)하여 결과가 생기게 된다면 결과는 이미 화합 속에 있었을

지 않는 것은 없다. 그러므로 어떠한 존재도 공하지 않은 것이 없다."고 하였다. 그렇다. 그저 인연이 맞아서, 혹은 인연이 서로 마주쳐서 무엇인가 생기는 것이고, 반대로 인연이 다해서 혹은 서로 헤어져서 무엇인가가 소멸할 뿐이다. 그러니 무엇인가 생겼다고 기뻐하거나 무엇이 허무하게 사라진다고 해도 슬퍼할 필요는 없다. 이것이 바로 '공空'이라는 개념으로 나가르주나가 우리에게 말하고자 했던 것이다. 그래서 '있는 그대로' 혹은 '여여如如하게' 보는 사람 즉 깨달은 사람은 모든 것을 공하다고 보기에 그것들에 집착하지 않는다.

나가르주나에 따르면 색안경으로 사태를 보는 생각에는 크게 두 종류가 있다. 하나는 상견(상견 śāśvata~dṛṣti)이고 다른 하나는 단(斷 ucchesadar ṣana)이다. 상견은 아주 강한 절대적인 인과론이고 단견은 인과론에 대한 철저한 부정이라고 할 수 있다. 그래서 상견도 버리고 단견도 버려야만 한다. 그래야 있는 그대로 사태를 볼 수 있을 테니 말이다.

그렇다면 여우가 되어 버린 스님의 잘못은 어디에 있었던 것일까? 그 모든 것이 인연으로 생겨난다는 것을 부정했던 것이 잘못이었다. 그는 상견과 단견 사이에 위태롭게 펼쳐진 중도라는 길을 걷는 데 그만 실패하였던 것이다. 중도란 인과관계를 절대화하는 것도 그렇다고 부정하는 것도 아니기 때문이다.

것이다. 어떻게 화합에 의해 비로소 결과가 생겨날 수 있겠는가?"

집착에는 '방棒'이나 '갈喝'처럼 강력한 충격 효과가 즉효약이다. 그렇지만 제자 황벽스님은 먼저 스승 백장의 뺨을 후려갈긴다. "스님이야말로 인과에 집착하고 있었기에 저를 때리려고 했던 것 아닌가요?" 얼마나 후련하고 장쾌한 일인가? 황벽스님이 직면하는 용기로 괴로움을 벗어나는 행동과 이를 인정하는 스승의 모습 또한 통쾌한 일이 아닐 수 없다. 깨달음이란 버려서 얻는 것이 아니라 버릴 것이 없음을 아는 것이며 삶을 등지는 것이 아니라 삶 속에서 걸림이 없는 대자유를 만끽하는 것이다. 이것이야말로 걸림 없고 활발발한 선의 정신인 것이다.

앞에서도 살펴본 바와 같이 『신심명』[184]에서는 "털끝만큼이라도 어긋나면 하늘과 땅처럼 멀어지게 된다."고 하였다. 불락인과와 불매인과는 바로 간발의 차이일 뿐이다. 불락인과는 현상으로부터 벗어난 초월을 의미한다. 깨달음이 우리의 일상과 유리된 또 다른 그들만의 리그라면 불매인과는 현상이 전혀 문제될 것이 없고 단지 관점만이 환기되고 있을 뿐이다. 여기에서는 강한 현실긍정과 그 자체로 문제를 넘어서는 밝음이 내포되어 있다.

깨달음이란 우리가 살고 있는 삶을 떠나 별도로 존재하는 것은

---

184 『信心銘』(T48,) "至道無難 唯嫌揀擇 但莫憎愛 洞然明白 毫釐有差 天地懸隔 欲得現前 莫存順逆差." "지극한 도는 어렵지 않다. 버릴 것은 오직 간택하는 마음일 뿐이니 밉다 곱다는 마음이 없으면 툭 트이어 도리어 명백하니라. 터럭만치라도 차이가 있다면 하늘과 땅만큼이나 벌어지나니 도가 앞에 드러나길 바란다면 따르거나 거슬리려 하지 말아라."

아니다. 또한 일상생활을 관통하는 강렬한 대긍정의 에너지일 뿐 이런 관점에서 선禪은 현실을 긍정하는 삶의 진정한 즐거움이 될 것이다.

제2칙「백장야호百丈野狐」공안에서는 이 공안에 등장하는 여우처럼 번뇌 망념이 일어나는 것을 곧바로 알아차리려고만 하면서 이런 말장난 같은 병통에 빠져 버리게 되는 것은 이 역시 영혼을 가지고 노는 자者와 같다는 것이며『무문관』「선잠」의 여덟 번째 '념기즉각 농정혼한의 병통'에 해당된다.

후백장後百丈의 인과에 매昧하지 않는다는 이 답은 인과에 떨어져 백 년 묵은 여우의 병통에 빠져 버린 학인에게 치유의 방편을 전하고 있으며 죽은 자의 장례까지도 치러 주는 자상함과 친절함까지 나타내고 있다.

(2) 제9칙 대통지승大通智勝의 예[185]

다음은『무문관』제9칙「대통지승」의 원문 및 해석으로 이 공안에 나타나는『무문관』「선잠」의 번뇌 망념이 일어나는 것을 곧바로 알아차리며 좌선 수행만 하는 이 역시 영혼을 가지고 노는 병통에 빠진 자와 같다고 한 여덟 번째 병통인 '념기즉각 농정혼한의

185 전게서「第九則 大通智勝」(T48, 294a15~21), "興陽讓和尚 因僧問 大通智勝佛 十劫坐道場 佛法不現前 不得成佛道時如何 讓曰 其問甚諦當 僧云 既是坐道場 為甚麼不得成佛道 讓曰 為伊不成佛 無門曰 只許老胡知 不許老胡會 凡夫若知即是聖人 聖人若會即是凡夫 頌曰 了身何似了心休了得心兮身不愁 若也 身心俱了了神仙何必更封侯."

병통' 및 치유의 예다.

제구칙 대통지승
第九則 大通智勝

本則

홍양양화상 인 승문 대통지승불 십겁 좌도
興陽讓和尙이 因 僧問하되 大通智勝佛이 十劫을 坐道
량 불법불현전 부득성불도시여하 양왈 기
場이나 佛法不現前이라하니 不得成佛道時如何니꼬 讓曰 其
문심제당 승운 기시좌도량 위심마부득성
問甚諦當하니라 僧云하되 旣是坐道場이어늘 爲甚麼不得成
불도 양왈위이불성불
佛道니꼬 讓曰爲伊不成佛이니라.

評唱

무문왈 지허노호지 불허노호회 범부약지
無門曰 只許老胡知하고 不許老胡會하니 凡夫若知하면
즉시성인 성인약회 즉시범부
卽是聖人이요 聖人若會하면 卽是凡夫니라.

● 頌曰

요신하사요심체 요득심혜신불수 약야신심구요
了身何似了心體오 了得心兮身不愁로다 若也身心俱了
료 신선하필경봉후
了하면 神仙何必更封侯오.

○ 解釋

흥양양선사께 한 스님이 물었다. "대통지승불은 십 겁의 오랜 세월을 좌선도량에서 공부하고도 불법이 나타나지 않아 성불을 못했다는데 이게 어찌된 일입니까?" 양선사께서 말씀하셨다. "듣고 보니 그렇구나!" 그 스님이 물었다. "이미 도량에 앉았는데 무엇 때문에 불도를 이루지 못했습니까?" 양선사께서 말씀하셨다. "그가 성불하지 않았기 때문이라."

무문선사는 이에 대해 평하기를 "다만 노호의 깨달음은 허락하거니와 알았다 하는 것은 허락하지 않겠으니 범부가 깨달으면 곧 성인이거니와 성인이 알았다 하면 곧 범부인 것이다."라고 하였다.

또한 게송으로 설하기를 "몸을 가다듬음이 마음 깨침만 하겠는가! 마음이 요득하면 몸에 근심 없는 것을 만약 몸과 마음이 더불어 요득하다면 신선이 무엇하러 고관대작을 찾겠는가!"라고 하였다.

대통지승에 등장하는 흥양양(興陽讓: ?~?)[186]선사는 백장선사의 5대 법손이며 위앙종을 창설하신 앙산선사의 삼세법손이다. 대통지승불은 『법화경法華經』「화성유품化城喩品」[187]에 설하고 있다. 대통지승불은 결코 방일하지 않으면서도 끝까지 끈기 있게 공부하였다. 그

186 興陽讓(?~?): 興陽讓禪師는 위산영우의 법계임. 『傳燈錄』 卷13, 『五燈會元』 卷9 참조.

187 『妙法蓮華經』「化城喩品」(T9, 22b03), "爾時世尊欲重宣此義 而說偈言 我念過去世 無量無邊劫 有佛兩足尊 名大通智勝…."

렇지만 선가禪家에서는 그것만이 능사는 아니라고 말한다. 『무문관』 제9칙 「대통지승」에 등장하는 흥양양선사께 물은 한 스님 역시 시공의 늪에 빠졌던 것이다.

여기에 『무문관』의 무문혜개선사는 한 발 더 나아가 더 큰 서원을 설하고 있다. 이와 같은 맥락으로 『임제록』에서는 대통지승불에 대한 전혀 다른 빛깔의 답을 볼 수가 있는데 한번 살펴보도록 하겠다.

"대통이란 바로 자기 자신인 것이 이는 언제 어디서나 만법의 무성無性과 무상無相을 통달함을 말한다. 또한 지승이란 일체의 모든 곳에서 한 법도 얻을 것이 없다는 것을 의심하지 않는 것이다. 부처란 청정한 마음이 시방법계를 사무쳐서 비추는 것을 이름하고 있다. '십 겁 동안 도량에 앉았다' 하는 것은 십바라밀을 닦았다는 것을 뜻한다. 또한 '불법이 나타나지 않았다'고 하는 것은 부처는 본래 나지도 않고 불본불생佛本不生, 법본불멸法本不滅로 법法이란 본래 없어지지도 않는 것이기 때문에 거기서 무엇이 나타날 필요는 없다. '불도를 이루지 못했다'고 하는 뜻은 부처가 다시 부처가 되지는 않는다[佛不能更作佛]는 것이다. 그러므로 옛사람은 말씀하시기를 '부처는 항상 세간에 계시면서도 세간법에는 물들지 않는다.'라고 하였다." 이것은 수증일여修證一如라 하여 모두가 불도를 이루려는 마음 또한 하나의 번뇌임을 일깨우게 하는 구절이다.

『법화경』에 등장하는 대통지승지불은 가장 큰 깨달음에 도달한 부처님을 십 겁이라는 머리로는 헤아릴 수 없는 무한히 긴 시간과 좌선 도량이라는 공간을 설정해 놓고 있다. 제아무리 좌선 도량에서 무한히 긴 시간을 수행해도 깨치지 못한다는 이 지독한 설정은 무엇을 의미하는 것일까? 성불成佛이니 불성불不成佛이니 하는 이원론적二元論的인 관념에 깊숙이 빠져서 무한히 긴 시간과 좌선의 도량이라는 공간을 머리로만 헤아려 묻고 있는 학인에게 흥양양화상은 이렇게 대답한다. 대통지승지불이 성불할 수도 있었으나 하지 않았다고 말이다. 이것은 마치 지장보살이 이 세상에 성불하지 못한 사람이 한 사람이라도 있다면 그 사람이 성불할 때까지 자신은 성불하지 않겠노라고 발원한 대승적 서원과도 같은 맥락이다.

대통지승지불이 이미 부처인데 부처가 되지 않는다는 뜻은 마치 우리가 산에 오를 때 정상에 오른 사람은 결코 정상에 다시 오르려 노력하지 않는 것과 같다. 대통지승지불이 부처가 될 수도 있으나 안 된 이유는 그가 이미 완벽한 부처이기 때문이다. 대통지승불이 수행한 십 겁의 참선은 이미 부처가 되려는 수행이 아니다. 이 십 겁의 의미는 대승적 차원의 십바라밀의 보살행을 뜻하는 것이다.

정상에 오를 수 있다는 것은 지금 정상에는 있지 않다는 것을 뜻하는 것이고 최소한 정상보다 낮은 어떤 곳에서 정상을 향해 오르고 있다는 것을 말한다. "정상에 오른 사람은 결코 정상에 오르지 않는다."는 의미를 이해할 수 있다면 『무문관』의 아홉 번째 관문을 지키는 흥양양선사를 무시하고 그냥 통과해 버렸다고 할 수 있겠다.

대통지승불은 "이미 그렇게 많은 시간을 도량에서 좌선했는데 무엇 때문에 불도를 이룰 수 없었는가?『법화경』「화성유품」에 보면 대통지승불에게 불법이 현전하지 않았다는 구절이 나오기 때문이다. 분명히 부처는 부처인데 어찌하여 불도를 이룰 수 없었다니 기이한 표현인데 이러한 당혹감을 가진 한 스님의 궁금증을 홍양양선사는 즉각적으로 해소해 버린다. 그 까닭은 그가 부처가 되지 않았기 때문이다[爲伊不成佛]."

얼핏 들으면 당연한 이야기를 너무 쉽게 하는 것처럼 들린다. 대통지승불에게 불도가 현전하지 않았던 까닭은 그가 부처가 되지 않았기 때문이라는 단순한 대답이다. 그렇지만 여기서 우리가 확실히 짚고 넘어가야 할 것은 대통지승불이 문자 그대로 부처라는 사실이다. 어찌 잘못 생각하면 대통지승불이 가짜 부처라는 이야기도 될 수 있다는 말인 것처럼 들리기도 한다.

무문관 주석의 대부분은 홍양양선사의 답 부분을 십 겁이라는 좌선수행을 하였지만 부처가 될 수 없었다, 혹은 부처가 되지 않았다는 등으로 번역을 하는데 이 부분은 이렇게 해석하는 것이 좋을 것 같다. "그것은 그가 더 이상 부처가 될 필요가 없었기 때문이다."라고. 왜냐하면 대통지승불은 이미 부처였기 때문에 이미 부처가 되었는데 굳이 부처가 되기 위해 따로 부처가 되기 위한 수행을 구할 필요는 없었다는 말이다. 만약 이를 수행으로 여겼다면 이 또한 집착이고 만약 그러했다면 이 또한 대통지승지불이 십 겁이라는 오랜 세월을 좌선해 왔다는 것은 물론 마조선사의 마경대

일화가 연상되기는 한다. 그러나 이 또한 동적 수행과 정적 수행이라는 이분법적 주제에 집착하게 된다.

다음으로 우리는 수행의 방법론에서 벗어나 '한 발 더 나아가 대통지승지불이 십 겁이나 수행했는데 어찌하여 부처가 될 수 없었는가?'라는 화두에 봉착하게 된다. 일 겁(劫, kalpa)이란 천녀가 비단 옷을 입고 하늘에서 내려와 아주 부드러운 천으로 백 년마다 한 번씩 바위산을 쓸어내리는데 그 바위산이 다 닳아 사라지는 시간을 말하는 것처럼 아주 오랜 시간을 뜻하는데 십 겁이나 되는 오랜 시간 동안 대통지승불은 도량에서 참선을 했다.

이제 우리는 이해할 수가 있다. 대통지승지불이 십바라밀을 실천하는 보살도를 수행해 온 것은 부처가 되고자 하는 목표를 이루기 위한 수행이 아니었다는 사실을 말이다.

이 공안은 대통지승지불이 아무리 방일하지 않고 꾸준히 정진하였지만『무문관』「선잠」의 여덟 번째인 번뇌 망념이 일어나는 것을 곧바로 알아차리며 좌선 수행만 하는 이 역시 영혼을 가지고 노는 병통에 빠진 자와 같다는 '념기즉각 농정혼한의 병통'의 예에 해당되지 않는다고 말할 수 없을 것이며 이를 내려놓을 수 있어서 이 화택의 세상에서 어서 빨리 화두話頭 놀음으로부터 벗어나는 길만이 치유治癒를 통해 깨달음에 이르는 길임을 이 공안에서는 제시하고 있다는 것을 알 수 있다.

(3) 제30칙 즉심즉불卽心卽佛의 예[188]

다음은 『무문관』 제30칙 「즉심즉불卽心卽佛」의 원문 및 해석으로 이 공안에 나타나는 『무문관』 「선잠」의 여덟 번째 병통인 번뇌 망념이 일어나는 것을 곧바로 알아차리며 좌선 수행만 하는 이 역시 영혼을 가지고 노는 병통에 빠진 자와 같다고 하는 '념기즉각 농정혼한의 병통' 및 치유의 예이다.

제삼십칙 즉심즉불
第三十則 卽心卽佛

本則

마조 인 대매문 여하시불 조운 즉심즉불
馬祖가 因 大梅問 如何是佛이니꼬 祖云하되 卽心卽佛이니라.

評唱

무문왈 약능직하영략득거 착불의 끽불반
無門曰 若能直下領略得去하면 著佛衣하고 喫佛飯하며
설불화 행불행 즉시불야 연수여시 대매인
說佛話하고 行佛行하여 卽是佛也리라 然雖如是나 大梅引

---

188 전게서 「第三十則 卽心卽佛」 (T48, 296c28~297a5), "馬祖因大梅問 如何是佛 祖云卽心 是佛 無門曰 若能直下領略得去 著佛衣喫佛飯 說佛話行佛行 即是佛也 然雖如是大梅引多少人 錯認定盤星 爭知道說箇佛字三日漱口 若是箇漢 見說即心 是佛 掩耳便走 頌曰 青天白日 切忌尋覓 更問如何 抱贓叫屈."

다소인 착인정반성 쟁지도설개불자 삼일수
多少人하여 錯認定盤星하니 爭知道說箇佛字하고 三日漱
구 약시개한 견설즉심시불 엄이변주
口리요 若是箇漢이 見說卽心是佛하면 掩耳便走하리라.

● 頌曰

청천백일 절기심멱 경문여하 포장규굴
青天白日에 切忌尋覓하라 更問如何하면 抱贓叫屈이니라.

○ 解釋

마조도일선사께 대매선사가 묻기를 "어떤 것이 부처입니까?"라고 하였다. 마조선사께서 "마음이 곧 부처이다."라고 대답하였다.

무문선사는 이에 대해 평하기를 "만약 곧 알아차리면 부처의 옷을 입고 부처의 밥을 먹으며 부처의 말을 베풀고 부처의 행을 하는, 곧 부처일 것인데 과연 이와 같은 이 누구인가? 대매선사로 인하여 모든 사람이 저울 눈금을 잘못 알까 하노라. 어찌 이르고 설하는 것으로써 부처를 알 것인가? 삼 일간 입을 씻어야 할 것이고 만약 이 속의 사람이라면 마음이 곧 부처라고 말하는 것을 보면 귀를 막고 도망치리라."라고 하였다.

또한 게송하기를 "밝은 대낮에 찾아 구하기를 지극히 꺼리는데 왜냐하면 이것은 도적질한 물건을 안고 크게 외치는 격이기 때문이다."라고 하였다.

돈교頓教는 바로 선禪의 표어이다. 이는 육조혜능선사 이래 유구한 선가의 전통이다. 서로 표현은 다르고 스타일은 달랐지만 그들이 전하고자 하는 소식은 부절符節처럼 꼭 같았다. 오늘은 그 증거 하나로 마조도일(馬祖道一: 709~788)선사의 즉심즉불卽心卽佛을 짚어 보도록 하겠다.

즉심즉불이란 "그렇게 묻는 네가 즉 바로 부처이다."라는 말이다.[189] 우리 모두가 부처라면 다시 부처를 운운할 필요는 없다. 말이란 우리에게 무엇인가를 이루거나 얻기 위한 수단 혹은 피하거나 떨치기 위해 필요한 것이기 때문이다. 마조선사는 자신이 스스로 부처임을 알지 못하고 부처가 되고자 기웃거리는 점교의 부류들에게 정신이 번쩍 들도록 정문에 일침을 가하였다. 이것이 바로 심즉시불心卽是佛 혹은 즉심즉불卽心卽佛이다.

다시 말하자면 만일 내가 부처라면 이제 부처의 이름은 별 의미가 없다는 뜻이다. 다만 중요한 것은 부처로 살아가는 일일 것이니 부처니 중생이니 따질 것은 더 이상 없다. 그래서 심불시불心不是佛은 어느덧 비심비불非心非佛이 되기에 이르는데 이 두 말은 결국 같은 말이라 할 수 있겠다.

또한 『금강경』[190]은 이에 대해 이렇게 전하고 있다. "수보리야!

---

189 『馬祖道一禪師廣錄』(X69, 2b18), "祖示眾云 汝等諸人 各信自心是佛 此心即佛." "조사께서 대중에게 설법하셨다. '너희들은 각자 자기 마음이 부처임을 믿어라. 이 마음이 바로 부처이니라.'"

190 『金剛般若波羅密經』「依法出生分」(T8, 749b21), "須菩提 所謂佛法者 卽非佛 法." "수

불법은 이미 불법이 아니다."

마조선사에게 이 돈교의 역설을 알려 준 분은 육조혜능의 5대 제자 가운데 하나인 남악회양(南嶽懷讓: 677~744)선사이다. 남악선사는 첫눈에 마조선사가 범상치 않은 그릇임을 알고 이렇게 떠보았다. 남악선사는 앞에서도 말한 바와 같이 마경대의 유명한 일화를 그 예로 보여 주며 좌선만 한다고 해서 어찌 성불을 할 수 있겠느냐고 강조하였다. 또한 마조선사에게 "만약 수레가 움직이지 않는다면 소를 쳐야 하는가, 바퀴를 쳐야 하는가?"라고 물었다. 이때에 마조선사는 아무런 대꾸할 말이 없었다. 그러자 남악회양선사는 마조선사에게 따끔하게 일렀다. "좌선이라고 앉은 부처 공부를 하고 있으나 참된 원리는 앉거나 누움에 걸리지 않고 궁극의 자리는 일정한 틀이 없는 것이다. 너의 따지고 가리는 마음, 취하고 버리는 태도로 하여 부처가 질식하고 있음을 왜 모르는가?"라고 말이다.

물론 좌선은 혼침과 들뜸인 도거 즉 마음을 가라앉히고 바깥으로부터의 유혹과 침탈로부터 마음을 지키기 위한 불교의 가장 기본적인 수련이다. 그러나 남악선사가 이 좌선 수련의 효과와 의미를 전면 부정했다고는 할 수 없다. 그러나 좌선은 하나의 수련 과정일 뿐이지 궁극의 도달점은 아니다. 만일 선禪의 운명을 걸머쥐고 천하를 짓밟을 천리마라고 한다면, 그 기초적인 차원을 넘어서

보리야! 불법은 이미 불법이 아니다."

서 다른 차원을 경험할 수 있어야 한다. 남악선사는 정형화된 자세로 부처를 이루리라고 하던 마조선사를 위해 최상승最上乘의 법문, 바로 육조혜능선사 이래의 돈오頓悟의 법문을 들려주었다.

또한 남악회양선사는 엄격한 생활과 소승적인 명상만이 자신을 해탈로 이끌 수 있는 것은 아니고 깨달음은 점진적으로 오는 것이 아니며 수행의 단계와 과지果地의 점차漸次를 설하는 방편론이라고 하는 것이 궁극의 깨달음을 오히려 방해하게 된다고 하였다. 깨달음은 부처와 중생 사이 그리고 깨달음과 미혹 사이의 거리는 사실 아주 가깝고도 멀다고 할 수 있다. 현실이 곧 궁극이고 너 자신이 곧 부처이니[卽心是佛] 지금 너 자신부터 그 본원의 걸림 없는 세계를 스스로 흩트리지만 않는다면 바로 너의 가리고 따지는 그 마음 그리고 취하고 버리는 태도 때문에 분별의 장애로 인해서 부처인 네가 뒤뚱거리고 있는 것이라고 일침을 가했던 것이다.

제아무리 마조스님이라 해도 학인 시절 실천에 눈뜨지 않고 좌선에만 집착했던 것은『무문관』「선잠」에서 번뇌 망념이 일어나는 것을 곧바로 알아차리며 좌선 수행만 하는 이 역시 영혼을 가지고 노는 병통에 빠진 자와 같다는 여덟 번째 '념기즉각 농정혼한의 병통'의 예에 해당하며 남악회양선사의 자상하고도 인내심 있는 가르침은 바로 이 병통을 내려놓을 수 있는 돈교의 치유방편에 해당된다.

어쨌든 이 말씀에 마조선사의 눈은 바로 열리어 깨닫게 되었으며 마조선사는 자신이 곧 부처와 다르지 않음을 곧바로 알아차릴 수가 있게 되었다. 그때야 기와를 갈아 거울을 만드는 것과 같이 어떤 초자연적인 실재란 것은 없고 초월적 깨달음이란 것 또한 헛소리에 지나지 않는다는 것을 깨닫게 되었으며 그저 지금 여기 있는 것이 전부라는 것임을 자각하게 된 것이다.

이렇듯 실제를 비로소 아무런 두려움이나 공포 없이 욕망의 흔적과 조바심 없이 관觀할 수 있을 때 그것이 곧 해탈이고 법계法界이다. 진리란 피곤하면 눕고 졸리면 자는 것일 뿐 이 밖에 무슨 특별한 소식은 없다. 오늘 지은 업業이 마음의 창고인 여래장如來藏에 아무런 찌꺼기나 흔적[種子]을 남기지 않고 또한 내일 다가올 일을 걱정하지도 않는 사람, 그 사람이야말로 다름 아닌 부처라는 말이다.

마조선사도 그렇게 설했다. "도道는 굳이 닦아 익힐 필요가 없다. 다만 오염시키지만 않으면 된다." 무엇을 오염이라 하는가? 생사生死를 의식하여 조작하고 선택하는 일체가 그것이다. 도道와 곧바로 만나고 싶다면 평상한 그 마음이 바로 도[平常心是道]라는 것이다.[191]

무엇을 일러 평상심이라 하는가 하면 인위적인 조작과 주관적 가치판단이 없는 의도적 선택 또한 없는 것 그리고 사물에 대한 고

191 전게서 (X69, 3a12), "平常心是道 何謂平常心 無造作 無是非 無取捨 無斷常 無凡無聖 經云 非凡夫行 非聖賢行 是菩薩行." "무엇을 평상심이라고 하는가? 조작이 없고 시비가 없고 取捨가 없고 斷想이 없으며 범부와 성인이 없는 것이다. 경에서도 이렇게 말하였다. '범부의 행동도 아니고 성현의 행동도 아닌 이것이 보살행이다.'"

착된 편견이 없고 진리에 대한 환상도 없는 바로 그것을 말한다. 경전에는 이것은 범부의 행行도 아니고 성인의 행도 아닌 곧 보살행이라고 하였다. 다만 이렇게 가고 머물고 앉고 눕는 것, 상황에 따라 응접해 나가는 것이 바로 도道이고 그 세계가 바로 법계이고 자아에 집착하는 관념이 바로 고통과 불만족의 원인이 된다는 것이다.

바로 집착이 끊어진 진여眞如의 마음이야말로 '무반성적 의식'이라 할 수 있다. 그중에서도 자아 집착 중에서 최악은 종교적 자아에 대한 집착일 것이다. 그러나 이 '나'라는 세계에 갇혀 있는 마음이 세계로 향할 수 있다면 곧 해탈이 아니고 무엇일까?

『무문관』의 제30칙「즉심즉불」에서도 대매大梅선사와 마조선사 사이의 문답을 통해 마음의 이런 측면을 다루고 있다. 대매선사가 부처 즉 진여의 마음을 갖춘 사람이 되려면 어떻게 해야 하느냐고 묻자 마조선사는 "마음에 이르면 그것이 곧 부처[卽心是佛]"라고 대답한다. 여기서 잠깐 사족 하나를 붙여야 할 것 같다. 보통 '즉심시불卽心是佛'은 '마음이 곧 부처'라고 번역할 수 있다. 이것은 '즉卽'이란 글자를 '곧'이나 '바로'를 의미하는 부사로 보는 경우이다.

그렇지만 문법적으로 이런 해석이 가능하려면, '즉심시불'이 아니라 '심즉시불心卽是佛'이 되어야 한다. 부사는 술어 앞에 와야 하는 것이기 때문에 그래서 문법적으로 '즉심卽心'은 마조선사의 핵심 사상이기도 하다. '즉심시불'은 '마음에 이르면 부처이다'라는 뜻으로 번역할 수도 있다는 것이다. 이렇게 '마음에 이르면 부처이다'라고 해석해 보면 '즉심시불'의 의미가 더 명료해지게 된다.

불교에서는 고통과 불만족을 낳는 자의식의 이면에는 그것을 극복하고 깨달은 자의 마음이 있다고 이야기한다. 서양에서도 그렇게 이야기하고 있는 철학자가 있었다. '나'라는 집착이 없는 마음, 그래서 모든 것에 열려 있고 깨어 있는 마음이 바로 무반성적인 마음이라고 할 수 있다.

자신에게만 몰입하는 마음이 타인을 품어 준다는 것은 있을 수도 없는 일이다. 자기만 아끼고 자기 안에서만 사는 사람은 타인을 돌볼 수 없는 것도 이런 이유에서이다. 그래서 선가에서는 '덕산방德山棒'이니 '임제갈臨濟喝'이니 하는 파격적인 충격 요법이 생겨날 수밖에 없었다. 제자들을 가르칠 때 덕산선사는 '몽둥이[棒]'를, 그리고 임제선사는 '고함 소리[喝]'를 사용할 수밖에 없었다는 것이다.

무반성적인 의식 상태에서 자의식은 사라진다는 사실은 매우 중요하다. 이것은 곧 '무아'의 상태가 시작된 것을 의미하기 때문이다. 이것이 바로 해탈 아닌가 한다. '즉심시불卽心是佛!'은 자의식을 떠난 마음에 이르게 되었을 때 우리는 나 자신에게만 사로잡힌 평범한 인간이 아니라 어떤 세계에도 열려 있는 부처가 될 수 있다.

나르시시즘적으로 '안으로 들어가지 말고 바깥으로 나가라!'는 이 슬로건은 무아와 해탈을 꿈꾸는 모든 수행자들의 서원이라 하겠다.

(4) 제39칙 운문화타雲門話墮의 예[192]

다음은『무문관』제39칙「운문화타雲門話墮」의 원문 및 해석으로 이 공안에 나타나는『무문관』「선잠」의 번뇌 망념이 일어나는 것을 곧바로 알아차리며 좌선 수행만 하는 이 역시 영혼을 가지고 노는 병통에 빠진 자와 같다고 하는 여덟 번째 병통인 '념기즉각 농정혼한'의 병통 및 치유의 예이다.

제삼십구칙 운문화타
第三十九則 雲門話墮

本則

운문 인 승문 광명적조변하사일구미절 문거왈
雲門 因 僧問하되 光明寂照遍河沙一句未絕한데 門遽曰

기불시장졸수재어 승운 시 문운 화타야
豈不是張拙秀才語오 僧云 是라하니 門云하되 話墮也라하더

후래사심 점운 차도 나리시자승화타처
니 後來死心이 拈云하되 且道하라 那裏是者僧話墮處오하다.

評唱

무문왈 약향자리 견득 운문용처고위 자승인
無門曰 若向者裏하여 見得하면 雲門用處孤危와 者僧因

---

192 전게서「第三十九則 雲門話墮」(T48, 297c22~28), "雲門因僧問 光明寂照遍河沙 一句未絕 門遽曰 豈不是張拙秀才語 僧云是 門云話墮也 後來死心 拈云 且道那裏是者僧話墮處 無門曰 若向者裏 見得雲門用處 孤危者僧 因甚話墮 堪與人天為師 若也未明 自救不了 頌曰 急流垂釣 貪餌者著 口縫纔開 性命喪却."

심화타 감여인천위사 약야미명 자구 불료
甚話墮하면 堪與人天爲師어니와 若也未明인댄 自救도 不了하리라.

● 頌曰

급류수조 탐이자착 구봉재개 성명상각
急流垂釣하니 貪餌者著이라 口縫纔開하면 性命喪却하리라.

○ 解釋

운문문언선사께 한 선승이 "모래와 같은 세계에 광명이 고요히 두루 비침이여." 하고, 다음 구절을 아직 채 읽기도 전에 운문선사께서 급히 "아니, 그것은 장졸수재의 말이 아니냐."라고 하셨다. 선승이 "그렇습니다."라고 대답하니 운문선사께서 "말에 떨어졌느니라."라고 하셨다. 후에 사심선사가 이 일에 대하여 "일러라. 어디가 이 선승이 말에 떨어진 곳인가?"라고 물었다.

이에 대해 무문선사가 평하기를 "만약 이에 대하여 홀로 높은 운문선사의 용처用處와 이 선승이 무슨 말에 떨어졌는가를 얻으면 충분히 인간과 천상의 스승이 되겠지만 만약 밝히지 못한다면 자신도 구하지 못하게 되리라."고 하였다.

또한 게송으로 설하기를 "급류에 낚시를 드리우니 밥을 탐내는 놈이 걸린다. 입을 조금이라도 열면 생명을 잃으리라."고 하였다.

중국 당나라 시절에 활동했던 이통현(李通玄: 635~730)이란 장자는 그의 저서인『신화엄경론新華嚴經論』[193]으로 우리나라의 대각의천(大覺義天: 1055~1101)국사와 보조지눌(普照知訥: 1158~1210)국사에게도 깊은 영향을 끼쳤다.

『무문관』의 제39칙「운문화타雲門話墮」공안에는 이통현장자 이외에 또 한 사람의 걸출한 인물이 등장한다. 바로 장졸張拙이다. 생몰년은 정확하지 않지만 장졸은 경제석상(慶諸石霜: 807~888)선사를 만나서 깨달음에 이르렀다. 약 9세기에서 10세기의 인물로 과거에 급제해서인지 그에게 수재秀才라는 호칭이 붙어 있다. 당나라 시절에 수재라는 호칭은 아직 벼슬을 부여받지 못해서 시험합격자의 신분을 유지하고 있는 사람에게 부여했다. 기다리던 벼슬이 내려지지 않아서였을까? 장졸은 석상스님을 만나게 되고 이 만남으로 깨달음에 이르게 된다. 과거시험에 합격할 정도로 글재주에 능했던 장졸의 오도송은 그 후 스님들에게 하나의 모범 답안처럼 전해졌다.『무문관』제39칙에 등장하는 어느 스님도 장졸의 오도송을 암송하는 대목이 등장한다. 이 스님은 자신이 외우고 있던 장졸의 오도송을 읽어 주며 스승이었던 운문선사에게 자신의 경지를 은근히 보여 주려고 했다. 아마 장졸의 오도송 정도는 가볍게 간파하고 있다는 지적 수준을 자랑하려는 의도에서였을 것이다. 첫 구절이 끝나기도 전에 운문선사는 제자에게 지금 읊고 있

193 長者李通玄撰,『新華嚴經論』卷1~40 (T36).

는 오도송은 장졸이 지은 것 아니냐고 물어본다. 그러자 제자는 오도송 암송하기를 멈추고 "그렇다."고 대답한다. 바로 이 순간 운문선사는 "말에 떨어졌다."고 사자후를 토한다.

이 사제지간의 대화에서 황룡사심(黃龍死心: 1043~1114)선사는 화두 하나를 던지고 있다. "어디가 그 스님이 말에 떨어진 곳인가?"

『오등회원五燈會元』[194]에 수록된 장졸의 오도송은 다음과 같다. "광명이 고요히 모든 세계를 두루 비추니[光明寂照河沙] 범부든 성인이든 생명을 가진 것들이 모두 나의 가족이네[凡聖含靈共我家]. 어떤 잡념도 일어나지 않아야 온전한 모습이 그대로 드러나지만[一念不生全體現] 감각의 작용들이 일어나자마자 온전한 모습은 구름에 가려 버리네[六根動被雲遮]. 번뇌를 끊으려는 것은 번뇌의 병만을 증가시키고[斷除煩惱重增病] 진여에 나아가려는 것도 또한 바르지 못한 일이네[趣向眞如亦是邪]. 세상의 인연에 따라 어떤 장애도 없다면[隨順世緣無碍] 열반과 생사도 모두 헛된 꽃과 같을 뿐이네[涅槃生死是空華]."

밝은 달빛을 깨달음의 마음으로 비유하면서 자신에게는 과거시험에 급제할 만한 글재주가 있다는 사실을 웅변적으로 보여 주고 있는 멋진 오도송이다.

이렇듯 번뇌를 끊으려고 하는 것도 또한 진여에 나아가려는 것

---

194 『五燈會元』 卷六 「張秀才拙 (X80, 127c10), "因禪月大師指參石霜 霜問 秀才何姓 曰 姓張名拙 霜曰 覓巧尚不可得 拙自何來 公忽有省 乃呈偈曰 光明寂照徧河沙 凡聖含靈 共我家 一念不生全體現 六根纔動被雲遮 斷除煩惱重增病 趣向真如亦是邪 隨順世緣無罣礙涅槃生死等空花."

도 집착일 뿐이다. 당연히 열반과 생사도 그리고 열반을 꿈꾸는 마음과 생사에 휘둘리는 마음도 모두 잡념일 수밖에 없다. 물론 집착과 잡념을 제거하는 방법은 다른 데 있는 것이 아니다. 지금 여기 바로 우리 앞에 있는 어떤 것이라도 좋다. 그것에 마음이 활발발하게 열려 있다면 그 순간 우리의 마음은 티끌처럼 작은 잡념이 아니라 세상을 품을 수 있는 넓은 마음이 될 것이다. 달빛에 매료된 마음에 어떻게 생사와 열반이란 관념이 들어설 여지가 있겠는가? 선사가 아닌데도 불구하고 장졸은 "이르는 곳마다 주인이 된다면 서 있는 곳마다 모두 참되다."고 임제스님이 말했던 해탈의 경지를 펼쳐 보이고 있다.

이렇듯 대부분 깨달은 스님들의 난해한 오도송보다 장졸의 그것은 이해하기가 쉽다. 당연히 운문선사의 제자도 장졸의 오도송을 읽고 또 읽어 이제는 줄줄 암송할 정도에 이르렀다. 그렇지만 짧은 문답으로 운문선사는 제자가 말에 떨어졌다고 진단하고 있다.

'화타話墮!' 제자가 암송하는 장졸의 오도송은 단지 말뿐이라는 것이다. 한마디로 말해 제자는 장졸과 같은 깨달음도 없으면서 앵무새처럼 오도송만을 읊조리고 있다는 것이다. 이와 마찬가지로 깨달은 삶을 살아가는 것과 깨달음에 대해 말하는 것 사이에는 엄청난 간격이 있다. 사심선사가 우리에게 던진 화두를 음미해 볼 필요가 있다.

도대체 운문선사는 어느 대목에서 제자가 단지 이론적 앎만 가지고 있는지 간파했을까? 바로 운문선사가 "그것은 장졸수재張拙秀才의 시가 아닌가?"라고 하자 제자가 "그렇다."라고 대답한 대목이다. 운문선사의 제자는 어쨌든 "그렇다."고 대답해서는 안 되었던 것이다. 만약에 그가 진실로 깨달았다면 말이다. 그렇기에 운문선사는 제자가 "말에 떨어졌다."고 하였다.

즉 깨달음에 대한 지적인 이해만 가지고 있다고 지적했던 것이다. 만일 제자가 말뿐이 아니라 진짜로 깨달았다면 그는 자신의 오도송을 읊어도 되고 장졸의 오도송을 읊어도 상관이 없었을 것이다.

사실 무문선사를 포함한 수많은 선사들도 과거 선사들의 오도송을 은근히 갖다 쓰고 있는 것은 잘 알려진 사실이다. 거기에 말이 무엇이 중요하겠는가마는 중요한 것은 진짜로 깨달았는지의 여부이다. 진짜로 깨달았다면 횡설수설橫說竪說이 모두 오도송이다. 반대로 경전이나 선사의 말에 부합되는 말을 아무리 잘해도 깨닫지 못하였다면 그것은 모두 횡설수설에 불과한 법이다.

말에 떨어져서 거기에 걸렸다면 이는 『무문관』「선잠」의 번뇌 망념이 일어나는 것을 곧바로 알아차리며 좌선 수행만 하는 이 역시 영혼을 가지고 노는 병통에 빠진 자와 같다는 여덟 번째 '념기즉각 농정혼한의 병통'에 해당하며 이에 걸리지 않고 이러한 상황에서 벗어날 수 있는 것이야말로 곧 치유의 방편임을 바로 알 수 있을 것이다.

(5) 제40칙 적도정병趯倒淨甁의 예[195]

다음은『무문관』「선잠」의 번뇌 망념이 일어나는 것을 곧바로 알아차리며 좌선 수행만 하는 이 역시 영혼을 가지고 노는 병통에 빠진 자와 같다고 하는 여덟 번째 병통인 '념기즉각 농정혼한의 병통'의 다섯 번째 예에 해당하는 공안인『무문관』제40칙「적도정병」의 원문 및 해석이다.

제사십칙 적도정병
第四十則 趯倒淨甁

本則

위산화상 시재백장회중 충전좌 백장 장선
潙山和尙이 始在百丈會中하여 充典座러니 百丈이 將選
대위주인 내청동수좌대중하어 출격자 가왕
大潙主人할새 乃請同首座對衆下語하여 出格者를 可往하
백장수점정병치지상 설문운 불득환작정
려하고 百丈遂拈淨甁置地上하고 設問云하되 不得喚作淨
병 여환작심마 수좌내운 불가환작목돌야
甁이니 汝喚作甚麽오 首座乃云하되 不可喚作木楔也니라
백장각문어산 산내적도정병이거 백장소운
百丈却問於山한대 山乃趯倒淨甁而去하니 百丈笑云하되

---

195 전게서「第四十則 趯倒淨甁」(T48, 298a03~12), "潙山和尙 始在百丈會中充典座 百丈將選大潙主人 乃請同首座 對眾下語 出格者可往 百丈遂拈淨瓶 置地上 設問云 不得喚作淨瓶 汝喚作甚麼 首座乃云 不可喚作木楔 也百 丈却問 於 山 山乃趯倒淨瓶而去 百丈笑云 第一座輸却山子 也因命之為開山 無門曰 潙山 一期之勇 爭奈跳百丈圈圚不出 檢點將來 便重不便輕 何故聻脫得盤頭 擔起鐵枷 頌曰 颺下笊籬并木杓 當陽一突絕周遮 百丈重關攔不住 脚尖趯出佛如麻."

제 일 좌 수 각 산 자 야 　 인 명 지 위 개 산
第一座輸却山子也라하고 因命之爲開山하다.

評唱

무 문 왈 위 산 일 기 지 용 　 쟁 나 도 백 장 권 궤 불 출 　 검
無門曰 潙山一期之勇이 爭奈跳百丈圈圚不出하고 檢

점 장 래 　 편 중 불 편 경 　 하 고 　 니 탈 득 반 두 　 담 기
點將來인댄 便重不便輕이로다 何故오 聻 脫得盤頭나 擔起

철 가
鐵枷로다.

● 頌曰

양 하 조 리 병 목 표 　 당 양 일 돌 절 주 차 　 백 장 중 관 란 부
颺下笊籬幷木杓하고 當陽一突絶周遮라 百丈重關攔不

주 　 각 첨 적 출 불 여 마
住하니 脚尖趯出佛如麻로다.

○ 解釋

위산화상이 백장선사 회상에서 전좌역을 맡고 있을 때였다. 백장선사가 대위산의 주인을 선발하는데 수좌를 비롯한 대중에게 격을 초월한 이를 보내겠다고 하고 정병을 땅 위에 놓고 말하였다. “이것을 정병이라 불러서는 아니 된다. 너희는 무엇이라 부를 것인가?” 수좌가 말하였다. “장작이라고 부르지는 못할 것입니다.” 백장선사가 위산화상에게 물으니 위산화상은 정병을 차 버리고 나갔다. 백장선사가 웃으며 말하였다. “수좌가 촌놈에게 졌다.” 그 후 위산을 개산조로 삼았다.

이에 대해 무문선사는 평하기를 “이는 순간적으로 발한

위산의 능력이니 어찌 백장선사의 그물에서 벗어나지 못하랴. 살펴보면 무거운 데에도 가벼운 데에도 속하지 않았다. 무슨 까닭인가? 그물을 벗어났다 하면 도리어 쇠 멍에를 메는 것이로다."라고 하였다.

또한 게송으로 말하기를 "조리와 바가지를 던져 버리고 힘차게 나아가 어수선한 논의를 잘라 버렸다. 백장의 여러 관문도 그를 막지 못했으니 발끝에 차여 흩어지는 수많은 부처들이여!"라고 하였다.

일체의 권위주의를 부정하려는 정신 그것은 일체의 권위에 당당하게 맞서는 주인 정신이라고 할 수 있다.

이를 가장 잘 보여 주는 것이 『무문관』의 제40칙 「적도정병」이다. 스승이 놓은 물병을 과감하게 차 버리는 위산선사의 통쾌한 행동이다. 무슨 곡절이 있었던 것일까?

『전등록』[196]과 『오등회원』[197]을 보면 일의 자초지종이 자세히 나

---

196 『景德傳燈錄』 卷9 (T51, 264b15), "百丈是夜召師入室 囑云 吾化緣在此 潙山勝境汝當居之嗣續吾宗廣度後學 時華林聞之曰 某甲忝居上首 祐公何得住持 百丈云 若能對衆下得一語出格當與住持 卽指淨瓶問云 不得喚作淨瓶 汝喚作什麼 華林云 不可喚作木木 突也 百丈不肯 乃問師 師踢倒淨瓶 百丈笑云 第一坐輸卻山子也." "백장이 밤에 대사를 방으로 불러들여서 법을 부촉하며 말했다. '나의 교화 인연은 여기에 있다. 위산은 빼어난 경계이니, 마땅히 그대가 살면서 나의 종지를 계승하여 후학들을 널리 제도하라.' 이때 화림이 이 말을 듣고서 말했다. '외람되지만 제가 대중의 우두머리에 있었는데 영우대사가 어찌하여 주지를 합니까?' 하니 백장이 말했다. '만일 대중에게

온다. 그러니까 위산의 스승 백장스님은 대위산의 주인 노릇을 할 스님을 천거해 달라는 부탁을 받는다.

당연히 제자들 중 가장 뛰어난 제자를 보내면 된다. 백장에게도 상좌上座가 한 명 있었다. 제1좌라고 불리는 상좌는 수제자를 가리킨다. 가장 오랫동안 스승을 모시고 있었기에 경험이나 관록 면에서 가장 앞서는 제자인 셈이다. 문제는 백장이 보기에 아직도 상좌스님은 깨달음에 이르지 못했다는 것이다. 다시 말해 아직 제자들을 이끌 만한 역량이 없다고 판단되었다. 그러니 백장은 상좌를 대위산의 주인으로 임명하는 데 주저했다. 어떻게 스스로 주인이 되지 못하는 사람이 다른 사람을 주인으로 만드는 스승 노릇을 할 수 있을까? 사랑과 실연을 제대로 겪은 사람만이 타인의 실연에 도움을 줄 수 있는 것, 혹은 부모를 먼저 여읜 사람만이 상을 당한 사람에게 진정한 위로를 해 줄 수 있는 것과 같은 이치이다.

다행스럽게도 백장의 눈에는 상좌보다 늦게 자신의 문하에 들어와서 부엌일을 맡고 있는 위산스님이 들어왔다. 비록 사찰에서의 위상은 상좌보다 떨어지지만 위산이라면 충분히 대위산의 주

격식을 벗어난 한마디를 내릴 수 있는 사람이라면 당장에 주지를 시키리라.' 그리고는 정병을 가리키면서 물었다. '정병이라고 부르지 못한다. 그대는 무엇이라 부르겠는가?' 화림이 대답했다. '말뚝이라 하지는 못할 것입니다.' 백장이 수긍하지 않고 다시 영우에게 물었다. 위산이 정병을 걷어차서 넘어뜨리니 백장이 웃으면서 말했다. '제1좌가 드디어 위산에게 졌구나.'"

197 『五燈會元』 卷9「潭州潙山靈祐禪師」(X80, 185a16), "福州長谿趙氏子 年十五出.家… 不得喚作淨瓶 汝喚作甚麼."

인이 될 수 있으리라는 것이 바로 백장의 판단이었다.

당연히 상좌스님은 스승 백장에게 이의를 제기한다. 그러자 백장은 두 사람을 나머지 제자들 앞에서 시험했다.

백장의 시험과 그 결과는『무문관』의 40칙「적도정병」에 있는 그대로이다. 백장은 바닥에 물병을 놓고 상좌스님과 위산스님에게 물어본다. "물병이라고 말해서는 안 된다. 그렇다면 너희 둘은 무엇이라고 부르겠는가!" 순서상 상좌스님이 먼저 대답한다. "나무토막이라고 불러서는 안 됩니다." 상좌로서 관록이 묻어나는 대답이다. 일단 물병을 언급도 하지 않았으니 상좌의 대답은 물병이라고 말해서는 안 된다는 스승 백장의 요구를 충족시키고 있다. 또한 "나무토막이라고 불러서는 안 됩니다."라고 말했으니, "무엇이라고 부르겠는가!"라는 백장의 요구에 나름대로 대답을 한 것이다.

그러니 상좌스님은 대답하고서 속으로 쾌재를 불렀을 것이다. 상좌스님의 대답을 듣는 순간 아마 위산을 제외한 나머지 제자들은 역시 그 스승의 상좌라고 고개를 끄덕였을지도 모르겠다.

그렇지만 이런 안심은 얼마 가지 않아 여지없이 좌절되고 만다. 동일한 질문을 위산스님에게 하자 위산스님은 물병을 발로 걷어차고 자리를 떠 버린다. 스승 백장과 사형이었던 상좌스님 그리고 수많은 동료에게 순간 혼란이 찾아왔을 것이다. 위산이 엄숙한 시험의 장소를 발길질 한 번으로 조롱했기 때문이다. 스승도 사형도 그리고 동료도 안중에 없는 오만불손한 행위이다.

그렇지만 이때 백장만은 자신의 판단이 틀리지 않았다는 것을 확인하고 함박웃음을 짓는다. 어디에서 백장은 위산스님이 깨달았다는 것을 알았던 것일까? 시험을 보아야 하는 입장이라면 스승이 원하는 정답을 찾으려고 노력하는 것이 바로 학생이다. 반면 졸업을 했다면 시험을 볼 필요가 없다. 바로 이것이다. 상좌스님은 충실하게 시험을 치렀고 그 결과 모범 답안을 내놓았다. 그런데 위산스님은 시험 자체를 거부한다.

위산스님이 물병을 걷어차고 자리를 떠 버린 것은 자신은 더 이상 당신의 제자가 아니라는 사실을 보여 준 것이다. 만약 위산선사가 스승이 낸 문제에 잡혀 있었다면 제아무리 출중한 위산선사라고 해도『무문관』「선잠」의 번뇌 망념이 일어나는 것을 곧바로 알아차리며 좌선 수행만 하는 이 역시 영혼을 가지고 노는 병통에 빠진 자와 같다고 하는 여덟 번째 병통인 '념기즉각 농정혼한 병통'에 잡혀 버렸을 것이다.

다행히도 선사는 물병을 거침없이 차 버렸고 이렇게 하여 선종 5가 중 하나인 위앙종이 탄생하는 순간이 되었으며 이러한 병통을 치유하게 된 친절한 사례로 접할 수 있게 되었다.

(6) 제43칙 수산죽비首山竹篦의 예[198]

다음은 『무문관』 「선잠」의 번뇌 망념이 일어나는 것을 곧바로 알아차리며 좌선 수행만 하는 이 역시 영혼을 가지고 노는 병통에 빠진 자와 같다고 하는 여덟 번째 병통인 '념기즉각 농정혼한 병통'의 여섯 번째 예로 『무문관』 제43칙 「수산죽비」 공안의 원문 및 해석이다.

제사십삼칙 수산죽비

第四十三則 首山竹篦

本則

수산화상 점죽비시중운 여등제인 약환작죽비즉
首山和尙이 拈竹篦示衆云하되 汝等諸人이 若喚作竹篦則
촉 불환작죽비즉배 여제인 차도 환작심마
觸이요 不喚作竹篦則背이니 汝諸人은 且道하다 喚作甚麼오.

評唱

무문왈 환작죽비즉촉 불환작죽비즉배 부득
無門曰 喚作竹篦則觸이요 不喚作竹篦則背라하니 不得
유어 부득무어 속도속도
有語요 不得無語로다 速道速道하라.

---

198 전게서 「第四十三則 首山竹篦」 (T48, 298b15~b20), "首山和尚 拈竹篦示眾云 汝等諸人若喚作竹篦則觸 不喚作竹篦則背 汝諸人且道 喚作甚麼 無門曰 喚作竹篦則觸 不喚作竹篦則背 不得有語 不得無語 速道速道[0298b20] 頌曰 拈起竹篦行殺活令 背觸交馳佛祖乞命."

● 頌曰

점기죽비 행살활령 배촉교치 불조걸명
拈起竹篦하여 行殺活令으로 背觸交馳니 佛祖乞命하리라.

○ 解釋

수산성념선사가 죽비를 들어 대중에게 보이면서 말하였다. "너희들 만일 이것을 죽비라 부르면 '범하는' 것이고, 죽비라 부르지 않으면 '등지는' 것이다. 어디 말해 보라. 무어라고 불러야 하겠느냐."

이에 대해 무문선사는 "죽비라고 부르면 경계를 이루게 되고 죽비라고 부르지 않으면 등지게 된다고 하니 말을 해도 안 되고 말이 없어도 안 된다. 얼른 말해 보라. 말해 보라!"라고 하였다.

또한 게송으로 말하기를 "죽비를 들어 올려 죽고 사는 영을 내렸다. 경계를 이룬다 하겠느냐 등진다 하겠느냐? 부처와 조사도 목숨을 구걸할 판이로구나!"라고 하였다.

여주汝州의 수산성념(首山省念: 926~993)선사는 죽비를 들어 이를 죽비라 부르면 촉觸하고 즉, 저촉되어 범하고 죽비라고 부르지 않으면 배背로 즉, 위배된다고 했다. 여기서는 죽비가 관건이다.

모든 화두가 다 그렇듯이 이 공안 또한 언구로 진퇴양난이다. 죽비 하나로 꼼짝도 못하게 옭매어 놓았다. 하지만 선지에선 일체가 다 공空으로 존재의 부정否定이니 허명虛名임을 알고 또 그 허명虛名

이 아님을 알아야 하니 죽비 또한 다를 바 없다. 그대여, 어떻게 할 것인가? 모든 판단을 거부한다. 생각 이전으로 들어가야 이 공안의 답을 구할 수 있을 것이다. 어떻게 할 것인가? 그 능력으로는 불가능한 일이다.

나라고 하는 생각이 있는 한 건널 수 없는 것이 공안이다. 나를 죽여서 생각이 끊어진 그 자리에 이르면 비로소 죽비가 홀로 살아나리라. 모든 공안이 어떻게 할 수 없는 특성에 몰두할 때 공안도 나도 아닌 존재가 비로소 나라는 병통에서 치유되어 진리에 이르게 하리라.

그러나 만약 학인이 한 생각에 걸려 여기에만 빠져 있다면 이는 바로 『무문관』「선잠」의 번뇌 망념이 일어나는 것을 곧바로 알아차리며 좌선 수행만 하는 이 역시 영혼을 가지고 노는 병통에 빠진 자와 같다고 하는 여덟 번째 병통인 '념기즉각 농정혼한 병통'에 빠져 버리게 된 예에 해당되는 것으로 이 공안은 다른 관점에서 『무문관』「선잠」의 다른 병통의 분류에 해당되기도 하나 학인이 앉아서 죽비냐, 아니냐라는 관념 놀음의 병통으로부터 하루속히 빠져나와 치유해야 하는 것에 더 중점을 두어 이 병통으로 분류하고자 한다.

이렇듯 이미 이 세상은 온전히 깨어 있으며 단지 그대의 무명이 이를 가릴 뿐이다. 깨달음은 얻거나 찾는 것이 아니다. 왜냐하면 언제나 열려 있기 때문이다. 감겨진 눈을 뜨기만 하면 되고 움츠린 손을 뻗기만 하면 되는 것이다.

(7) 제44칙 파초주장芭蕉拄杖의 예[199]

다음은『무문관』「선잠」의 번뇌 망념이 일어나는 것을 곧바로 알아차리며 좌선 수행만 하는 이 역시 영혼을 가지고 노는 병통에 빠진 자와 같다고 하는 여덟 번째 병통인 '념기즉각 농정혼한 병통'의 일곱 번째 예로『무문관』제44칙「파초주장」의 원문 및 해석이다.

제사십사칙 파초주장
第四十四則 芭蕉拄杖

本則

파초화상 시중운 이유주장자 아여이주장자
芭蕉和尙이 示衆云하되 儞有拄杖子하면 我與儞拄杖子
이무주장자 아탈이주장자
요 儞無拄杖子하면 我奪儞拄杖子하리라.

評唱

무문왈 부과단교수 반귀무월촌 약환작주장자
無門曰 扶過斷橋水하고 伴歸無月村이라 若喚作拄杖子
입지옥여전
하면 入地獄如箭하리라.

---

199 전게서「第四十四則 芭蕉拄杖」(T48, 298b24~28), "芭蕉和尙示衆云 爾有拄杖子我與爾拄杖子 爾無拄杖子 我奪爾拄杖子 無門曰 扶過斷橋水 伴歸無月村 若喚作拄杖 入地獄如箭 頌曰 諸方深與淺 都在掌握中 撑天并拄地 隨處振宗風."

● 頌曰

제방심여천　도재장악중　탱천병주지　수처진
諸方深與淺이 都在掌握中이라 撑天幷拄地하니 隨處振
종풍
宗風이로다.

○ 解釋

파초혜청선사가 대중들에게 말하였다. “너희에게 주장자가 있으면 내 주장자를 주리라. 너희에게 주장자가 없으면 주장자를 빼앗으리라.”

무문선사는 이에 대해 평하기를 “의지해 다리가 끊긴 물을 건넜고, 벗 삼아 달 없는 마을을 찾아들었다네. 만약 주장자라 부르면 지옥에 화살같이 들어가리라.”라고 하였다.

또한 게송하기를 “이 모두가 내 손안에 있다. 하늘을 괴고 땅을 떠받쳐 이르는 곳마다 종풍을 휘날린다.”고 하였다.

주장자拄杖子는 큰스님들이 길을 걸을 때나 설법을 할 때 드는 큰 지팡이를 말한다. 이 주장자는 깨달은 사람이나 불성佛性 혹은 본래면목本來面目을 상징한다. 그러니까 어떤 사람이 주장자를 가지고 있다는 것은 그 사람이 깨달았다는 것을 뜻할 수 있다.

『무문관』의 제44칙에서 파초선사가 대중들에게 던진 화두는 단순히 주장자라는 사물을 넘어서는 무거운 뜻을 지니고 있다. 주장자가 있다는 것은 깨달았다는 것이고 그것이 없다는 것은 깨닫지 못했다는 것을 의미할 수도 있기 때문이다.

그렇지만 잊지 말아야 할 것은 아무리 깨달음의 의미가 크다고 하더라도 주장자라는 단순한 사물 이야기로도 충분히 이 화두가 이해될 수 있어야 한다. 그렇지 않으면『무문관』의 48개의 공안들을 다 읽을 필요가 전혀 없다.

파초선사가 던진 화두는 정말 화두의 품격을 고스란히 가지고 있다. 말 그대로 언어도단言語道斷이다. 하긴 언어의 길이 끊어진 그곳 바로 거기에 깨달음이 있다. 먼저 "너희에게 주장자가 있다면 너희에게 주장자를 주겠다."는 말부터 생각해 보면 지금 파초선사는 제자들에게 주장자를 주겠다고 한다. 이것은 무슨 뜻일까? 만약 제자들이 주장자를 받는다고 하면 그들에게 주장자가 없었다는 것을 말한 것이라고 하겠다. 그렇지만 주장자가 있는데 또 받아서 무엇하겠는가? 결국 주장자를 주겠다는 파초선사의 속내는 제자들에게 "지금 너희들에게는 주장자가 없다."는 것을 알려주는 데 있다.

어쩌면 무엇인가 깨달은 것이 있는 척 거들먹거리는 그들의 모습을 풍자한 것이기도 하다. 파초선사는 이러한 병을 치유하기 위함이었다. 그렇게 깨달음을 얻었다고 하면서도 아직도 자신에게서 무엇인가를 얻으려는 이유는 무엇인가? 거짓된 깨달음을 비판했던 선사의 첫 번째 화두보다 더 어려운 것이 두 번째 화두이다. 바로 "너희에게 주장자가 없다면 너희에게서 주장자를 빼앗을 것이다."라는 것이다. 주장자가 없는데 어떻게 빼앗을 수 있을까?

그러나 '과연 정말로 주장자는 없는 것인가? 물질적으로 주장자는 없을지도 모른다. 주장자는 없다.'는 생각 속에 이미 주장자는 엄연히 있는 것 아닐까? 파초선사는 이렇게 제자들이 집착하고 있는 주장자를 빼앗고자 한 것이다.

주장자는 깨달음을 상징하는 소중한 물건이기에 아직 깨닫지 못한 제자들에게 오매불망 그리워할 수밖에 없는 갈망의 대상일 수 있다. 그렇지만 이렇게 무엇인가에 강하게 집착한다면 역설적으로 깨달음은 불가능한 것이다. 제자들의 오만함을 통렬하게 조롱한 뒤에 파초선사는 주장자라는 관념 자체를 내려놓아야 깨달을 수 있다는 가르침을 전하고자 한다. 또한 주장자가 없다는 생각, 그리고 부처라는 생각마저 내려놓아야 깨달을 수 있다는 파초선사의 생각은 매우 중요하다. 그렇지만 성불하겠다는 생각 그리고 주장자를 갖겠다는 생각만큼 스님들에게 끊기 어려운 생각도 없을 것이다. 이런 생각이 없다면 스님들은 스님이 될 필요도, 그리고 파초선사와 같은 큰스님의 가르침을 받을 필요도 없었을 테니까 말이다.

그런데 지금 파초선사는 그마저 내려 놓아야 한다고 역설하고 있다. '없다'고 생각하는 대상의 관념 속에는 같은 대상이 '있다'고 생각되었을 때의 관념보다 더 적은 것이 아니라 더 많은 것이 들어 있다. 무엇인가 없다는 생각, 그러니까 무無라는 생각은 항상 우리의 마음에서만 가능한 법이기 때문이다.

그러니까 무엇인가 있었다는 것을 기억하고 동시에 그것이 지금 없어졌다는 것을 알았을 때에만 우리는 '그것이 없다'라고 말할 수 있다. 그래서 새로 방에 들어온 사람은 책상 위를 가리키는 제 손가락을 보고 말했다. "책상이 있다."라고 말이다. 그는 볼펜이 있었다는 사실을 기억조차 할 수 없었기 때문이다.

예를 들어 "지갑이 없어!" "어머니가 돌아가셨어!" "직장에서 해고되었어." 등등은 우리는 매번 없음에 직면하여 당혹감과 비통함을 느끼며 살아간다는 것이다. 그것은 물론 우리가 지갑이 주머니에 있었다는 기억을, 그리고 살아 계신 어머니에 대한 기억을 가지고 있기 때문에 가능하다. 바로 여기에 우리를 부자유스럽게 만드는 집착의 기원이 있다. 특히 우리에게 없어진 것이 너무나 소중한 것일수록 그것의 부재가 주는 고통은 헤아리기 힘들 정도이다. 없다는 느낌은 그만큼 그것이 있었을 때 느꼈던 행복을 안타깝게도 더 부각시켜 주는 법이다. 건강을 잃어버린 사람은 건강했을 때 자신의 모습을 안타깝게 그리워한다. 부모를 여읜 사람은 자신에게 호통을 쳤던 부모님이 밉기는커녕 다시 볼 수 없어 괴로울 것이다. 더 무서운 것은 이렇게 없어진 것에 대한 집착이 우리를 현재나 미래가 아니라 과거에 사로잡혀 살도록 만든다는 점이다. 이미 없어진 것에 사로잡힐 때 현재를 살아갈 수 없고 당연히 미래도 열릴 수 없는 법이다.

만약 학인이 계속하여 이 관념 놀음에 빠져 있다면 이는 곧 『무문관』「선잠」의 번뇌 망념이 일어나는 것을 곧바로 알아차리며 좌선 수행만 하는 이 역시 영혼을 가지고 노는 병통에 빠진 자와 같다고 하는 여덟 번째 병통인 '념기즉각 농정혼한 병통'에 빠져 있다는 것을 볼 수 있다.

그러나 이를 안다고 해도 집착에서 벗어나는 데 도움이 되지 않을 수도 있다. 그런데 파초선사는 제자들에게 "너희에게 주장자가 없다면, 너희에게서 주장자를 빼앗을 것이다."라고 하면서 이제야 제자들의 병통을 치유하기 위한 하염없는 자비심이 보인다. 깨달은 자, 그러니까 부처를 꿈꾸는 마음이 강하게 되면 이제 역으로 자신이 아직 깨달은 자가 아니라는 사실에 절망하기 쉽다. 이런 절망이 다시 부처에 더 집착하도록 만들게 될 것이다. 돈이나 권력과도 같은 세속적인 것이든 아니면 부처나 불성과 같은 탈속적인 것이든 상관이 없다. 집착은 깨달은 자가 가지는 자유와는 무관한 것이기 때문이다. 또한 이렇게 부처에 집착하는 스님에게 상처받고 비참한 중생들에 대한 대자대비의 마음을 기대할 수 있겠는가? 주장자가 있다는 오만도, 주장자가 없다는 절망도 모두 집착일 뿐이다.

지금 파초선사가 주장자로 날려 버리려고 했던 것은 무엇인가? 오랜 관념 놀음에 빠져 있다는 오만과 무엇인가가 없다는 절망이며 이는 곧 파초선사가 깨달음이라는 집착에 빠져 허우적대는 학인들에게 자비심의 주장자를 던져 집착을 놓게 한『무문관』「선잠」의 번뇌 망념이 일어나는 것을 곧바로 알아차리며 좌선 수행만 하는 이 역시 영혼을 가지고 노는 병통에 빠진 자와 같다고 하는 여덟 번째 병통인 '념기즉각 농정혼한 병통'의 예가 되기에 충분하다고 할 수 있겠다.

(8) 제45칙 타시아수他是阿誰의 예[200]

다음은『무문관』「선잠」의 번뇌 망념이 일어나는 것을 곧바로 알아차리며 좌선 수행만 하는 이 역시 영혼을 가지고 노는 병통에 빠진 자와 같다고 하는 여덟 번째 병통인 '념기즉각 농정혼한 병통'의 예로『무문관』제45칙「타시아수」의 원문 및 해석이다.

제사십오칙 타시아수
第四十五則 他是阿誰

本則

동산연사조왈 석가미륵 유시타노 차도 타시
東山演師祖曰 釋迦彌勒이 猶是他奴로다 且道하라 他是

아수
阿誰오.

評唱

무문왈 약야견득타분효 비여십자가두 당견친
無門曰 若也見得他分曉하면 譬如十字街頭에 撞見親

200 전게서「第四十五則 他是阿誰」(T48, 298c03~08), "東山演師祖日 釋迦彌勒猶是他奴且道他是阿誰 無門曰 若也見得他分曉 譬如十字街頭撞見親爺相似 更不須問別人道是與不是 頌曰 他弓莫挽 他馬莫騎 他非莫辨 他事莫知."

야 상 사　　경 불 수 문 별 인 도　　시 여 불 시
爺相似하여 更不須問別人道하대 是與不是하리라.

● 頌曰

타 궁 막 만　　타 마 막 기　　타 비 막 변　　타 사 막 지
他弓莫挽하고 他馬莫騎하라 他非莫辯하고 他事莫知하라.

○ 解釋

동산연사선사가 말하였다. "석가와 미륵이 모두 그놈의 노복이다. 어디, 말해 보라. 그는 대체 누구냐."

이에 대해 무문선사는 평하기를 "만일 그를 분명히 알아본다면 마치 네거리에서 찾던 아버지를 만난 것과 같아서 다른 사람에게 옳으냐, 옳지 않으냐를 묻지 않느니라."고 하였다.

또한 게송하기를 "다른 이의 활을 당기지 말고 다른 이의 말을 타지 말라. 다른 이의 잘못을 말하지 말고 다른 이의 일을 알려 하지도 말라."고 하였다.

문자와 이론을 강조한 만큼 교종은 귀족적일 수밖에 없다. 반면 문자를 강조하지 않았고 심지어 문자에 대한 집착이 성불의 가장 큰 장애라고 기염을 토했던 만큼 선종은 민중적이었다. 역사적으로 살펴보아도 교종의 대표적인 스님들은 대개가 왕족이나 귀족 출신이 많다.

우리나라의 경우만 보아도 신라시대의 의상대사나 고려시대의

대각국사 의천(大覺國師義天: 1055~1101)은 모두 왕족이었다. 어려서부터 좋은 환경 속에서 질 높은 교육을 받았기에 그들은 불교 경전을 읽고 이해하는 데 훨씬 더 탁월한 능력을 보일 수밖에 없었다.

당연히 그들은 교종 내부에서 헤게모니를 쉽게 장악할 수 있다. 여기서 잊지 말아야 할 것이 하나 더 있다. 문자와 이론을 강조하는 순간 교종 내부에서는 구조적인 위계질서가 발생할 수밖에 없다는 것이다. 부처와 경전 그리고 경전 독해자라는 위계질서이다. 물론 여기서 경전 독해자의 내부에서도 작은 위계질서, 그러니까 경전에 능통한 사람과 경전에 무지한 사람의 위계질서가 생긴다.

선종은 성불의 새로운 패러다임을 제안한다. 운문선사가 교종에 속한 스님들이 들었다면 경천동지할 사자후를 토했던 적이 있다. '마른 똥막대기[乾屎橛]!' 부처의 말인 경전이 부정되려면, 부처를 가만히 두어야 되겠는가? 『무문관』 제45칙에서 법연선사는 주장자를 위협적으로 휘두르며 우리에게 답을 재촉한다. "석가도 미륵도 오히려 그의 노예일 뿐이다. 자! 말해 보라. 그는 누구인가?"

만약 누군가가 이 관념 놀음에 빠져 있다면 그는 여지없이 『무문관』「선잠」의 번뇌 망념이 일어나는 것을 곧바로 알아차리며 좌선 수행만 하는 이 역시 영혼을 가지고 노는 병통에 빠진 자와 같다는 여덟 번째 병통인 '념기즉각 농정혼한 병통'에 빠져 있는 것이고 이러한 병통을 치유할 수 있어야만 비로소 무명의 장막을 걷고 깨달음에 이를 수 있다는 것은 두 말할 것 없이 명약관화한 일이라 하겠다.

(9) 제47칙 도솔삼관兜率三關의 예[201]

다음은『무문관』「선잠」의 번뇌 망념이 일어나는 것을 곧바로 알아차리며 좌선 수행만 하는 이 역시 영혼을 가지고 노는 병통에 빠진 자와 같다고 하는 여덟 번째 병통인 '념기즉각 농정혼한 병통'의 아홉 번째 예로『무문관』제47칙「도솔삼관」의 원문 및 해석이다.

제사십칠칙 도솔삼관
第四十七則 兜率三關

本則

도솔열화상 설삼관 문학자 발초참현 지도
兜率悅和尚이 設三關하여 問學者하되 撥草參玄은 只圖
견성 즉금상인 성재심처 식득자성 방탈생사
見性이니 卽今上人은 性在甚處오 識得自性하면 方脫生死
안광낙시 작마생탈 탈득생사 변지거처
니 眼光落時에 作麽生脫고 脫得生死하면 便知去處하리니
사대분리 향심처거
四大分離하여 向甚處去오.

---

201 전게서「第四十七則 兜率三關」(T48, 298c21~28), "兜率悅和尚 設三關問學者撥草參玄只圖見性 即今上人性在甚處 識得自性 方脫生死 眼光落時 作麼生脫 脫得 生死便知去處 四大分離 向甚處去 無門曰 若能下得此三轉語 便可以隨處作主 遇緣即宗 其或未然 麁湌易飽 細嚼難飢 頌曰 一念普觀無量劫 無量劫事即如今 如今覷破箇 一念 覷破如今覷底人."

評唱

무문왈 약능하득차삼전어 변가이수처작주 우
無門曰 若能下得此三轉語하면 便可以隨處作主오 遇
연즉종 기혹미연 추식이포 세작난기
緣卽宗하리라 其或未然인댄 麁食易飽요 細嚼難飢로다.

● 頌曰

일념보관무량겁 무량겁사즉여금 여금처파개
一念普觀無量劫하니 無量劫事卽如今이라 如今覷破箇
일념 처파여금처저인
一念하면 覷破如今覷底人하리라.

○ 解釋

도솔열선사께서 도를 배우는 이에게 세 가지 통과해야 할 법문을 베풀어 물었다. “번뇌의 풀을 헤치고 깊은 이치를 참구하는 것은 다만 견성見性하기 위한 것이니 지금 그대의 성품은 어디에 있는가? 자성自性을 알았다면 곧 나고 죽음에서 해탈했을 것이니 눈빛이 떨어질 때 어떻게 해탈하려는가? 나고 죽음에서 해탈했다면 가는 곳을 알 것이니 물, 불, 바람, 흙이 각기 흩어지면 어느 곳을 향하여 가는가?”

이에 대해 무문선사는 평하기를 “만약 능히 이 세 질문에 바로 이를 수 있다면 곳곳마다 주인이리니 연緣을 대하는 것이 곧 근본이라. 혹 그렇지 못하다면 거친 음식은 배부르기 쉬우며 잘게 씹으면 굶주림을 면키 어려우니라.”고 하였다.

또한 게송으로 설하기를 “한 생각에 무량겁을 꿰뚫어 보니 무량겁의 일이 지금 여기에 있구나! 이 한 생각을 뚫어 볼 수 있다면 지금 꿰뚫어 보는 자를 꿰뚫어 볼 수 있으리!" 라고 하였다.

『무문관』의 제47칙「도솔삼관」에 등장하는 선사들은 가혹하게 자신이 들고 있는 등불을 꺼 버리면서 스스로 불을 켜기를 촉구한다. 더군다나 자신의 관문에 등불을 켜고 인도한 것이 아닌가?

"이것저것 필요한 것을 챙길 시간을 잠시만 좀 주세요."라고 하는 이런 제자들의 간절한 소망마저 선사들은 여지없이 밟아 버린다.

마치 새끼들을 절벽에 던지는 사자와 같다. 아무런 준비도 갖추어지지 않았는데 천 길이나 되는 낭떠러지로 제자들을 무자비하게 밀어붙여 버린다. 그나마 잔정이 많은 선사가 계신다.

『무문관』 제47칙「도솔삼관」에 등장하는 도솔종열(兜率從悅: 1044~1091)선사가 그렇다. 종열선사는 관문을 지날 수 있는 계단을 세 가지나 만들어 놓는다. 그러나 종열선사는 그냥 부드러운 스님이어서 그런 친절한 계단을 만든 것이 아니라는 사실을 직감하게 된다. 정말로 뚫기 힘든 관문이었기에 계단을 만들 수밖에 없었던 것이다.

그것은 죽음의 공포와 관련된 것이기 때문이다. 이는 생사관生死

關이나 사생관이라고 불릴 수도 있는 것이다. 그러니 친절하게 이끌 수밖에 없었던 것이다. 죽음에 대한 헛된 공포를 극복하지 못한다면 어떻게 우리가 삶을 주인으로 당당하게 살아갈 수 있겠는가? 한마디로 종열선사는 지옥에 떨어진 사람에게도 자비를 베푼다는 지장보살(地藏菩薩: KṣitigarbhaBodhisattva)의 화신과도 같은 분이다.

종열선사가 만들어 놓은 첫 번째 계단을 오르려면 우리는 다음 물음에 답을 할 수 있어야 한다. "깨달은 사람을 찾아 수행하는 것은 단지 자신의 불성을 보기 위함이다. 그렇다면 지금 그대의 불성은 어디에 있는가?" 등불을 켜 들고 있는 사람을 찾아간 것은 그가 들고 있는 불로 자신을 되돌아보기 위함이다. 자신의 몸이 등갓이자 원료라는 사실을, 그리고 마음이 그것들로 켜지는 등불이라는 것을 알게 되는 순간 우리는 자신의 불성을 본 것이다. 한마디로 견성見性을 한 것이다.

자신의 불성에 불을 밝히는 순간 우리는 자신도 스승과 마찬가지로 자신과 세상을 비추는 당당한 등불이 된다. 마침내 정말 부처가 되었는지 확인하기 위해 종열스님은 물어본다. "그대의 불성은 어디에 있는가?" 자신에게 있다고 해도 되고 세상에 있다고 해도 된다. 등불이 켜지는 순간 그 불은 자신뿐만 아니라 세상을 모두 환하게 밝히니까 말이다.

이제 종열선사가 지키고 있는 생사관을 넘기 위한 두 번째 계단으로 올라가 보도록 하겠다. 물론 이 두 번째 계단에 오르기 위해서 우리는 다시 종열스님의 질문에 답을 내놓아야만 한다. "자신의 불성을 알았다면 삶과 죽음으로부터 해탈할 수 있다. 그렇다면 죽음에 이르렀을 때 어떻게 그대는 삶과 죽음으로부터 해탈하겠는가?" 등불은 세상을 비추는 도구이다. 그것은 얼마나 힘든 삶인가? 자신을 모두 소진해서 세상을 밝히는 일이다. 자신을 비추고 남을 비추는 자비를 실천하고 있는 사람은 삶을 탐하고 죽음을 두려워하지 않는다. 그는 자비의 삶이 얼마나 수고스러운지 알고 있기 때문이다.

누군가의 고통을 대신 짊어지는 것, 제자를 깨달음에 이끄는 것 어느 하나 힘들지 않은 일은 없다. 결국 자비를 실천하는 사람에게 죽음은 공포의 대상이 아니라 안식安息으로 다가오는 법이다.

그러나 그가 관념 놀음에 빠져 아직도 고통에서 헤매고 있다면 그는 여지없이 『무문관』 「선잠」의 번뇌 망념이 일어나는 것을 곧바로 알아차리며 좌선 수행만 하는 이 역시 영혼을 가지고 노는 병통에 빠진 자와 같다는 여덟 번째 '념기즉각 농정혼한 병통'에 빠져 있다는 것으로 종열선사는 친절하게도 이 치유의 방편인 세 가지의 간문을 제시하고 있다.

만약 그가 이 병통으로부터 벗어나 깨달음에 이르게 되었다면 아마도 그는 박장대소를 하거나 파안의 미소를 지었을 것이다. 열반(涅槃, Nirvāṇa)이 깨달음을 의미하면서 동시에 죽음을 의미하는 것도 이런 이유에서이다.

『무문관』의 제47칙 「도솔삼관」에서 종열선사는 이 마지막 세 번째 계단에 오를 수 있는 자격이 있는지 시험하기 위해 마지막 질문을 우리에게 던진다. “삶과 죽음으로부터 해탈할 수 있다면 바로 가는 곳을 알게 된다. 그렇다면 육신을 구성하는 네 가지 요소가 흩어질 때 그대는 어디로 가는 것인가?” 세상을 비추던 등불이 꺼지는 순간 등불은 어디로 가는 것일까? 어디로도 가지 않는다. 그냥 그대로 꺼질 뿐이다. 갓등이 헤져 바람이 심하게 불어서 견디지 못하고 꺼진 것일 수도 있고 아니면 연료가 다 떨어져 꺼진 것일 수도 있다. 그렇지만 세상을 환하게 비추던 그 등불은 어디에도 가지 않는다. 그냥 꺼질 뿐이다. 전등과 연료 사이의 인연이 다하는 순간 등불도 사라지게 된다. 이렇게 연기緣起의 법칙을 모르는 사람들은 종열선사의 마지막 질문에 우물쭈물하게 될 것이다.

“육신을 구성하는 네 가지 요소가 흩어질 때, 그대는 어디로 가는 것인가?” 여기서 육신을 구성하는 네 가지 요소는 물론 지수화풍地水火風을 말하며 곧 사대(四大, Catvāri mahābhūtāni)를 뜻한다. 이 네 가지 요소가 인연에 의해 결합되어 지속할 때 우리의 삶도 그리고 우리의 정신도 있다. 반대로 이 네 가지 요소들이 삶에 대한 갈망과 죽음에 대한 공포에서 자유로워졌다면 오랜 세월 모든 것을 비추는 자비의 수고로움을 감당하지 않는 사람은 결코 삶과 죽음에서 자유로울 수 없는 것이다.

이러한 이유로 『무문관 』 제47칙 「도솔삼관」을 『무문관』 「선잠」의 번뇌 망념이 일어나는 것을 곧바로 알아차리며 좌선 수행만 하는 이 역시 영혼을 가지고 노는 병통에 빠진 자와 같다는 여덟 번째 병통인 '넘기즉각 농정혼한 병통'의 예로 들었으며 이를 깨달음을 향한 궁극의 치유적 방편으로 제시하고 있다.

9) 올연습정兀然習定 귀가활계鬼家活計의 병통 및 치유

다음은『무문관』「선잠」의 아홉 번째 병통인 '올연습정 귀가활계의 병통'으로 오롯이 좌선만을 닦는 사람은 흑산에 살고 있는 귀신과 같다는 것이다. 그 예로 제34칙「지불시도」, 제35칙「청녀이혼」을 들 수가 있겠다.

(1) 제34칙 지불시도智不是道의 예[202]

다음은『무문관』「선잠」의 아홉 번째 병통인 '올연습정 귀가활계 병통'의 예인 제34칙「지불시도」의 원문 및 해석이다.

제삼십사칙 지불시도
第三十四則 智不是道

本則

남전운 심불시불 지불시도
南泉云하되 心不是佛이요 智不是道니라.

評唱

무문왈 남전 가위 노불식수 재개취구 가추외양
無門曰 南泉은 可謂 老不識羞라 纔開臭口에 家醜外揚

연수여시 지은자소
이로이다 然雖如是나 知恩者少니라.

202 전게서「第三十四則 智不是道」(T48, 0297b10~13), "南泉云 心不是佛 智不是道."

● 頌曰

天晴日頭出이요 雨下地上濕이라 盡情都說了나 只恐信不及이로다.

○ 解釋

남전보원선사께서 "마음도 부처가 아니며 지혜도 도가 아니니라."라고 이르셨다.

이에 대해 무문선사는 평하기를 "남전선사에 대해 말하자면 수치를 무릅쓰고 냄새나는 입을 열어 집안을 추하게 드러냈다고 하리라. 그러나 이러한 은혜를 아는 사람이 적으리라." 하였다.

또한 게송하기를 "맑은 하늘에 해가 솟아오르고 비 내린 땅 위가 축축하다. 모든 정情을 쏟아 설하였으나 다만 이를 믿지 못할까 하노라."라고 하였다.

『무문관』 제34칙에서 남전보원(南泉普願: 748~834)선사는 "마음은 부처가 아니고[心不是佛] 앎 또한 도가 아니다[智不是道]."라고 하였다. 남전보원 회상의 제자들은 '직지인심直指人心'이나 '견성성불見性成佛'을 슬로건으로 치열하게 수행했을 것이다. 그러나 참선을 하는 과정에서 그들 또한 오만으로 인한 병통에 빠져서는 드디어 자신이 본래 마음을 터득했으며 혹은 자신이 마침내 자기의 불성을 잡았다고 확신했을 것이다. 바로 그 순간 남전보원선사는 그들에게 그야말로 맑은 하늘에 뇌성벼락 같은 가르침을 내렸다. "너희가 붙잡았다고 자신하는 그 마음이라는 것이 진정 부처의 마음이라 할 수 있는가? 너희가 지금 알았다고 자신하는 것이 정말로 실천할 수 있는 것인가?"

이는 자신이 불성을 잡았다고 확신하면서 오롯이 좌선만을 닦는 사람은 흑산에 살고 있는 귀신과 같다는 병통으로『무문관』「선잠」의 아홉 번째 병통인 '올연습정 귀가활계 병통'의 예에 해당한다.

간신히 낭떠러지를 기어 올라왔는데 다시 절벽으로 밀어 버리는 형국이 되고 만 것이다. 그렇지만 남전선사로서는『무문관』「선잠」에서 오롯이 좌선만을 닦는 사람은 흑산에 살고 있는 귀신과 같은 병통에 빠진 자라고 하는 아홉 번째 병통인 '올연습정 귀가활계 병통'을 치유하여 제자들이 진짜로 부처가 되기를 바라는 스승으로서 제자들의 허위를 묵과하고 그저 바라볼 수만은 없었을 것이다.

가짜 부처에 머무는 것보다는 차라리 수행자로 치열하게 수행하는 것이 더 희망적이었을 것이라는 말이다. 선원에서 혹은 자신이 홀로 있을 때야 이제 주인공으로서 자신의 삶을 당당히 살아 낼 수 있다는 확신에 항상 미소를 띠고 있는 것을 보여 주고 있을 정도였겠지만 심각한 문제는 진정 혼자 있을 때가 아니라 타인들과 만났을 때 벌어지게 된다는 뜻이다.

갑자기 자신을 해치려는 사람을 만날 수도 있고 참선을 하고 있는데 어린아이가 와서 그에게 떼를 쓸 수도 있다. 이렇듯 관계에서 벌어지는 다양한 사건들에서도 흔들리지 않고 주인으로 우뚝 설 수 있을 때에야 비로소 그 수행자는 자신이 실제로 부처라는 사실을 입증할 수 있다는 뜻이다. 결국 혼자 있을 때도 주인이고 1만 명과 함께 있을 때도 주인일 수 있어야 비로소 진정한 주인이 되었다고 할 수 있는데 자신의 본래 마음 혹은 자신의 불성을 제대로 보았다면 누구나 부처가 될 수 있다는 것이다.

부처가 무엇인지 깨달은 것과 실제 부처로 살아갈 수 있다는 것은 완전히 다르다. 그래서 남전보원선사는 여기 사족蛇足 같은 공안 하나를 더 붙였는지도 모르겠다. "앎은 도가 아니다[智不是道]." 라고 하면서 무문선사는 이에 강력한 치유의 방편을 제시하고 있다. 이제 가슴 깊이 아로새겨야 할 것이다. 앎이 도를 대신할 수 없는 것처럼 마음도 또한 부처를 대신할 수 없는 것이며 얼마나 무상한 것인지를 말이다. 이러한 이유로 마음은 부처가 아니고[心不是佛] 앎 또한 도가 아니다[智不是道]라고 하는 『무문관』 제34칙 「지불시도」는 『무문관』 「선잠」의 아홉 번째 병통인 '올연습정 귀가활계'의 예라 할 수 있으며 좌선에만 머물러 있는 수행자는 바로 『무문관』 「선잠」의 아홉 번째 병통인 '올연습정 귀가활계'의 병통에 빠져 있는 것이며 무문선사는 하루속히 이 병통으로부터 빠져나와야 한다는 치유적 방편을 역설하고 있다.

(2) 第35칙 청녀이혼倩女離魂의 예[203]

다음은『무문관』「선잠」의 좌선만을 닦는 사람은 흑산에 살고 있는 귀신과 같다고 하는 아홉 번째 병통인 '올연습정 귀가활계 병통'으로 이에 해당하는『무문관』제35칙「청녀이혼」의 원문 및 해석이다.

제 삼 십 오 칙　청 녀 이 혼
第三十五則 倩女離魂

本則

오 조 문 승 운　청 녀 이 혼　나 개 시 진 저
五祖問僧云하니 倩女離魂하니 那箇是眞底오.

評唱

무 문 왈　약 향 자 리　오 득 진 저　변 지 출 각 입 각　여
無門曰 若向者裏하여 悟得眞底하면 便知出殼入殼에 如
숙 려 사　기 혹 미 연　절 막 난 주　맥 연 지 수 화 풍 일
宿旅舍하리라 其或未然인댄 切莫亂走하라 驀然地水火風一
산　여 락 탕 방 해　칠 수 팔 각　나 시 막 언 부 도
散하면 如落湯螃蟹리니 七手八脚이라도 那時莫言不道니라.

---

203 전게서「第三十五則 倩女離魂」(T48, 297b17~22), "五祖問僧云 倩女離魂 那箇是真底 無門曰 若向者裏悟得真底 便知出殼入殼 如宿旅舍 其或未然 切莫亂走 驀然地水火風一散 如落湯螃蟹七手八脚 那時莫言 不道 頌曰 雲月是同 溪山各異 萬福萬福是一是二."

● 頌曰

雲月是同(운월시동)이나 溪山各異(계산각이)라 萬福萬福(만복만복)이여 是一是二(시일시이)로다.

○ 解釋

오조법연선사가 한 선승에게 물었다. "청녀의 혼이 떠났는데 어느 쪽이 진짜인가?"

무문선사는 이에 대해 평하기를 "만약 여기서 진짜를 깨칠 수 있다면 껍질을 들고나는 것이 객사를 출입하는 것과 같음을 알 것이다. 그러한 이치를 모를 양이면 함부로 어지러이 날뛰지 마라. 문득 물, 불, 바람, 흙으로 한번 흩어지면 뜨거운 물솥에 떨어진 게와 같을 것이니 손이 일곱, 발이 여덟이라도 어쩔 것인가? 이때 이를 수 없다고도 말하지 말라!" 하였다.

또한 게송으로 설하기를 "구름과 달은 같고 개울과 산은 각각 다르다. 복 많고 복 많은 이들이여, 이 하나인가 둘인가!"라고 하였다.

『무문관』 제35칙의 「청녀이혼」에 등장하는 오조법연五祖法演선사의 법손은 무문선사이다. 오조법연선사는 "청녀가 넋을 떠나보냈다는데 어느 것이 진짜인가?"라고 물었다.

만일 오조법연선사의 질문에 한마디로 대답할 수 있다면 이것은 이미 생사를 벗어난 작가作家라고 할 수 있을 것이다. 도대체 어떤 것이 진짜 청녀일까? 병든 육신이 진짜인가? 아니면 머슴과 몇 년을 같이 살았던 청녀가 진짜인가? 만약 한순간이라도 머뭇거리게 된다면 이미 화살은 과녁을 벗어나 버린 것이다. 스스로 자신의 실존을 찾아 방석을 들고 선방으로 들어가야만 할 것이다. 둘은 역시 하나가 될 수 없는 것이다. 진짜와 가짜로 나뉘면 영원히 진짜와 가짜로 남게 되기 때문이다.

이렇게 생각하는 것은 항상 나눠지고 비교되고 분별되어 버리는 것이다. 주관과 객관 그리고 주체와 객체 이렇게 구분을 하지만 주체가 없는 객체는 있을 수 없는 것처럼 이 주主라는 것도 하나의 생각일 뿐이다. 그렇다면 생각이 아닌 것은 무엇일까? 지금 계속 이야기하고 있는 것이나 혹은 '컴퓨터'라는 생각을 빼면 지금 뭐가 계속 있느냐는 것으로 아무것도 없다는 말이요, 이런 이야기와 말들은 사물은 지나가지만 시작과 끝이 있으며 지금 있는 이것은 지나갈 수도 없고 시작과 끝도 없다. 또한 그런 모양과 의미, 생각을 다 빼 버리게 되면 뭔가 동일한 이 하나가 있을 뿐이니 생각으로는 그런 것이 없다면 또 다른 것을 내놓겠지만 지금 그런 것들의 모양을 빼면 지금 뭐가 있을까? 바로 이것일 뿐이다. 바로 이것을 알게 된다면 더 이상 여러 말들과 여러 의식들 그리고 여러 행동들은 모두 여기서 나오는 것이다. 어떤 진실한 자리에서 모양들이 만들어져 나와서 있게 되는 것이 아니라 진실한 이 진리, 이 법에는 그런 생각들은 전혀 없게 된다. 모양을 만들 생각이 없다. 그런 게 아니라 그냥 있는 이대로 사물 하나하나가 단지 법일 뿐이다.

머리로 이해를 한다면 절대 그런 일은 있을 수가 없을 것이다. 자신이라는 게 분명 생사 고통과 함께하는데 어떻게 법이고 그게 진리일 수가 있겠는가? 그러니까 이 법, 이것을 한번 체험하게 된다면 도저히 생각으로 알 수는 없지만 아픈 청녀와 이미 잘 살고 있었던 청녀가 딱 하나가 되는 순간이 있다. 아프게 살 동안은 모른다. 또 잘 살고 있는 동안에도 모른다. 아파도 이 하나고 잘 살아도 이 하나뿐이다. 세속의 잣대로 보자면 좋고 나쁜 게 분명히 있지만 그것은 '나'라는 것이 생기고 시간과 공간이 존재할 때뿐이다. 영원하지는 않다.

이것은 마치 파도와도 같다. 분리된 파도와 같고 어지러운 파도와도 같다. '나'라는 것이 없다면 파도는 그냥 바닷물일 뿐이다. 결코 바다와 떨어질 수는 없다. 다만 이 하나뿐인데 그렇다면 어떤 것이 진짜 청녀라고 할 수 있겠는가? 그저 이것뿐이다. 그래서 이 세상 어느 것도 이게 아닌 게 없다. 아무리 기가 막힌 이야기라도 아무리 거짓말이라도 아무리 멋진 말이라도 정말 무릎을 치는 한 마디라도 전혀 다를 게 없다. 오로지 이 하나뿐, 이게 분명해야 된다고 하는데 진짜 분명한 것은 전혀 드러나지 않는다는 사실이다. 다만 이것일 뿐이다.

『무문관』 제35칙의 「청녀이혼」에 등장하는 오조법연선사는 어느 학인에게 몸과 마음 혹은 육체와 정신에 관련된 심각한 화두를 하나 던지고 있다. 여기에 등장하는 오조선사는 육조혜능의 스승인 오조홍인(弘忍: 601~674)선사가 아니다. 홍인선사가 활동했던 황매산에서 제자를 가르쳤던 그 법연선사를 말한다. 오조홍인선사께서 상주했던 황매산은 홍인선사를 기려 오조산五祖山이라고 불리게 되었고, 그 후로 법연선사는 관례대로 오조산의라는 이름을 얻게 되었다.

이렇듯 오조법연선사는 청녀와 왕주의 해피 엔딩으로 끝나는 아름다운 사랑 이야기를 가지고 난해한 질문을 제자에게 던지고 있다. "청녀의 혼이 진짜일까, 청녀의 몸이 진짜일까? 아니면 둘 다 진짜일까, 둘 다 가짜일까?"라고 말이다. 그런데 만약 이런 의문에 지금 빠져 버리면 그것은 오조선사의 희롱에 걸려들어 버리고 말았다는 것을 의미한다. 어느 것이 진짜인지 가짜인지는 중요하지 않다. 아마도 육체와 정신을 이분법으로 나누는 흑백론적인 사고처럼 불교의 가르침에 반하는 것도 없을 것이다. 오조선사에게 찾아왔던 그 학인도 마찬가지로 불변하는 영혼을 꿈꾸면서 거기에 갇혀 버린 병통을 앓고 있다.

이는 바로 『무문관』「선잠」의 좌선만을 닦는 사람은 흑산에 살고 있는 귀신과 같다고 하는 아홉 번째 병통인 '올연습정 귀가활계 병통'에 해당하며 이 병통은 『무문관』 제35칙의 「청녀이혼」에 등장하는 학인의 경우뿐만 아니라 오늘을 살아가고 있는 우리도 마찬가지라고 하는 교훈을 준다.

오조선사는 허구적인 초월세계를 꿈꾸느라 현실의 삶을 낭비하고 있는 우리들을 이렇게 조롱하고 있으며 지옥이니 천당이니 장

차 미래의 세계가 바뀐다고 해도 달라지는 것은 아무것도 없다고 역설한다. 그것은 어느 경우든 현재를 주인으로 살아 내지 못한다면 그 미래는 보나마나 마찬가지로 해당되는 것이다. 이 화두는 소설의 내용이나 육신과 영혼의 진위眞僞를 얘기하자는 것이 아니라 선禪의 입장에서 어떻게 보느냐는 물음이다.

선지禪指란 상대相對를 떠나 절대경지의 세계란 것을 주지하게 된다면 이 난해한 화두도 별 것 아닌 것이 될 것이다. 우리 인간은 육신과 혼이 다르지 않으며 어떠한 삶을 살았든지 간에 죽으면 사대인 지수화풍地水火風으로 돌아가게 된다.

이러한 까닭으로 『무문관』 제35칙 「청녀이혼」의 공안은 『무문관』 「선잠」의 아홉 번째 병통인 '올연습정 귀가활계 병통'의 예로 분류하였으며 무문선사는 오롯이 좌선만을 닦는 사람이야말로 초월의 세계인 흑산에 살고 있는 귀신과 같다고 하였다.

이 공안에 등장하는 오조법연선사는 부질없는 초월의 세계의 허무맹랑한 병통에 빠져 버린 이들의 병통을 조롱하면서 몸과 마음이 둘이 아닌 지금 현재를 주인으로 살아가도록 제35칙 「청녀이혼」의 예를 들어 지금 여기의 깨달음을 위한 치유의 방편으로 제시하고 있다.

10) 진즉미리進則迷理 퇴즉승종退則乘宗과 불진불퇴不進不退 유기사인有氣死人의 병통 및 치유

다음은 『무문관』「선잠」의 열 번째 병통인 '진즉미리 퇴즉승종과 불진불퇴 유기사인 병통'으로 깨달음을 향해 나아간다면 법을 상실하게 될 것이고 물러나게 된다면 종지에 위배된다고 하는 병통과 치유적 방편이다. 이는 그렇다고 해서 나아가지도 않고 후퇴하지도 않으면 숨만 쉬는 죽은 사람과 같은 '불진불퇴 유기사인의 병통'이라 하겠다. 이 열 번째 병통인 '진즉미리 퇴즉승종 병통'의 예로는 『무문관』 제8칙 「해중조차」, 제14칙 「남전참묘」, 제22칙 「가섭찰간」을 분류하였고 '불진불퇴 유기사인 병통'의 예로는 제31칙 「조주감파」, 제32칙 「외도문불」, 제46칙 「간두진보」를 들었다.

(1) 제8칙 해중조차奚仲造車의 예[204]

다음은 『무문관』「선잠」의 깨달음을 향해 나아간다면 법을 상실하게 될 것이고 물러나게 된다면 종지에 위배된다고 하는 열 번째 병통인 '진즉미리 퇴즉승종 병통'의 예인 제8칙 「해중조차」의 원문 및 해석이다.

---

204 전게서 「第八則 奚仲造車」 (T48, 294a07~11), "月庵和尚 問僧 奚仲造車一百輻拈却兩頭 去却軸 明甚麼邊事 無門曰 若也直下明得 眼似流星 機如掣電 頌曰 機輪轉處 達者猶迷 四維上下 南北東西."

제팔칙 해중조차
第八則 奚仲造車

本則

월암화상 문승 해중 조차일백폭 염각양두
月庵和尙이 問僧하되 奚仲이 造車一百輻에 拈却兩頭하고

거각축 명심마변사
去却軸하니 明甚麽邊事오.

評唱

무문왈 약야직하 명득 안사유성 기여체전
無門曰 若也直下에 明得하면 眼似流星하고 機如掣電하

리라.

● 頌曰

기륜전처 달자 유미 사유상하 남북동서
機輪轉處에 達者도 猶未니 四維上下요 南北東西니라.

○ 解釋

월암선사께서 한 스님에게 말씀했다. "해중이 일백 폭이나 수레를 만들었는데 두 바퀴를 떼어 내고 축까지 빼 버리니 무엇을 밝히려 하는 것인가?"

이에 대해 무문선사는 평하기를 "만약 곧바로 알아차리면 눈은 유성처럼 재빠르고 그 마음은 번갯불이 번쩍임과 같으리라."고 하였다.

또한 게송하기를 "수레바퀴가 구르듯이 재빨라도 만족하지 마라. 도인도 오히려 헤맨다. 세상은 넓고도 넓다."고 하였다.

『무문관』 제8칙에 등장하는 월암선과(月庵善果: 1079~1152)선사는 화두 하나를 던지고 있다. "해중奚仲은 백 개의 바퀴살을 가진 수레를 만들었는데 두 바퀴를 들어내고 축을 떼어 버렸다. 도대체 그의 의중은 무엇인가?"

중국의 전설적인 장인인 해중은 수레 제조의 천재였는데 바퀴살이 백 개나 되는 바퀴를 만들었다는 것은 해중이란 장인이 얼마나 실력이 탁월한지 그리고 그가 만든 수레가 얼마나 고가의 것인지를 어렵지 않게 짐작게 한다.

오늘날 고가의 자전거도 바퀴의 살이 사십 개 정도라고 하는데 그런 고가의 수레를 천연덕스럽게 해중은 해체해 버린 것이다. 도대체 해중은 무엇 때문에 수레를 해체했던 것일까? 해중이 수레를 해체했을 때 수레는 과연 어디로 갔는가 하는 물음에 봉착하게 된다. 그런데 수레는 아무 데도 가지 않았다는 것으로 만약 어딘가로 갔다면 그것은 해체하기 전 고가의 수레를 탐내며 보았던 사람들의 마음속에 있는 것이다.

그런 사람에게는 이 수레를 고가로 팔 수 있겠지만 이 잔해로 변해 버린 수레는 안타까움과 슬픔만을 자아내고 있을지도 모른다. 집착은 바로 여기서 발생하는 것으로 해체되는 순간 수레는 존재하지 않는다는 것인데 불행히도 이런 통찰은 있는 그대로 사태를 보는 사람에게만 가능한 일이다. 평범한 사람이라면 고가의 수레가 마음에서 떠나지 않을 것인데 만약 이 수레를 떨쳐 버릴 수 없는 학인은『무문관』「선잠」의 깨달음을 향해 나아간다면 법을 상실하게 될 것이고 물러나게 된다면 종지에 위배된다고 하는 열 번째 병통인 '진즉미리 퇴즉승종 병통'에 빠져 버리게 된다는 말이다.

이에 대한 치유방편治癒方便으로 월암선과선사는 해중이란 장인과 관련된 화두를 던지고 있다. 월암선사는 우리들에게 바로 무아(無我, Ana~tma)의 가르침을 깨달아 불변하는 것에 대한 집착에서 벗어나라고 촉구하고자 했던 것이다.『구사론(俱舍論, Abhidharmakośa)』[205] 에서 말한 것처럼 이 세상의 모든 것들은 인연화합(sam. nives'a)의 결과물이다.

자신이나 모든 사물이나 사건들은 다양한 인(因, hetu)과 연(緣, pratyaya)들이 조화롭게 결합되어 만들어진 것에 지나지 않는다. 바로 해중이 만든 고가의 수레는 바퀴나 축을 포함한 다양한 부속품들이 모여서 발생한 표면적인 효과에 지나지 않는 것이다. 그럼에도 불구하고 그것은 고가로 너무나 희귀하고 소중한 것이기 때문에 집착의 대상이 될 수도 있다.

205『阿毘達磨俱舍論』卷6「第二之四分別根品」(T29, 30a7), "如是已說不相應行前言生相生所生時非離所餘因緣和合 此中何法說為 因緣 且因六種 何等為六 頌曰 能作及俱有 同類與相應 遍行并異熟 許因唯六種."

월암선과선사가 해중이 만든 귀한 수레를 화두의 소재로 삼은 것도 이런 이유에서일 것이다. 이 고가의 수레는 우리가 소중하다고 여기는 것들, 그러니까 자아, 생명과 건강, 사랑 등등을 상징하고 있다. 그러나 이런 것들은 당연히 인연이 다 끝난다면 신기루처럼 사라질 수밖에 없는 것들이다. 그렇다고 해서 허무주의에 빠져 버리는 것은 아니다.

이는 인연의 마주침을 온몸으로 만끽해야 하지만 동시에 인연이 끝날 때에는 집착하지 말라는 뜻이다. 이것이 바로 부처님께서 설하신 중도(中道, madhyamā~praipatd)의 진정한 의미이며 이러한 병통을 치유하여 해탈에 이르기 위해서는 『무문관』「선잠」의 깨달음을 향해 나아간다면 법을 상실하게 될 것이고 물러나게 된다면 종지에 위배된다고 하는 열 번째 병통인 '진즉미리 퇴즉승종 병통'을 치유할 수 있어야 된다고 월암선과선사는 역설하고 있다.

(2) 제14칙 남전참묘南泉斬猫의 예[206]

다음은 깨달음을 향해 나아간다면 법을 상실하게 될 것이고 물러나게 된다면 종지에 위배된다고 하는 열 번째 병통인 '진즉미리 퇴즉승종 병통'의 예로 『무문관』 제14칙 「남전참묘」의 원문 및 해

---

206 전게서「第十四則 南泉斬猫」(T48, 294c13~20), "南泉和尚 因東西堂爭猫兒 泉乃提起云 大衆道得即救 道不得即斬却也 衆無對 泉遂斬之 晚趙州外歸 泉擧似州 州乃脫履安頭上而出 泉云 子若在即救得猫兒 無門曰 且道 趙州頂草鞋意作麼生 若向者裏下得一轉語 便見南泉令不虛行 其或未然險 頌曰 趙州若在 倒行此令 奪却刀子南泉乞命."

석이다.

제십사칙 남전참묘
第十四則 南泉斬猫

本則

남전화상 인 동서양당 쟁묘아 전내제기운
南泉和尚이 因 東西兩堂에 爭猫兒하여 泉乃提起云하되
대중 도득 즉구 도부득 즉참야 중무대
大衆아 道得하면 卽救요 道不得하면 卽斬也리라 衆無對하니
전 수참지 만조주외귀 전거사주 주 내탈
泉이 遂斬之러니 晩趙州外歸어늘 泉擧似州한대 州가 乃脫
리안두상 이출 전운 자 약재 즉구득묘아
履安頭上하고 而出하니 泉云하되 子가 若在런들 卽救得猫兒
라하다.

評唱

무문왈 차도 조주정초혜의 작마생 약향자리
無門曰 且道하라 趙州頂草鞋意가 作麽生고 若向者裏에
하득일전어 변견남전령불허행 기혹미연
下得一轉語하면 便見南泉令不虛行하리라 其或未然인댄
험
險.

● **頌曰**

조주약재 도행차령 탈각도자 남전걸명
趙州若在런들 倒行此令하여 奪却刀子하면 南泉乞命하리라.

○ 解釋

남전화상이 어느 날 동당과 서당 간에 고양이 새끼 한 마리로 시비가 벌어지자 고양이를 치켜들고 말하였다. "대중들이여, 도득하면(對句가 맞으면: 고양이를 든 이유) 살리고 도부득하면(對句가 맞지 않으면) 목을 베리라."

대중 가운데 한 사람도 대꾸가 없자 남전선사는 고양이를 베어 버렸다. 밤늦게 조주선사가 외출했다가 돌아오자 남전선사께서 낮에 있었던 일을 말하니 이에 조주선사는 아무 말 없이 짚신을 벗어 머리 위에 이고 나갔다. 이때 남전선사가 말씀했다. "그때 조주가 있었더라면 고양이를 구했을 것을…."

무문선사가 평하기를 "자! 말해 보라! 조주가 짚신을 머리에 얹은 뜻이 무엇인가? 만약 이것에 대해 한마디 이를 줄 알면 남전의 행동이 헛되지 않은 것을 알게 될 것이나 그렇지 못하다면 위험하리라."라고 하였다.

또한 게송으로 말하기를 "조주선사가 그 자리에 있었다면 영을 거꾸로 시행했을 것을, 칼자루를 뺏어 쥐어 남전이 목숨을 구걸했으리라."라고 하였다.

선禪의 경지는 동서의 분별도 없고 나도 너도 없는 절대 평등의 세계이다. 이는 곧 무無이고 일체一切며 평등인 것이다. 그러면 조주의 신은 무엇이고 몸은 무엇일까? 그렇다면 밖으로 나간 것은 누구인가? 이는 수행자 각자의 몫이라 할 수 있겠다.

「남전참묘南泉斬貓」는 한자말 그대로 남전南泉선사가 고양이[貓]를 칼로 베었다[斬]는 말이다. 얘기를 간략하게 정리하자면 고양이를 두고 수행승들이 동당 서당으로 나뉘어서 논쟁을 하였는데 이를 보고 조실스님이 돌연 고양이를 잡아들어 만일 답을 하면 고양이를 살려 줄 테지만 아무런 말도 하지 않으면 고양이를 죽이겠다고 엄포를 놨던 것이다. 그러나 수행승들이 아무런 답이 없자 남전선사는 불살생이라는 불교의 기본계율을 가뿐히 무시하며 그만 그 자리에서 고양이를 베어 버린 사건이다.

불가佛家에서는 살생계殺生戒를 지키기 위해 스님들은 죽장 끝에 석장을 달아서 지나다니는 벌레까지도 피해 가도록 하였다는데 남전선사는 이 계를 어기고 고양이 목을 베어 버린다. 불교의 계정혜戒定慧 삼학三學 중에서도 첫째가는 계가 이 불살계인데도 말이다. 설령 동당과 서당이 서로 자기들의 고양이라고 우겨대며 다투었다고 해도 납득이 가지 않는다.

어떻게 대답을 못했다고 하더라도 바로 불성을 가진 고양이를 죽일 수가 있다는 말인가? 그 이유는 잘 모르겠으나 아마도 동당과 서당의 수행승들은 고양이에 집착을 했던 것이다. 왠지 고양이를 사랑하는 과도한 애정과 집착 때문에 고양이의 소유가 누구냐에 대한 문제에서부터 논쟁을 시작했을 것 같은데 어쨌거나 불교에서는 이런 사랑이나 소유욕 일체를 집착으로 본다. 또한 동당과 서당의 싸움처럼 이 집착으로부터 각종 분란과 번뇌들이 따라온다는 것이다.

따라서 남전선사가 고양이 목을 베려고 고양이를 집어 들었을 때마저 수행승들은 자신들이 삭발염의하고 수행하는 그 순간마저 고양이에게 과도한 집착을 하고 있었다는 것을 뼈아프게 참회하였을 것이다. 학인들은 남전선사께서 고양이에 대해 뭐라고 말이라도 해 보라고 하지만 너무나 부끄러워 아무도 말을 꺼내지 못했을 것인데 물론 당연히 이 대목은『무문관』「선잠」의 마지막 열 번째 병통인 '진즉미리 퇴즉승종과 불진불퇴 유기사인 병통'에 해당하는 것으로『무문관』공안 중에서 가장 끔찍한 치유방편인 고양이 목을 베어 버린 공안의 예이다.

이런 점에서 남전선사가 고양이를 벤 것은 스승으로서 제자들의 모자람에 대해 가한 일종의 따끔한 교훈적 일침이라고 볼 수 있겠다.

그런데 이 공안의 두 번째 국면에서 치유의 방향은 조금 완화된다. 이 두 번째 장면은 바로 이 일이 있은 후 조주선사가 외출을 갔다 돌아오는 장면이다. 남전선사는 조주선사에게 그날 있었던 일을 말해 주는데 이때 조주선사는 대뜸 신발을 머리 위에 올리고 밖으로 나가 버리는 기행을 선보이고 있다.

이를 본 남전선사는 "만일 조주가 그 자리에 있었다면 고양이를 구할 수도 있었을 텐데…."라고 했다. 첫 번째 국면에서 남전선사가 수행승들의 집착을 꾸짖었다면 두 번째 국면에는 그 질문의 성격이 살짝 바뀌어 있다.

여기서 우리는 남전선사가 말한 “만약 그대들이 한마디 답을 할 수 있다면 고양이를 살려 줄 테지만.”이라는 이 말을 좀 더 살펴봐야 할 필요가 있다. 남전선사는 도대체 무슨 말을 하라는 뜻일까?

이 질문이 만약 자신들의 집착에 대한 일침이라면 거기에 대고 경전의 이런저런 논변이나 고사들을 갖다 붙여서 설명해 볼 수도 있었을 것이다. 또한 얼른 생각하기에도 고양이를 죽게 내버려 두는 것보단 무슨 말이라도 하는 게 맞는 것일지도 모를 일이다. 하지만 이 말을 하는 순간에 이미 수행승들은 이미 깨닫고 싶다는 욕망에 집착하고 있는 상황이 되어 버린다. 그러니까 지금 이 상황에서 제자들에게 떠오르는 그 어떤 말도 단지 선대로부터 내려오는 어떤 권위에 대한 인용에 불과하다는 것이다. 이것 또한 그 어떤 것도 막힘[碍]이 없고 무장무애無障無礙와 스스로 존재한다는 자유자재自由自在를 이상적 경지로 보는 선가의 관점에서 봤을 때에는 치명적인 어리석음이라는 것이다.

그러나 딜레마는 남전선사가 이 상황에서 무슨 말이라도 해 보라고 외쳤다는 점이다. 어떻게 할 것인가? 떠오르는 말은 결국 경전에 나와 있는 말들뿐이니 그걸 말하면 고양이에 대한 집착이 경전에 대한 집착으로 이어지는 악순환만 되풀이될 것이고 그렇다고 아무런 말도 하지 않게 되면 고양이가 죽는다는데 정말이지 난감하기 짝이 없는 일이다.

그런데 외출에서 돌아온 조주선사는 이에 자신의 신발을 머리 위에 올리는 파격적인 행보를 보여 준다. 그가 만약 미친 것이 아니라면 조주선사는 남전선사의 질문과 그 딜레마를 제대로 이해하였다는 그 답을 경전의 경구에서 가져와야 하는 것도 아니며 계율이라는 규범에서 찾는 것도 아니며 이 또한 집착이라는 것을 간파하고 있었다는 것이다.

조주선사는 본디 신발이란 발에 신는 것인데 이것을 머리 위에 올림으로써 기존의 규범 자체에 대해 반항을 보여 주고 있다. 조주선사만이 온전한 '나'로서 '나의 언어'를 가지고 대답할 수 있었다. 하지만 남전참묘에 대해 이와 다른 해석을 한 사람들도 있다.

수행승들이 서당과 동당으로 나뉘어 싸웠을 때 남전선사는 분란의 원인인 고양이를 제거했다. 이를 화합을 위한 일련의 결단으로 본다면 이때 남전선사가 지적하는 것은 경전주의에 대한 비판이나 자기 언어를 가질 것을 말하는 참된 자아에 대한 역설 따위가 아닌 고양이라고 하는 것이 실질적으로 불심佛心을 해치는 요물이라는 단호한 고함이다. 그러니까 처음부터 대답을 바라고 던진 질문이 아니었기에 수행승들이 입을 다물었다. 여기서 핵심은 '고양이' 그 자체가 아닌 '고양이를 죽이려는 남전선사의 칼날'이다. 그러니까 고양이의 목숨이 아닌 다른 개체인, 더 나아가 타자에 대한 목숨을 거두느냐 마느냐에 대한 불교의 불살생 계율을 정조준하고 있다. 즉 살생의 정당화를 묻는 것에 있다. 여기서 조주선사가 신발을 머리 위에 올리고 간 것은 "나는 아무래도 상관없다."는 생사관을 초탈한 자의 깨달음으로 해석할 수 있다.

이 맥락에서 남전선사가 "만일 조주가 그 자리에 있었다면 고양이를 구할 수도 있었을 텐데…."라고 한 것은 고양이를 살리고자 한 자비의 마음 따위와는 하등의 관련이 없으며 오히려 이 말은 끝에 붙이는 짤막한 유머이자 질문의 진정한 뜻을 다시 한 번 갈무리해 주고자 남전선사 자신이 던진 질문이 처음부터 고양이를 죽이느냐 마느냐의 문제가 아니고 불교의 불살생 계율에 집착할 것인가 말 것인가의 문제였다는 것을 확인시켜 주는 치유적 함의含意를 내포하고 있다.

더 나아가 이 논리는 숭고한 목적을 위한 살생이라는 극단적 수단도 용인된다는 식의 논리로 뻗어나갈 수가 있으며 이 숭고한 목적이 항시 변화하는 세상 만물의 흐름 속을 바르게 한다는 식으로 이해한다면 고정된 상을 가지지 않는다는 불교의 논리와도 전혀 위반되지 않는 논리체계이기도 하다. 남전선사 또한 아무리 대의라고 하지만 불살생계를 범한 인과는 분명하리라고 여겨진다.

오직 하나만의 해석을 가진다는 것은 대개 보편주의를 빙자한 권력의 논리이자 야만적 폭력에 불과하다는 말이다. 동시에 모든 해석에 대한 용인은 정말 괴물 같은 이데올로기의 탄생을 활짝 열어 주기도 한다.

어쨌든 남전선사는 고양이를 죽였고 여기서 남전선사가 제자들에게 법을 바로 가르쳐 주고자 했던 것은 분명하다. 법을 올바로 전해야겠다는 의도를 이야기하는 방편으로 고양이의 목을 벤 것은 고양이 목을 벤 사실보다는 대중이 모양에 속아서 법을 바로 보지 못하는 것 때문에 각자가 스스로의 무명을 단칼에 베라는 함의에 더 주목해야 한다. 생명을 죽이라는 말이 아니라 무명을 베라는 뜻이기도 하다.

『금강경』[207]에 법에는 동서남북이 없다고 했다. 따라서 성불成佛을 하기 위해서는 남녀노소 그리고 기혼과 미혼, 지역 간의 차이가 없다. 그래서 동당의 고양이도 서당의 고양이도 없다. 다만 동당의 고양이, 서당의 고양이를 말하는 그 마음 하나만 있을 뿐이다.

법에는 너도 나도 안도 밖도 없다. 분별하지 않는다면 호랑이 목을 자르든 용의 목을 자르든 고양이 목을 자른다고 말하는 이 마음이 다 같은 하나의 마음이다. 고양이를 살리고 죽인다는 말에 걸려 넘어져 버리면 마음을 볼 수 없다. 부처나 법이나 깨달음이라는 말에 걸려 버린다면 진리를 올바로 볼 수 없게 되고 모양에 현혹되지 않는다면 차별은 차별이 아니다. 말은 말이 아니고 개념은 개념이 아니고 바로 이것이며 그대로 법이면서 오직 하나의 법만이 존재하고 있다. 그래서 조주선사는 신발을 머리 위에 얹고 밖으로 나가 버렸던 것이다.

---

207 『金剛般若波羅蜜經』「妙行無住分」(T8, 749a16~18), "須菩提 於意云何 東方虛空可思量不 不也 世尊 須菩提 南西北方四維上下虛空可思量不 不也 世尊." "'수보리야, 그대는 어찌 생각하는가? 동쪽 하늘의 허공을 능히 헤아릴 수 있겠는가 없겠는가?' '헤아릴 수 없습니다. 세존이시여!' '그렇다면 수보리야! 동서남북 그리고 4유와 상하의 허공을 헤아릴 수 있겠는가 없겠는가?' '헤아릴 수 없습니다.'"

선禪이란 생각에 의지하지 않고 바로 법을 보여 주어야 한다. 생각이 끊어진 자리, 말이 끊어진 자리 바로 이 마음자리 하나를 일러 보라고 남전선사는 고양이 목을 벤다고 한 것이다. 죽고 살고 하는 사량분별에 구속된다면 이 마음 하나를 바로 볼 수가 없다. 그 사량분별에 속지 않는다면 그대로가 법임을 바로 볼 수가 있다는 뜻이다. 조주선사가 말없이 신발을 머리에 얹고 가 버렸다고 조주선사의 행위를 사량분별하는 것 또한 즉시 모양에 걸리게 된다. 무엇이 모양에 걸리지 않고 초연한 것일까? 바로 이 마음 하나에 어긋나지 않고 이 법의 자리에서 확고부동하면 된다.

아마도 조주선사가 그 자리에 있었다면 오히려 남전선사에게 한마디 해 보시라고 했을 것이다. 조주선사가 칼을 빼어 들었다면 남전선사가 오히려 목숨을 구걸했을지도 모른다. 말에 따라가지 않고 말이 나는 이 자리야말로 진실한 그 자리라는 것이다. 이렇게 말하는 것 또한 사족蛇足에 불과하지만 말이다. 이제 아득한 무한과 같은 해석의 우주가 열렸는데, 여기서 우리들 각자는 어떤 남전참묘에 대한 해석을 가질 건가? 유일하게 유의미한 화두는 이것뿐이다.

(3) 제22칙 가섭찰간迦葉刹竿의 예[208]

다음은 『무문관』 「선잠」의 깨달음을 향해 나아간다면 법을 상실하게 될 것이고 물러나게 된다면 종지에 위배된다고 하는 마지막 열 번째 병통인 '진즉미리 퇴즉승종과 불진불퇴 유기사인 병통'의 예로 『무문관』 제22칙 「가섭찰간」의 원문 및 해석을 살펴보도록 하겠다.

제이십이칙 가섭찰간
第二十二則 迦葉刹竿

本則

가섭 인 아난문운 세존 전금란가사외 별전
迦葉이 因 阿難問云하되 世尊이 傳金襴袈裟外에 別傳
하물 섭운 아난 난 응낙 섭 도각문전찰
何物이니꼬 葉云하되 阿難아 難이 應諾한대 葉이 倒却門前刹
간 착
竿著하라하다.

評唱

무문왈 약향자리 하득일전어 친절 변견영
無門曰 若向者裏하고 下得一轉語하여 親切하면 便見靈

---

208 전게서 「第二十二則 迦葉刹竿」 (T48, 295c13~19), "迦葉因阿難問云 世尊傳金襴袈裟外 別傳何物 葉喚云 阿難 難應諾 葉云 倒却門前刹竿著 無門曰 若向者裏下得一轉語親切便見靈山一會儼然未散 其或未然 毘婆尸佛早留心 直至而今不得妙 頌曰 問處何如答處親 幾人於此眼生筋 兄呼弟應揚家醜 不屬陰陽別是春."

산일회 엄연미산 기혹미연 비바시불 조류
山一會가 儼然未散하리라 其或未然인댄 毘婆尸佛이 早留

심 직지이금 부득묘
心이라도 直至而今하여 不得妙하리라.

● 頌曰

문처하여답처친 기인어차안생근 형호제응양
問處何如答處親이며 幾人於此眼生筋인고 兄呼弟應揚

가추 불속음양별시춘
家醜하니 不屬陰陽別是春이로다.

○ 解釋

어느 때 가섭존자께 아난존자가 묻기를 "세존께서 금란가사를 전한 외에 따로 어떤 것을 전하셨는가?"라고 했다. 이때 가섭존자께서 "아난아!" 하고 부르자 아난존자가 "네!" 하고 대답하였다. 가섭존자께서 "아난아, 문 앞에 찰간대를 넘어뜨려라."고 말씀하였다.

무문선사께서 이에 대해 평하길 "만약 이를 향하여 일전어를 하여 친절하다면 영산회상의 모임이 아직 흩어지지 않음을 보리라. 그가 혹시 그렇지 못하다면 비바시불이 일찍이 마음을 두어도 지금에 이르기까지 묘妙를 얻지 못하리."라고 했다.

또한 게송하기를 "아난의 물음보다 가섭의 답이 더 친하지 못하구나! 모든 사람들의 눈에 근이 생한 것이니 형이 부르면 아우가 대답하니 집안의 일로 음양에 속하지 않으니 이것이 곧 봄이로구나!"라고 했다.

고행수행법인 두타행頭陀行의 제일이었던 가섭존자는 영산회상에서 부처님이 꽃 한 송이를 들어 법을 보여 주시자 이를 바로 알아보고 파안미소破顔微笑했다. 마침내 부처님께서는 이심전심以心傳心의 정법안장·열반묘심·실상무상·미묘법문·불립문자를 마하가섭에게 전하셨다. 그런데 아난존자는 비록 부처님을 가까이 모시면서 25년 동안이나 수발을 들었지만 지식에 의지했기 때문에 깨달음을 얻지는 못했다.

부처님께서 돌아가시자 법회를 주재하며 부처님의 가르침을 정리하던 가섭존자는 깨닫지 못했다는 이유로 아난존자를 부르지 않고 늘 열외를 시켰다. 왜냐하면 부처님의 모든 가르침은 아난존자의 기억으로 되살려진 것들이었지만 깨달음을 얻지 못한 아난은 정작 부처님의 가르침을 알아들을 수 없었기 때문이다.

이에 대해 아난존자는 몹시 분했지만 부처님께서 돌아가시기 전에 자신에게 자등명·법등명하라고 하셨던 간곡한 말씀을 가슴에 새기고는 법 앞에 진실한 마음으로 고개를 숙였다.

그러고는 침식寢食마저 끊고 벼랑 끝에서 한 쪽 발을 들어 올린 치열한 계족수행을 하면서 스스로 아상을 허물어 버렸다. 마침내 아난존자는 깨달음을 얻어 마하가섭의 파안미소를 알아차리고 부처님의 유언에 응답할 수가 있었다.

기쁨에 넘친 아난존자는 마하가섭을 찾아가 문을 두드렸다. "누구냐?"고 가섭존자가 묻자 "아난입니다."라고 대답하자 가섭존자는 묻는다. "이 밤중에 왜 왔는가?" "깨달았습니다. 들어가게 해 주십시오."라고 아난존자가 답하자 가섭존자는 이렇게 말했다. "진실로 기쁜 일이네. 어서 들어오게. 그렇지만 밤중에 문을 열 수 없으니 그대가 얻은 깨달음으로 자물통의 열쇠 구멍으로 들어오게나."

이때 아난존자는 홀연히 들어가서 가섭존자께 절하고 기쁨의 눈물을 흘리며 가섭을 껴안았다. 가섭이 아난의 머리를 쓰다듬으며 "그대가 법을 사랑함이 깨처럼 고소한 맛이 풍기는도다."라고 하였다. 이 이야기는 『전등록』[209]에 나와 있는 내용이다.

머리가 좋기로 유명한 아난이 25년 동안 듣고 본 것을 토대로 엮은 원시경전은 그래서 첫머리는 '여시아문如是我聞'으로 시작한다. '이와 같이 내가 들었다'는 뜻이다. 아난존자는 부처님께서 돌아가시자 가섭존자에게 "부처님께서 금란가사 외에 따로 전한 것이 있느냐?"고 묻는다.

이때 가섭존자는 "아난아!" 하고 불렀고 아난존자는 "네!" 하고 대답했다. 도대체 무엇이 법인가요? 이미 부르고 답한 데서 법은 통째로 드러나 있다. "아난아." 하고 부른 것은 가섭존자가 아니고 "네!" 하고 답한 것 또한 아난존자가 아니다.

---

209 『景德傳燈錄』(T51, 206c5), "昔如來以大法眼付大迦葉 迦葉入定而付於我 我今將滅用傳於 汝汝受吾教 當聽偈言 本來付有法付了言無法 各各須自悟 悟了無無法." "옛적에 여래께서 거룩한 법안을 전하셨던 마하가섭이고, 가섭이 드는 선정 때에 부탁하신 것이 나였는데 나도 이제 열반에 들려 하니 이것을 전하겠노라. 그대는 받고 나의 가르침을 마땅히 들으라. 나의 게송은 본래의 전하여 있는 법이니 전한 뒤에는 말 없는 법이라. 각각 반드시 스스로 깨달으라. 깨달으면 없음도 없는 법이다."

그러면 여기 무엇이 있다는 것인가? 바로 여기에 이것 하나 이 법만이 생생하게 살아 있다. “아난아!” 하는 이것, 그리고 “네!” 하는 이것이 바로 법인 것이며 이것이 바로 마하가섭이 알아차리고 파안미소했던 바로 그것이다.

이에 대해 무문선사는 말하기를 “만약 이에 대하여 한마디라도 할 수 있다면 영산법회가 아직 흩어지지 않음을 볼 수 있을 것이다. 만일 그렇지 못하다면 비바시불이 일찍이 마음을 두어도 지금에 이르기까지 묘妙를 얻지 못한 것과 같을 것이다.”라고 하였다. 석가모니 이전에 여섯 부처님이 있었다고 하는데 그 과거 부처가 다음의 비바시불, 시기불, 비사부불, 구류손불, 구나함모니불, 가섭불이다.

무문선사가 말한 비바시불이란 최초의 부처님 즉 우리의 본성을 일컫는 말인데 그 최초의 부처님일지라도 티끌만큼의 개념이라도 있다면 결코 깨닫지 못할 것이라는 것이며 아주 지극히 작은 생각일지라도 지옥으로 떨어뜨린다는 것이다. 아직도 영산회상에서는 부처님께서 꽃 한 송이를 들어 올리고 있으며 이심전심의 불법이 살아 있으니 지금도 영산회상은 계속되고 있다. 하지만 스스로에게 부처의 본심이 갖추어져 있다는 진실이 간절하지 않은 비바시불 같은 사람은 아무리 일찍 발심해도 이것(손을 들어 올림)의 묘처를 알 수 없다. 『법화경』에 나오는 비바시불은 일찍이 발심하여 좌선에 들었으나 끝내 깨치지 못했다. 이와 같이 비바시불 같은 이가 있다면 부처님의 영산회상은 끊어져 버린다.

무문선사는 또 이렇게 설한다. “물음보다 답이 친하지 못하구나! 어찌하여 사람들 눈에 힘줄을 세웠을까? 형이 부르면 아우가 대답하여 집안의 허물만 나타내니 음양에 속하지 않는 이것이 봄이로다.”라고 말이다. 또 무문선사는 “아난존자는 간절하게 물었으나 가섭존자는 이에 편히 답을 했다. 그러나 가섭존자는 이 모든 도의 이치를 드러냈다. 형이 부르면 아우가 대답하니 집안일은 그만하면 됐고 음에도 양에도 속하지 않으니 아난이 묻고 가섭이 답한 것이 둘이 아니고 하나의 법이로구나!”라고 하였다.

이 공안에 등장하는 가섭은 역시 『무문관』 제6칙에 등장하는 마하가섭이다. 전해 오는 이야기에 의하면 가섭이 태어났을 때 방안이 금빛으로 가득했는데 그 상서로운 금빛이 모두 그 갓난아기의 입으로 흘러 들어갔다고 한다. 아기에게 가섭이라는 이름이 지어졌는데 이는 빛을 삼켰다는 뜻이라고 한다.

가섭은 자라서 인도에서 가장 큰 부자 중 한 명이 되었다. 그는 석가모니부처님보다 연상이었다. 그리고 브라만의 사제로서 많은 제자들을 거느리고 있었다. 가섭은 초기 부처님의 가르침에 반대를 했다. 석가모니의 가르침이 전통 브라만교와 달랐기 때문이다. 하지만 결국 부처님의 가르침을 묵인하게 되고 석가모니의 열성 제자가 되어서 부처님은 가섭을 법제자로 선택을 하였다.

『무문관』 제6칙에서도 볼 수 있듯이 가섭은 옷을 너무도 허름하게 입고 몸도 매우 말라서 부처님의 제자들 중에서는 가섭을 경멸하는 이들도 있었다고 하는데 그래서 법회가 있을 때마다 석가모니부처님은 가섭을 친히 당신 옆에 앉히셨다고 한다.

아난은 부처님의 사촌이었는데 부처님께서 대각을 이루던 날 태어났다고 전해진다. 아난은 잘생긴 청년으로 성장했고 인기가 많았다. 그래서 여자들로 인한 많은 송사를 겪어야만 했다. 부처님은 종종 이런 문제에 휘말린 아난을 도와주었다.

아난은 부처님이 총애하는 제자였고 20년간 부처님의 시자를 맡았는데 기억력이 엄청나게 좋아서 자신이 들었던 부처님의 모든 법문을 암송할 뿐만 아니라 신비한 능력으로 부처님께서 성도 직후에 하셨던 최초의 법문까지 암송해 냈다고 한다.

성도 후 최초의 법문이 있었을 때 아난은 겨우 갓난아기였을 터인데 말이다. 아난은 부처님께서 도솔천을 떠나 어머니의 태에 들기 전에 세상을 다 제도하셨고 깨달으신 후에 전법을 하셨으며 열반에 드신 후 깨달음을 얻은 오백 명의 제자들이 스승께서 법문하신 것을 경으로 편집하기 위해 왕사성의 칠엽굴에서 결집을 가졌다. 아난이 모든 법문을 기억하고 있었기 때문이다.

그러나 아무리 뛰어난 아난이라도 아직 깨달음을 얻지 못하였기에 자격이 없었으며 일주일 동안 간절한 심경으로 용맹정진에 들어가서 자성을 깨닫게 되는데 가섭은 아난의 깨달음을 시험하기 위해 명한다. "아난아, 네가 깨달았다면 열쇠 구멍을 통해서 결집이 열리는 동굴로 들어오거라." 그때 아난은 해냈다. 그런데 어떻게 그렇게 했는지는 자세히 알 수 없다.

그리고 경전 결집에 참여하였는데 아난은 모든 법문을 결집에서 암송해 냈다. 그리고 결집에 참석한 제자들은 아난이 암송한 바가 부처님께서 자신들에게 설하신 바와 똑같다고 동의를 했다. 이런 연유로 대부분의 불경은 '여시아문, 나는 이와 같이 들었다.'로 시작하는 것이다.

알음알이가 뛰어난 암기력을 갖고 있는 것은 수행에 힘이 되지는 못한다는 말이다. 아난의 이 일화는 그 좋은 사례이다. 만약 알음알이나 기억력 같은 소유물에 기대지 않는다면, 그것에 집착하지 않는다면 그것들은 자신을 거스르지 않을 것이다. 오히려 그것들은 다른 사람들에게 도움이 될 수도 있다.

깨달음을 얻은 아난은 가섭존자의 수하에서 20년간 수행을 계속한다. 아난은 자신의 깨달음과 부처와 조사의 깨달음이 똑같다는 믿음으로 수행을 지속했다. 하지만 점점 의심이 생겼다. 그러고는 자신의 체험 이외에 다른 무언가가 있지는 않을까 궁금해졌다. 그래서 그것을 가섭에게 물었다. 가섭은 아난의 질문에 "아난아!"라고 부르며 응답했다. 이에 아난이 답했다. "네, 사형! 그게 전부입니다." 모든 것은 완전하다. 그 부름과 완벽한 대답 외에 아무것도 없다. 이것을 듣는 순간 깨달음을 얻을 수 있었다.

지금까지의 아난은 깨달음을 얻지 못한 상태로 『무문관』「선잠」의 깨달음을 향해 나아간다면 법을 상실하게 될 것이고 물러나게 된다면 종지에 위배된다고 하는 마지막 열 번째 병통인 '진즉미리 퇴즉승종과 불진불퇴 유기사인 병통'에 빠져 있었다.

이러한 병통을 치유한 이후에 가섭이 아난을 불렀을 때 한 티끌의 망상도 없었다는 말이다. 아난이 답했을 때 온 우주가 그 한 목소리로 사용되어 버렸다. "찰간의 깃대를 꺾어 버려라." 법문을 하거나 법거량이 진행될 때는 절의 입구에 장대를 세워 깃발을 올린다.

가섭이 그렇게 멍한 것은 서로의 문답이 끝났다는 것을 의미한다. 더 이상 아무것도 남아 있지 않다. 그래서 깃발은 필요치 않다. "찰간의 깃대를 꺾어 버려라!" 그 한 방으로 아난은 남아 있던 모든 개념들을 모두 꺾어 버렸다.

그리고 아난은 자기 자신이 태초부터 온 우주에 공적空寂해 있는 부처라는 깨달음에 도달했다. 전해 오는 야화에 의하면 찰간의 깃대를 꺾어 버리라는 가섭의 치유의 방편으로 작용한 이 말끝에 아난은 무엇을 깨달았는지 신고 있던 자신의 신발을 벗어서 입에 물고 조용히 그 자리를 떴다고 한다.

그 모습을 보면서 가섭존자는 이에 다시 한 번 명품 파안미소를 지었다는 이야기가 있다. 영산회상의 염화미소에 이어 교혜미소는 신발을 물자 웃음을 띰이라는 뜻이라고 한다.

깨달은 안목으로 보자면 그 부름과 응답 사이에 무슨 차이가 있을까? "아난아!" 하고 부름이건 대답이건 모두 색깔이 없다. 형이 부르고 아우가 대답하여 집안 망신시켰는데 가섭의 부름과 아난의 대답은 모두 무문의 관점에서 보면 쓸모없고 불필요한 것이다.

계절에 속하지 않은 별도의 봄이라니 무문선사가 여기서 말하고자 함은 "내 안에 계절, 시간 그리고 공간에 걸리지 않는 종횡무진縱橫無盡의 봄이 있다."는 것이다. 이런 봄은 영원한 봄으로 이 세계의 봄, 상대법을 벗어난 봄이다. 그러므로 봄을 즐길 수 있는 여여如如한 마음을 말한다. 만약 자신의 생각을 당당히 피력하는 것이 주인이라면 자신을 타인의 생각에 의해 맹목적으로 숙지하고 반복하는 노예로 전락시키지는 않을 테니까 말이다. '불립문자不立文字'와 '직지인심直指人心'을 선종이 표방했던 것도 다 이유가 있었던 것이다.

문자가 중요하지 않고 단지 자신만의 본래 마음이 중요하다고 선언하는 순간 선생과 스승 사이에 이루어지는 시험은 전혀 의미가 없는 것이 되기 때문이다.

이것이 바로 선종의 상징이고 할 수 있는 화두가 가진 특성이라고 하겠다. 완전히 자기의 본래면목을 되찾은 사람 즉 주인으로 당당한 삶을 영위한 사람이라면, 화두는 저절로 뚫리기 마련이다.

선가의 전통에서는 스승의 일거수일투족을 따르는 사람을 부정한다. 이런 부류의 사람은 자신의 본래면목에 따라 살기보다는 스승의 면목에 좌지우지되는 노예에 불과하다.

아이러니하게도 선종에서도 졸업장 혹은 학위기와 비슷한 것이 있다. '살불살조殺佛殺祖' 즉 부처나 조사의 권위에 휘둘리지 않는데 성공한 제자에게 스승은 자신의 가사를 내어 준다는 것이다. 다섯 번째 조사였던 홍인(弘忍: 601~674)대사가 혜능(慧能: 638 ~ 713)대사를 여섯 번째 조사로 임명하면서 자신의 가사를 내렸던 적도 있고 전설에 따르면 석가모니부처님께서도 가섭(迦葉, Kāśyapa)존자에게 금란가사를 내려 주었다고 한다.

그렇지만 잊지 말아야 할 것은 선종에서는 자신의 가사를 탐내지 않는 제자에게만 가사를 내려 준다는 점이다. 스승이 내린 가사에 감격하거나 혹은 그것의 권위를 자랑하거나 거기에 의존한다면 그 제자는 결코 깨달은 사람이라고 할 수 없을 테니까 말이다. '살불살조殺佛殺祖'의 정신을 가진 사람에게 부처나 조사의 가사가 무슨 의미가 있을까? 본래면목과 가섭의 그것은 다른 것이고 홍인의 본래면목과 혜능의 그것은 다른 것이다. 사실 싯다르타가 입던 가사가 가섭의 몸에 맞을 리도 없고 홍인이 입던 가사도 혜능선사에게는 무용지물일 수밖에 없었을 것이다. 그러니 화두가 '시험 아닌 시험'이듯이 깨달은 사람이 내린 가사도 '졸업장 아닌 졸업장'이었던 셈이다.

『무문관』 제22칙의 「가섭찰간」을 보면 아난(阿難, Ānanda)은 석가모니부처님께서 가섭에게 내린 가사의 의미를 정확히 몰랐다. 아직도 아난은 세존께서 가섭에게 금란가사 이외에 무엇인가를 주었다고 계속 생각하고 있었던 것이다. 그러니 아난은 집요하게 물어보았다. "세존께서는 금란가사를 전한 것 이외에 별도로 어떤 것을 전해 주셨는가?"를 물었고 석존이 가사뿐만 아니라 무엇인가 주었다면 그것 때문에 가섭이 석존을 이어 스승이 되었다고 아난은 믿고 있었던 것이다. 그래서 가섭은 아난의 철없는 질문을 무시하고 그에게 갑자기 말을 건넨다. "아난!" 가섭존자는 이러한 아난의 잘못된 생각을 끊어 버리려고 했다.

가섭의 호명에 아난도 쓸데없는 궁금증을 거두고 대답한다. 주려고 해도 줄 수 없고 받으려고 해도 받을 수 없는 그것이 바로 자신의 본래면목인 것이다. 가섭은 그저 바랄 뿐이었다. "예."라고 답하는 아난이 그만의 본래면목을 보았기를 말이다.

어쨌든 가섭은 아난에게 넘칠 정도의 가르침을 내린다. 그러니 가섭존자는 이제 설법이 끝났다고 선언한 것이다. "문 앞에 있는 사찰 깃대를 넘어뜨려라!"라고 말이다. 사찰 깃대를 세우는 것이 설법 중임을 나타낸다면 그것을 거두는 것은 설법이 끝난 것을 상징하는 것이다. 이제 자신의 본래면목을 찾는 것 그것은 전적으로 아난의 몫이 된다는 말이다.

이렇듯 깨닫기 이전의 아난은 『무문관』「선잠」의 깨달음을 향해 나아간다면 법을 상실하게 될 것이고 물러나게 된다면 종지에 위배된다고 하는 마지막 열 번째 병통인 '진즉미리 퇴즉승종과 불진불퇴 유기사인 병통'에 빠져 있었던 아난존자는 이 병통을 치유하고 본래면목에 이른 깨달음에 이르렀을 뿐만 아니라 석존 이후 2대 조사로 부촉받을 수 있게 되었다.

(4) 제31칙 조주감파趙州勘婆의 예[210]

다음은『무문관』「선잠」의 깨달음을 향해 나아간다면 법을 상실하게 될 것이고 물러나게 된다면 종지에 위배된다고 하는 마지막 열 번째 병통인 '진즉미리 퇴즉승종과 불진불퇴 유기사인 병통'의 예인『무문관』제31칙「조주감파」의 원문 및 해석이다.

제삼십일칙 조주감파
第三十一則 趙州勘婆

本則

조주 인 승문파자 대산로향심처거 파운 맥
趙州 因 僧問婆子하되 臺山路向甚處去오 婆云하되 驀

직거 승 재행삼오보 파운 호개사승 우임
直去하라 僧이 纔行三五步한데 婆云하되 好箇師僧이여 又恁

마거 후유승거사주 주운 대 아거여이
麼去로다하거늘 後有僧擧似州한대 州云하되 待하라 我去與儞

감과자파자 명일변거 역여시문 파역여
勘過這婆子하리라하고 明日便去하여 亦如是問하니 婆亦如

시답 주귀위중왈 대산파자 아여이감파료야
是答이라 州歸謂衆曰 臺山婆子를 我與儞勘破了也라하다.

---

210 전게서「第三十一則 趙州勘婆」(T48, 297a09~18), "趙州因僧問婆子 臺山路向甚處去 婆云 驀直去 僧纔行三五步 婆云 好箇師僧又恁麼去 後有僧舉似州 州云 待我去與爾勘過這婆子 明日便去亦如是問 婆亦如是答 州歸謂衆曰 臺山婆子我與爾勘破了也無門曰 婆子只解坐籌帷幄 要且著賊 不知趙州老人善用偷營劫塞之機 又且無大人相撿 點將來 二俱有過 且道那裏是趙州勘破婆子處 頌曰 問既一般 答亦相似 飯裏有砂泥中有刺."

評唱

무문왈 파자지해좌주유악 요차착적부지 조주
無門曰 婆子只解坐籌帷幄하고 要且著賊不知요 趙州
노인 선용투영겁새지기 우차무대인상 검점장
老人은 善用偷營劫塞之機나 又且無大人相이로다 撿點將
래 이구유과 차도 나리시조주감파파자처
來하면 二俱有過하니 且道하라 那裏是趙州勘破婆子處오.

● 頌曰

문기일반 답역상사 반리유사 니중유자
問旣一般이요 答亦相似나 飯裏有砂요 泥中有刺로다.

○ 解釋

조주선사가 주석하고 계시던 어느 때에 한 스님이 어떤 노파에게 "오대산 가는 길이 어디오?" 하고 물으니 "곧장 가시오."라고 대답했다. 스님이 몇 발짝 가는데 노파가 "거점잖은 스님이 어디로 가는 건가요?"라고 혼잣말로 물었다. 후에 이 스님이 조주선사께 이 사실을 이야기한 즉 조주선사는 말씀하기를 "가만히 있어 봐라! 내가 그대를 위하여 가서 그 노파를 감정해 보리라." 하고 이튿날 노파에게로 가서 역시 "오대산 가는 길이 어디오?" 하고 물으니 노파가 똑같이 답을 하였다. 조주선사는 곧바로 돌아와서 대중에게 말씀하기를 "오대산 노파를 내가 그대들을 위하여 감정했노라."고 하였다.

이에 대해 무문선사는 평하기를 "노파는 다만 막사에 앉아서 계략을 세울 줄만 알았지 안타깝게도 도둑이 와서 붙어 있는 줄 알지 못했다. 조주 노스님은 적진에 몰래 들어가 요새를 빼앗는 솜씨는 훌륭했지만 이 또한 역시 대인의 모습은 아니었다. 잘 살펴보면 두 사람 모두에게 다 잘못이 있구나! 자 말해 보라. 어디가 조주가 노파를 점검한 자리인가?"라고 하였다.

또한 게송으로 말하기를 "물음도 같고 대답도 같으나 밥에 돌이 들어 있고 진흙에 가시가 들어 있구나!"라고 하였다.

『무문관』 제31칙의 「조주감파」에 등장하는 노파는 오대산으로 성지순례를 가는 수행승들이 길을 물으면 항상 "똑바로 가시오." 라고 일러 주었다. 그들이 몇 걸음 가면 뒤에서 노파는 "생긴 것은 멀쩡한 것들이…." 하며 혀를 찼다. 진리를 찾으려면 바른 도道로 가야 한다는 뜻인데 수행승들은 그냥 길을 똑바르게 가라는 뜻으로 알아들었기 때문이었다.

이 공안의 핵심은 세 군데에 있다. 첫째로는 '곧장 가시오[驀直去].' 둘째로 '저렇게 가시다니[又恁去]!', 셋째로 '점검했노라[勘破了].'이다. 모든 공안이 그렇지만 여기 「조주감파」도 역시 중의적重義的인 내용을 담고 있다.

이러한 연유로 해서 후학들의 입장에서는 그 깊은 속뜻을 가늠한다는 것이 그리 쉬운 일은 아니었을 것이다. 근기根機와 법기法器에 따라 얻는 답이 달라진다.

선禪에서의 답은 천편일률적이지 않아서 자유분방하지만 이러한 점이 바로 선의 매력이기도 하다. 이 공안에서 '곧장 가시오'는 직지인심直指人心을 염두에 둔 것이다. 오대산을 향한 스님들의 행각은 분명 진리의 추구였을 것이다. 그런 스님들을 상대로 곧장 가는 길 즉 직지인심의 선적인 길을 노파는 제시했다.

그러나 대부분의 스님들은 곧바로 알아듣지 못하고 생각 없이 발걸음만 그쪽으로 향했으니 노파의 입장에서는 참으로 답답할 노릇이었을 것이다. 그래서 뒤에다 대고 "또 저렇게 가고 있다니!" 하면서 비아냥댔다. 그런데 무문선사는 이 노파가 비아냥대는 것까지는 좋았지만 조주 노스님의 정체를 알아보지 못한 것은 큰 실수였다는 것이다.

조주선사는 노파에게 결코 오대산 가는 길을 물으러 간 것이 아니었다. 이 노파는 꼼짝없이 조주의 시험에 걸려들었다. 이를 본 무문선사는 밥 속에 있는 돌을 씹고 진흙 속에 있는 가시를 밟는 꼴이 되었다고 하였다.

이 공안의 깊은 속뜻은 이렇게 볼 수도 있다. 길을 묻는 사람에게 있어서 "곧장 가라!"라는 말은 하나의 명령어의 체계라고 할 수 있다. 그것을 종교에서는 교리라고 한다. 이러한 교리는 자칫 잘못하면 독선이 되기 쉽다. 교리가 오히려 종교인에게 아집과 편견을 조장하고 유도한 결과가 되어 버린다.

교리라는 길을 밟아 곧이곧대로 가려는 수행자들에게 노파는 "또 저렇게 가시다니!" 하고 걱정을 하고 있다. "그것마저 놓아 버리지 못하고 한사코 한쪽 길만을 고집해서 가고 있으니 이를 어쩌자는 것입니까?" 하고 한탄을 하였다는 것이다. 그런데 무문선사는 이에 대해 평하기를 조주선사나 노파나 모두에게 다 잘못이 있다고 지적을 하였다.

조주선사를 몰라본 노파나 노파의 입을 막지 못한 조주선사나 다 어설픈 데가 있다. 이 때문에 이 화두는 활구活句의 체면을 차릴 수 있었다. 깊이 사유해 볼 『무문관』 제31칙 「조주감파」의 공안은 부처가 되는 길을 가는데 어떤 권위에도 현혹되지 말고 그 길을 똑바로 가라는 것이다.

아마도 조주선사도 자신을 알현하러 오는 스님들에게서 노파의 얘기를 들었나 보다. 그러나 내가 그 노파를 감파했노라고 안심시키는 모습이 어쩐지 궁색해 보인다. 이에 무문선사는 예리하게 지적하고 있다.

그런데 만약 학인이 곧장 가지 못하고 한 걸음을 떼지 못한다면 이는 여지없이 『무문관』 「선잠」의 마지막 열 번째 병통인 '진즉미리 퇴즉승종과 불진불퇴 유기사인 병통'에 빠져 버린 경우에 해당되며 "곧장 가라!"는 노파의 직언直言은 너무나 친절하고 노파심절한 치유의 방편으로 작용한다.

또한 『무문관』 「선잠」의 마지막 열 번째 병통인 '진즉미리 퇴즉승종과 불진불퇴 유기사인 병통'에 빠져 있던 이 학인은 이 병통의 치유를 통해서 비로소 깨달음에 이르게 될 것이며 이러한 이유로 『무문관』 제31칙 「조주감파」는 『무문관』 「선잠」의 마지막 열 번째 병통인 '진즉미리 퇴즉승종과 불진불퇴 유기사인' 병통의 예로 분류할 수 있겠다.

(5) 제32칙 외도문불外道問佛의 예[211]

다음은『무문관』「선잠」의 그렇다고 나아가지도 않고 후퇴하지도 않으면 숨만 쉬는 죽은 사람과 같다는 병통의 마지막 열 번째 병통인 '진즉미리 퇴즉승종과 불진불퇴 유기사인 병통'의 예에 해당하는『무문관』제32칙「외도문불」의 원문 및 해석이다.

제삼십이칙 외도문불
第三十二則 外道問佛

本則

세존 인 외도문 불문유언 불문무언 세존거
世尊이 因 外道問하되 不問有言 不問無言하여 世尊據

좌 외도찬탄거 세존 대자대비 개아미운
座한데 外道贊歎去하되 世尊이시여 大慈大悲하사 開我迷雲

영아득입 내구례이거 아난심문불 외
하여 令我得入이라하고 乃具禮而去하다 阿難尋問佛하되 外

도유하소증 찬탄이거 세존운 여세양마
道有何所證하여 贊歎而去이니꼬 世尊云하되 如世良馬하여

211 전게서「第三十二則 外道問佛」(T48, 297a22~29), "世尊因外道問 不問有言 不問無言 世尊據座 外道贊歎云 世尊大慈大悲 開我迷雲 令我得入 乃具禮而 去 阿難尋問佛外道有何所證贊歎而去 世尊云 如世良馬見鞭影而行 無門曰 阿難乃佛弟子 宛不如外道見解 且道外道與佛弟子相去多少 頌曰 劍刃上行 氷稜上走 不涉階梯懸崖撒手."

견 편 영 이 행
見鞭影而行이니라하시다.

評唱

무 문 왈 아 난 내 불 제 자 완 불 여 외 도 견 해 차 도
無門曰 阿難은 乃佛弟子로되 宛不如外道見解로다 且道

외 도 여 불 제 자 상 거 다 소
하라 外道與佛弟子에 相去多少오

● 頌曰

검 인 상 행 빙 릉 상 주 불 섭 계 제 현 애 살 수
劍刃上行이요 氷稜上走라 不涉階梯하니 懸崖撒手로다.

○ 解釋

세존께 한 외도가 와서 물었다. "말 있음에 대해서도 묻지 않겠습니다. 또한 말 없음에 대해서도 묻지 않겠습니다."

세존께서는 자리에 그대로 앉아 있었다. 이에 외도가 "세존께서 대자대비로써 미혹의 구름을 열어 나를 깨닫게 하셨습니다."라고 찬탄하며 절을 하고 물러갔다.

아난존자가 세존께 여쭈었다. "저 외도가 무엇을 깨쳤기에 저렇게 찬탄하고 갑니까?" 세존께서 말씀하셨다. "준마는 채찍의 그림자만 보고도 달리는 것과 같으니라."

이에 대해 무문선사는 평하기를 "아난은 불제자인데 도리어 외도의 견해만 못하구나. 자! 말해 보라. 외도와 불제자의 거리가 어느 정도인가?"라고 하였다.

또한 게송으로 말하기를 "칼날 위를 걷고 얼음의 모서리를 달린다. 계단이나 사다리를 딛지 않고 낭떠러지에 잡은

손을 놓았네!"라고 하였다.

『무문관』 제32칙 「외도문불」의 공안에는 석존의 뇌성벽력과도 같은 침묵의 가르침이 있다. 지금 석존 앞에 있는 그는 불교 이외에 다른 사상이나 신앙을 신봉하는 자이다. 아마도 상당한 학식과 지성을 지녔을 것이다. 그는 자신의 보편타당함을 위해 자신의 학파를 떠나 불교의 창시자인 석가모니 앞에 당당하게 왔기 때문이다.

더구나 그는 석존의 불교 사상을 미리 공부하여 준비해 온 용의주도함까지 갖추고 있다. 아마도 그는 형이상학적인 의문에 대해서는 침묵하라는 석존의 주장도 알고 있었던 모양이다.

그런데 석존은 이런 형이상학적 질문들에 대해 그저 침묵했다. 이러한 지적인 양자택일의 문제는 집착을 만들어 내고는 자신의 진정한 삶을 살아내는 데 심각한 장애를 일으키게 되기 때문이다. 그리고 "말할 수 있는 것도 묻지 않고 말할 수 없는 것도 묻지 않으렵니다."라고 했다. 이 정도면 지적인 자만심도 가히 예술의 경지에 올랐다고 할 수 있겠다.

자신은 석가모니부처님께서 이야기했던 것과 침묵했던 것이 무엇인지에 대해 이미 다 알고 있다는 말이다. 한마디로 이 외도는 자신이 부처님의 경지를 넘어섰다고 뻐기고 있다.

과연 이렇게 지적인 오만에 가득 차 있는 외도의 도전적인 질문에 어떻게 대응해야 할까? 부처님께서는 그저 아무 말도 없이 자리에 앉아 있었을 뿐이다. 부처님께서 아난존자에게 대응하기 힘든 이가 대중 가운데 있거든 그에게 온 대중이 묵빈대처하라고 했듯이 말이다.

석존께서는 말할 수 있는 것과 말할 수 없는 것이라는 지적인 구분에 대해서도 침묵했고 또한 외도의 지적인 의문에 대해서도 침묵했다. 지적인 허영에 사로잡힌 외도의 이러한 질문에 만약 부처님께서 어떤 대답이라도 하는 순간 이 외도는 석존의 답에서 어떤 허점이라도 찾으며 논쟁을 계속하려고 했을 것이다. 이렇듯 지적인 자만의 병통에 빠진 이의 질문에 일일이 답을 해 준다는 것은 마치 타고 있는 불덩이에 기름을 붓는 것과도 같은 격이다. 아무리 "지적인 자만에 빠지지 말고 주인의 삶을 살아가라!"고 해도 그는 지적 자만과 주인으로서의 삶 등의 개념을 가지고 또 다른 질문을 하게 될 것이다.

이런 이들에게는 침묵만이 답이 될 수밖에 없다. 석존께서 침묵을 선택했던 것도 자비의 마음에서였다고 여겨진다. 석존의 말씀대로 이 외도는 채찍 그림자만 보아도 달릴 수 있는 뛰어난 준마였다. 근기로 말하자면 매우 수승한 근기를 갖추었다 하겠다.

이렇듯 석존의 침묵은 일체의 알음알이에 빠지지 말고『무문관』「선잠」의 마지막 열 번째 병통인 '진즉미리 퇴즉승종과 불진불퇴 유기사인' 병통에도 빠지지 말고 자신의 삶을 주인공으로 살아 내라는 자비로운 가르침임을 알 수 있다.

그런데 이 대목을 놓칠 리가 없는 무문선사는 "사다리나 계단도 밟아서는 안 되고 네가 지금 매달려 있는 그 절벽의 벼랑 끝에서 손을 뗄 수 있는가[不涉階梯 懸崖撤手]?"라고 하였다." 이 장면은 지적인 자만의 병통에 빠져 버린 외도를 위한 치유의 방편을 펼쳐 보여 주고 있다.

이는 만약 깨달음을 향해 나아간다면 법을 상실하게 될 것이고 물러나게 된다면 종지에 위배되는 '진즉미리 퇴즉승종의 병통'인 것인데 그렇다고 나아가지도 않고 후퇴하지도 않으면 숨만 쉬는 죽은 사람과 같다는 '불진불퇴 유기사인의 병통'에 걸려 버리게 된다는 점을 명심해야 한다.

이에 『무문관』 제32칙 「외도문불」을 『무문관』 「선잠」의 마지막 열 번째 병통인 '진즉미리 퇴즉승종과 불진불퇴 유기사인 병통'의 예로 분류하였다.

(6) 제46칙 간두진보竿頭進步의 예[212]

다음은 『무문관』 「선잠」의 '진즉미리 퇴즉승종과 불진불퇴 유기사인 병통'의 예에 해당하는 『무문관』 제46칙 「간두진보」의 원문 및 해석이다.

---

212 전게서 「第四十六則 竿頭進步」 (T48, 298c12~17), "石霜和尚云 百尺竿頭如何進步 又古德云 百尺竿頭坐底人 雖然得入 未為真 百尺竿頭須進步 十方世界現全身 無門曰 進得步翻得身 更嫌何處不稱尊 然雖如是 且道百尺竿頭如何進步 嗄 頌曰 瞎却頂門眼 錯認定盤星 拚身能捨命 一盲引眾盲."

제사십육칙 간두진보
第四十六則 竿頭進步

本則

석상화상운 백척간두 여하진보 우고덕운
石霜和尚云하되 百尺竿頭에 如何進步오 又古德云하되
백척간두좌저인 수연득입미위진 백척간두수
百尺竿頭坐底人이라도 雖然得入未爲眞이라 百尺竿頭須
진보 시방세계현전신
進步하면 十方世界現全身하리라.

評唱

무문왈 진득보 번득신 경험하처 불칭존
無門曰 進得步하고 翻得身하면 更嫌何處에 不稱尊하고
연수여시 차도 백척간두 여하진보 애
然雖如是나 且道하라 百尺竿頭에 如何進步오 嗄하다.

● 頌曰

할각정문안 착인정반성 반신능사명 일맹
瞎却頂門眼하고 錯認定盤星이라 拌身能捨命하니 一盲
인중맹
引衆盲이로다.

○ 解釋

석상경제화상이 말하였다. "백 척이나 되는 장대 끝에서 어떻게 걸어 나갈 것인가? 옛 어른들께서는 백 척 되는 장대 끝에 앉은 사람이라 할지라도 아직은 참경지에 들지 못한 것이라고 하셨으니 백 척의 장대 끝에서 앞으로 나아갈 수 있는 이라야 시방세계가 온통 자신의 몸 나툼이리라."

무문선사는 이에 대해 평하기를 "걸음을 내딛고 몸을 뒤집으면 이르는 곳마다 거룩하다는 칭송을 받을 것이다. 그렇다면 어디 말해 보라. 백 척의 장대 끝에서 어떻게 내디딜 것인가. 어허!"라고 하였다.

또한 게송하기를 "정수리의 눈을 멀게 하고 저울 눈금을 잘못 읽는다. 몸을 던져 목숨을 버린 짓이니 한 맹인이 뭇 맹인을 이끄는 것일세."라고 하였다.

백척간두는 본래면목을 상징하는데 이마저도 버릴 수 있어야 자기를 타인에게 완전히 던질 수 있는 것이며 모두가 주인임을 확인할 수가 있다. 이렇게 되어야 백 척이나 되는 대나무 꼭대기에서 반드시 한 걸음 나아갈 수가 있을 것이며 시방세계가 자신의 전체 모습을 비로소 드러내게 된다.

『무문관』 제46칙 「간두진보」에 등장하는 석상경제(石霜慶諸: 986~1039)선사는 백척간두에서 발을 떼야 한다고 말하고 있다. 백척간두에서 발을 떼는 순간 우리는 백 척이나 되는 허공에서 땅으로 곤두박질치며 떨어질 수밖에 없다. 생명이나 부지할지 모를 일이라는 말이다. 생명을 떠나서 백척간두에서 발을 뗀다는 것이 애써 찾은 본래면목을 버려야 하는 것을 의미하니 어떻게 쉽게 발을 뗄 수 있을까?

지금까지 올라온 시간과 노력이 아깝기 그지없기도 할 것이다.

아무렇지도 않듯이 석상선사는 우리에게 물어보고 있다. "백 척이나 되는 대나무 꼭대기에서 어떻게 한 걸음 나아갈 수 있겠는가!" 아예 석상선사는 지금 백척간두에서 발을 떼는 것이 당연하다고 전제하고 있다. 지금 석상선사가 우리에게 묻고 있는 것은 '어떻게[如何]' 발을 떼는 방법이다. 이제 우리는 석상선사에게 물어볼 수도 없다.

아마도 "어찌하여 이 엄청난 시간과 치열한 노력으로 도달한 백척간두를 버리라 하십니까?"라는 질문을 했다가는 스승의 몽둥이찜질을 피할 수 없기 때문이다. 석상선사께 애써 올라서서는 간신히 발을 딛고 서 있게 된 백척간두 즉 자신의 본래면목을 버려야 한다는 것은 자명하다는 말이다.

그렇지만 자리自利를 달성하라고 그래서 주인공으로 당당히 서라고 그렇게 채찍질했던 당사자가 바로 석상선사였다. 이렇게 내려올 바에야 무엇 때문에 백척간두에 오르라고 우리를 떠밀었던 것일까? 차라리 올라가지 않았다면 백척간두에서 발을 뗄 일도 없었을 것이다. 우리는 황망함과 당혹감을 느낄 수밖에 없다. 곰곰이 생각하면 우리는 알게 된다. 에베레스트산을 올라갔다가 평지로 내려온 사람과 그렇지 않고 계속 평지에 머물렀던 사람은 전혀 다른 사람이라는 사실을 말이다.

백척간두에 올랐다가 평지로 내려온 사람과 아예 백척간두에 오를 생각조차 못하고 평지에 머무르고 있는 사람은 전혀 다른 사람일 수밖에 없다. 그렇다면 석상선사는 왜 백척간두에서 발을 떼야 한다고 말했던 것일까? 만약 이 백 척이나 되는 간두에서 한 발을 떼지 못하고 쩔쩔매고 있다면 그는 바로 『무문관』「선잠」의 마지막 열 번째 병통인 '진즉미리 퇴즉승종과 불진불퇴 유기사인 병통'에 빠져 버렸다는 것을 뜻하기 때문이다.

왜냐하면 그는 자리自利로써 불교의 이념인 자비를 완성할 수 없기 때문이다. 만약 그가 이타利他를 실천할 수 없다면 자비는 공허한 문구에 지나지 않게 된다. 그래서 우리는 자신만의 본래면목을 묵수할 수 없다. 자리에만 머문다면 이타는 불가능하기 때문이다. 이제 백척간두에서 발을 떼야 하는 이유가 분명해졌을 것이다.

백척간두에 서 있는 것이 자신에 대해 주관적인 장면이라면 그곳에서 발을 떼고 평지로 내려오는 것은 자신에 대해 객관적이 됨을 의미한다. 자신에 대해 객관적인 사람은 타인의 주관이나 주체를 의식하는 사람 즉, 타인도 그만의 본래면목으로 세상을 경험한다는 것을 인정하는 사람일 수밖에 없다.

즉 자기만이 주인이 아니라 타인도 주인일 수 있다는 사실을 알게 하기 위해서는 우리 스스로가 손님의 자세도 취할 수 있어야만 한다. 그러니 주인의 자리인 백척간두에서 발을 뗄 수 있어야 한다는 것이다. 예를 들어 이미 에베레스트산에 올라갔다 내려온 사람은 평지에 머문 사람이 아니듯이 백척간두에 올랐다가 내려온 사람은 그냥 평범한 사람과는 질적으로 다른 사람이기 때문이다.

엄밀하게 말해 백척간두에서 한 걸음을 내디딘 사람은 동시에 주인 노릇과 손님 노릇을 자유자재로 하는 경지에 이르렀다는 것이다. 이렇게 백척간두에서 내려온 사람은 자신만이 주인이 아니라 삶에서 마주치는 모든 타인들이 주인이라는 사실을 알게 된다. 『무문관』 제46칙 「간두진보」에서는 석상선사 이외에 한 무명의 스님이 이렇게 이야기했다. "백 척이나 되는 대나무 꼭대기에서 반드시 한 걸음 나아가야 시방세계가 자신의 전체 모습을 비로소 드러내게 될 것"이라고 말이다. 그저 자비가 아니라면 백척간두는 아무런 의미도 없는 것이며 그저 타인에게 몸을 던지는 것일 뿐이다.

이렇듯 『무문관』 「선잠」의 마지막 열 번째 병통인 '진즉미리 퇴즉승종과 불진불퇴 유기사인 병통'을 치유하지 못한 학인은 결코 깨달음이라는 궁극의 목표에 도달할 수 없기 때문에 이에 『무문관』 제46칙 「간두진보」를 『무문관』 「선잠」의 마지막 열 번째 병통인 '진즉미리 퇴즉승종과 불진불퇴 유기사인 병통'으로 분류하였다.

V

현대적 의미의 간화선看話禪 수행법

1. 현대인의 간화선 수행법

지금까지 『무문관』에 나타난 병통 및 치유에 대해 살펴보았다. 이러한 일련의 연구가 오늘날 복잡다단한 시대를 살아가야 하는 우리에게 어떻게 하면 보다 간결하고 접근하기 쉬운 간화선 수행법으로 자리매김할 수 있을까 하는 방안으로 귀결될 수 있었다.

현대적 의미의 간화선 수행법이란 첫째, 문화적 접근이 가능한 화두 참구법을 말한다. 둘째, 상근기만의 독유물이 아닌 대중화된 간화선 수행법이며 간화선 수행의 특성상 접근하기는 어렵지만 위빠사나처럼 간화선 수행도 이제는 체계적인 접근이 가능할 수 있어야 함을 의미한다. 셋째, 현대적 의미의 간화선 수행은 보편과 개별성을 모두 고려하면서 접근할 수 있어야 한다. 넷째, 경제적인 것은 물론 정신적으로도 서로 탁마하고 교류할 수 있는 사부대중의 교육 문화 공동체의 역할을 할 수 있어야 한다. 다섯째, 우리나라의 불교가 통불교라고 하듯이 참선, 염불, 간경, 봉사, 절 등의 수행법을 모두 아우를 수 있는 수행공동체의 리더가 되어 줄 수 있어야 한다. 여섯째, 현대적 의미의 간화선 수행법이 세계적인 간화선 수행법으로까지 확대될 수 있으려면 반드시 철저하게 인가와 도제로 이루어진 간화선의 특성으로 말미암아 이를 갈마하고 탁마해 줄 수 있는 선지식의 확보가 중요하다고 하겠다.

2. 간화선 수행법과 병통의 치유

간화선에서 가장 중요한 것은 화두 위에서 올바른 의심을 일으키는 것이다. 만약 화두 위에서 올바른 의심을 일으키지 못하면 그 화두는 사구가 되고 말기 때문이다. 그러나 화두 위에서 올바른 의심을 일으켜 이를 끊임없이 순일하게 하기를 오래도록 하면 화두와 내가 하나가 되는 타성일편의 경지에 이르러서 일 마친 대장부가 된다.

화두 참구에서 병통과 그 해결 방법이 모두 이루어질 수 있게 되며 화두가 간화선의 수행방편문이지만 참구자가 이것을 철저히 자신의 문제로 삼아 간절하게 참구해야만 깨달음의 문에 단도직입하게 될 것이다.

간화선 수행에서 화두는 가장 기본적인 요소이며, 여기에 올바른 의정이 더해졌을 때 간화선 수행은 진행되고 이에 절대 화두를 놓지 않겠다는 간절하고 절실하며 한순간도 물러남이 없는 간절한 마음으로 이 셋이 하나가 됐을 때 화두는 타파된다.

간화병통을 다스리는 약으로 화두는 물론이고 화두 위에서의 올바른 의정 그리고 이 둘이 어긋나지 않고 순일하였을 때 병통은 대치된다. 이처럼 화두 의정의 간절하고 지극한 마음은 불가분리의 주요 삼대 요소이며 하나만 어긋나도 이상적인 간화선 수행은 기대할 수 없을 뿐만 아니라 자신의 본래면목 또한 친견할 수 없다.

간화병통은 화두 위에서 일어나는 선병이지만 병의 근원을 알면 그 치료법 또한 쉽게 찾을 수 있듯이 『대혜어록』에 설한 것처럼 "이 병통을 화두 위에 되돌려 깨달음의 문을 만들고 삼독을 되돌려 삼취정계를 만들고 육식을 돌이켜 육신통을 만들고 번뇌를 돌이켜 보리를 만들고 무명을 돌이켜 대지혜를 만든다."[213]라고 한 것처럼 병통과 이를 치유하는 과정이 곧 깨달음의 문에 이르게 된다고 할 수 있다.

또한 전통과 현대를 함께 아우르는 선수행 공간은 병통을 치유할 수 있는 문화적인 수용을 함께 지향하는 복합적인 수행 공간이 될 수 있어야 할 것이며 경제적·사회적으로도 자립이 자연스럽게 이루어지고 다양한 방송미디어와 대안학교, 각종 학교 및 대학 교육 등의 인재 불사가 이루어져야 할 것이다.

아울러 각 계층을 아우르는 선치유 프로그램이나 생활 속에서 직접 갈마하고 함께 도반을 이루어 정진할 수 있는 참선 공동체의 체계적인 교육과 이를 심화하는 실천 수행 중심의 수행 공동체를 도모해 보는 것도 바람직하다고 여겨진다.

또한 선禪과 교教를 겸하는 수행결사체[214]를 구성하여 회통하는 수행 공동체로 종횡무진 지고한 행복을 함께 나누고 시간과 공간을 공유할 수 있는, 진부하지 않으며 서로 다름을 인정하고 병통을 치유하는 방편의 모색[215]도 필요하겠다.

---

213 전게서 卷25 (T47, 917a), "當恁麼時 始能回三毒爲三聚淨戒 回六識爲六神通 回煩惱爲菩提 回無明爲大智."

214 정도, 『경봉 선사 연구』, 운주사, 2013. pp. 203~222.

215 서광, 『치유하는 유식 읽기』, 공간, 2013. PP. 290~303.

VI

맺는말

이상으로 무문선사가 제시한 열 개의 병통인 「선잠」를 기준으로 하여 『무문관』에 나타난 병통 및 치유에 관해 살펴보았다. 지금까지 전통적 수행은 선병禪病으로 알음알이[知解]와 치구심馳求心 등을 들어 수없이 알음알이를 내려놓는 수행으로 전념하여 왔다.

그런데 선가의 교과서教科書 격格인 『무문관』에서 무문선사는 이 또한 무無라고 확철廓徹하게 답하고 있다. 이 무無란 있고 없다는 무無가 아닌 상대적인 유有와 무無를 떠나 이를 넘어선 초월의 무無인 것이며 어떤 규칙에도 또 그 규칙을 무시해서도 안 되는 양극단을 떠난 중도中道 연기적緣起的인 수행이야말로 병통을 치유하여 비로소 자유로워질 수 있다고 하였다.

결론적으로 하나의 예를 들면서 글을 마치도록 하겠다.

어느 산사에 네 분의 수행자가 있었다. 밤중에 도량의 불이 모두 꺼져 버리는 바람에 산사가 온통 깜깜해져 버렸다. 한 스님이 "어서 기름을 가져오너라!"라고 소리치자 옆의 스님이 "묵언默言 중인데 왜 입을 열고 소리치느냐?"고 하였다. 그러자 그 옆의 스님이 "자네도 역시 소리치고 있네!"라며 나무랐고 이러한 상황을 지켜보던 네 번째 스님이 "끝까지 입을 열지 않은 사람은 나밖에 없구나!" 하면서 의기양양했다는 얘기가 있다.[216]

이처럼 우리가 처한 현실 생활에서 자신의 할 일을 망각해 버리고 주위의 경계에 떨어져 망념을 지으면서 자신의 허물보다는 타

216 日本古典文學大系『沙石集』, 日本岩波書店, 1978. pp.167~168.

인의 허물을 보아 알음알이를 일으키게 된다면 흑산굴이라는 병통의 세계에 직하直下하게 된다는 것을 명심해야 하겠다.

『무문관』에서 무문선사가 제시한 간병론은 단순히 알음알이와 치구심 등을 내려놓는 것뿐만 아니라 각자가 자신의 삶의 여정에서 유가 아닌 그렇다고 무도 아닌, 나아가 그 무가 아닌 것도 아닌 한 털끝도 남김이 없는 초월의 중도연기적中道緣起的인 유무상즉有無相卽의 수행으로 나아감을 설하고 있다.

이러한 고찰考察이 역대 선지식들의 고준한 가르침에 사족만 다는 것이 아닌가 하고 조심스러운 마음이 없지 않지만 이렇듯 수행하는 과정에서 각자의 수행과 덕德으로 시절인연時節因緣에 계합契合할 수 있다면 이 또한 병통의 검은 구름 속에서 벗어나 비로소 맑게 갠 본성本性을 보게 된다는 희망의 싹을 틔어 볼 수 있다는 사실에 여일如一할 뿐이다.

선가禪家에는 큰 병통에 시달려 본 범종이라야 더 크고 아름다운 소리와 울림을 세상에 전할 수 있다는 말이 전해져 내려온다. 간화의 종착지는 궁극에 가서 한 개인의 깨달음을 아무리 심오한 경지로 구별할 수 있다고 할지라도 고해의 바다에 속하는 병통에서 헤매는 아픈 중생과 함께 갈 수 있어야 한다는 말이다.

이는 각자 자신이 처한 병통을 치유할 수 있어 맑게 구름 걷힌 하늘을 바라볼 수 있게 될 것이며 백화가 만발한 아름다운 수행공동체로 사부대중이 함께 나아갈 수 있게 됨을 의미하는 것이라 하겠다.

1. 原典類

「大方廣佛華嚴經」 卷10「夜摩天宮菩薩說揭品」(T9)

「金光明最上僧王經」(T16)

「大佛頂如來密因修證了義諸菩薩萬行首楞嚴經」 卷5 (T19)

「楞伽阿跋多羅寶經」 卷三 (T16)

「佛說給孤長者女得度因緣經」 卷下 (T2)

「阿毘達磨俱舍論」 卷6 (T29)

「祖堂集」「石霜和尚」(X119)

「傳心法要」(T48)

「佛祖統紀」 卷26 (T49)

「高峰原妙禪師語錄」 卷下 (X70)

「博山和尙參禪警卷下語」(X63)

「五燈會元續略」 卷2 (X80)

「五燈會元」 卷六 (X80)

「五燈全書」 卷28 (X80)

「增集續傳燈錄」 卷二 (X83)

「大般涅槃經」(T12)

「佛說佛醫經」(T17)

「大智度論」(T25)

「中論」(MS, 20.1)

長者李通玄撰, 「新華嚴經論」 卷1~40 (T36)

「景德傳燈錄」 卷15 (T51)

「景德傳燈錄」 卷30「略辨大乘入道四行」(T51)

「禪宗無門關」(T48)

「楞伽師資記」「道信章」(T85)

「最上乘論」(T48)

「佛果圜悟禪師碧巖錄」 卷五 (T48)

「大慧普覺禪師書」 卷25 (T47)

「大慧普覺禪師書」 卷26 (T47)

「高麗國普照禪師修心訣」(T48)

「信心銘」(T48)

「宗容錄」「第七則 藥山陞座」(T48)

「五燈會元」 卷三「磨塼作鏡」(X80)

「大乘起信論」「大乘起信論序」(T32)

「大乘起信論疏」「起信論海東疏刊行序」(T44)

知訥, 「看話決疑論」(H4)

休靜, 「禪家龜鑑」(H7)

2. 우리말 총서류

「선림보전 」(선림고경총서 1), 장경각, 1993.

「치문숭행록」(선림고경총서 4), 장경각, 1993.

「참선경어」(선림고경총서 5), 장경각, 1993.

「임간록」 卷上·下 (선림고경총서 7, 8), 장경각, 1993.

「오가정종찬」 卷上·下 (선림고경총서 9), 장경각, 1993.

「마조록 · 백장록」(선림고경총서 11), 장경각, 1993.

「위앙록」(선림고경총서 13), 장경각, 1993.

「운문록」 卷上·下 (선림고경총서 15, 16), 장경각, 1993.

「양기록 · 황룡록」(선림고경총서 17), 장경각, 1993.

「조주록」(선림고경총서 18), 장경각, 1993.

「설봉록」(선림고경총서 19), 장경각, 1993.

「태고록」(선림고경총서 21), 장경각, 1993.

「나옹록」(선림고경총서 22), 장경각, 1993.

「인천보감」(선림고경총서 23), 장경각, 1993.

「나호야록」(선림고경총서 24), 장경각, 1993.

「종문무고」(선림고경총서 25), 장경각, 1993.

「총림성사」(선림고경총서 26), 장경각, 1993.

「운와기담」(선림고경총서 27), 장경각, 1993.

「고애만록」(선림고경총서 28), 장경각, 1993.

「산암잡록」(선림고경총서 29), 장경각, 1993.

「원오심요」(선림고경총서 31), 장경각, 1993.

「종용록」 上·中·下 (선림고경총서 32, 33, 34), 장경각, 1993.

「벽암록」 上·中·下 (선림고경총서 35, 36, 37), 장경각, 1993.

3. 單行本

滿空月面, 「上堂示衆」, 한국불교학회 , 1997

秋月龍珉 · 秋月眞人, 慧源 譯, 「無門關으로 배우는 선어록 읽는 방법」, 운주사, 1996.

僧璨, 慧源 譯解, 「信心銘·證道歌」, 동국역경원, 2006.

宗浩, 「臨濟禪 硏究」, 경서원, 서울, 1996.

李喜益, 「無門關」, 경서원, 1992.

滿空月面, 「滿空語錄」「滿空法訓」, 禪學院, 1967.

昔明, 「선문답의 세계와 깨달음」, 민족사, 1993.

印鏡, 「몽산덕이와 고려후기의 간화 선사상연구」, 명상상담연구원, 2009.

正道, 「경봉 선사 연구」, 운주사, 2013. J. Kabar Zinn, 장현갑, 김교현 譯, 「명상과 자기치유」, 학지사, 2002.

無一 又學, 『무문관 강론』, 도서출판 좋은인연, 2013.

장휘옥, 김사업, 『무문관참구』, 민족사, 2012.

강신주, 『매달린 절벽에서 손을 뗄 수 있는가?』, 동녘, 2014.

無門慧開, 『무문관(無門關)』~청봉 선사의 무문관 강설~, 운주사, 2013.

無門慧開, 금하광덕 譯, 『禪宗無門關』, 도피안사, 2009.

無門慧開, 김태완 역, 『무문관(無門關)』~달을 보면 손가락은 잊어라~ , 침묵의 향기, 2015.

사이토 다카시 ,정은주 譯, 『혼자있는 시간의 힘』, 위즈덤하우스, 2015.

최만희,『무문관에서 꽃이 되다』, 운주사, 2007.

동은, 『무문관 일기』, 뜰, 2011.

無門慧開, 광덕 역주, 『무문관(無門關)』, 불광출판사, 2009.

청봉 선사, 『無門關講說』, 운주사, 2013.

無門慧開, 『무문관 강송』~모든 파도를 일시에 잠재우다~, 운주사, 2004.

원철, 『무문관의 관점에서 바라본 조주 무자』, 비움과 소통, 2013.

元曉, 이기영 譯, 『金剛三昧經論解說』, 대양서적, 1975.

이기영, 『무문관 강의』, 한국불교연구원, 2000.

서광, 『치유하는 유식읽기』, 공간, 2013.

김방룡, 『불교수행법』, 민족사, 2009.

윤홍식, 『선문답에서 배우는 선의 지혜』(벽암록 종용록 무문관이 전하는 성사들의 가르침), 봉황동래, 2009.

김정명, 『변증법 살롱에서 선불교를 담론하다』, 북랩, 2015.

Osho Rajneeh, 김성식외 2인 공역, 『명상건강(From Meditation to Mditation)』.

유수현, 천덕희 외 3인 공저, 『정신건강론』, 양서원, 2017.

4. 論文類

鄭戊煥, 「참선수행과 禪病의 문제」, 한국불교학 50호, 2008.

崔成烈, 「간화십종 선병의 체계적 분석」, 불교학보 28, 동국대학교 불교문화연구원, 1991.

이동준, 「혜심 간화선에서의 대오지심의 문제」, 한국불교학 17, 한국불교학회, 1992.

박태원, 「간화선 화두 간병론과 화두의심의 의미」 불교학연구 27, 2009.

이덕진, 「간화선의 구자무불성에 대한 일고찰」, 한국선학 1, 2007.

박정근, 「禪宗無門關 硏究」, 中國學硏究 제46집, 2008.

이정섭, 「간화선 수행론 연구~화두참구의 원리와 방법론을 중심으로~」, 서울대학교 대학원 박사학위논문, 2009.

혜달, 「간화병통에서 본 간화 수행법~대혜서를 중심으로~」.

박길석, 「無門關」의 註釋的 硏究」, 중앙승가대학 석사학위논문, 2005, 『보조사상』 29, 2008.

김형록, 「몽산덕이의 선사상 연구」, 동국대 대학원 박사학위논문, 1999.

박청환(정덕), 「테라바다(Theravāda)의 붓다관-Pubbakammapiloti를 중심으로~」, 불교학연구 15호, 2006.

김종두(慧命), 「天台止觀을 통한 심리치료법의 고찰」, 韓國禪學 제39호, 서울:한국선학회, 2014.

정성욱, 「알음알이의 분석적 연구」, 『철학사상』 44, 서울대학교 철학연구소, 2012.

이필원, 「간화선과 심리치료」, 『인도철학』 제44집, (서울: 인도철학회), 2015.

5. 외국문헌

日本古典文學大系『沙石集』, 日本岩波書店, 1978, 167~168.

J. Diamond, MD, 『Life Energy』, (Paragon House NewYork, 1990)

Tulkku Thondup, 『The Healing Power of Mind』, (Shambhala, 1996)

山下直久 著, 『禪語錄 독む』, 角 川學藝出版, 2010.

入矢義亨 著, 『求道と悅樂』, 岩波書店, 1983.

6. 辭典類

이지관, 가산불교대사전, 서울 가산불교문화원, 2014.

한보광, 임종욱 저, 중국역대불교인명사전, 이회문화사, 2011.

혜원 편저, 禪語事典, 서울, 운주사, 2011.

이철교, 선학사전, 불지사, 1995.

정원 스님 편찬, 선어사전, 수미산선 펴냄.

Ven. Hyewon, David A. Mason, 영문 한국불교 백과사전 (AnEncyclopedia of Korean Buddhism), Unjusa, 2013.

鈴木莊夫 禪學大辭典編纂所 著, 禪學大辭典, 大修館書店, 2000.

The study on Ch'an Sickness & The Cure in the Gateless Gate(Mu moon kwan)

Chang Hee Chung(Ven. Moo Gak)
Department of Seon Studies Graduate School of Dongguk University

This Study is Ch'an sickness & The Cure of Kogan's(公案) in the Gateless Gate『Mu moon kwan』.

In this paper, we will see the seon~jam(禪箴) of Ch'an Sick ness in the Gateless Gate『Mu moon kwan』.

For the complete the prajna~wisdom, when we can cure Ch'an sickness that causes karmic hindrances in our mind of living beings. and we can truly see reality with the eye of insight.

Ch'an sickness is a kind of mental hindrance of the student with his own subject or obsessional ideas during the practice of Seon meditation.

Every seon master said "To enlight the truth of middle way which being is not different to non~being. or being is same to non~being."

There is the Great Jochu's 'Mu' Kogan's(公案) that Jochu says "there is not the buddha's nature of a dog, though there is the buddha's nature of a dog. It is very strange for you, if you cause obsessional ideas, you can not reach to the world of the prajna~wisdom.

See the Seon Master JoJu's "Mu" in Original Case,"A monk Seon Master JoJu: Does a dog also have Buddha nature? Ven JoJu answered 'Mu'"

This'Mu' has already transcended has or 'has not'.

If you want to enter an absolute state of equanimity, free from suffering, you must discard all discrimination and conceptualization, raise up your Great Faith.

Great Cure and Great Doubt, and steadfastly push forward.

study hard to hard can reach to the world of transcendence.

Next Ven Mu Mun's Mirvana poem:

In emptiness there is no disappearing.

If you attain this level of emptiness.

Ven and emptiness are not different.

Ven Mu Mun wrote a very unique poetic verse concerning the Hwadu "Mu", which he used『Mu moon kwan ; 無門關』.

Ven Mu Mun only said "Mu" in his Hwadu same as "Mu-mu-mu-mu Mu-mu-mu-mu Mu-mu-mu-mu"

Todays some special Seon rooms are called "Gateless Gate practice ; 無門關 修行", which shows that Ven MuMun's Dharma power cure the Ch'an sickness for prajna~wisdom beyond time and space.

Key words

Ch'an Sickness, Gateless Gate; 『Mu moon kwan』, seon~jam(禪箴), Kogan's(公案), prajna~wisdom, transcendence.

『무문관』「선잠」의 열 가지 병통과 치유의 예시에 해당하는 공안

항목	「禪箴」의 열 가지 病痛	해당 公案
1	循規守矩 無繩自縛 病痛	第十三則 德山托鉢
2	縱橫無礙 外道魔軍 病痛	第七則 趙州洗鉢, 第十六則 鐘聲七條
3	存心澄寂 默照邪禪 病痛	第五則 香嚴上樹, 第十九則 平常是道, 第二十四則 離却語言, 第四十一則 達磨安心
4	恣意忘緣 墮落深坑 病痛	第三則 具胝竪指, 第六則 世尊拈花, 第三十七則 庭前柏樹, 第四十二則 女子出定
5	惺惺不昧 帶鎖擔枷 病痛	第十二則 巖喚主人, 第十七則 國師三喚, 第二十則 大力量人
6	思善思惡 地獄天堂 病痛	第二十三則 不思善惡, 第二十六則 二僧卷簾, 第二十九則 非風非幡
7	佛見法見 二銕圍山 病痛	第一則 趙州狗子, 第四則 胡子無鬚, 第十則 淸稅孤貧, 第十一則 州勘庵主, 第十五則 洞山三頓, 第十八則 洞山三斤, 第二十一則 雲門屎橛, 第二十五則 三座說法, 第二十七則 不是心佛, 第二十八則 久響龍潭, 第三十三則 非心非佛, 第三十六則 路逢達道, 第三十八則 牛過窓櫺, 第四十八則 乾峯一路
8	念起卽覺 弄精魂漢 病痛	第二則 百丈野狐, 第九則 大通智勝, 第三十則 卽心卽佛, 第三十九則 雲門話墮, 第四十則 趯倒淨瓶, 第四十三則 首山竹篦, 第四十四則 芭蕉拄杖, 第四十五則 他是阿誰, 第四十七則 兜率三關
9	兀然習定 鬼家活計 病痛	第三十四則 智佛是道, 第三十五則 倩女離魂
10	進則迷理 退則乘宗 *不進不退 有氣死人 病痛	第八則 奚仲造車, 第十四則 南泉斬猫, 第二十二則 迦葉刹竿, *第三十一則 趙州勘婆, 第三十二則 外道問佛, 第四十六則 竿頭進步

불조기연佛祖機緣 48칙

(則)	公案	主題	(則)	公案	主題
1	趙州狗子	조주구자	25	三座說法	세 번째 앉은 이가 설법하다.
2	百丈野狐	백장과 여우	26	二僧卷簾	두 학인이 발을 올리다.
3	俱胝竪指	구지 손가락을 세우다.	27	不是心佛	마음도 부처도 아니네.
4	胡子無鬚	달마의 수염	28	久響龍潭	덕산이 용담을 뵈다.
5	香嚴上樹	향엄의 상수	29	非風非幡	바람도 깃발도 아니네.
6	世尊拈花	세존께서 꽃을 들다.	30	卽心卽佛	마음이 바로 부처니라.
7	趙州洗鉢	조주의 발우	31	趙州勘婆	조주가 노파를 감정하다.
8	奚仲造車	해중의 수레	32	外道問佛	외도가 세존께 묻다.
9	大通智勝	대통지승불	33	非心非佛	마음도 부처도 아니니라.
10	清稅孤貧	청세의 외롭고 가난함	34	智不是道	지는 도가 아니니라.
11	州勘庵主	조주가 암주를 감파하다.	35	倩女離魂	청녀의 두 혼백
12	巖喚主人	서암 화상의 주인공	36	路逢達道	길에서 달도인을 만나다.
13	德山托鉢	덕산의 말후구	37	庭前柏樹	조주의 뜰 앞의 잣나무
14	南泉斬猫	남전이 고양이 목을 베다.	38	牛過窓櫺	소가 창살 사이로 지나가다.
15	洞山三頓	동산의 육십 방	39	雲門話墮	운문이 말에 떨어지다.
16	鐘聲七條	종소리에 칠조가사를 입다.	40	趯倒淨甁	물병을 발로 차 버리다.
17	國師三喚	국사가 세 번 부르다.	41	達磨安心	달마의 안심법문
18	洞山三斤	동산이 마삼근이라 외치다.	42	女子出定	초지보살이 여인을 선정에서 깨우다.
19	平常是道	평상심이 바로 도라네.	43	首山竹篦	수산의 죽비
20	大力量人	대역량인	44	芭蕉拄杖	파초의 주장자
21	雲門屎橛	운문의 마른 똥막대기	45	他是阿誰	그는 누구인가?
22	迦葉刹竿	가섭이 찰간의 깃대를 꺾다.	46	竿頭進步	백척간두에서 진일보
23	不思善惡	악을 분별하지 말라.	47	兜率三關	도솔의 삼관
24	離却語言	말과 침묵을 모두 버리라.	48	乾峯一路	건봉이 한 획을 긋다.

선종법계도

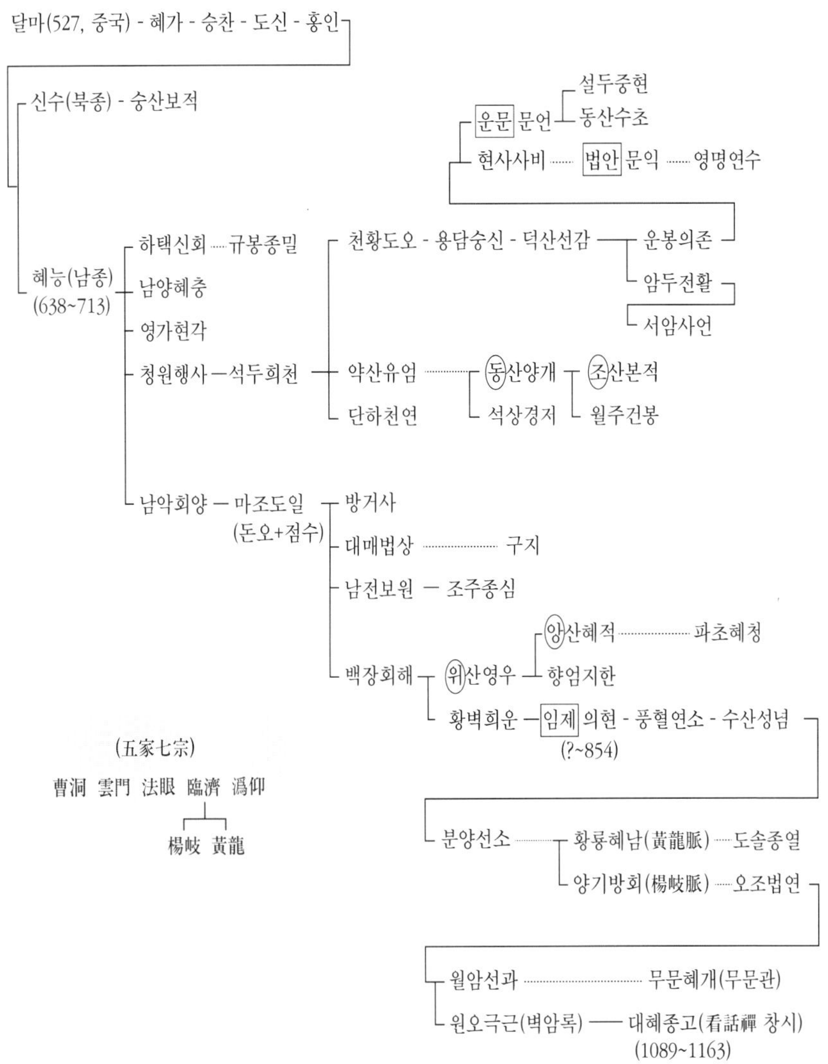

달마(527, 중국) - 혜가 - 승찬 - 도신 - 홍인
신수(북종) - 숭산보적
혜능(남종)
(638~713)
하택신회 ······ 규봉종밀
남양혜충
영가현각
청원행사 — 석두희천
남악회양 — 마조도일
(돈오+점수)
천황도오 - 용담숭신 - 덕산선감
운봉의존
암두전활
서암사언
운문 문언
설두중현
동산수초
현사사비 ······ 법안 문익 ······ 영명연수
약산유엄 ······ 동산양개
석상경저
조산본적
월주건봉
단하천연
방거사
대매법상 ······ 구지
남전보원 — 조주종심
백장회해
위산영우
앙산혜적 ······ 파초혜청
향엄지한
황벽희운 — 임제 의현 - 풍혈연소 - 수산성념
(?~854)
분양선소
황룡혜남(黃龍脈) ······ 도솔종열
양기방회(楊岐脈) ······ 오조법연
월암선과 ······ 무문혜개(무문관)
원오극근(벽암록) —— 대혜종고(看話禪 창시)
(1089~1163)
(五家七宗)
曹洞 雲門 法眼 臨濟 潙仰
楊岐 黃龍

무각스님

승가사 상륜스님을 은사로 출가하였으며 무문관 등 제방선원에서 안거를 성만하였다.
동국대학교 대학원 교육학과에서 상담심리 박사를 수료하고, 동 대학원 선학과에서
환성지안선사에 대한 연구로 박사학위를 득하였다.
동국대학교와 제방선원 등에서 '종횡무진 화엄경 강설과 선치료 법회'를 개설하였으며
BBS불교방송에서 '선어록 강설'을 펼치고 있으며 현재 속리산 청운사 여여선원장으로
정진하고 있다.

『무문관無門關』
공안公案으로 보는

자유로운 선禪과 치유治癒의 세계

초판 1쇄 발행_ 2022년 2월 18일

지은이_ 무각
펴낸이_ 오세룡
편집_ 손미숙 박성화 전태영 유지민 안중회
기획_ 최은영 곽은영 김희재 진달래
디자인_ 최지혜 고혜정 김효선
홍보 마케팅_ 이주하

펴낸곳_ 담앤북스
서울특별시 종로구 새문안로 3길 23 경희궁의 아침 4단지 805호
전화 02)765-1251 전송 02)764-1251 전자우편 damnbooks@hanmail.net
출판등록 제300-2011-115호

ISBN 979-11-6201-348-9 (03220)

정가 23,000원